KZ
RACHEL OLSKY

让我们 甲骨文 一起追寻

Born Survivors: Three Young Mothers and Their Extraordinary Story of Courage, Defiance and Survival
By Wendy Holden

First published in the English language in the United Kingdom in 2015 by Sphere, an imprint of the Little, Brown Book Group, London.
Through Big Apple Agency, Inc., Labuan, Malaysia.

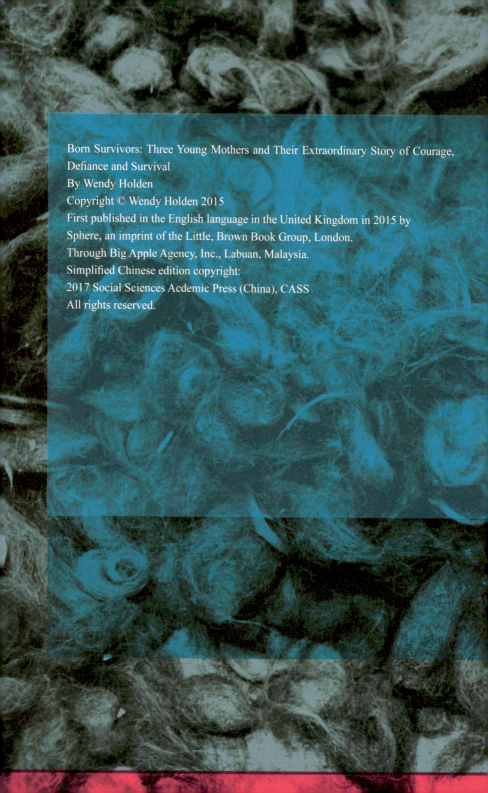

天生幸存者

BORN SURVIVORS

Three Young Mothers and
Their Extraordinary Story
of Courage, Defiance and Survival

集中营里
三位年轻母亲与命运的抗争

Wendy Holden

〔英〕温迪·霍尔登 / 著
黎英亮　冯茵 / 译

社会科学文献出版社
SOCIAL SCIENCES ACADEMIC PRESS (CHINA)

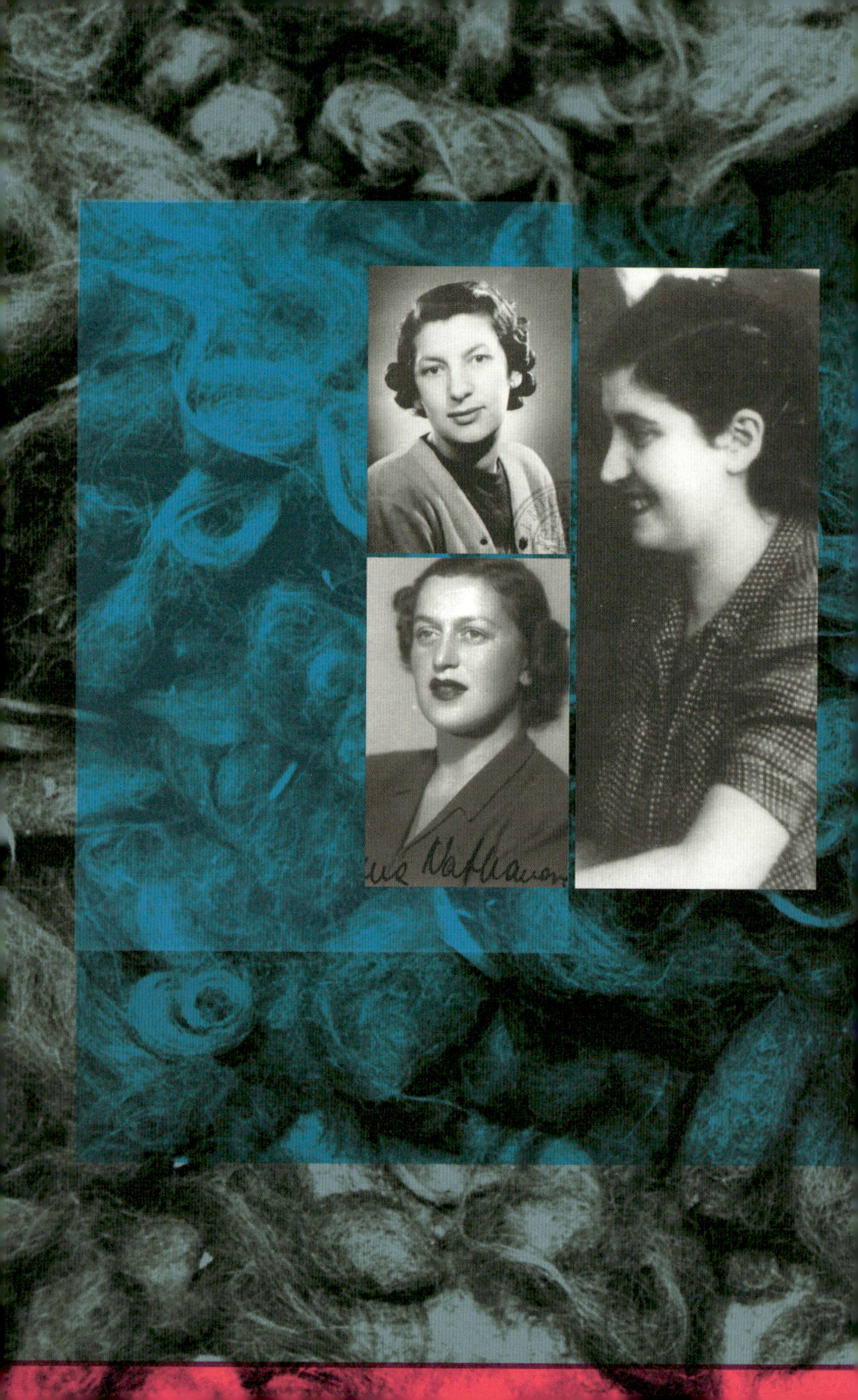

本书获誉

《天生幸存者》，一部格外鲜活生动的历史，一部极具原创性的研究专著，一部带着热情写就的令人感同身受的作品。

——《纽约时报》（*New York Times*）在线版

毫不令人意外，《天生幸存者》大获好评。

——《芝加哥论坛报》（*Chicago Tribune*）

让人痛心疾首的细节、使人印象深刻的研究……感情浓烈、荡气回肠、触动心灵，绝非上述言语所能形容。《天生幸存者》是这三位妇女以及奇迹般幸存的孩子留下的宝贵证言。

——《犹太纪事报》（*Jewish Chronicle*）

一部让人大为惊讶、使人深受感动的作品……在浩如烟海的研究素材中，抽取出非凡卓越的事件细节。

——《书单》（*Booklist*，星级书评）

尽管已是七十多年前的往事，但对事实真相的冷峻描绘，使之仿佛近在眼前……一部引人入胜、感人至深、叙事鲜活生动的编年史，讲述了三位落入纳粹魔掌的怀孕妇女的恐怖经历。

——《柯克斯书评》(*Kirkus Reviews*)

霍尔登的三人传记提供了足以作为历史教训的丰富背景信息，但给人的印象却是像一个故事，一个以非凡勇气和伟大慈爱对抗惊人残暴和骇人邪恶的故事。

——《加州海岸时报》(*Contra Costa Times*)

霍尔登运用写作、口述、录音以及大量历史记录，写就了一个在制度性的暴力虐待中不屈不挠的非凡故事。

——《美国犹太世界》(*American Jewish World*)

一部非同寻常的实地调查作品……一部令人动容的关于信仰的证言。

——哈罗德·埃文斯爵士 (Sir Harold Evans)

有时，就连活着也需要勇气。

(Sometimes even to live is an act of courage.)

——塞涅卡（Seneca）

谨以此书献给三位勇敢而坚毅的母亲，

以及她们的孩子，

他们降生于一个不欲其生存的世界。

有三位女子，怀上丈夫的孩子。
有三对夫妻，祈求光明的未来。
有三个婴儿，几乎同时降生于不堪的世道。
孩子们降临人世的时候，都还不足三磅，
孩子们的父亲已被纳粹杀害，
孩子们的母亲形容枯槁，如同“行尸走肉”，
在同一座集中营里过着朝不保夕的日子。
然而，三位母亲都设法求得一线生机。
奇迹般地，三位母亲的孩子也都得以幸存。
七十年过去，亲如同胞的孩子们再度聚首，
初次向世人讲述母亲们的非凡故事：
她们赶走死神，赋予孩子生命。
母亲和孩子，都是天生幸存者。

目　录

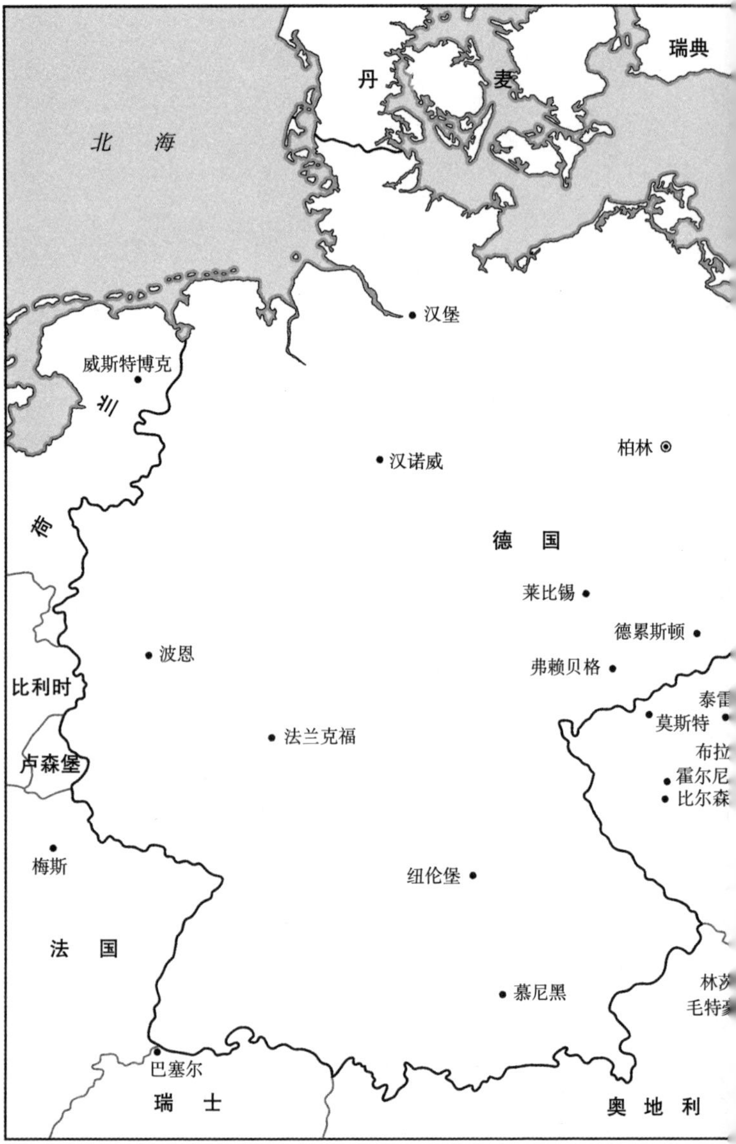

北海
丹麦
瑞典
汉堡
威斯特博克
荷兰
汉诺威
柏林
德国
莱比锡
德累斯顿
弗赖贝格
波恩
比利时
莫斯特
法兰克福
卢森堡
梅斯
纽伦堡
法国
慕尼黑
巴塞尔
瑞士
奥地利

波罗的海
东普鲁士
但泽
华沙
海乌姆诺
波兰
罗兹
帕比亚尼采
布雷斯劳
奥斯维辛
克拉科夫
特雷贝克绍夫采-
普德奥雷宾
布尔诺
捷克斯洛伐克
兹拉特莫拉夫采
维也纳
布拉迪斯拉发
塞雷德
匈牙利
0 20 40 60 80 100
英里

此书所讲述的幸存者的故事，是小心翼翼地拼接而成的，拼接的材料包括她们在书信与笔记中与家人私下分享的点滴回忆，以及她们多年以来对研究者和史学家所做的陈述。上述回忆与陈述，都得到艰苦调查与证人证言的印证，有些证人还在世，也有些证人已去世。

上述回忆已尽可能得到独立证人、档案材料以及历史记录的证实。至于那些无法直接获知的准确细节或对话，或者多年来已被反复诉说而且相差无几的陈述，则会在现有信息的基础上予以概括，不过或许未必如别人的回忆那般精确。

前　言

我们感激温迪·霍尔登，感激她对我们各自的母亲完全 xiii
感同身受，感激她不知疲倦地步步追溯母亲在战争时期的痛苦经历。在此期间，她不仅告诉我们最近方为人知的信息，而且让我们这三个“婴儿”亲密得就像“骨肉同胞”，我们永远感谢她。

通过温迪的研究与确认，我们同样感谢霍尔尼－布日扎当地捷克公民的无私行为，他们竭尽所能地为我们的母亲提供食物和衣物，同时得到帮助的还有其他被“死亡列车”从另外两处营地送往毛特豪森集中营的囚犯。我们同样钦佩温迪的坚韧、勤奋与能力，她以此追踪和描述美国陆军第3集团军第11装甲师的战士们付出的坚忍努力，他们为解放毛特豪森立下了汗马功劳，他们给了我们的母亲——以及我们——第二次生命。

我们的三位母亲实属荣幸，这么多年过去了，她们的故事终于得到了完整的讲述，分别构成了这部奇书的三分之
一，这部奇书也生逢其时地成为我们70岁生日以及战争结 xiv

束 70 周年的纪念。

温迪，我们感谢您，我们有幸得到您这位姐妹，我们代表那些在纳粹统治下出生的人感谢您，那个政权原本打算将我们置于死地，但我们注定成为大屠杀的最终幸存者。

哈娜·贝格尔·莫兰　马克·奥尔斯基　爱娃·克拉克

于 2015 年

一　佩莉斯嘉

1

佩莉斯嘉·勒文拜诺娃的身份证

“美丽的女士，你怀孕了吗?”当佩莉斯嘉·勒文拜诺娃被问到这个问题时，那位党卫队讯问者面带微笑，双腿叉开站在她面前，像法医检验尸体那样对她上下打量。

约瑟夫·门格勒医生站定在这位28岁的斯洛伐克女教 2
师面前，她一丝不挂地站在露天操场上，因为羞愧难当而瑟瑟发抖。就在几个小时前，她来到奥斯维辛二号营－比克瑙。时间是1944年10月。

佩莉斯嘉还不到5英尺高，看上去比实际年龄要小些。她身旁站着大约500位裸体妇女，彼此几乎素不相识。她们都是犹太人，到达时惊恐不已。她们从欧洲各地的家园或隔离区被运到这座纳粹占领下的波兰境内的集中营。她们每60人一组，被关在封闭的货运车厢内，每列火车长达55节。

车厢被打开那刻，她们大口喘着粗气，来到臭名昭著的铁路“站台”，置身于纳粹最有效率的灭绝系统正中央。这个灭绝系统被统称为奥斯维辛。她们马上被赶下车，叫骂声“滚出来！”或者“快滚，犹太猪！”此起彼伏。

在混乱与骚动中，人潮被面无表情、身穿肮脏条纹囚服的囚犯头目引导着，挤进坑坑洼洼的操场，而党卫队军官穿着一尘不染的制服，用皮带牵着跃跃欲试的恶犬。根本没有时间寻找亲人，因为男人和女人很快就被分开，孩子们则被推入病人和老人的行列。

虚弱到无法站立的人，或者因为挤在闷罐车厢太久而四肢僵硬的人，则被枪管戳、被皮鞭抽。“我的孩子啊！我的宝贝啊！”撕心裂肺的惨叫声回荡在潮湿的空气中。

在这长长的、被剥夺净尽的队伍前方，立着两栋低矮的红砖建筑物，每栋建筑物都带有巨大的烟囱，喷着黑色油烟，涌向铅色天空。灰色的浑浊空气夹杂着腐臭的、恶心的味道，直冲鼻孔，直灌喉咙。

在与朋友和家人分开后，年龄在10岁至50岁之间的年轻妇女，如入漏斗般通过一处电网环绕的狭窄通道，类似的
3 电网还包围着这片巨大的营地。惊得不知所措的她们，步履

蹒跚地走过那两座烟囱，走过几处深坑的边缘，走到一座巨大的单层门楼前面，那是隐藏在桦树林后面的浴室。

她们就这样不明就里地在集中营里“入住”，最初的步骤是被迫交出最后那点财物，被迫脱去所有衣服。她们用五花八门的语言大声抗议，却只是换来殴打和恫吓，迫使她们服从荷枪实弹的党卫队看守。

她们全身赤裸地穿过一处宽阔走廊，来到一个大房间，几乎所有这些母亲、女儿、妻子、姐妹都被粗暴地剃去全身毛发，动手的是男女囚犯，德国守卫则在旁边不怀好意地观赏着。

在被电动剃刀处理过后，她们几乎已无法辨认彼此。她们每5个人肩并肩走到点名区，在冰冷潮湿的烂泥地上赤脚等待超过一个小时，接受第二轮“筛选”。筛选者是一个男人，后来被人称为“死亡天使”。

门格勒医生，穿着严丝合缝、裁剪得体的灰绿色制服，佩着闪亮的臂章和银色骷髅领章，手里拿着一双袖口大得出奇的灰白山羊皮长手套。他的棕色头发用发蜡抹得一丝不苟，他随意地左右摆弄手套，在队伍前面来回踱步，审视着每一名新来的囚犯——每当遇到特定的对象——他就会问她们是否怀上了孩子。

轮到佩莉斯嘉·勒文拜诺娃时，她只有几秒钟时间来决定如何回答这位面带笑容、门牙漏风的军官。她没有片刻犹豫。她果断摇头，并用熟练的德语回答道：“没有。”

当时她已怀孕两个月，她期待着为丈夫蒂博尔生下孩子（她希望蒂博尔就在这座集中营的某处）。她完全不知道，

如果照实回答，到底会拯救自己，还是会把自己和孩子推向
4 未知的命运。但是，她知道自己身处险境。她以一边手臂遮住乳房，另一边手臂盖住下体，祈求门格勒会相信她那生硬的否定回答。那位“慈眉善目”的党卫队军官迟疑片刻，凝视着这位年轻“可人儿”的脸，然后就径自走开了。

他又走过三位妇女面前，猛然抓住一位畏畏缩缩的妇女的乳房。几滴乳汁让这位妇女无所遁形，她怀孕至少十六周了。门格勒往左挥了挥手套，她就被拽出队列，被推到操场的角落里，跟那群战战兢兢的准妈妈挤在一起。

那些瞠目结舌的妇女当时还都不知道，一支队伍意味着生存，而另一支队伍可能意味着截然不同的结局。那些当天被门格勒选中的妇女，对此一无所知。

对于年轻的佩莉斯嘉（Priska）来说，约瑟夫·门格勒（Josef Mengele）意味着她有生以来的最大威胁，但她对即将面临的危险茫然不知。此后几个月里，饥饿将会成为她可怕的敌人，然而，饿死似乎已是她最为痛快的结局。

与饥饿相伴的还有口渴，这同样使她在集中营里备受折磨，此外还有劳累、恐惧、疾病。但是，怀孕的身体同样使她不堪重负，对营养的迫切需求几乎把她推到崩溃边缘。

难以置信的是，帮助佩莉斯嘉熬过饥饿之苦的竟然是一段回忆，当年在上学路上，她会把鼻子贴在蛋糕店橱窗上，感受那抹着糖霜的甜食，比如顶上撒着饼干碎末的肉桂巴布卡蛋糕。在兹拉特莫拉夫采（Zlaté Moravce）的蛋糕店里用衬衣兜住剥落的酥皮碎末，成为她对田园牧歌般童年的回

忆，那座城镇如今位于斯洛伐克共和国的西南角。

佩莉斯嘉的家乡距离布拉迪斯拉发（Bratislava）大约100公里，以淘金行业而知名。当地众多河流中的一条，兹拉特南卡河（Zlatnanka），就得名于斯洛伐克语单词“黄金”。城镇的名称“金色莫拉夫采”可谓实至名归，足以佐证这座城镇的繁荣。当地矗立着一座雄伟壮丽的教堂，此外还有许多学校和商业街区，那里也遍布咖啡馆和餐厅，另有一间旅馆。

佩莉斯嘉的父母埃马努埃尔·罗纳（Emanuel Rona）和保拉·罗诺娃（Paula Ronová），经营着镇上一间有口皆碑的犹太咖啡馆，住在附近的人都喜欢在此碰头。尽管位于中心广场的黄金地段，咖啡馆还是保留了一处漂亮的花园。时间回到1924年，埃马努埃尔·罗纳包销报纸的生意亏本了，当时他已年近40。为了扭转命运，他做了一个大胆的决定，把妻子和孩子从250公里外靠近波兰边境的东部山区偏僻城镇斯特罗普科夫（Stropkov）搬出来。

佩莉斯嘉生于1916年8月6日（星期天），搬家那年她才8岁，但只要有空，她就会跟着家人回到斯特罗普科夫，探望外公大卫·弗里德曼（David Friedman）。大卫是寡居老人，拥有一间客栈，还是一位小有名气的政论作家。

佩莉斯嘉后来说，兹拉特莫拉夫采那间家庭咖啡馆非常漂亮，而且在她勤劳的父母的打理下，总是干净得一尘不染。据说那里有个秘密房间，母亲自豪地称之为“密室”，只要母亲拉开门帘，就会有八位身穿黑色礼服的乐师为顾客演奏。“我们有奇妙的音乐与美妙的舞者。当时，咖啡馆在生活中占据了重要位置。我真是太热爱我年轻时的那个年代了。”

母亲比父亲年轻四岁，而且还比父亲“高一头”，母亲拥有惊人的美貌，但又默默无闻地维系着这个家庭。母亲嫁给父亲后，在姓氏后面加上传统的斯洛伐克女性后缀，改名保拉·罗诺娃，成为一位卓越的妻子、母亲、厨师，一位“非常得体的女子”，寡言少语、深思熟虑。“母亲也是我最好的朋友。”

与此相反，父亲却是严格的纪律信奉者，当不想让孩子
6 们知道某些事情时，就会与母亲用德语或意第绪语交谈。佩莉斯嘉从小就有语言天赋，她其实已能听懂每一个单词。尽管并未热衷于他与生俱来的信仰，但埃马努埃尔·罗纳还是觉得维持体面相当重要，每逢犹太教节日，他都要带家人去犹太会堂。

佩莉斯嘉说：“在我年轻时，为了咖啡馆，举止得体非常重要。我们必须成为模范家庭、模范朋友、模范老板，否则顾客就不会来光顾了。”

佩莉斯嘉出生时叫皮洛斯卡（Piroska），在五个孩子当中排行老四。哥哥安德烈的昵称是“邦迪”（Bandi），他是长兄。姐姐伊丽莎白的昵称是“博埃日卡”（Boežka），排行老二，然后是阿尼奇卡，人们叫她“小安娜”（Little Anna）。比佩莉斯嘉小四岁的是欧根，昵称是亚尼奇科或“扬科”（Janko），他是小弟。最末还有第六个孩子，但还是婴儿时就死了。

在兹拉特莫拉夫采，一家人住在咖啡馆后面一套宽敞的

公寓里，每个孩子都能有自己的卧室。他们拥有一座大花园，缓缓延伸到一条水量丰沛的小溪边上。佩莉斯嘉热爱运动、活泼开朗，她经常与朋友在小溪里游泳，或在花园里打网球。佩莉斯嘉健康快乐，头发乌黑闪亮，与姐妹们一样，很受当地孩子的欢迎，他们亲切地把佩莉斯嘉昵称为“佩莉”（Piri）或“佩拉”（Pira）。

“对我来说，无论你是犹太人还是非犹太人，都无关紧要。我与所有人交朋友。大家不分彼此。”

佩莉斯嘉与兄弟姐妹们在“女佣”的环绕下成长，女佣们料理各种家庭杂务，就像家里的老妈子。一家人吃得很好，几乎每顿饭都有烹调相当“讲究”的犹太肉菜。鲜美多汁的烤肉晚餐过后经常会有从咖啡馆端上来的甜品。佩莉斯嘉喜欢甜食，她最喜欢维也纳萨克大蛋糕，这是一种杏仁果酱馅巧克力奶油蛋糕。

尽管孩子们在学校里并不学习宗教课，但他们每逢周五晚上都要进行祈祷仪式。他们要洗净双手，端坐在装饰考究 7
的安息日餐桌前，餐桌上安放着特制的烛台，铺着细软的亚麻布。

在班上三十多名学生中，佩莉斯嘉是六名女生之一。佩莉斯嘉说，姐姐博埃日卡是个“真正的聪明人”，她学习语言毫不费力，就像海绵吸水似的。然而，博埃日卡对书本不太感兴趣，她更感兴趣的是艺术创作，尤其是刺绣，她在这方面大放异彩。

佩莉斯嘉不得不比姐姐更加用功，但她勤勉努力，很快就培养出对学习的热情。在深入探索未知世界方面，佩莉斯嘉也不同于更漂亮的姐姐安娜，安娜宁愿把玩偶打扮得花枝招展。佩莉斯嘉承认：“我喜欢求取知识。”佩莉斯嘉从小就被基督教所吸引，在放学回家的路上，她经常偷偷溜进兹拉特莫拉夫采的天主教公墓。她尤其喜欢里面那些庄严的墓穴和陵寝，她总是对墓地里的“新住客”感兴趣，为他们编织虚构的故事，想象他们的生平事迹。

母亲保拉鼓励女儿如饥似渴地求取知识，并为女儿成为罗纳家第一个考上当地高中的孩子而感到骄傲，佩莉斯嘉考上了扬卡·克拉尔高级中学。学校是一栋引人注目的三层白色楼房，开办于 1906 年，位于公墓和市镇公所对面。作为 500 名 10 岁至 18 岁的学生之一，佩莉斯嘉在必修的德语和法语之外，还学习英语和拉丁语。她的兄弟姐妹们都只上到初中，只有哥哥邦迪去了会计学校。

佩莉斯嘉天生好强，她赢得了好几个学术奖项，老师们也为她的进步感到欣慰。这位明星学生还受到班上男生的关注，他们请求佩莉斯嘉为他们补习英语，他们聚集在佩莉斯嘉的花园里，全神贯注地听她讲英语课。“我一无所有，只有对兹拉特莫拉夫采的美好回忆。”

在学校，佩莉斯嘉最好的朋友是名叫吉泽尔·翁德热科维奇娃（Gizelle Ondrejkovičová）的女孩，人们叫她“吉兹
8 卡”（Gizka）。吉兹卡不仅长得漂亮，而且人缘极好。吉兹卡是地区警长的女儿，并非犹太人，她可不像佩莉斯嘉那样用功学习，所以她的父亲有一天找到佩莉斯嘉的父母，提出一个建议：“如果佩莉斯嘉确保吉兹卡完成学业，那么我就允许你们的咖啡馆延长营业时间，不论几点打烊都行。”而

且，延长营业时间还不用额外交税。

就这样，罗纳家第四个孩子突然成为这桩苦心经营的家族生意的关键人物。只要佩莉斯嘉还是同班同学的非正式家庭教师，她就能保证自家那间位于镇上的傲视同行的咖啡馆生意兴隆。佩莉斯嘉非常认真地履行自己的责任，尽管这耗费了她结交朋友的时间，但她非常喜欢吉兹卡，也乐意提供协助。两个好朋友肩并肩地坐在同一间教室里，最终双双毕业。

高中毕业后，佩莉斯嘉执起教鞭，似乎作为语言教师的职业生涯早已准备就绪。佩莉斯嘉热爱演唱，她加入了教师合唱团，在全国各地巡回演唱传统民族歌曲，合唱团一位成员自豪地宣称："我是斯洛伐克人，我永远都是斯洛伐克人。"在余生中，她总会愉快地沉浸在这种情绪里。

在兹拉特莫拉夫采，佩莉斯嘉仍然引人注目，无论在大街上遇到什么人，别人都会首先向她致意，这是斯洛伐克人表达敬意的传统方式。她也受到一位非犹太裔教员的追求，对方每到周六晚上就来约她，有时请她喝咖啡和跳舞，有时请她到当地的饭店共进晚餐。

佩莉斯嘉及其家人没有什么理由为舒适生活的改变而担忧。尽管犹太人在欧洲各地长期遭受迫害，尤其是19世纪初在俄国人手上惨遭屠戮，但在第一次世界大战结束后，随着德意志帝国、奥匈帝国、俄罗斯帝国的崩溃，犹太人轻而易举地在新建立的欧洲民族国家中定居下来。在捷克斯洛伐克，他们出类拔萃，很好地融入了社会。犹太人不仅在制造行业和经济生活中扮演关键角色，而且在文化、科学、艺术

的所有领域都有所贡献。新学校和犹太会堂纷纷建立起来，
9 犹太人在咖啡馆行业中同样占据中心位置。在罗纳家生活的社区里，他们就没有遇到什么反犹主义。

然而，第一次世界大战后严重的经济衰退，改变了国境线另一边的德国的氛围。阿道夫·希特勒（Adolf Hitler）从1921年起成为民族社会主义德国工人党的党魁，这个党就是人所共知的“纳粹”（Nazi）党，希特勒指责犹太人控制了全民族的财富，造成德意志民族的种种苦难。在1933年的联邦选举中，纳粹党得到1720万票，希特勒获邀加入联合政府，并被任命为总理。希特勒的上台，标志着魏玛共和国民主政治的终结，标志着一个众所周知的新政权的开端，那就是第三帝国（Dritte Reich）。

希特勒在激烈的演讲中抨击资本主义，同时声讨那些试图与布尔什维克、共产主义者、马克思主义者以及苏联红军共同发动革命的人。1925年，希特勒在他的自传体宣言《我的奋斗》（*Mein Kampf*）中写道，“犹太人还活着，简直是罪恶中的罪恶”，他声言要在德国消灭犹太人以及其他“没有生存价值”的种族，他称之为“彻底解决”。

希特勒声称，他的“新秩序”是对世界大战以来德国人所承受的种种不公正的反击，他怂恿身穿褐色衬衣的冲锋队员袭击犹太人，封锁或抵制犹太商店。在被洗脑的希特勒青年团的簇拥下，希特勒的战斗叫嚣“胜利万岁!”通过无线广播从柏林开始传至四面八方。在相当短的时间内，希特勒似乎兑现了他的承诺，他带来了经济复苏，他的支持率也随之水涨船高。在所谓的成功的支撑下，希特勒的政府开始

实施一系列法律，把犹太人排除出政治、经济、社会生活。“腐化堕落”的犹太图书被焚毁，非雅利安人被逐出大学校园，而那些身处海外的杰出犹太人，包括阿尔伯特·爱因斯坦（Albert Einstein），则被永远放逐。

随着德国反犹浪潮步步升级，犹太会堂或被挪作他用，或被彻底焚毁，有时还会把被捕获的犹太人关在会堂内活活烧死。城镇的人行道上都是犹太商店橱窗闪闪发光的碎玻 10
璃，商店窗户也被涂抹了大卫王之星或侮辱性标语。纳粹把非犹太人称为“雅利安人”，鼓励他们告发犹太人，到处弥漫着背叛与怀疑的气氛，那些多年以来比邻而居、孩子们一起成长的人，忽然发现自己走在大街上会被吐口水，甚至会被殴打或逮捕。到处都有自愿告密者，他们渴望告发自己的邻居，从而染指邻居的财产。数以百计的家庭遭到有组织的抢劫，暴徒破门而入，肆意掠夺。

土生土长的德国人被鼓励搜查并自行占领人们梦寐以求的犹太公寓，他们强迫犹太人在很短时间内举家迁出。这意味着在新房客搬进来的时候，“就连炉灶上的面包都还是热的”。那些被驱逐的人只可以搬进狭小的贫民窟，实际上与过去的生活完全隔绝。

那些肢体残缺、心智不全的人，无论是雅利安人还是犹太人，都被宣布为“无价值的生命”，其中许多人被送到集中营，或者被集体处决。剩下的民众别无选择，只能服从希特勒强加给他们的《纽伦堡法》（Nuremberg Laws），并毫无怜悯地实施此法，进一步疏远犹太人以及其他种族。根据纳粹界定的“科学种族主义”，为了维持德国人的纯正血统，他们制定了“种族接受度”的规则，严格限制“犹太人、吉卜赛人、黑人及其杂种后代”的基本公民权利。《德国血统与德国荣誉保护法》（Law for the Protection of German Blood and German Honour）宣告所有跨种族婚姻不受法律保护，任何与德国人发生性关系的犹太人都会被判处死刑，以避免“种族污染”。

犹太人被剥夺了公民身份，而任何被视为“反社会”或“有危害”的人都会被逮捕。这是一种模棱两可的分类，涵盖共产主义者、政治活动家、酒鬼、妓女、乞丐以及无家可归者，还有耶和华见证人（Jehovah's Witnesses）的成员。
11 任何人只要拒绝承认希特勒的权威，就会被逮捕，并被关押在早期的“集中营”（Konzentrationslager，缩写为“KZ”）里，它们通常由过去的军营改建而成。

雅利安人不得雇用犹太人。通过一系列渐进式改变，犹太人不得再从事律师、医生、记者等职业，犹太孩子在年满14岁后不得再接受教育。再后来，犹太人不得前往公立医院就诊，不得离开居所30公里外。公园、操场、河流、泳池、海滩以及图书馆均禁止犹太人入内。第一次世界大战纪念碑上所有犹太士兵的名字也都被凿去，尽管曾经有如此众多的犹太士兵为德国皇帝卖命。

口粮卡和食品券照常发放，但犹太人只能分配到雅利安人的一半定量。犹太人也可以到商店购物，但仅限于指定场所，时间则仅限于下午3点至5点之间，而到那时候，绝大多数新鲜货品早已被销售一空。犹太人不得进入影院和戏院，旅行时禁止乘坐有轨电车的前排车厢，只能乘坐往往是又挤又热的后排车厢。犹太人拥有的收音机都要上交到警察局，晚上 8 点至第二天早上 6 点严格执行宵禁。

出于对新政策的恐惧，数以千计的犹太人逃亡到法国、荷兰、比利时以寻求庇护。1918 年立国的捷克斯洛伐克也成为热门的避难所。该国不仅得益于巩固的边界，而且得益于拥有法国、英国和苏联等强大的盟友，这让佩莉斯嘉的家人也和绝大多数人一样感到安全。

1938 年 3 月，整个欧洲都颤抖了，希特勒兼并了奥地利，史称“德奥合并”（Anschluss）。希特勒声称德国人有权自决，有权为国民争取更大的“生存空间”。就在当年，第三帝国境内所有外国人的居留权都被取消。然后，波兰政府出人意料地宣布，波兰公民必须回国更新护照，否则其护照就将失效。雪上加霜的是，纳粹下令围捕并驱逐了大约 12
1.2 万名生于波兰的犹太人。不过，波兰方面拒绝接收，并将这些犹太人遗弃在边境附近一个条件恶劣的地方。

由于渴望在历经世界大战的欧洲通过谈判以实现和平，英国首相内维尔·张伯伦（Neville Chamberlain）提议举行国际会谈，并最终于当年 9 月达成《慕尼黑协定》（Munich Agreement）。在把俄国人或捷克人排除在外的情况下，欧洲主要强国实际上允许希特勒占领从北面、南面、西面包围捷克斯洛伐克的苏台德区，当地主要居住着德语居民。许多捷克人称之为“慕尼黑背叛”（Munich Betrayal），他们的祖国从此失去了战略屏障。

1938 年 11 月，一位十几岁的波兰犹太人因为流离失所而渴望为家人复仇，他在巴黎刺杀了一位德国官员。作为报复，纳粹高层下达了复仇命令，结果造成“水晶之夜”或

“碎玻璃之夜”。一夜之间，德国境内数以千计的犹太住宅、会堂、商店成为袭击目标，至少 90 人被杀害，3 万人被逮捕。接下来几个月，希特勒的支持者继续煽动反犹暴乱，但在 1939 年 3 月，元首邀请约瑟夫 · 蒂索（Jozef Tiso，此前被废黜的斯洛伐克天主教徒领袖）主教前往柏林。随后，埃米尔 · 哈查（Emil Hácha，捷克斯洛伐克天主教徒总统）也抵达柏林。两个人都收到最后通牒。他们要么自愿将其人民置于德国“保护”下——同时还要受到匈牙利领土声索的威胁——要么遭到纳粹德国强行入侵。

蒂索及其卖国政府几乎是立即就同意了希特勒的要求，无须纳粹继续插手，蒂索就被任命为新近建立的、名义上独立的斯洛伐克国（Slovak State）的总统；而在一次可疑的心脏病发作后，66 岁高龄的哈查总统也于次日同意了德国人的条款。然而，民众之间爆发了普遍的反抗；于是，1939 年 3 月 15 日，德国军队开入捷克斯洛伐克，并宣布成立“波希米亚和摩拉维亚保护国”（Protectorate of Bohemia and
13 Moravia）。六个月后，希特勒入侵波兰。接着几周后，苏联从东面入侵波兰，苏联与德国的秘密协定由此曝光。英国和法国对德国宣战。欧洲民众的生活从此发生巨变。

在新建的纳粹“代理人国家”中，犹太人一夜之间就成为无家可归者。许多公共建筑物都挂上“犹太人不得入内”的标语。有时候，标语甚至写作“犹太人与狗不得入内”。当人们得知发生在德国、奥地利、波兰境内的反犹暴行时，人们蜂拥到外国大使馆索取签证，但无功而返。面对这似乎在劫难逃的未来，有些人干脆自杀而亡。

佩莉斯嘉及其家人别无选择，只能服从新政权实施的每一条新法令。看似微不足道的事情却伤人至深。再也没有人请这位老师跳舞；当她路过时，大街上的人们不再对她首先致意，或者干脆对她视而不见。“有许多不愉快的事情，但为了生存下去，你也不得不自动接受。”其他朋友，比如吉兹卡，比如那些家里务农的同学，继续为罗纳家提供新鲜牛奶，继续他们至死不渝的忠诚。还有人挺身而出，公开向犹太朋友致意，并提供力所能及的帮助。

由于听到犹太人将被强行“遣送”到外地的传闻，人们开始储存食物以及其他物资。他们把贵重物品埋入地下，或者请求朋友保管，尽管一旦被揭发就会被判处死刑。那些有能力的犹太人会逃到英国控制下的巴勒斯坦托管地，他们希望在那里建立犹太国家。佩莉斯嘉的兄长邦迪就是其中一员，1939 年他孤身上路，声称他已看见“哭墙上的字迹”。佩莉斯嘉早期的一位男友甚至也不辞而别，最初移居比利时，后来去了智利。那人富有而年轻，两人最近才订了婚并正筹备婚礼，但他就这样消失了。

佩莉斯嘉的其他家人只能想方设法过日子。1932 年， 14
姐姐阿尼奇卡才 19 岁就出嫁了，她希望躲过在家庭咖啡馆里辛苦工作的宿命。她与丈夫生了一个儿子，名叫奥托，但她的婚姻未能持久。离婚后，安娜改了一个听上去更像雅利安人的名字，叫海伦娜·赫鲁巴（Helena Hrubá），在别人的咖啡馆里找了份工作。佩莉斯嘉的弟弟扬科学电气工程出身，被编入犹太劳动营，成为“犹太劳工”，他穿上显眼的蓝色制服，干着最脏最累的工作。博埃日卡 30 多岁还待字闺中，留在家里为家人和朋友缝补衣服。

佩莉斯嘉过去总是为自己的犹太鼻子而自豪，她戏称自己有个“大鼻子”，她高兴地穿上博埃日卡缝制的衣服，这让她觉得自己还未被社会抛弃。佩莉斯嘉说：“我从来就不是美女，但我会尽量让自己好看。我过去总是受到镇上居民的善待，他们觉得我是咖啡馆的宝贝女儿。”

这种宠爱很快就离她而去。1940 年，佩莉斯嘉的父母被禁止经营咖啡馆，这个店铺他们已经苦心经营 16 年之久了。由于没有受过多少教育，也没有其他技能，他们的生活于是没有了着落。佩莉斯嘉说：“他们是老实巴交的好人，但他们失去了一切。”一名雅利安托管人接管了他们的生意，此人对佩莉斯嘉出乎意料地友善，欣赏她会说英语、法语、匈牙利语和德语。佩莉斯嘉说：“我会说那些语言，这真是太重要了，太有价值了。”

由于找不到工作，佩莉斯嘉及其亲人决定移居布拉迪斯拉发，这是斯洛伐克国的新首都，位于多瑙河畔。佩莉斯嘉的外公大卫·弗里德曼失去了他的家庭客栈，逃离故乡斯特罗普科夫，与佩莉斯嘉等人会合。他们设法攒了一些钱，希望犹太人在大城市里也许更能默默无闻地过日子，他们的想法是对的。在纳粹入侵的时候，估计有 1.5 万名犹太人生活在布拉迪斯拉发，占当地人口的 12%，他们比较容易融入当地，也没有遇到多少反犹主义行为。

尽管在纳粹统治下，一切早已面目全非，但佩莉斯嘉的家人还是在什皮塔尔斯卡大街找到一处公寓安顿下来，通过私下充当代课老师，她又能够再次享受从小熟悉的咖啡馆生活。她尤其喜欢阿斯托尔卡咖啡馆，她在那里与知识分子们并肩而坐，以几种语言自由交谈。1940 年 10 月，就是在阿斯托尔卡，她碰见邻桌一位留着小胡子的高挑男子。此人当时正在与她的朋友交谈。

“他正兴致勃勃地与我的朋友、药剂师米米深入交谈。突然之间，米米站起来，走过来告诉我，那人觉得我很有魅力。”佩莉斯嘉的大胆爱慕者径直走来做自我介绍。蒂博尔·勒文拜恩（Tibor Löwenbein），一位生于波兰的犹太记者，能说流利的德语和法语，来自斯洛伐克西北部的城镇普霍夫（Púchov）。佩莉斯嘉坚持认为，两人邂逅的时候，蒂博尔有点儿醉意，佩莉斯嘉说自己不喜欢酗酒的男人。为了给佩莉斯嘉留下好印象，蒂博尔承诺再也不碰任何烈酒。他果然说到做到。

然而，蒂博尔还抽烟斗，而且收藏了 40 只烟斗，这些都未经佩莉斯嘉允许。佩莉斯嘉的追求者是个衣着考究的人，拥有 40 件衬衣。作为一位有抱负的作家，蒂博尔经常在随身携带的小记事本上写写画画。蒂博尔还集邮，尽管佩莉斯嘉总是得意地笑说，自从蒂博尔遇上她以后，她就成了蒂博尔唯一的业余爱好。

蒂博尔是海因里希·勒文拜恩（Heinrich Löwenbein）及其妻子伊丽莎白的独生子，人们称伊丽莎白为“贝尔塔”（Berta）。蒂博尔的父亲拥有一座小农场。不过，蒂博尔不甘心过农村生活，于是移居布拉迪斯拉发，成为《犹太大众报》的撰稿人，负责体育和地方政治版块。他也写过一本小书，名为《斯洛伐克犹太运动及其使命》（*The Slovak-*

Jewish Movement and Its Mission），主旨为犹太人如何完全融入斯洛伐克生活。

16

佩莉斯嘉的丈夫，记者兼作家
蒂博尔·勒文拜恩

当《纽伦堡法》让蒂博尔无法留在报社任职时，杜纳耶斯卡银行（Dunajská Bank）那位慈祥的希腊老板在布拉迪斯拉发给他提供了一份银行职员的工作。蒂博尔身材高挑、仪容整洁，待人极为温和，他发色浅淡、肤色苍白。佩莉斯嘉说他看上去不太像犹太人，这在当时相当重要。他在银行里很被看重，有时竟被派到布拉格和布尔诺出差，在当时的犹太人旅行限制下，这几乎是不可能的。不过，老板人脉广泛，蒂博尔也似乎总能侥幸过关。作为记者，他似乎认识所有人，人们也对他以礼相待，这种礼遇也惠及与他手挽手的明艳照人的年轻女士。

每天早上，在蒂博尔上班的路上，他总会陪佩莉斯嘉走到阿斯托尔卡咖啡馆，佩莉斯嘉在那里享用早晨的咖啡和蛋糕。当他离开的时候，他总是煞有介事地向佩莉斯嘉行道别礼，这往往惹得佩莉斯嘉发笑。傍晚下班后，他们会沿着多瑙河畔散步，那里是热恋中的情侣喜欢的去处。他们会在大 17
街上听别人演奏音乐，当驳船、河船、渡船缓缓驶过时，他们则欣赏倒映在水面上的影影绰绰的月光。

在他们坠入爱河的头六个月里，蒂博尔每天都给佩莉斯嘉写信。蒂博尔昵称她为“金色的佩莉”，而佩莉斯嘉昵称他为“蒂布科”或更常见的“蒂博科”。佩莉斯嘉为此心醉神迷，她保留着每一封信，尽管有些信非常简短，但它们都让人感到温暖。几乎所有信件都在战争中保存了下来。在1941年3月10日的信件中，佩莉斯嘉写道：

> 我的蒂布科，我多么高兴能收到你的来信，特别是那些长信……我迫不及待地想让你知道我的好消息！怎么说呢，从星期四开始我就有空了——我们连续四天都能见面了。在这难得空闲的日子里，这四天真是奢侈的假期……你希望知道我读信之后的感受吗？你的信写得很漂亮。我很惊讶，尽管你如此较真，如今甚至有点悲观，对时局的看法如此黯淡，但你还能写出如此优美的文字……我如此思念你，知道你只能在书本里寻找慰藉。我甚至有点嫉妒它们，因为它们出现在你的生活里，而我却不在你身边——尽管我答应过你只是暂时离开——请替我向你的书本问好，在没有我的时候，它们是你难得的伴侣。献给你100万个吻——你的佩莉。

在 3 月 12 日的回信里，蒂博尔写道：

> 我金色的佩莉，我非常高兴能读到你的来信。多么高兴。在这日复一日的苦闷现实里，你的文字如同阳光刺穿乌云。我想表达我的感激和愉悦……但不知道如何表达……！我期待明天下午四点半能见到你，就在我
> 18 家，我已经在憧憬这美好的时刻了，我也总是胡思乱想，抱怨天意弄人。当我意识到我们相识五个月的纪念日却未能在一起时，这种胡思乱想就总是萦绕不去。我有好多好多的话，要留待明天下午见到你时再对你说……我迫不及待地想把你拥入怀里……明天见，亲爱的……到那时候我再给你许多许多个吻，你的蒂博尔。

1941 年，佩莉斯嘉与蒂博尔在布拉迪斯拉发的犹太会堂结婚

一　佩莉斯嘉

1941年6月21日（星期六），在布拉迪斯拉发那栋摩尔风格的双塔犹太会堂里，这对恋人结婚了。25岁的新娘身穿白色长袍，头戴白色女帽，脖子上佩白色珍珠项链，脚踩白色鞋子，鞋上还有图案装饰。她手执白色菖蒲草，同意订立犹太婚约。她那27岁的新郎戴着礼帽，穿着礼服，配 19
以时髦的宽松长裤。

佩莉斯嘉的父母，埃马努埃尔和保拉，盛赞他们的女婿“完美无瑕”，父母给这对新人送上祝福，为这难得的喜庆而感到欣慰。蒂博尔的父母没有出席婚礼。就在那年早些时候，蒂博尔的父亲在普霍夫附近的农场自杀了，蒂博尔的母亲成了寡妇。心烦意乱的蒂博尔一度回家陪伴母亲，但又不得不赶回布拉迪斯拉发，否则他可能会因为未经批准擅自离开登记地址而被逮捕。如今佩莉斯嘉及其父母成了蒂博尔的家人。

这是美好姻缘，这对新婚夫妇更是天作之合。佩莉斯嘉说：“我们甚至没有争吵过一次。”佩莉斯嘉形容丈夫“令人感动”。她喜欢丈夫“字正腔圆”地说斯洛伐克语，而这是许多人都做不到的；人们通常会在说话时夹杂德语或匈牙利语。“他是很好的丈夫，他欣赏我的语言天赋。我对我的蒂布科有着美好的回忆。他是那种你在一生中可遇不可求的丈夫。”

然而，战争的蔓延使他们的幸福婚姻蒙上阴影。就在婚礼一天后，德国入侵了苏联，这只是希特勒的巴巴罗萨计划的开端，其目的在于夺取苏联领土。佩莉斯嘉和蒂博尔仍然对未来怀有希望，对即将降临的厄运毫无准备，他们搬到里巴尔斯卡－布拉纳街 7 号的一所公寓，那条街后来改名为菲舍托尔街，就在赫拉夫纳－纳梅斯蒂（Hlavné Námestie）广场边上。尽管要继续面对种种威胁，但他们在那里生活得非常快乐。这对夫妇专心致志地组建家庭，佩莉斯嘉很快就怀孕了，两人都很开心。因为孩子将要降生，蒂博尔更加庆幸自己还有一份稳定的收入。他甚至设法工作到 1941 年 9 月，直到所有斯洛伐克犹太人都不得不遵守将近 300 项新法令，德国人称之为《犹太法典》（Jewish Code）。

这部法典正式从种族层面界定犹太人，恢复了几百年前强迫犹太人佩戴耻辱徽章的做法。那种做法从公元 9 世纪开
20 始出现，通行于西至英格兰、东至巴格达的广大地区。每一名犹太后裔都被迫在护照以及其他身份证明文件上盖上显眼的“J”，即德语单词“犹太人”（Jude）的缩写。犹太人还被迫购买袖章或星星，这些星星从大量预先压印好边线的布料上裁剪下来，而生产这些星星的工厂，就是许多犹太人曾经工作的地方。每个徽章都要缝制在外衣的前胸或后背上，但主要是缝制于犹太人的胸前位置。

由于有了新的显眼标志，对犹太人的公开迫害愈演愈烈。不仅犹太人的商店和企业继续遭到打砸和抢掠，而且犹太人只要走出家门，人身安全就会受到威胁。蒂博尔和佩莉斯嘉有许多朋友花费大量金钱去购买假证件，但如果被抓住，也要承担巨大的风险。蒂博尔的老板设法使其无须佩戴星星，同时免除了其他人身限制，但佩莉斯嘉却无法得到这种庇护。每当他们在宵禁后出门，或者涉足犹太人禁止前往的地方，佩莉斯嘉要么拿起提包、要么翻过衣领，这样别人

就看不到她的星星了。

不久后，随着新法令的强制推行，犹太人被迫离开布拉迪斯拉发市中心，搬到更贫穷的郊区。佩莉斯嘉设法在布拉迪斯拉发20公里外的小镇佩兹诺克一所小学里谋得一份教职。蒂博尔每天去布拉迪斯拉发上班，早上6点就得出门。“他热爱他的工作，而且他也不得不工作，因为我当时怀着孕呢。”佩莉斯嘉的父母、外公和姐姐博埃日卡则设法留在布拉迪斯拉发，住在多瑙河畔一所公寓里，博埃日卡继续做着针线活。这个亲密的家庭继续艰难度日，同时心存希望。

佩莉斯嘉一直在小学里任教，直到当局颁布法令，禁止所有非雅利安教师给雅利安孩子上课。于是，佩莉斯嘉只好与孩子们依依惜别，但她认为自己还算幸运，因为一位英国人开办了一所地方语言学校，邀请她去任教，她甚至还能挣得更多。“我还有选择。我有许多私人学生，他们还来找 21
我，所以似乎没有什么变化。我并不感到痛苦。他们付给我学费，而我以此维持生活。”

佩莉斯嘉决心帮助那些比她更加不幸的家庭，她继续给许多过去的学生免费授课，带领他们阅读德语、法语、英语的经典著作。

然而后来有一天，她不幸失去了腹中的胎儿。

让这对夫妇感到难过的是，随着纳粹法规的执行力度日益严格，他们的生活也日益艰难。当局强迫犹太人登记银器、藏品、珠宝以及其他财产，接着就得把这些财产拿到当地银行充公。然后就是皮草以及他们最好的冬衣。他们还被禁止豢养宠物，必须把猫、狗、兔子甚至小鸟交到收集中心，然后就再也看不到他们的宠物了。

蒂索神父统治下的斯洛伐克国成为最早配合党卫队围捕行动的轴心国的仆从国之一，当局把犹太人放逐到“遣送区”或劳动营，以配合德国在东线的战争行动。为了换取斯洛伐克的雅利安公民不必前往东线送死的权利，斯洛伐克国政府同意为每一个被纳粹运出国境的犹太人支付 500 帝国马克。作为交换，纳粹向当局保证，那些被“遣送”的“寄生虫”将永远不得返回，也永远不得索回他们留下的任何财产。在极度压抑的气氛中，数以万计的犹太人被斯洛伐克卫队以及其他民兵组织所围捕，然后“集中”在斯洛伐克境内的劳动营，主要是塞雷德、维赫纳、诺瓦基。

数千名囚犯还留在新营地为德国生产战略物资，但估计有 5.8 万人被送到东方的强制劳动营，作为纳粹所谓的“东迁”的一部分。到了“东方”，据说会在纳粹占领的波兰境内靠近兵工厂的地方建立营地，囚犯可以通过工作换取食物和居所。有些犹太人还得到许诺，在东方可以共同耕作，或协助建立新的犹太国家。

22 斯洛伐克犹太人孤苦无依、茫然无助，只能屈从于越来越渺茫的命运。他们对艰苦的条件和普遍的贫困早有预见，但求在战争结束后能够恢复正常生活。有些家庭自愿追随最早被驱逐的成员，认为一家团聚总好过天各一方。有些家庭答应给成员寄钱、寄信、寄食品包，他们真心相信这些东西能够寄到预计的目的地。

1942 年 3 月，差不多是在结婚九个月后，就在她准备庆祝第一个孩子降生的时候，佩莉斯嘉听说姐姐博埃日卡在一次围捕行动中被逮捕了，因为斯洛伐克当局同意提供1000名身体健康的单身妇女。得知博埃日卡的厄运，佩莉斯嘉匆忙赶到布拉迪斯拉发火车站，试图解救姐姐。这一举动原本很容易搭上她的性命。就在发车之前，她找到了那列拥挤的火车，但无法在茫茫人海中，在无数惊恐与迷惑的面容中找到姐姐的踪迹。“我不认识任何卫兵，但我恳求他们放过我姐姐。他们只是大声告诉我：‘如果你还单身，滚上车！如果你已结婚，滚回家！’我很意外，他们不允许我留在站台上，他们把我抓走了。”

令人生畏的斯洛伐克赫林卡卫队（Hlinka Guard）身穿醒目的黑色制服，许多人接受过党卫队的训练，他们逮捕了佩莉斯嘉，把她通宵关押在监狱里。丈夫蒂博尔心烦意乱，不知佩莉斯嘉去往了何处，直到次日早晨接到消息：“快来领回你的妻子。她是个麻烦制造者。”蒂博尔赶去警察局，说服对方允许他把佩莉斯嘉领回家，此后不再追究，但他为妻子的鲁莽感到愤怒，他拒绝与妻子说话——尽管只是沉默了半天，而他那年轻的妻子则因为未能解救亲爱的博埃日卡而伤心沮丧。

此后不久，佩莉斯嘉再次怀孕。又一次，尽管这对夫妇周遭的生活已经分崩离析，他们还是为怀孕而高兴万分。他
们都没有真正察觉危险正在逼近，此后数周内，当局继续对 23
犹太家庭发动突然袭击，每次围捕并送走1000人。有一次，佩莉斯嘉的父母听到走廊上有长筒军靴的脚步声，他们跳出窗外并设法逃脱了。

1942年7月17日，他们就没有那么幸运了。埃马努埃

尔·罗纳和保拉·罗诺娃终究无法逃脱生死轮回，在毫无征兆的情形下被抓住了。佩莉斯嘉甚至不知道父母被抓走，而当她知道时已经太迟了。父母已经50多岁，她甚至没有机会与父母道别。佩莉斯嘉未能解救姐姐，也未能解救父母。她甚至未能挽救她的第二个胎儿，她再次流产了。她说：“我觉得我也应该到东方去。对我来说，一切都无所谓了。”

蒂博尔发现，他的母亲贝尔塔也从普霍夫附近的家里被带走，送到波兰西里西亚的集中营。他只知道，他现在成了孤儿。佩莉斯嘉从吉兹卡这样的儿时玩伴那里得知，兹拉特莫拉夫采的绝大多数犹太居民也已经失踪了，当中包括她的朋友和亲戚。

佩莉斯嘉的父母曾经把最贵重的财产交给吉兹卡保管，如今看来这毫无意义。佩莉斯嘉在高中期间辅导过的那位至交好友，不惜冒着生命危险为罗纳家保管财产。然而，父母和姐姐不知所踪，兄弟姐妹也各散东西，佩莉斯嘉不知道，如果在战争结束后再也没有人能够坐在安息日餐桌旁，保管这几件骨瓷碗碟和银质刀叉还有什么意义。

佩莉斯嘉的姐姐安娜得到非犹太裔朋友的帮助，逃到了相对安全的高塔特拉山区，她在那里隐姓埋名，靠做服务员维持生计。她住在舅舅盖扎·弗里德曼（Gejza Friedman）医生家，舅舅是肺病学家，在一所为肺结核患者开设的疗养院工作。舅舅还把83岁的父亲、佩莉斯嘉的外公大卫·弗里德曼接来，毕竟在佩莉斯嘉的父母被抓走后，老人家就无人照料了。安娜11岁的儿子奥托则由天主教修女们藏匿起来。佩莉斯嘉的长兄邦迪在巴勒斯坦托管地安全无虞。小弟扬科逃出犹太劳动营，加入游击队，袭击赫林卡卫队，参加了旨在推翻亲德政权的行动。大家已经好几个月没有听到扬科的消息了。

佩莉斯嘉重拾早年对基督教的兴趣，考虑接受基督教洗礼，希望这能拯救自己和丈夫。蒂博尔在更加虔诚的犹太家庭中长大，并不认为受洗有什么用。他们继续遵循基本的犹太传统。尽管时局动荡，也许正因为时局动荡，佩莉斯嘉再次怀孕，但又再次流产了。

及至1942年秋天，斯洛伐克当局暂停了东迁行动。政治与宗教精英以及犹太地下社团组成布拉迪斯拉发工作组（Bratislava Working Group），对蒂索政府施加了巨大压力，因为人们开始怀疑，那5.8万名被放逐的犹太人，绝大多数已经死于非命。其中，超过7000人是孩子。

此后两年，斯洛伐克政府重新考虑其立场，拒绝放逐余下的2.4万名犹太人，那些未被送走的犹太人自此相对安全。工作组竭尽全力拯救犹太人，不惜贿赂政府关键人物。他们甚至直接与党卫队一级突击中队长迪特尔·维斯利策尼（Dieter Wislieceny）直接谈判，此人是纳粹驻斯洛伐克犹太事务顾问，他们为他提供了价值数百万帝国马克的黄金。随着维斯利策尼被调职，这些被称为“欧罗巴计划”的谈判也被迫搁置。尽管如此，在此期间，他们成功争取到反犹法律的松弛与迫害现象的减少，尽管不祥预感仍然挥之不去。

得益于蒂博尔的特殊工作与佩莉斯嘉的师生情谊，他们得以回到布拉迪斯拉发，搬进埃德洛娃街的一处公寓。尽管

他们被迫承受定量配给，而且在何时何地购物也有限制，但
25 比起欧洲各地的人们，他们还算过得不错。当佩莉斯嘉想吃甜食的时候，他们还能到当时他们最新喜欢上的咖啡馆，即历史悠久的斯特凡卡咖啡馆，去分享同一块蛋糕。

就像绝大多数犹太朋友和非犹太朋友那样，他们试图对未来保持乐观，寄希望于战争尽快结束。及至 1943 年，胜利的天平似乎已明显向同盟国倾斜。少数几个允许收听的电台也传来波兰接连起义、苏联红军反败为胜的消息。在长达五个月的惨烈战役中，德国人输掉了斯大林格勒战役。同盟国已收复利比亚，迫使非洲军团投降。意大利已对德国宣战，柏林市民也已被疏散。他们猜想，这到底是胜利在望，还是每况愈下？

1943 年，佩莉斯嘉与蒂博尔
在布拉迪斯拉发

没有人知道答案。他们也不知道亲人的遭遇，他们没有 26
听到任何消息。在布拉迪斯拉发，关于犹太人与其他民族被送到集中营的传闻已经流传数月之久，但那都是偶尔从遣送者口中传来的片言只语。传闻提到，人们要么被奴役累死，要么被活活饿死，要么被残忍杀死。1942 年，来自英美两国的新闻报道提到，犹太人被有系统地谋杀。1944 年 4 月以后，上述说法变得街知巷闻，当时斯洛伐克囚犯鲁道夫·弗尔巴（Rudolf Vrba）和逃犯阿尔弗雷德·韦茨勒（Alfred Wetzler）逃出了波兰南部一座人们闻所未闻的集中营，他们警告说，那里正在发生以毒气室和焚尸炉为手段的集体灭绝。两人详细描述了奥斯维辛－比克瑙的情形，甚至还画出了形象的插图，但这在当时流传不广，许多人甚至拒绝采信，尽管从那时起，人们确实变得疑虑重重，并不惜一切代价逃避东迁。

佩莉斯嘉和蒂博尔不敢相信那些传闻，毕竟那太过耸人听闻。他们的朋友普遍认为，那些传闻要么是在囚禁中发疯的人在胡说八道，要么是哗众取宠的反纳粹宣传。尽管大家的日子都不好过，但那些传闻超出了人们的理解能力，难道希特勒真的说到做到，要把那些不受欢迎的种族斩草除根，以便缔造优秀种族么？毕竟，德国人是世界上最有教养、最为文明的民族之一。这个民族孕育了巴赫和歌德、莫扎特和贝多芬、爱因斯坦、尼采和丢勒，这个民族可能制订如此荒谬的计划吗，这可能吗？

这对夫妇还是寄希望于这场他们无法理解的战争尽快结束，他们尽可能过好每一天。1944 年 6 月中旬，距离他们

结婚三周年纪念日还有一周，佩莉斯嘉和蒂博尔决定再次尝试要孩子。两个月后，他们两年以来相对平静的生活被斯洛
27 伐克的民族起义所打破，那是一次旨在推翻傀儡政权的武装起义。佩莉斯嘉的弟弟扬科也在那数千名起义平民与游击队员当中，他们竭尽全力试图结束这个导致民不聊生的法西斯政权。

1944 年 8 月 29 日，武装起义从低塔特拉山区开始，迅速蔓延到全国，直到两个月后德国国防军强力镇压。数千人因此丧命。此后形势突变。出于报复，德国军队在盖世太保协助下迅速占领斯洛伐克全境，盖世太保进驻各地，强迫那些胆敢违抗元首的人遵守秩序。秘密警察领受的首要任务就是强迫蒂索总统恢复遣送剩余的斯洛伐克犹太人。为了逃避厄运，数以千计的人要么藏匿，要么逃到匈牙利或其他国家，他们觉得在国外会更加安全。

面对这似乎无可避免的结局，佩莉斯嘉及其丈夫试图保持乐观，他们选择留在布拉迪斯拉发，迄今为止，他们在那里成功逃避了抓捕。每天默默无闻的生活就像是上帝的恩赐，尤其是每周都能听到更多关于战争的好消息。巴黎已被解放，法国和比利时的重要港口也同时被解放。盟军开始在荷兰空降。德国会很快投降吗？

1944 年 9 月 26 日是星期二，这对夫妇要庆祝蒂博尔的 30 岁生日。蒂博尔那年的生日刚好碰上赎罪日，“众安息日之安息日”（Sabbath of Sabbaths），为了赎罪必须斋戒二十五小时，这是最为神圣的犹太教仪式。按照习俗，洗过手后，他们坐在一起，享受一顿食物粗陋但依然难得的正餐。

他们不仅庆祝蒂博尔的生日，而且庆祝佩莉斯嘉怀上新生命，佩莉斯嘉怀孕已超过八周。他们一起祈祷，希望他们的第四个孩子能够存活下来。

两天后，他们对快乐生活的期盼被打破，当时三名党卫队志愿兵冲进了他们的公寓。这种志愿兵中的绝大多数人是 28
斯洛伐克德裔民兵。那三个人命令他们把行李装进两个小箱子，行李总重量不得超过 50 公斤。

佩莉斯嘉说：“他们极其可怕、分外嚣张。他们几乎不说话，而我也说不上话……面对逆境，我知道如何保持镇定。我绝不轻举妄动。”

就在那个阳光明媚的秋日，在斯洛伐克政府支付 1000 帝国马克后，佩莉斯嘉·勒文拜诺娃和蒂博尔·勒文拜恩被“拖出”家门，塞进一辆黑色大货车后面的货厢。他们不得不舍弃蒂博尔那些邮票、烟斗、衬衣，还有那个藏书丰富的书柜，以及多年来写下的珍贵笔记。

这对年轻夫妇首先被驱赶到海杜科娃街那座高大的正统犹太教会堂。他们在那里等了很久，周围都是坐在地板上或行李上的人，大家都惶惶不可终日。佩莉斯嘉因为妊娠反应而身体不适，这是她第一次发作。她感到阵阵恶心，于是靠在蒂博尔身上想缓解不适，蒂博尔让她多想想孩子。“我的丈夫安抚着我，他说：‘也许他们会送我们回家的，佩莉。’我只是想着我的孩子。我多么想要这个孩子。”

当天稍晚些时候，他们以及其他 2000 名犹太人被汽车转移到拉马奇（Lamač）一处小火车站，然后被送到往东 60 公里、位于多瑙河低地（Danubian Lowland）的杂乱无章的塞雷德（Sered'）劳动与中转营。塞雷德以前是军事基地，起义前夕由赫林卡卫队管理，此时被置于党卫队军官阿洛伊斯·布伦纳（Alois Brunner）监管之下，布伦纳是阿道夫·艾希曼（Adolf Eichmann）的助手，而艾希曼是纳粹党卫队一级突击大队长，也是希特勒所谓“犹太问题最终解决方案”的罪魁祸首之一。

布伦纳被派到塞雷德，亲自监督斯洛伐克犹太人的最后
29 驱逐行动，此前他已在维希法国成功监督过类似行动。布伦纳经常穿着他最喜爱的白色制服，人们认为他把超过 10 万人送往奥斯维辛，他应该为此承担罪责。

在奥斯维辛集中营，犹太人被赶下运牛火车

那些抵达塞雷德的人会被塞进用木头搭建的营房，营房很快就人满为患。囚犯被剥夺人格的过程从早上点名开始，然后就是规定严苛的繁重体力劳动和整理内务劳动。囚犯塞

满了营地每个地方，每天就靠半杯苦涩难忍的“咖啡”、几口来路不明的清汤、一点发霉变质的面包活着。有些更加虔诚的犹太人，在小心翼翼地切分那点可怜巴巴的定量食品之前，还要用热水洗手，而那些热水本是用来喝的。

就在赎罪日那天，当佩莉斯嘉及其丈夫还在布拉迪斯拉发的时候，塞雷德的纳粹党徒在营地正中央烤全猪，他们大笑着叫唤那些饿得半死的犹太人来吃猪肉。尽管大家饥肠辘 30
辘，但没有人迈出半步。

几乎在佩莉斯嘉和蒂博尔乘车抵达后，从塞雷德出发的第一轮东迁就开始了，布伦纳下令“清空”营地，以便为下一批囚犯腾出空间。1944 年 9 月 30 日，在斯洛伐克和匈牙利党卫队军官的监视下，将近 2000 名布拉迪斯拉发犹太人半夜被赶出营房，排成行列，被塞进货运列车。每 80 至 100 人被塞进一个货运车厢，就连呼吸的空间都不够，更不要说挪动身体了。一旦沉重的木门滑动上锁，他们就被关进令人窒息的黑暗空间，最小的孩子被人们举过头顶，放在那些背靠窄木板半坐着的人的膝盖上。其他人就只能站着或蹲着了。

除了一个空木桶和一个装满水的铁罐，车厢内再也没有任何卫生设施，每个车厢很快就变得臭气熏天、肮脏难忍，因为每次颠簸都会让木桶里的脏东西溅出来。有人试图通过小窗户倒空木桶，但缠满带刺铁丝网的格栅让人无法倒空木桶，人们被迫在自己站着的地方大小便，衣服也难免弄脏。

没有食物，没有新鲜空气，没有水，汗流浃背、悲观绝望的人们陆续崩溃。那些透过木板缝隙看到外面的人，会喊出途经城镇的名字，他们往东北方向行驶了 300 多公里。在穿越波兰国境时，有些年纪最老的囚犯会默念犹太教致死者的祈祷词，然后再也不说话。那些死去的人，会在路上停车的地方被扔出车厢，以便为活着的人腾出空间。与 1944 年最后几个月在恶劣条件下被运出塞雷德的数千名犹太人一样，这 1860 名斯洛伐克犹太人已经意识到，他们在目的地肯定会受到最为残酷的对待，也许生命会就此结束。

31 佩莉斯嘉和蒂博尔就像其他人那样惊惶失措，但他们还是尽量互相安慰，确信一切都会变好，他们终将带着孩子回家。佩莉斯嘉尤其坚定，决心绝不放弃，因为“我如此热爱生命”。她提醒蒂博尔，她会说好几种语言，能够跟其他囚犯对话，甚至跟党卫队员对话，对方可能会因此客气一点。她向蒂博尔保证，她懂得如何运用自己的头脑。

对于佩莉斯嘉来说，信仰永远是不可或缺的，在火车把他们拖向东方的黑暗时刻，正是信仰让她熬了过来。“对上帝的信仰是最为重要之事。当某人有了信仰，此人就会成为正派体面的人，知道有所为有所不为。每天晚上，在我入睡之前，我都会向上帝祈祷。”由于已经受洗为福音派信徒，她很少会想到自己的犹太人身份，讽刺但并非毫无教益的是，当她和蒂博尔遭到残忍对待时，迫害者根本不会考虑其信仰。佩莉斯嘉承认道：“他们对待犹太人的手法是可怕的，甚至是恐怖的。就像对待动物。人群与人群之间，人与人之间，都应该待之以人道。他们对待犹太人的行径是可怕的。我们被塞进货运列车……然后被扔出车厢。他们的所作所为令人毛骨悚然。”

一　佩莉斯嘉

火车行进了超过二十四小时，当人们被赶下站台时，大家还不知道自己正去往何处，是否会与两年前被抓走的亲人团聚。佩莉斯嘉会再见到姐姐博埃日卡和父母吗？她会与兹拉特莫拉夫采的老朋友见面吗，想当年他们可是一起游泳、一起唱歌、一起说英语和德语的呢？蒂博尔最终能够安慰他那寡居的母亲吗？

蒂博尔越来越忧郁，他不再心存幻想，他几乎无法忍受眼睁睁地看着妻子受苦，而自己却无能为力。佩莉斯嘉妊娠反应剧烈，而且缺乏水和新鲜空气，她只能在黑暗、恶臭的车厢里大口喘气，蒂博尔把她抱入怀里，亲吻她的头发，极力安慰她。蒂博尔自己都快要喘不过气来了，但还是不断与
佩莉斯嘉说话，提醒她无论如何都要保持乐观，只去想美好 32
的事情。正如蒂博尔曾经在信中所说的，佩莉斯嘉就像“刺穿乌云的阳光”，必须让她对未来保持希望。

然而，随着火车不可逆转地向前开进，蒂博尔的勇气也终于消失殆尽。既然他们在路上已经受尽虐待，那么在终点又会有何等残酷的命运等着他们呢？蒂博尔把佩莉斯嘉抱得更紧了，他大声祈求上帝，让妻子和尚未出生的孩子活下来。这对夫妇意识到自己可能时日无多，他们决定在这最不堪的地方给孩子取好名字。他们轻声细语地商量，决定如果生女孩，就叫汉嘉（更为正式的拼写是哈娜），这取自祖母姐妹的名字；如果生男孩，就叫米什科（迈克尔）。

在这昏暗的车厢中，站在这对年轻夫妇旁边的是埃迪塔·克拉玛诺娃（Edita Kelamanová），一位来自布拉迪斯拉发的 33 岁的匈牙利老姑娘。埃迪塔在听到这对夫妇的对话

后深受感动。在火车的嘈杂声中，埃迪塔告诉蒂博尔："我向你保证，如果你的妻子与我在一起，我会照顾她。"埃迪塔家境殷实、富有教养，她不仅认为这是自己的道德责任，而且希望如果自己信守承诺，自己也能得到上帝眷顾，终有一日也能找到如意郎君。蒂博尔和佩莉斯嘉非常感谢这位好心的陌生人，佩莉斯嘉能辨认出对方的匈牙利口音，她客气地用匈牙利语说了句"谢谢"。

当火车在波德边境一处枢纽站场紧急刹车时，所有人都惊声尖叫。在那里，囚犯被正式移交给另一个政府。闷罐车厢的木门并未打开，人们不知道正在发生什么事情，只能在铁轨上默默等待。然后，来自塞雷德的火车动了一下，又继续前进，几个小时后，火车突然变轨，开进一条专用铁路支线，然后猛然停下，火车停在奥斯维辛二号营－比克瑙正中央的铁路站台。那是 1944 年 10 月 1 日，星期天。从这移动
33 监狱的密封车门外很快传来了恶狠狠的吵闹声，混杂着人的咆哮和狗的吠叫，乘客们终于知道，他们已经抵达终点了。

就在车门被猛然打开之前，蒂博尔对妻子说："一切都会好起来的，我金色的佩莉！"他们正脚步蹒跚地走向未知的险境，他大喊道："保持乐观，佩莉！只去想美好的事情！"

二　拉海尔

34

拉海尔·阿布拉姆丘克

“美丽的女士早上好，你怀孕了吗？”

1944年秋天，拉海尔·弗里德曼也被问到类似的问题。
35 门格勒对她报以特别的微笑，这种微笑似乎是为他面前这些剃去毛发、脱去衣服，像人体模特那样站成行列的妇女们准备的，地点是在奥斯维辛二号营－比克瑙。

拉海尔不知道该说什么、该看何处，她只好眼光朝下，下巴贴着胸口。在她周围还有几百位同样身陷困境的妇女，她们都被迫在露天操场上站立好几个小时。拉海尔与那些妇女一样，对全身赤裸站在如此众多陌生人面前感到羞耻。她今年25岁，突然庆幸丈夫莫尼克没有与她一道，从波兰沦陷后的犹太隔离区被运到此地，这样莫尼克就看不到她所蒙受的屈辱了。

与佩莉斯嘉·勒文拜诺娃一样——也与数以千计拥有共同命运的妇女一样——拉海尔只有几秒钟来选择如何回答这位纳粹高官的提问，此人只要轻轻挥手就能决定她的生死。她甚至无法百分之百地确定怀上了莫尼克的孩子——即使怀上了，也只不过是怀孕数周而已。她也完全不知道承认怀孕可能意味着什么。

她曾经听说过关于纳粹集中营的某些恐怖传闻，但她不敢相信。而且，无论这些传言多么耸人听闻，毕竟并未提到门格勒医生，也未提到那些落在他手上的孕妇的命运，更未提到他对孩子们所做的残忍的医学实验，尤其是对双胞胎所做的实验。这些都将一一上演。

拉海尔唯一知道的是，当她看着这位衣着考究、亲自检查女性囚犯的医生时，医生脸上总是挂着皮笑肉不笑的笑容。实际上，当他毫无廉耻地欣赏青涩少女的身体时，当他极为粗暴地蹂躏成熟少妇的乳房时，他的行为举止就像一位勤勉的农夫在悉心照料自己的牲畜。

闪亮的军靴和笔挺的军服都说明他对纪律和规矩的执着。尽管有些脸红脖子粗的纳粹党徒懒洋洋地站在泥泞不堪的点名区周围，看上去醉醺醺或更糟，但这似乎丝毫不能消减他的兴致。正相反，他似乎全情投入于工作。当他在囚犯 36
面前来回踱步时，偶尔还吹着口哨，只有在对身穿看着像条纹睡衣的囚服的囚犯头目发布命令时，他才会停顿下来。

任何能看出来有怀孕迹象或者滴下乳汁的妇女，都会被这些面无表情的男人拽出来。然而，妇女们绝非面无表情。当她们挤作一团时，她们眼中那恐惧的神情，足以让拉海尔想到答案。

当门格勒对她发问，然后不耐烦地左右摆弄手套时，她用双手护住乳房，平静地回答道："没有。"

门格勒没有动手查验他面前这位孕妇。当他走向下一位受害者时，他甚至都没有回头再看拉海尔·弗里德曼一眼。

拉海尔出身于一个枝繁叶茂、"快乐而美丽"的家庭。在这个家庭里，孩子们一起玩耍、欢笑和歌唱，对于他们来说，生命本该是悠长而甜蜜的。

她本来的名字是拉海尔·阿布拉姆丘克（Rachel Abramczyk），但在余生中，她改名为鲁兹（Ruze）或"鲁什卡"（Rushka）。作为九位兄弟姐妹的长姐，她生于第一次世界大战停战一个月后，1918 年年底的新年前夜，她出生在罗兹（Łódź）附近的帕比亚尼采（Pabianice），而罗兹是波兰第二大城市。

帕比亚尼采是波兰最为古老、最为繁荣的城镇之一，拥有漫长的纺织工业发展史。尽管如此，当地还是相对偏僻，镇上只有两辆汽车，其中一辆属于当地的医生。自从普鲁士人统治当地以来，犹太人在东欧的这个地区就备受歧视，但及至 20 世纪 30 年代，他们已经大致融入当地，约占当地人口中的 16%。正统派犹太教徒和哈西德派犹太教徒身穿黑袍、头戴黑帽，他们比阿布拉姆丘克这样的世俗化家族受到更为严重的迫害；而世俗化家族自称为“文化上的犹太人”或“改革派”犹太人，早在改革运动正式开始之前，他们就已世俗化了。

尽管在家里说意第绪语，尽管也庆祝犹太安息日以及其
37 他宗教节日，食用犹太食物，使用犹太烛台，但他们很少去犹太会堂，孩子们也并未被培养为虔诚的犹太教徒，不过他们的确就读于犹太学校。

拉海尔的父亲沙伊阿（Shaiah）是纺织工程师，就职于其岳父的纺织公司，纺织行业是少数对犹太人开放的行业之一。这个家族拥有自己的纺织机，雇用了绝大多数亲戚，生产挂毯、窗帘、布艺家具。得益于妻子法伊加（Fajga）的父母的庇荫，沙伊阿一家生活得很好，拥有一座三层高的宽敞公寓。这座公寓有两个露台，还有一大片后花园。

沙伊阿·阿布拉姆丘克在第一个孩子出生的时候已经 48 岁了，他受过良好教育，以知识分子自居。他有很多知识是通过自学而来的，他是一位如饥似渴的阅读者，沉浸于

历史、文学、艺术的经典著作中。他督促孩子专注于学业，鼓励他们掌握流利的德语。当时，德语被人们普遍认为是文明人的语言。

拉海尔尊敬父亲，也遗传了父亲对学习的爱好。她是个用功的学生，她与兄弟姐妹们每天步行1公里去上学，风雨烈日无阻。他们从早上8点学习到下午1点30分，之后就可以自由地阅读或玩耍。

作为当时的习俗，母亲法伊加比其老成持重的丈夫年轻得多，法伊加生下拉海尔的时候才19岁。在其长女成长期间，法伊加几乎总是在怀孕。尽管法伊加疼爱孩子们，但她有时候会埋怨丈夫太过专注于自己的学问。她甚至公开向亲戚朋友表示，丈夫应该好好考虑节育。

法伊加是和蔼可亲的女性，她为自己的生活感到满足，她经常告诉孩子们："我们的家就是我们的城堡。"法伊加以艺术品、瓷器、装饰品的混合风格来装点他们的公寓，在
逾越节的时候总是摆上鲜花。无论亲戚朋友何时到访，访客 38
们总是会对阿布拉姆丘克家的整洁大方和孩子们的知书达礼留下深刻印象。孩子们的良好教养要归功于拉海尔，因为她那胆小羞怯的母亲并不擅长于管束孩子。当拉海尔长大到足以抱起婴儿的时候，她实际上就承担起了仅次于母亲的角色，她帮忙做饭、做家务，也帮忙照顾弟弟妹妹。

当弟弟妹妹从学校回来，拉海尔就要准备午饭，饭后还要把弟弟妹妹带到户外去玩耍。拉海尔家也请过帮佣，但绝大部分家务都是长女承担的。萨拉（Sala）排行仅次于拉海尔，比拉海尔小三岁，她回忆道："我们两个总是每人带一

个弟弟或妹妹，我们两个还要用老办法来洗衣服，用搓衣板。”更小的妹妹伊斯特（Ester）和芭拉（Bala）长到足够大的时候，也要做家务。弟弟伯纳德的昵称是“贝雷克”（Berek），与弟弟莫涅克（Moniek）也要做点力所能及的家务，但年纪更小的几个孩子，比如昵称为“多拉”（Dora）的多尔卡及其孪生兄弟赫涅克（Heniek）生于1931年，最小的昵称为“马纽西亚”（Maniusia）的妹妹阿尼奇卡生于1933年，他们都还太小了。

拉海尔深感责任重大。她说：“我们都是好孩子，我们从来不像其他孩子那样打架。”母亲总是让她督促弟弟妹妹注意言行、分担家务。她这辈子都得承担督导者的角色。或许因为肩上承担的责任，拉海尔瘦得皮包骨，有时被认为是家里“最孱弱的人”。萨拉活泼而美丽，在当地剧团唱歌跳舞，她说：“拉海尔总是需要比我们吃得更多。”

很大程度上得益于法伊加那神通广大的父母的资助，阿布拉姆丘克一家吃得很好，他们能吃上波兰馅饼饺子（pierogi dumplings），以及苹果炖鸭、梅子炖鸡那样的肉菜。也正是这些令人垂涎的对餐桌上各种食物的美好回忆，支撑着拉海尔及其家人熬过战争期间最艰难的岁月。

39 四个年纪较大的姐妹人缘都很好。她们富有教养、衣着得体、通晓双语，拥有来自各种宗教背景的广泛的朋友圈子。萨拉如此美丽，以至于她们学校的美术老师为她画了一幅肖像。萨拉回忆道：“这是莫大的荣幸，那时候我是她最喜爱的学生。”

尽管家族生意兴旺发达，家庭生活也时髦而欢乐，但阿布拉姆丘克家族的生活方式却时刻受到威胁，因为犹太人在波兰广受歧视，他们的冤屈只有在社区法庭或当地拉比那里才能得到申诉。这也让许多人，尤其是年轻人，萌生了远走高飞、到没有骚扰威胁的地方去开始新生活的想法。犹太复国主义萌芽于19世纪，及至20世纪30年代已在东欧汇成洪流。其思想主旨是在“以色列的土地”上，即在被视为犹太人故乡的土地上，建立免受歧视的生活方式。这种思想对于那些无权无势的犹太人越来越有吸引力。

更年长、更虔诚的犹太人则梦想前往巴勒斯坦，死在“离上帝更近”的土地上，这是他们的终极目标。有些人，比如拉海尔的父亲，则宁愿去阿塞拜疆，当地似乎能成为犹太人的避难所。年轻人则很少考虑宗教因素，他们只想到能够安全养育孩子的地方去，只想到人人平等的地方去。

从16岁起，拉海尔就成为犹太国家基金会的成员，为前往巴勒斯坦购买土地募集经费。她也梦想有朝一日前往巴勒斯坦，找份好工作，过上新生活。由于青春岁月与身为保姆无异，拉海尔私底下决心嫁个有钱的夫婿。高中毕业后，她就把这个想法付诸实施。对方的名字叫摩西·弗里德曼（Moshe Friedman），又叫莫里斯或“莫尼克”（Monik），是个外表英俊的年轻人，生于1916年5月15日。他与守寡的母亲伊塔以及两位兄长大卫和阿夫纳共同拥有一家规模很大的纺织厂，他们甚至雇佣非犹太人，这在当时很了不起。

正是莫尼克那位生于匈牙利的不屈不挠的母亲勉力维 40
持，才让工厂在丈夫希蒙死于肺结核后继续运转，这种疾病也几乎要了她的命，而且让她的健康严重受损。尽管如此，母亲还是成为“所有人的老板”。伊塔是一位伟大的母亲，她的全部希望就寄托在三个儿子身上，她决心把生意做大，好让儿子们有点值钱的产业可以继承。

拉海尔的丈夫莫尼克·弗里德曼

1937 年 3 月，就在拉海尔读完中学那年，莫尼克和拉海尔结婚了。此时的拉海尔要比孩提时代丰满些，已经出落成富有魅力的新娘了。丈夫当时才 21 岁，而拉海尔自己也才 18 岁，就已成为温柔的、传统的犹太妻子。拉海尔结婚时，她那长期辛劳的母亲法伊加还要在家照顾 6 岁的双胞胎和 4 岁的马纽西亚。母亲肯定非常想念拉海尔。

莫尼克·弗里德曼及其妻子都对犹太复国主义感兴趣，也都加入了名为戈尔多尼亚（Gordonia，以犹太复国主义先
41 驱 A. D. 戈尔登的名字命名）的青年组织，致力于实现基布兹集体农场的生活方式，致力于希伯来语的复兴。出于这种信念，他们的婚礼极为简单。然而，莫尼克那位富有影响力的母亲却期待儿子们过上体面的生活，所以她的小儿子和儿媳妇在罗兹的新家过上了令人羡慕的生活。战后的通货膨胀

毁掉了欧洲数百万人的生活，但对那些懂得投资纺织品或贵金属的人来说则影响甚微。

拉海尔承认道：“我嫁给有钱人，我不用工作，我们过得比其他人好。”他们并不打算马上开始生儿育女，他们想要享受二人世界，并且力求发展事业。此外，拉海尔已经受够了照顾婴儿的日子。

罗兹有着先后隶属于普鲁士、德国和波兰的沧桑历史，也是世界上人口最稠密的工业城市之一。罗兹是一座遍布高大建筑、巴黎式街道和壮丽公共空间的大都市，拥有仅次于华沙的波兰第二大犹太社区，在将近 100 万人口中有 30% 是犹太人，其余的是波兰人和少数德意志人。据估计，罗兹有 1200 家纺织厂，整个行业使用了超过 200 万纱锭。在工业革命时代，罗兹已成为波兰这个贸易帝国的明珠和吸引技术工人的磁铁。

比起帕比亚尼采，来到国际化的罗兹，拉海尔和莫尼克能有更大作为。在摆脱家务、完成学业后，拉海尔能够集中精力募集资金，当时弗里德曼家族正讨论在华沙开设新厂的事宜，而在 130 公里外的华沙，他们已经购置了一处公寓。然而，他们的计划因为重大变故而被搁置。当阿道夫·希特勒兼并奥地利并赶走境内所有波兰人时，人们都知道，这位德国总理可不是省油的灯。在“水晶之夜”后，人们知道他的恫吓绝非说说而已。当德国、奥地利以及苏台德区的犹 42
太人陷入恐慌并准备逃离时，拉海尔和莫尼克也考虑过离开。毕竟，他们都是犹太复国主义者，他们的许多朋友正纷纷前往巴勒斯坦。但在远离家人的黎凡特地区，他们能够有什么作为呢？在如此炎热、如此毒辣的中东气候中，他们如何生活，到何处生活呢？

尽管逃离极端纳粹政治影响的念头似乎很诱人，但希特勒及其追随者仍然在千里之外，希望他将会满足于已经攫取的一切。尽管他的影响力确实已经伸展到波兰，弗里德曼家族仍然认为只有宗教化的犹太人才会成为目标，而非他们这样富有的、融入了社会的犹太人。

经过深思熟虑，拉海尔和莫尼克选择留在祖国。他们看上去都像德国人，也都会说德语。他们比绝大多数人富有，而且有许多非犹太裔朋友。一直到闪闪发亮的黑色长筒军靴踏过他们的城市，他们都不担心自己的人身安全。拉海尔后来说："纳粹的残酷无情并不令我意外。让我始料不及的是他们竟然是德国人。"此外，这对夫妇也想不到在别处还能过上更好的生活。他们的想法是，无论发生什么事情，即使失去财产，他们也能"应付过去"。

他们的希望随即被现实粉碎。1939 年 9 月 1 日拂晓，纳粹发动"闪电战"入侵波兰，展现出巨大的军事优势。德军步兵团直插南北边境并进行了轮番轰炸，其中就包括对维隆的空袭，此地距离帕比亚尼采不过一小时多点的车程。维隆 90% 的中心城区被摧毁，1300 名市民丧生。整个整个的社区靠自行车、步行和手推车逃命，祈求波兰军队能够阻止德国人的进攻。许多人穿越国界逃到罗马尼亚、立陶宛和匈牙利。然后，华沙也遭到德国空军的轮番轰炸，平民百姓与军事设施一样成为空袭目标。数以万计的人丧生，更多的人受伤。

身处罗兹的拉海尔及其身处帕比亚尼采的家人都听到了 43
飞机的呼啸声，每当刺耳的空袭警报响起，他们就跑到庇护所。等到 9 月 3 日英法两国对德国宣战时，这对夫妇即使再想逃离也为时已晚了。

当轰炸最终结束时，华沙已被围困了三周，波兰军队最终投降，10 万名军人沦为战俘。翌日，即 1939 年 10 月 1 日，德军装甲部队的坦克在大街上隆隆开过，德国国防军占领华沙。希特勒后来耀武扬威地宣布："这个受到英国庇护的国家，短短 18 天内就从地图上被抹去……战争第一阶段暂告结束，战争第二阶段即将开始。"他向热烈欢呼的追随者保证，德国已经成为世界上最强大的国家。

紧随入侵而来的是第一波反犹浪潮。从第一天起，这两家人就意识到他们的"美好生活"已经过去了。波兰已被德国和苏联瓜分，两边都没有什么好前景。所有年纪从 14 岁到 60 岁的犹太人都要服强迫劳役；许多波兰德意志人热烈欢迎希勒特军队的到来，他们几乎在一夜之间又成了德国人。他们开始煽动种族主义，公开羞辱那些他们曾经暗暗嫉恨的人。

在危机四伏的大街上，哈西德派犹太教徒尤其容易成为暴力袭击的目标。他们经常被拦住，被辱骂，被枪托击打，被剃去胡须（有时甚至被连根拔起），被迫用牙刷或祈祷用的围巾擦洗人行道。许多人被无缘无故地绞死。家园被抢劫，商店和会堂的玻璃窗被砸碎。所有犹太节日都被取消，德国人抓捕犹太人去从事强迫劳役，以防止他们在纺织企业从事技术工作。那些逃脱抓捕的人被迫交出所有财产，现金交易也被禁止。

44 许多人在德国入侵几日后就失去了生计和绝大多数财产。曾经的邻居加入抢劫犹太人的大军，抢夺他们想要的任何东西。他们盗取瓷器和亚麻、绘画和家具。他们甚至从别人的手指上抢夺结婚戒指。所有犹太人都被迫佩戴黄色袖章，后来改为黄色星星，这是他们被区别对待的明显象征。

在德国人占领的波兰地区，德语被宣布为官方语言，城市和街道名称也被改变：帕比亚尼采变成帕比亚尼茨，罗兹被改名为利茨曼斯塔特，以纪念第一次世界大战时的一位将军，罗兹的主街被改名为阿道夫·希特勒大街。拉海尔和莫尼克知道德国人从此就会赖在那儿不走了。

莫尼克动用一切能够动用的手段，设法弄到一些假证件，文件上声称他是“德意志公民”，是雅利安血统的波兰德意志人。由于他是金发碧眼，即使在雅利安血统的波兰人中，他看上去也能跻身于统治阶级。他也为拉海尔弄到了类似文件，这能允许他们在罗兹与华沙的家族公寓之间自由往返。这也使他们免于受到越来越多的管制措施的束缚。讽刺的是，要不是因为他们对生意和家族的眷恋，这对夫妇本来可以移居到他们想去的安全得多的地方，甚至可能在整个战争期间都不被发现。

拉海尔从朋友那里听说，她的家人被围困在帕比亚尼采，但都还活着，不过直接联系他们就会暴露自己。她还听说，在老城区的某个小地方，正在设立犹太隔离区，有些犹太人自愿进入隔离区，希望至少能得到安全。当局声称设立隔离区是为了保护犹太人免受雅利安人袭击，同时停止犹太人“与帝国的敌人合作”。当局还声称，隔离犹太人，是因为据说所有犹太人都有传播疾病的风险。20 世纪 40 年代早期，拉海尔的家人与数以千计来自帕比亚尼采和邻近乡村的 45
犹太人被塞进欧洲第一个隔离区，如果胆敢穿越重兵把守的边界，他们就会被处决。

许多家庭只是提前几天接到通知，并且只可以携带寝具和少量财物。及至 1940 年 12 月，隔离区从只有几百名居民暴涨到大约 8000 人，他们被塞进当局分配的房间或公寓。幸运的是，阿布拉姆丘克家族的朋友在隔离区密密麻麻的鹅卵石街道中有一处房产，后者为阿布拉姆丘克家族提供了一个大房间，足以供家人使用。大房间里还有些家具和厨具。其他人就没有那么幸运了，许多家庭被迫分离，或者被迫与陌生人在废弃的仓库里、在阴冷的公寓里分配狭窄的生活空间。绝大多数地方都没有电，也没有自来水。

在纳粹统治下，供应隔离区的所有食物和燃料都必须以实物和劳役来支付，每个人都不得不工作。按照纳粹任命的犹太长老委员会制定的经济社区条款，一天的工作能换得一份汤，因此人们必须完成工作指标，否则就要挨饿。有些人在隔离区周围的工厂做苦工，其他人则在家里劳动。萨拉以及兄弟莫涅克和贝雷克在工厂里工作，制造成衣、制服以及奢侈品。法伊加与最小的孩子们留在家里，沙伊阿承揽各种能够换取食物和改善居住条件的杂活。一家人就靠几盆清汤、一点儿面包活着。他们被迫乞讨、捡垃圾，如果碰上好运气，就用身上仅有的家当，换点蔬菜、肉类、鸡蛋。

从下午 5 点到第二天上午 8 点，隔离区内所有居民都被迫留在家里，在夏天，家里通常拥挤得令人窒息。由于缺乏有效的下水道系统，人们只能使用木桶大小便，木桶很快就会满溢，必须每天倒进臭气熏天的化粪池里，或者倒进流动化粪车里。后者其实就是木头手推车，由倒霉透顶的“清粪派遣工”推来推去。

46 拉海尔的家人试图改善自己的处境，祈求这种折磨尽快过去。他们试图振作精神、彼此劝勉：“再过一个星期，我们就能重新过上人的生活了。”几个星期变成几个月，情况毫无改善。每个人都变得更加消瘦、更加虚弱，情绪日益低落。妹妹萨拉说：“他们剥夺了我们的尊严，而我们还努力过得更好，但我们毕竟今非昔比了。”

及至1940年2月，一个形式类似的、面积大约2.5平方公里的犹太隔离区也在罗兹建立起来，这个隔离区是为16.4万名罗兹犹太人准备的，位于破败的巴乌迪和斯塔尔米阿斯托等几个街区。拉海尔和莫尼克决定尽快离开此地，与莫尼克的母亲和两位兄长搬到他们在华沙的公寓。尽管德国空军给华沙造成巨大破坏，但在当时，华沙正处于德国总督汉斯·弗兰克（Hans Frank）的统辖下，这对夫妇希望自己在华沙没那么引人注目。拉海尔说：“我们预计战争最多再持续两三个月就该结束了。”

他们发现首都居民极为紧张。由于大批难民从全国各地拥入华沙以寻找庇护，生活变得比他们想象中更艰难。每天都有越来越多的人拽马拉的木头手推车拥入城市，人们带上所有家当，手推车严重超载，锅碗瓢盆彼此碰撞，发出嘈杂的声响。食物极度短缺，而且即便随身携带假证件，人们也随时可能会被逮捕，甚至更糟糕。

及至1940年4月，华沙隔离区的围墙开始陆续建造起来，40万华沙犹太人最终都将会被围在墙内——成为纳粹欧洲占领区内最大的犹太隔离区。接下来几个月，随着人们向东方逃亡，希望能逃到巴勒斯坦或更安全的地方，恐慌开始蔓延。拉海尔、莫尼克以及两位兄长也前往边境，试探逃脱的可能。在路上，他们遇到大批难民，难民们带上了所有家当，希望在遥远的地方找到避难所。

莫尼克那寡居的母亲伊塔拒绝离家，因为自纳粹入侵以 47
来，她的身体状况可谓每况愈下。与当时其他身为人子者一样，莫尼克认为自己的首要责任在于照顾母亲，并且认为一家人待在一起比较好。当他和拉海尔意识到逃亡之路注定前途未卜、颠沛流离时，他们就知道，带着伊塔逃亡并不可行。拉海尔说："这确实很艰难，对她来说更是太艰难了，所以我们回来了，并且决定留下来。"

及至1940年11月，所有身处华沙的犹太人都遭到围捕，并被强行送入隔离区。任何逃脱者都会被枪毙。在顶端附有带刺铁丝网的三米高墙内，数十万居民拥挤在面积只有2.09平方公里的区域内过着日复一日的生活。弗里德曼家族的公寓已被围入隔离区围墙内，因此从一开始，生活就没有什么变化。拉海尔说："生活还在继续。我们不用辛苦劳作，我们就靠我婆婆的财产生活。"食物以及其他货物仍然可以运入隔离区，任何人只要有波兰兹罗提或帝国马克，就能在黑市上买到奢侈品。几个月过去了，生活还是老样子，直到一家人接到搬出公寓的命令，因为这套公寓对一家四口来说明显太大了。一位战前的顾客慷慨地在自己的公寓里为他们提供了一个房间，他们对此深表感激。

随着人们开始露宿街头，以及由饥饿、劳累和肺结核、斑疹伤寒等疾病而导致的死亡人数上升到每月 2000 人，拉海尔决定对穷人组织救济，尤其是接济那些来自帕比亚尼采的难民。“许多人贫苦无依、饥肠辘辘，所以我们建个食堂，让他们至少每天能有一碗汤、一片面包。有些人领餐后会支付几个硬币，这样我们就能再买些食物，我们每天给 70 人做饭。”

犹太长老会或犹太居民委员会负责管理隔离区内的日常
48 生活，他们为拉海尔以及其他志愿者建了个更大的食堂，但没有再提供其他物质支持。“我们坚持了六个月，直到我们资金耗尽。然后，我们只好关闭食堂。”

拉海尔转而致力于为那些最难熬过冬季的人收集衣物。由于缺乏取暖和煮食的燃料，已经有人冻死街头，小型墓地迅速爆满，人们不得不开挖集体墓穴。拉海尔尤其关注隔离区内的孩子，由于孩子们已经身陷饥饿与疾病，他们的身体抵抗力相当有限。拉海尔与几位朋友前往探望雅努什·科扎克（Janusz Korczak），后者是名 62 岁的医生、教育家与儿童作家，他早在 1912 年就已在华沙设立孤儿院了。科扎克好几次放弃逃离隔离区的机会，因为他舍不得他身后那 200 名流落街头的孩子。

科扎克的孤儿院在杰尔纳街，妇女们前往提供协助，科扎克请求妇女们为他的“小家伙们”收集些保暖衣物，妇女们做到了。第二年，在他们被送出隔离区当天，当科扎克让孩子们穿上最好的衣物时，他们所穿的几乎就是头年妇女们为他们所找到的。东迁行动已经开始，年轻人、老人和病人位于第一批被塞进火车送走的人之列。科扎克曾经说过：“孩子们去哪儿，我就去哪儿。”所以，当孩子们两两并肩地被押送到华沙格但斯克货运站的装载点时，科扎克也一路跟随。从那里出发，一列火车把他们送往特雷布林卡（Treblinka）的毒气室。他与孩子们都死在了特雷布林卡。

亚当·切尔尼亚库夫（Adam Czerniaków）是犹太居民委员会的负责人，他未能阻止纳粹提出每天提供6000名遣送者的要求，他也拒绝服从，于是毅然吞下氰化物胶囊。他给妻子和犹太居民委员会一位成员分别写下了便条，他写道：“他们要我亲手杀害本民族的孩子。我无力反抗，唯有赴死……我再也无力承担。我的行动将向世人证明，如何选择才是正确的。”

隔离区边界守备森严，但只要有合适的文件，人们还是能够进出隔离区大门的。人们过去习惯于通过犹太商人购买 49
商品，既然犹太商人不在了，华沙的非犹太人只好依赖黑市交易。那些同情隔离区囚禁者的人，不惜冒着生命危险运送食物和燃料等关键物资，男人和男孩通过隧道和下水道运送信件以及其他物资。

借助假证件，莫尼克偶尔会冒险走出围墙，或者购买必需品，或者打听拉海尔的家人在帕比亚尼采的消息。每次莫尼克外出，拉海尔都知道他可能有去无回。每次莫尼克平安归来，都令人感到极大宽慰；而到夜半无人私语时，他们也试图相互劝慰，要相信噩梦很快就会过去。即使到遣送行动开始时，他们也还告诉对方："这也会过去的。"当纳粹许诺称那些自愿参加"遣送"的人将会获得额外的食物供应，有机会在农场工作，有机会住在温泉度假村时，一家人不为所动。他们决心留在一起，直到被迫离开为止。他们还心存希望，希望战争随时会结束。

然而，形势显然越发紧张。党卫队军官在身穿特殊衣帽、佩戴黄色星星的犹太警察陪同下，开始到处抓人，并且将任何所谓的"危险分子"就地处决。在主广场有人被公开绞死。人们惶惶不可终日，害怕有人敲门，尤其在宵禁后更是如此。几乎所有隔离区的走私贩子都被围捕和枪毙，隔离区与外界的联系由此被斩断。使用假证件已太过危险，日益严重的食物短缺正在加速犹太人的死亡。

莫尼克越来越感到无助，知道自己与年轻的妻子必须逃跑。莫尼克用尽家里最后一点儿钱财，雇用了一名走私贩子，让此人把拉海尔带出隔离区，尽管这同样危险重重。这名走私贩子可能是非犹太人，竟然牵来一匹马和一辆马车。此人带上拉海尔和另一名妇女，若无其事地穿过大门，直奔
50 120 公里外的帕比亚尼采。拉海尔说："此行有三天路程。我们并没有藏着掖着。我们戴着老太婆的头巾，打扮得就像农妇。"两周过后，此人返回来接莫尼克。

莫尼克的母亲伊塔还留在华沙，由莫尼克的兄长阿夫纳照料。莫尼克的另一位兄长大卫已逃到了东方，据说在苏联。阿夫纳后来步大卫的后尘，抵达基辅，但据信两兄弟都未能在战争中幸存。

二　拉海尔

拉海尔已经有两年没有见过家人了，他们在帕比亚尼采隔离区迎来了令人激动的团聚。沙伊阿·阿布拉姆丘克已经60多岁了，他的妻子也已经40多岁，但两人看上去都老了很多。父母虚弱而苍白，眼睛失去了光彩，拉海尔儿时记忆中的天伦之乐也不复存在。然而，父母急切地想知道拉海尔的近况，也有好多话要对拉海尔说。父母津津有味地说起他们如何设法庆祝结婚25周年，当时父母互相送了小礼物，享用了比清汤稍为丰盛的食物。

与家人团聚是快乐的，但拉海尔及其丈夫很快就意识到，这里的生活跟在华沙一样艰难。然后有消息传来，所有身处帕比亚尼采的犹太人都要转送到罗兹隔离区，那里的境况还要更糟。带着沉重的心情与家人道别后，拉海尔和莫尼克自认为别无去处，只好又给走私贩子付钱，让他们原路返回华沙，返回那座他们之前拼命逃离的城市。一旦回到华沙隔离区，他们就不得不分头行事以保安全。莫尼克按计划住进朋友家里，但为拉海尔安排的“安全住所”却大门紧锁，里面的住户太过害怕，拒绝让她进屋。拉海尔别无选择，只好冒着被警察抓捕的巨大危险，说服正在等候的走私贩子把她带回父母身边。

1942年5月16日（星期六），就在拉海尔返回后不久，军警包围了帕比亚尼采隔离区，准备将其“清空”。当局只
给每个人24小时以收拾细软。在纳粹的枪口下，在阿尔萨 51
斯猎犬的凶恶吠叫中，每个人都被迫排好队。阿布拉姆丘克全家11人，包括拉海尔，紧紧地倚靠在一起，走向市镇体育场，他们被集中关押在里面，准备接受“审查”。

他们在体育场坐了一天一夜。他们忍饥挨饿，其中一些人还遭到殴打或羞辱。最终，他们被告知，他们会被公共汽车或运煤火车送去罗兹。当他们站在望不到头的队伍里等待上车时，德军士兵突然闯入，他们要决定哪些人更适合充当奴工。萨拉说："我看见他们揪出老人和最多七八岁的孩子。这些人不准登上公共汽车。我们很幸运，因为我们当中年纪最小的已经11岁了，我们设法保住了他们。"

人群当中很快爆发混乱，歇斯底里的妇女拒绝抛下孩子。拉海尔及其家人惊恐地看着一名纳粹党徒从一位母亲手中夺过婴儿，远远地抛向空中。他们没有看见孩子落地，但知道这孩子肯定活不成了。萨拉说："我永远忘不了。在某些母亲把婴儿托付给祖母照顾后，谁也不知道这些孩子会去往何方，会发生何事。"

在这两天时间里，包括孩子、老人和病人在内的4000人被无情地"筛选"出来，准备迎接未知的命运。亲人的号哭声即使远在体育场外也清晰可闻，人们还能听到枪声，那些抗拒骨肉分离的人，会被就地枪决。

当一家人等待上车时，德国官员前来征召自愿与孩子和老人同行以完成"重要工作"的青壮年男子。让他们感到惊恐的是，拉海尔18岁的弟弟莫涅克跳出来帮忙。他坚信如果自己随行，孩子们也许没有那么害怕。"我们说：'不要回去！留在这儿！'他说：'不，我必须去帮忙。'德国人
52 就把他跟孩子们一起带走了。"他们最后一眼看见年轻英俊的莫涅克时，他正被赶上一辆载满孩子的公共汽车，他唱着儿歌，试图安抚孩子们。

二　拉海尔

心烦意乱的一家人彻底没了主意，当天被选中的人被送到海乌姆诺（Chełmno），此地被德国人重新命名为库姆霍夫（Kulmhof），成为罗兹西北面不到100公里外的党卫队专业屠杀中心。战争期间，大约15万人在海乌姆诺被消灭，或者在埋尸坑旁边排成队伍被射杀，或者被关在特别改装过的卡车里，卡车驶入鲁兹霍夫森林（Rzuchów Forest）的林间空地，汽车发动机的废气被灌入车厢。大约7万名受害者来自罗兹。战争结束许多年后，一家人才发现他们珍爱的莫涅克遭遇到什么命运。

萨拉说："人们被赶入森林，然后全部被射杀。我弟弟就是清理工之一，现场清理干净后，这些年轻男子也就被射杀了。行刑者让我弟弟脱掉衣服，处决过后，当局负责回收他的衣服。他是我们家第一位被杀者。"

阿布拉姆丘克一家当时并不知道莫涅克的命运，只能到处打听他的下落。当少了莫涅克的一家人被送到罗兹的时候，大家都茫然不知所措。

新隔离区位于罗兹老城的贫民窟，那里的状况即使与华沙相比，也足以让拉海尔感到震惊。据估计，1941～1942年，仅在华沙就有7万名犹太人被活活饿死。拉海尔说她从未真正理解何谓饥饿，直到她抵达罗兹为止。守备森严的大门前挂着巨大的警告标语："犹太人居住区。禁止进入。"士兵每500米贴出告示，说明任何人试图逃跑都会被射杀。

在带刺铁丝网围墙内，大约有23万人拥挤地生活在糟糕透顶的环境中，生活在泥路或鹅卵石路旁的房屋里。没有窗户的公寓容纳了整个社区的居民。空气中弥漫着臭水沟和 53

人体腐烂所散发的臭味，不论活人死人都在腐烂。隔离区内衣衫褴褛、骨瘦如柴的人们看上去神经兮兮，无暇顾及自己的外表。松松垮垮的皮肤就像衣服那样搭在身上，许多人在灯光下就像幢幢鬼影，仿佛一阵轻风就能把他们吹走。萨拉说："在那里生活最久的人看上去最可怕。他们严重营养不良，因为饥饿而全身浮肿。他们几乎无力行走，并且面黄肌瘦。实在是太可怜了。"

罗兹犹太隔离区的犹太人行道，使其与雅利安人街道隔开

三座陡峭的木桥跨过隔离区的主要街道，街道禁止非雅利安人通行，电车就在木桥下方开过，乘客不许在此下车，只能眼睁睁地看着隔离区内情况恶化。阿布拉姆丘克一家曾经生活在色彩斑斓、活力洋溢的家里，如今只能看到周围幽灵般的人们和单调乏味的颜色，似乎生活的色彩已经因为饥饿与寒冷而褪去。

就像每一处隔离区那样，纳粹坚持犹太人要自己养活自 54
己，所以人们只有拼命工作以换取生存的机会。围墙外面有超过 100 家工厂，所有年纪在 10 岁到 65 岁之间的人都必须干活。在隔离区最大的开放空间，即卢托米尔斯卡街的消防队大院里，每天都有高音喇叭发布各种通知，通知新来者在工厂上工哨响之前去何处报到。纳粹制定了所谓的“犹太定量”，每人每天可以从公共食堂领取价值大约 30 德国芬尼的定量配给，但每位居民都必须工作以偿还这项“债务”。拉海尔及其家人很快就被雇用，为德国战争机器生产原材料。这些原材料包括织物、鞋子、背包、马鞍、皮带和制服。作为回报，纳粹只提供足够（也并不总是足够）让人们存活的食物，以及少数基本服务。

一旦工人完成一半工作定量，他们就能获得一碗汤或“泔水”和一小片面包。每周，人们都要排队领取其他定量配给，如甜菜、土豆、甘蓝、大麦或洋葱，反正有什么就领什么。如果当局大发慈悲，还可能分发一小根来路不明的香肠、一块人造黄油、一把面粉、一点儿人造蜂蜜或几条（发臭的）小鱼，那些东西得一个月才有一次。大门外偶尔会送来牛奶，但在夏天时牛奶很快就酸了，那时候任何生鲜产品都会迅速腐烂。

至于如何获取每周的食物，取决于每个人能想到的办法。有人会把鞋子、衣服、香烟、书籍或其他贵重物品拿出来，换取额外的食物，如萝卜叶，好让清汤有点味道，如菜根，这本是用来喂牛的。拉海尔的父亲沙伊阿是位老烟民，经常用自己的食物换几根香烟，因此日益消瘦。

拉海尔及其家人对隔离区的绝大多数记忆就是“总是在干活，总是饿肚子”。他们饿到眼窝深陷，而且髋骨突出
55 到可以磨破衣服。裤腰带紧了又紧，还得在上面再打孔，一家人仅有的几件衣服，也很快就变得破破烂烂、油光可鉴。他们腹部胀痛、步履沉重。一如在华沙那样，人们只有靠黑市才能存活，因为食物分配点和土豆仓库日益成为腐败和盗窃的对象，人们称之为“揩油”。数以百计的人罹患脓疮或肢体浮肿，这都是营养不良所导致的。萨拉回忆道：“有些人几乎无法行走，因为他们空空如也的肚子里都是水，他们喝了太多水了。有一次我的双脚都撑不住我的身体了，妈妈给我弄了点黑色的油与褐色的糖，就当补充维生素。我不知道这有什么用，但真的见效了。”

据估计，隔离区有20%的居民死于劳累、饥饿或疾病。在寒冷的冬季，人们在床上就冻死了。有人跳窗、服毒、上吊自杀，就是为了避免那无可避免的结局。有些父母会杀死孩子，然后自杀。还有人“自投罗网”，他们冲向路障，相信纳粹的子弹会给他们痛快的死亡。后来，在集中营里，彻底绝望的囚犯经常使用这种方法自杀，他们冲向电网，只求死得痛快。

莫迪凯·哈伊姆·鲁姆科夫斯基（Mordechai Chaim Rumkowski），一位无儿无女的63岁波兰商人，被纳粹任命为“犹太长老”。就像切尔尼亚库夫在华沙那样，鲁姆科夫斯基在巴乌迪广场的总部负责隔离区的日常运作。他也能决定每个男人、女人和孩子的命运。鲁姆科夫斯基曾经是纺织品制造商和孤儿院负责人，从他决定与纳粹合作开始，他就注定

成为极具争议的人物，有人视其为英雄，也有人视其为内奸。

鲁姆科夫斯基长着白发与蓝眼，他相信借助谈判技巧，就能成为市内最大孤儿院的负责人，就能通过技术工人“流动”来拯救犹太人。他的格言是：“我们的出路只有一 56
条，就是工作！”他坚信如果隔离区能够维持高效生产，纳粹就难以承受因放弃这支宝贵劳动力而造成的损失。有人认为，在华沙隔离区以及其他隔离区被摧毁两年后，他们还能够继续活下来，不得不说这是项伟大成就。

然而，鲁姆科夫斯基也在隔离区内制造了极为森严的等级架构，许多与他合作的统治精英被称为“长老”，他们按部就班地工作。这帮人是导致犹太同胞受骗、挨饿、被剥削的帮凶，他们住在舒适的公寓里，饮用伏特加，占用别人的食物配给。有些人甚至在马雷辛拥有夏季别墅。他们为自己的孩子雇用音乐老师和希伯来语老师，享受热水和肥皂，享用外面运来的商品，甚至出席音乐会和招待会，而普通人却只能蹲坐在窝棚里刮擦自己的疥疮。在冬天，只有熬汤的食堂以及面包房允许在炉灶中使用燃料，精英阶层却有充足的燃料供应，而普通人则只能在煤车里找煤渣，或者拆掉废弃的房子，把屋椽拿来烧。

拉海尔以及家里其他 8 名成员共用一套指定公寓的一个大房间，公寓位于隔离区正中央，这个区域被重新命名为费费尔加斯（Pfeffergasse），条件比许多人都好。尽管如此，他们还是得肩并肩睡在没有床的床垫上，既是为了取暖，也是为了节省空间。拉海尔的弟弟贝雷克，很快就由于年轻力壮而被送去做苦工，因此也就搬走了。一家人每周的面包定量要从当地一家杂货店领取，他们让年纪最小的赫涅克去排队，希望店主出于怜悯多给他一点面包。每当赫涅克把珍贵的面包带回家后，母亲法伊加总是小心翼翼地把面包切成九份，然后把最大的一份给孩子们的父亲，因为他是“家里的国王”。

57

罗兹犹太隔离区的奴工

每天晚上，当家里比较年长的成员下班回家，法伊加总会给他们端上汤，食材是她千方百计找来的。有时候，他们还能吃到土豆，尽管在冬天绝大多数土豆运来的时候就已经冻硬，而当土豆解冻时又已经发黑发臭，人们不得不把土豆埋掉以免有人食物中毒。有时候，他们也许会找到芜菁。按照定量，他们可以获得人造咖啡粉，法伊加会将其与水混合，制作几片软馅饼，让孩子们填填肚子。此后，咖啡的味道总会让拉海尔与妹妹们想起那些别出心裁的小馅饼。

萨拉说：“尽管我们很饿，但我们还是尽力苦中作乐。

我们仍然相信，终有一天，一切都会变好的。”

父亲沙伊阿·阿布拉姆丘克可谓心灵手巧，他整天待在工棚里，利用他的手艺改善家里的生活。他把房间的一角改造成隔间，把孩子们穿破的鞋子改造成支架，还给家里拉上
电线，让家人用上电灯和电动缝纫机。这对萨拉来说尤其有 58
用，萨拉是个很有天赋的缝纫女工，她给德国人缝制衣帽。每当她在灯光昏暗的工厂里完成工作，她就拖着酸痛的双脚走回家，她喝点汤，然后就开始用旧布料做新衣服。她会把衣服卖给统治精英，以换取一点额外的食物。

萨拉说：“我的工作……是制作优雅得体的女装，这些女装会被运回德国。有时候，我还设计衣服，德国人进来看着我干活。回到家里，我则化无为有……我还记得，我曾经有许多绿色的布料。”

工作不仅是为了换取食物，还是为了逃避被“遣送”到劳动营的危险。早在1942年1月，即在拉海尔及其家人被塞进隔离区之前，遣送行动就已经开始了。从1941年下半年起，来自欧洲各纳粹占领区的犹太人和吉卜赛人陆续被运到罗兹，鲁姆科夫斯基及其领导下的遣送委员会接到命令，必须确保每天遣送1000人，以便腾出空间。如果老人未能完成工作定额，纳粹则要求老人的妻子和孩子为其完成定额。由于反复接到交出手底下之人的指示，鲁姆科夫斯基面临巨大的道德困境，但他别无选择，只能遵照执行。他早就意识到，如果他不服从，那些拼命毁灭犹太社区的人必将找到更听话的人来取代他。他希望至少能够通过谈判来降低遣送人数。

每当遣送行动开始，德国警察就会在隔离区辅助警察的

陪同下，沿街搜索“新鲜猎物”。枪声此起彼伏，因为如果在围捕期间有人反抗，反抗者就会被当场射杀。每当在名单上选定了一批遣送者，身穿制服的男人就会乘坐卡车抵达现
59 场，包围整栋公寓。他们会把公寓楼里的所有人都拖出来，即使对方穿着睡衣也不例外。如果住户拒绝主动开门，警察就会破门而入。

那些不幸登上名单的人，首先被关押在查尔内基街的隔离区监狱，然后通过有轨电车被送往位于马雷辛的拉多格西奇铁路干线车站，这座车站就在隔离区外围。据估计，战争期间，有20万犹太人通过德国人所称的拉德加斯特装载站被送走。当他们被关押在查尔内基街期间，他们还心存希望。在这几个小时里，有时在这几天里，他们的家人会绝望地走遍隔离区，试图找到一名“中间人”，即他们可能认识的任何有影响力的人。他们会哀求或贿赂中间人，请求对方把家人从遣送名单中划去。人们的请求几乎总是徒劳的，但假如请求得到满足，也仅仅意味着其他人顶替获救者的位置以填满配额，人们委婉地称之为“跳进油锅”。

尽管围捕行动偶尔会停止，但隔离区内人人自危，迟早都要面对遣送和死亡。拉海尔的家人越来越感觉到希望渺茫。他们此时唯一的想法是尽可能多活一天，尽可能保护家人。在这种任意抓捕中，沙伊阿·阿布拉姆丘克越来越害怕失去部分甚至全部家人，他采取了一些实际措施以保护家人。孩子们都认为父亲的聪明睿智堪比发明家，父亲延伸了房间的隔墙，并且制作了一张木制梳妆台挡在隔墙正中央。父亲在梳妆台下方的背面开了一扇暗门，通过暗门——一旦

家人听到警察和党卫队抵达——他们就能躲进暗格。萨拉说："里面的空间刚好够我们挤进去。任何人进入房间都会以为房间是空的。父亲甚至在隔墙上挂了画，这样看上去隔墙背后就是实心的了。"

1942年9月，当隔离区内的遣送行动重新开始时，暗 60
格的价值就体现出来了。每当卡车柴油机的轰鸣声和长筒军靴的脚步声预示着卫兵上门时，邻居们就会被抓走，最后不知所踪。每一次，阿布拉姆丘克家都会爬过梳妆台下的暗门，一家人紧紧地拥抱在一起，遮住耳朵，不去听隔壁妇女的哀求和尖叫，不去听那虐待狂的奸笑。萨拉说："德国人来了之后对所有人大喊大叫：'滚到外面去！'然后，他们开始选人。他们会把五六十个人塞进公共汽车。这种事情反反复复地发生。"一家人能做的，仅仅是默默地对将永远消失的朋友和邻居道别。

围墙之内，很少有人知道外面的世界正在发生什么事情，很少有人真正了解他们被送走的亲人境况如何。由于实际上与外界消息隔绝，人们都不知道在海乌姆诺，唯一的选择就是死于子弹或一氧化碳。从东方回程的运牛火车的缝隙里偷偷夹着小纸条，暗示着前方的恐怖前景，写纸条的人劝告犹太同胞，千万不要登上火车。来自欧洲各纳粹占领区的遣送者的衣服和行李，也回流到隔离区，以供战争期间循环利用，有些衣服上还写着衣服所有者的名字，而这些名字还是留在隔离区的人们所认识的。久而久之，罗兹犹太人开始产生怀疑，开始相信传闻中所谓"油锅"的真正含义。

鲁姆科夫斯基害怕如果未能完成配额，必将招致纳粹报复，他与助手反复向人们保证，被遣送者将在新营地得到照顾，将会允许一家团聚。他们许诺，被遣送者将为战争付出努力，在军营里生活条件将会有所改善。但随着遣送行动持续进行，而被遣送者杳无音信，没有人再相信那些许诺。最后，就连鲁姆科夫斯基也不再掩饰了。

鲁姆科夫斯基的计划失败了。他曾经建立起他自以为堪
61 称模范的劳动营，里面有学校、医院、消防队、警察局，在社区里他是最高统治者，他甚至主持婚礼，但他的权威正在逐步瓦解。不仅因为数以千计的人被送走，而且因为纳粹从未能够为隔离区内的劳动者提供足够的食物。鲁姆科夫斯基为镇压饥饿且愤怒的民众越演越烈的游行示威而疲于奔命，他变得更加独断专行，威胁要逮捕那些妨碍他维持隔离区运转的反抗者。

纳粹决心加快灭绝犹太人的步伐，他们违背了与鲁姆科夫斯基的协议，要求送走更多的人。然后，纳粹还提出最为残忍的要求，遣送所有未满 10 岁的孩子和年逾 65 岁的老人，也就是在 8 天时间里每天送走 3000 人。

1942 年 9 月 5 日，阿布拉姆丘克家的暗格救了全家人的性命，下午 5 点，全面宵禁开始。在那个星期里，超过 2 万人被传唤。几乎所有家庭都未能幸免。

鲁姆科夫斯基连日来手持礼帽站立，请求他的主人收回成命，或者至少降低配额，但徒劳无功。鲁姆科夫斯基曾经为自己关爱儿童而自豪，但他最终接受了现实，他从未能够动摇纳粹的计划。全面宵禁前一天，这个“垂头丧气的犹太人”把所有人召集到消防队大院。在那个潮湿的秋日下午，他叹了口气，向众人宣布道：“一场暴风雨即将降临隔

离区。他们要求我们放弃最珍贵的宝物，我们的孩子和老人……我从未想过，我将被迫亲手把祭品送上祭坛……我不得不张开双手哀求：兄弟姐妹们，把他们给我；父亲母亲们，把你们的孩子给我。”

在尖叫与哀鸣中，他告诉人们，通过谈判，他只能在原 62
定2.4万人的配额中酌量减少，而且年过10岁的孩子都可以留下来。他说符合遣送年限的孩子和老人总共只有1.3万人，余下缺额必须由其他人补足。他已经同意交出病人，他说这“是为了拯救健康的人”。如果遣送行动遇到任何反抗，他保证反抗者将会被强行遣送。

拉海尔最小的妹妹马纽西亚刚满11岁，在这道荒诞的法令下刚好安全。但这丝毫未能减少被传唤的恐慌，或者对遣送行动执行方式的恐慌。拉海尔说：“我们曾经以为人们被送去工作，直到他们开始抓走孩子和医院里的病人。我们就知道他们是要把孩子和病人抓去杀掉。他们抓孩子的方式如此令人恐惧。孩子们被扔出窗外，扔到楼下的卡车里，我们就知道不会有什么好事发生。”

人们被这种民不聊生的状况逼到疯癫的边缘，有些父母一旦失去一直以来拼命保护的孩子，当场就疯掉了。有传闻说，有些母亲宁愿闷死自己的婴儿，也绝不交给荷枪实弹、带着猎犬沿街搜索的纳粹党徒。

萨拉说：“每当我们听到德国人在抓人，我们就待在暗格里，直到我们确信已经安全了才出来。”当一切重归寂静一个多小时后，他们才会从梳妆台后面爬出来，在楼房里徘徊，看看有谁被抓走了。如果某套公寓的大门被踢开，门板摇摇欲坠，那就意味着邻居再也回不来了，他们就会自行拿走所有遗留的食物或有用的东西。“这就是我们在那几个星期里活下来的方式……我们获取食物，像动物那样狼吞虎咽，我们已经不像人类了。”

63

罗兹市的拉德加斯特火车站，包括拉海尔在内的约 20 万名犹太人从此处被送走

被关押在罗兹的人们就这样过一天算一天，有时是过一分钟算一分钟，当然也是吃一顿算一顿。波兰兹罗提、帝国马克，或者人称“鲁姆基斯”或“哈伊姆卡斯”（影射哈伊姆·鲁姆科夫斯基）的利茨曼斯塔特隔离区货币，都已再无用处，因为唯一被承认的硬通货就是食物。定量配给总是无法按时兑现，这部分是由于纳粹限量供应，每当遣送行动临近，限量供应就成为消弭反抗的手段。他们会给自愿接受遣送的人提供免费肉类。对于留在隔离区的人们来说，每天的营养摄入量会被砍掉三分之二，而日益严重的腐败行为也意味着许多补给品被非法倒卖。

那些营养不良最为严重的人，经常赤足跛行、衣衫褴褛、身体扭曲，被称为“沙漏人”（hourglass）。这些人的共同特点是精神麻木、躯体肿胀、卧病在床、眼泛泪光，并 64
且时日无多。疥疮、斑疹伤寒、肺结核等传染病又再夺去了数百人的性命。随着情况日益恶化，屡遭围攻的鲁姆科夫斯基誓言隔离区工厂的灯光不会熄灭。在另一次演讲中，他承诺道：“我无力拯救每一个人，只能让所有居民慢慢饿死，但我至少能拯救最优秀的 1 万人。”

随着越来越多的人倒毙街头，夏天被苍蝇覆盖，冬天被冰雪掩埋，人们对食物的需求也更加强烈。在隔离区，哪怕弄到几片剩下的菜叶、一块腐烂的土豆，都已成为奢望。

拉海尔是出身于富裕显赫家族的年轻主妇，由于家族的社会关系，她已经比其他人幸运多了。但她还是必须工作，她在一家人造纤维工厂的办公室里每天工作十二个小时，这家工厂为身处俄国前线的士兵生产鞋靴。这些大码套鞋如此僵硬，几乎无法穿着走路，只能用于保护国防军士兵的脚趾头免于冻伤。拉海尔有三个妹妹也在这家工厂工作，甚至最小的妹妹也在这里。

隔离区围墙外，拉海尔的丈夫莫尼克继续想方设法营救妻子。他用假证件逃出华沙后历尽风险，长途跋涉到罗兹，试图找到拉海尔。拉海尔说：“他认为我太过虚弱，不可能在隔离区内独自生存，但他也无法救我出去。我弟弟贝雷克在附近的营地工作，看见他往回走，上了有轨电车。最后，他冒着生命危险，在德国人的眼皮底下穿过铁丝网，就是为了在隔离区内陪着我，因为他确信这样我会更有机会活下来。如果没有我，他甚至不打算活到战争结束……所以他来了，就在我身边。”

莫尼克永远放弃了逃脱的机会，他与拉海尔的家人生活在一起，搬进那拥挤不堪的房间。他最大的问题是此时已成为非法滞留者，在纳粹滴水不漏的统治体制下，他成了不在
65 名册上的人。在战争爆发之前，鲁姆科夫斯基与莫尼克的母亲伊塔颇有交情，因此拉海尔的家人也受到关照。“隔离区之王”告诉莫尼克，只有在一个地方，没有人会问及他的来历，那就是犹太特别警察部队。莫尼克当即同意，跟着其他人住进了营房。拉海尔说：“他们叫他做什么，他就做什么。”与所有在纳粹统治下挣扎求存的人一样，他没有多少选择余地。

莫尼克也和拉海尔的弟弟贝雷克一样，成为志愿消防员，在这个自生自灭的社区，这是必要的紧急服务。那些像他们这样幸运地取得政府职位的人，会集体住在警察总部或消防队，在那里他们会吃得稍好些。不久后，拉海尔在邻近街区的公寓分配到一个小房间。在那里，当丈夫有空来见她时，她就能与丈夫拥有片刻私密时光了。

还有其他意外惊喜。“战前出身于我们公司的一位厂务代表，把我们领到一座大仓库，帮我们找到一些衣服和毛毯，因为我们来的时候衣衫单薄。”随着隔离区进入冬季，暴风雪把所有东西都盖上厚厚一层雪，就连最肮脏的街道看上去都洁白无瑕，一张额外的毛毯就意味着生与死的差别。

所有人都通过组织音乐会等文化活动来振作精神。那里有爵士乐队、交响乐团、戏剧以及为孩子们准备的哑剧。萨拉自小就在业余剧团里唱歌跳舞，即使在帕比亚尼采隔离区也依然故我，此时成为最出色的演员之一。教育事业也未被忽略，在拉海尔的工厂里，雇请来的教师就在孩子身旁给他们授课，同时一起工作。“他们没有课本或纸张，全靠口授，或听读，或拼读，或者给孩子们讲故事。”

从 1942 年 9 月到 1944 年 5 月，7.5 万名青壮年犹太奴 66
隶让党卫队获利丰厚，以至于隔离区的遣送行动也一度推迟。但随着战局逆转，盟军轰炸机开始以德国城市为攻击目标，如对汉堡和鲁尔工业区的大规模轰炸都造成了数千人伤亡。然后在 5 月，第三帝国的二号实权人物海因里希·希姆莱（Heinrich Himmler）下令清除隔离区。此后三个月内，7000 名犹太人被送到海乌姆诺，并在那里被杀害，但由于人数太多，特种死亡卡车不敷应用，人们就被转送到奥斯维辛。倒霉透顶的隔离区邮差负责向即将被送走的人发放通知，邮差们因此被称为“死亡天使”。

食物如此短缺，必须减少人口，因此滞留的孩子和老人都被塞进火车，送去未知的目的地。按理说，拉海尔家里最小的成员也要被送走，但他们还是设法在那堵假墙后面躲过了搜捕。然后，某些体格健全的男人也被抓走。贝雷克和莫尼克因为在警队和消防队供职而未被遣送，但他们已无法再保护家人。那里已无处可躲。

多年以来，拉海尔及其家人都设法待在一起并成功逃脱抓捕。然后，在 1944 年 8 月的某一天，贝雷克，这位“世界上最好的弟弟”，这位曾经想尽办法让家人幸存并团圆的年轻人，回到家里，并带来了“好消息”，说遣送行动已经停止了。

当局向消防员保证，机要工作人员的家属都可以得救。他们必须走出藏身处，到消防队大院集合，好让当局登记身份，并统计还有多少人需要养活。然而，就像罗兹隔离区的其他承诺那样，这次的承诺同样只是空话。

萨拉解释道：“就在我们从消防队回家的路上，身穿党
67 卫队制服的卫兵把我们抓起来了。母亲还在家里照顾最小的成员，于是我跟一个德国人说：‘我的小妹妹马纽西亚需要回家，告诉母亲我们被抓住了。’我希望她能与家里其他人一块儿躲起来，但母亲与家人匆匆忙忙地赶来，所以我们都在一起了。我们被带上火车。我们都不说话。我们不知道我们将去往何方，也不知道他们会如何处置我们。我抱紧我的小妹妹，就像抱着婴儿一样。然后，他们就拉开车厢闸门了。”

在最后离开罗兹隔离区的犹太人当中，也是最后离开隔离区的波兰犹太人当中，拉海尔·弗里德曼 25 岁，她被送到奥斯维辛二号营 – 比克瑙那天是 1944 年 8 月 28 日，星期一。拉海尔已经好几个小时没有见到莫尼克了，不知道他是否在这次遣送行动中被抓捕，是否关押在其他车厢，也不知
68 道他是否躲在隔离区内的某个地方。这对夫妇再也没有机会彼此安慰，甚至都没有机会道别。

弟弟贝雷克本来可以继续留在罗兹，作为 750 人的犹太别动队的成员之一，清理和回收所有遗留物资，但他选择与家人同行。他年轻力壮，知道自己能够在苦工营最艰难的环

用于运送“帝国的敌人”的货运车厢内部

境里帮助父亲沙伊阿活下来。他几乎做到了。

在那个 8 月的晚上，同样乘坐最后几班火车离开城市的还有哈伊姆·鲁姆科夫斯基夫妇及另外 3 名家族成员。有人说他自愿与最后的遣送者同行，希望能够争取到最好的结果。当时波兰其他隔离区早已清空，罗兹的“国王”（他的名字取自犹太祝福语“生命”）也曾设法借助各种手段，让他手下的民众尽可能安全。他的结局到底如何？是命丧毒气室，死在那个他无意中造成数千人死亡的地方，还是命丧集中营，死在谴责他害死无数人的犹太同胞手中。没有人知道确切的答案。

在罗兹隔离区登记在册的超过 20 万人当中，只有不到 1000 人幸存。这是纳粹毁灭欧洲犹太人的重大“胜利”之一。尽管被关押在密封的货运车厢里，就像动物那样被送去屠宰场，拉海尔及其家人还是设法待在一起。他们挤在车厢黑暗角落的狭小空间里，没有食物，也没有水，他们想知道自己被送往何方。拉海尔说："我们都很害怕，在那密封到无法对外张望的火车里，大家都不敢说话。"车厢里没有任何隐私，罗兹犹太人共同忍受着车厢里迅速满溢的粪桶，随着火车震动偶尔溢出的秽物；四处弥漫的氨气熏得他们眼睛直落泪。他们极度渴望哪怕一点点新鲜空气，他们意识到，如果能站在铁丝缠绕的窗缝旁边，也许会好受一点儿。

等到火车在奥斯维辛戛然停下，孩子们都在哭闹，老人
69 们都在祈祷。人们在拥挤的黑暗空间中浅浅地吸了口气，他们听到金属门闩解锁的声音，然后滑动门砰然打开，空气涌入车厢。刺眼的光线射入车厢，在极其难听的叫骂声中，人们被棍棒敲打，被推挤进不同的队伍。大家都认为，这是最糟糕的时刻。拉海尔说："你不会去想。你不会去说。你只会像机器人那样向前走。"

门格勒医生当晚又是当值，他站在"站台"旁边，看着他最新鲜的货物抵达。门格勒的妻子艾琳，也是门格勒的独子罗尔夫的母亲，最近刚刚来到营地探望门格勒，这一来就是几乎三个月，因为她染上了疾病，得在设备完善的党卫队医院留医一段时间。艾琳来访期间，丈夫告诉艾琳，他在奥斯维辛的工作如同在前线服役，他的职责同样要靠"士兵般的服从"来完成。

每当火车开来时，负责管理集中营的党卫队骷髅部队军官总是会抱怨"新来的货物"货色不好。门格勒很少评论，

但他上下打量每一名新来的囚犯，偶尔问几个问题，有时还相当友善，然后指示囚犯走向右边或左边，即走向生存或死亡。

拉海尔的家人才抵达几分钟就被分开了。目瞪口呆的法伊加紧紧地拥抱着三个最小的孩子，13 岁的双胞胎赫涅克和多拉，以及“宝宝”马纽西亚，他们被推挤到一边，而拉海尔及妹妹伊斯特、芭拉和萨拉则被推挤到另一边。每支拥挤的队伍都在缓缓前进，人们焦虑地伸长脖子、抬头张望，想要再看亲人最后一眼，但马上受到呵斥，不得不回到队伍里。

沙伊阿·阿布拉姆丘克，这位多愁善感、痴迷书籍的知识分子，这位鼓励孩子们学习德语的发明家，眼睁睁地看着自己美好的家庭在波兰的寒风中四处飘散，他和贝雷克被迫走进苦工营的队伍。拉海尔说：“他们走得太远了。我看不 70
到我的莫尼克。我看不到母亲和弟弟妹妹……我看见父亲，他用手势告诉我，他一个人可能熬不下去，但两个人在一起就不怕了。”

他们都没有意识到，这将是拉海尔和姐妹们最后一次看见父母和最小的弟弟妹妹了。

三　安嘉

71

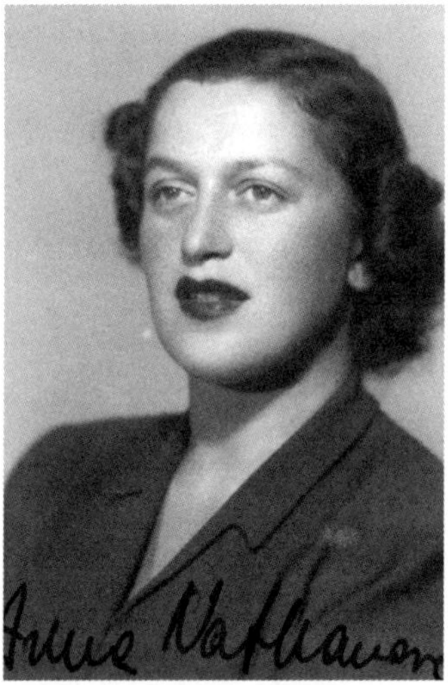

安嘉的身份证

“女士，你怀上孩子了吗？”那位声名狼藉的奥斯维辛二号营－比克瑙的医生用德语问道，安嘉·纳坦诺娃赤身裸体地站在他面前的点名区内，那是 1944 年 10 月的一个晚上。

72 这位发育良好的 27 岁捷克妇女为她丰满的乳房而感到

极度窘迫，她试图以一边手臂遮住乳房，以另一边手臂盖住私处。安嘉惊慌地四处张望，她几乎不敢相信，自己竟然愚蠢到自愿跟随丈夫贝恩德来到这个地方。在布拉格以北一小时车程的泰雷津犹太隔离区熬过三年以后，她天真地以为两夫妻会被安置在类似的地方。由于其他家人已被送到东边，她认为两夫妻最好聚在一起。

当火车穿过比克瑙的“死亡拱门”，缓缓停靠在专用站台时，她意识到自己错了。跟这里相比，泰雷津简直就是天堂。

随着货运车厢的铁门闩被拨开，沉重的木门也伴着不祥的响声被打开。不知所措的男人、女人和孩子跳入夜色中，跌跌撞撞、踉踉跄跄，仿佛喝醉一般。

安嘉说：“我们来到地狱，但不知何故。我们被赶下车，但不知何处……我们担惊受怕，但不知何惧。”

此地如同狼吞虎咽一般，把一列又一列火车吞进最具效率的纳粹工业化杀人中心，安嘉一开始就感到震惊。在瞭望塔发出的稀稀落落的灯光中，她只听到喧闹的狗叫，只看到抄着短棍的男人，他们在叫骂：“滚出来！滚出来！”

衣着笔挺的德国军官如同大理石雕塑般站在四周，他们手下的囚犯头目则以殴打、推搡、恐吓来让这些可怜人服服帖帖。一切都是那么残酷无情、充满敌意，现场夹杂着守卫的刺耳咆哮、妇女孩子的哀号痛哭以及男人的徒劳抗议。

还没等到他们明白过来，这些蹒跚跌下火车的人突然感

觉到自己身陷险境，因为他们被熟练地分成两行。妇女和孩子站一边，男人和大男孩站另一边，来自泰雷津的犹太人汇
73 入人声鼎沸的人群中，一起走向一位党卫队军官，安嘉稍后还会再见到他。

医生面带笑容，他掌握着人们的命运，他双腿叉开站立，看着人们走近。他并不正眼看着人们，仿佛人们并不存在。他迅速地讯问着，问人群当中有没有“双胞胎”，他挥舞着马鞭，示意人们到哪边去。“向左挥舞”意味着去左边，“向右挥舞”意味着去右边；他从新来者中选了至少三分之二的人，当中有男有女还有孩子，让他们去左边，但示意安嘉留在右边。

当他走近安嘉时，安嘉明显感觉到他举止极为兴奋，似乎从新来者中选择最合适的标本是他每天最得意的时刻。在他身后，像房屋那样高大的火焰从两个巨大的烟囱顶部喷涌而出。两圈带刺铁丝网以及通电围栏杜绝了任何逃脱的可能。空气中弥漫着奇怪的、甜腻的味道，无论安嘉如何努力用口呼吸，这种味道都无法从鼻孔中排去——也无法从记忆中抹去。

在进入这座“但丁的地狱”（Dante's Inferno）不到一小时后，不知疲倦的门格勒又站到安嘉面前，这次是在湿漉漉的操场上，期待着安嘉自动承认怀上了孩子。

为了避免眼神接触，安嘉低头看他的长筒靴，安嘉发现这双靴子擦得如此光亮，甚至能在上面看见自己一丝不挂的倒影。安嘉屈辱地紧闭双眼，摇头告诉他“没有”，他恼怒地叹了口气，然后就走开了。

三　安嘉

在安嘉·纳坦诺娃（Anka Nathanová）此生中，有段最快乐的时光，就是作为无忧无虑的法学院年轻学生，在始创于中世纪的布拉格查理大学读书，那时正值第二次世界大战爆发前夕。

安嘉的德语、法语、英语说得地道又流利，而且她还通
晓西班牙语、意大利语、俄语。她在欧洲最有活力、最为多 74
元的城市里，享受着富足的生活。布拉格是座繁华的城市，城内遍布咖啡馆、剧院、音乐厅，它吸引着世界上某些最为杰出的思想家和最具天赋的艺术家。

安嘉热爱古典音乐，尤其是作曲家德沃夏克（Dvořák）的作品，以及贝多芬和勃拉姆斯的交响乐作品。她尤其喜爱捷克歌剧《被出卖的新娘》（*The Bartered Bride*）。她很受男孩子喜爱，然而她最大的乐趣就是去电影院，完全沉浸在别人的故事里，她也喜欢《大地》（*The Good Earth*）、《39 级台阶》（*The 39 Steps*）和《贵妇失踪记》（*The Lady Vanishes*）这样的电影。

安嘉出生的时候叫安娜·考德洛娃（Anna Kauderová）。1917 年 4 月 20 日（星期五），她降生于 14 世纪时便已开始建造的小镇特雷贝克绍夫采－普德奥雷宾，距离附近的城市赫拉德茨－克拉洛韦（Hradec Králové）大约 13 公里，后者曾经是奥匈帝国的领土。赫拉德茨－克拉洛韦的地名翻译过来就是“王后城堡”，是捷克共和国境内最为古老的定居点之一，位于易北河与奥尔利采河交汇的肥沃土地上。这座城市也因其三角钢琴而知名，它们由安东尼·佩卓夫（Antonin Petrof）公司生产。

安嘉的降生给考德尔家族带来极大快乐，就连安嘉自己后来也承认她有点被宠坏了。安嘉是考德尔家族等了好几年才迎来的孩子，得到父母斯坦尼斯拉夫和伊达的全部宠爱，她还有姐姐热德娜（Zdena）和鲁热娜（Ruzena），哥哥安东尼的昵称是“托达”（Tonda）。另一位哥哥扬3岁时就因为脑膜炎而夭折，扬夭折两年后，安嘉才出生，但母亲从未在丧子之痛中恢复过来。

考德尔家族拥有大获成功的考德尔与弗兰克尔皮革厂，厂址就在特雷贝克绍夫采－普德奥雷宾。这是一家合营工厂，合伙人是伊达的亲戚古斯塔夫·弗兰克尔（Gustav Frankl）。安嘉3岁那年，举家从赫拉德茨的一处平房搬到工厂边上的一套公寓内。

考德尔与弗兰克尔皮革厂是一组向外伸展的“C”形建筑群，占地甚广。新建的皮革厂有一座高耸的砖砌烟囱，安嘉还是个小女孩的时候，总是害怕烟囱会塌下来压死全家。考德尔家族的公寓带有一处花园，一处带凉亭的露台，上面
75 有户外烤炉，夏天可以在外面烧烤。他们种植蔬菜和西红柿，就在自家的果园里采摘水果。实际上，公寓占地如此宽广，在姐姐鲁热娜出嫁后，姐姐与姐夫汤姆·毛特纳（Tom Mautner）还请来布拉格著名的建筑师库尔特·施皮尔曼（Kurt Spielmann），为他们在公寓范围内设计并建造一座包豪斯风格的乡间别墅，他们在那里与年幼的儿子彼得快乐地生活了好几年。

安嘉是个书痴，她会徜徉在家族庭院里，沉浸于她最钟爱的拉丁语图书和经典著作，她能用好几种语言阅读这些作

品。她与兄长托达共同分享阅读的爱好，托达很疼爱这个小妹妹，总是带着她到处走，尤其是带她去看足球赛。托达是个狂热的球迷，以至于每次从球场回家都声音嘶哑。安嘉说："我们感情很好。哥哥有辆汽车，总是带着我出去。每当我们要去跳舞，而妈妈兴致不高时，哥哥就来接我，他总是默默充当背景，从来不加干涉。我被照顾得很好，因为哥哥总在我身边。"

安嘉的母亲伊达可谓那个年代的非凡人物，她默默地为家族工厂做出奉献。伊达是个热情又健谈的妇女，她喜欢与许多女性顾客闲话家常，顾客们因此对她深信不疑。伊达是家中的女家长，家里雇用了几位帮佣，包括一位女仆、一位厨师、一位园丁以及一位洗衣妇。伊达要确保他们尽心尽力地料理家务、照顾孩子。

安嘉说："母亲会为我做任何事。我们感情很好。我们在家里的时光就是最好的时光。"

安嘉好动、健康并且是游泳健将，她后来成为捷克斯洛伐克的校际少年仰泳冠军，她会在当地的河流游泳，偶尔甚至裸泳。她天性开朗，开始思考人生并选择自己喜欢的道路。11 岁那年，她告别田园牧歌式的家庭生活，成为赫拉德茨－克拉洛韦女子学园少数几名犹太学生之一。她升读大学预科并表现优异，她还额外修读了拉丁文、德文和英文。"我在赫拉德茨的寄宿学校生活，然后升读大学预科，我就
像云雀那样快乐。我有许多男性朋友，我们去跳舞，去参加 76
舞会，一切顺理成章。"安嘉还学会了钢琴与舞蹈，并且也参加网球和赛艇等运动。

父亲的工厂制造手袋以及其他皮具，面向大众市场，尽管安嘉和姐姐们经常嫌弃父亲提供的免费袋子款式陈旧，但她还是为每隔几年就能换个皮具书包而感到自豪，那些书包大到可以装下学校的地图集。

父亲斯坦尼斯拉夫·考德尔（Stanislav Kauder）在安嘉出生那年已经47岁了，他是“无神论者”，也是坚定的捷克人。他并不认同犹太复国主义，是位忠贞的爱国者。尽管论出身是犹太人，但这家人根本就不是犹太教徒，而且自认为是自由思想者。安嘉说：“我在没有任何宗教背景的环境中长大。我去过一间占地面积非常狭小的学校，那里有些犹太学童，一位犹太老师偶尔来给我们上历史课，但我从未学会阅读希伯来文，而在父母的家里，从来就没有什么犹太食品。”这个家庭可谓离经叛道，他们经常享用捷克国菜烤猪排伴酸白菜以及饺子，即使在犹太安息日也是如此。安嘉的兄长托达本来有机会与一位情投意合的犹太女孩结婚，但他竟然用女孩家里的犹太教烛台点烟，把女孩的父母看了个目瞪口呆，结果婚事就此告吹。

斯坦尼斯拉夫虽然疼爱孩子，但比较沉默寡言，他很少跟孩子们说话。出于习惯，他让妻子负责养育子女。他尊重妻子，安嘉把母亲形容为“天使”。伊达·考德洛娃（Ida Kauderová）比丈夫稍为虔诚些，每逢隆重的犹太节日，她都要别人开车送她到10英里外赫拉德茨－克拉洛韦的犹太会堂。然而，这仅仅是出于“孝敬父母”，并取悦她的大家族，因为母亲有11个兄弟姐妹。母亲总是说，最好的时光是在宗教仪式后与其中一位姐妹到当地的大酒店享用咖啡和蛋糕。而且，母亲也从未把宗教信仰强加给孩子们。

安嘉说：“我们只是碰巧生为犹太人，仅此而已。这从 77
未给我们造成任何障碍。”

特雷贝克绍夫采只有几个犹太家族，安嘉从未在朋友当中感受到反犹主义情绪，她可以自由自在地做任何事情。

随着欧洲的政治形势开始恶化，安嘉身边的人们也变得日益紧张。当安嘉会说德语的母亲通过收音机听到阿道夫·希特勒那充满煽动性的讲话时，这位向来乐观的妇女也被恐惧所压倒，母亲逢人便说这种人干不出什么好事。

然而，与许多朋友一样，安嘉对此漠不关心，她觉得这些事情太过遥远，纳粹意识形态还不足以对他们的生活造成直接影响。安嘉说：“我从未想过会有什么事情发生在我们身上。我们对此无所谓。”安嘉是家里的第一位大学生，这让父母非常自豪，尤其是母亲伊达。母亲能说两种语言，但没有机会深造，她对历史尤其着迷。

安嘉迫不及待地想搬到布拉格，坐火车到那里需要两个小时。她对这座城市非常熟悉，因为她过去经常待在布拉格的弗里达姑妈家。她的姑妈是女帽商人，在瓦茨拉夫广场有一处公寓。在查理大学读书时，安嘉就住在姑妈的公寓里。

即使在 1936 年搬到布拉格后，安嘉对关于希特勒的热点新闻也还是置若罔闻。由于有父亲的资助，1938 年 3 月德奥合并期间，她还跟朋友到奥地利的提洛尔（Tyrol）去度假滑雪。一夜之间，奥地利就落入纳粹之手，捷克斯洛伐克也被包围。绣着纳粹万字符的红旗出现在萨尔斯堡的大街上，安嘉惊奇地看着奥地利人对希特勒致以英雄般的欢呼，而奥地利犹太人则被遣送出境。这是安嘉第一次与纳粹正面接触。“这是我们无法理解的，”她补充道，尽管她本人并未亲眼看见针对犹太人的袭击，“但气氛令人不安。”

78 尽管如此，安嘉并不认为留着滑稽小胡子的德国总理（她与他恰好同一天生日）会直接影响到她的优裕生活。只有当她的第一位正式男朋友利奥·威尔德曼（Leo Wildman）决定前往英国加入英国军队时，她才开始有所醒悟。利奥的父亲已被当作危险分子逮捕和监禁，全家都为将来感到忧心忡忡。她伤心地看着利奥离去，她在火车站与利奥挥手道别。就在火车开出的时候，利奥刚刚出狱的父亲跑到火车站月台上，他想跟儿子说再见，但没赶上。

虽然这对恋人非常珍惜对方，但安嘉并未与利奥同行，尽管她本来有机会同行。“有两位英国女士来到布拉格，为犹太女孩提供作为居家佣人或者护理人员的工作机会。我申请成为护理人员并且获得录用。她们为我提供了有效签证和出境许可，我当时就可以走，但是……我拖延了太久……我手里拿着所有的文件，直到欧战爆发……我曾经为设法拖延而感到高兴，直到我再也去不了英国……我当时多么愚蠢啊？”

其他得到类似特别通行许可的人都走了，但离开者毕竟是少数。在他们当中，包括汤姆·毛特纳，他是安嘉的姐姐鲁热娜的丈夫，他踏上最后一列开往伦敦的火车，抓住了逃往英国的最后机会。他恳求鲁热娜带上儿子彼得与他同行，但她拒绝离开家人。安嘉伤心地说：“留在家里比去英国舒适得多，所以她留了下来，最终付出了高昂代价。”

就像鲁热娜那样，更多的人留了下来，希望局面能够有所好转。不久后，她就为自己的决定感到后悔了。就在签署《慕尼黑协定》后，希特勒控制了苏台德区，在其统治范围内增加了 200 万德意志人。人们似乎无法阻止他踏遍欧洲。就在同一年，希特勒再次表露其意图：“我会继续斗争，且不论对手是谁，直到帝国的安全与权利得到保障为止。”

当希特勒的意图变成恐怖清洗时，来自边境城镇的犹太 79
难民拥入布拉格，他们仅仅带着随身行李。没有任何来自英国或其他盟国的帮助，捷克人感觉自己被出卖了。

1939 年，纳粹入侵布拉格

1939 年 3 月，德国坦克隆隆开入布拉格。正如在奥地利那样，安嘉有一天朝大街上张望，只看见大街上站满了士兵，围观人群的纳粹敬礼划破长空。安嘉并不是唯一看得目瞪口呆的人，在那阴阴沉沉的一天，一波接一波的眼神凌厉的纳粹党徒踏过瓦茨拉夫广场。“那是积雪遍地的寒冬，大难将

至。”在始建于公元9世纪的布拉格城堡，阿道夫·希特勒宣布，捷克斯洛伐克将被划分为波希米亚和摩拉维亚保护国以
80 及斯洛伐克（第一）共和国（或称斯洛伐克国）。当希特勒从俯瞰全城的城堡窗户向群众挥手致意时，21岁的安嘉及其家人惊觉自己已成为纳粹统治下大德意志帝国的公民。安嘉说：“我对周围的世界漠不关心，直到阿道夫·希特勒到来。你对此（你的家园、你的国家）全无观念，直到它突然消失……这个国家存在了20年，然后突然之间被冲垮。”

最初，学生们游行示威以反抗占领，但当军队开进安嘉正在学习法律的大学校园后，反抗很快被镇压下去。9名学生领袖被处决，1200名教师和学生被围捕，并被送到集中营，接着所有大学都被关闭。在随后的任意抓捕行动中，《纽伦堡法》开始在当地实施，系统性的限制措施逐步剥夺了“帝国的敌人”的基本人权。人们别无选择，只好眼睁睁地看着自由逐步丧失，而此前他们以为自由是天经地义的。

在诸多限制中，安嘉家里的汽车被没收了。帝国政府任命的总裁接管了考德尔与弗兰克尔工厂，并把安嘉的父母赶出公寓。她的父母搬到鲁热娜在花园里的别墅，与鲁热娜和彼得住在一起，听候当局的处置。安嘉回到家里时，那处别墅也是她的栖身之所。然后，家族资产被冻结，家族成员每周不得从自己的账户里支取超过1500克朗。他们的公民权已被剥夺，只能光顾隔离区域内的几家餐厅和旅馆。

在布拉格，犹太人不得使用公共浴室和游泳池，不得进入伏尔塔瓦河（River Vltava）沿岸的大众咖啡馆。在市内拥挤的有轨电车上，犹太人只能挤在后排的第二节车厢，他

们也不得拥有自行车、汽车或无线收音机。

由于犹太人不得入读大学，安嘉的学业仅仅持续一年便告结束，她总是笑说上帝保佑，由于她学在其中也乐在其中，她学习起来并不觉得吃力。然而，在德国占领下，好日子到头了。安嘉说："随着你过惯的生活变得每况愈下，你也就习 81
惯这种每况愈下了。最初我们不被允许，然后我们自动放弃。我们谈到……逃脱的可能，但除非你知道有什么命运在等着你，仅仅为了未知的未来而放弃一切、放下一切，这太难了。"

对安嘉伤害最深的纳粹政策是禁止她前往电影院。在她看来，这是对电影爱好者的无谓折磨。所以，当有一部她很想去看的电影上映时，她决定不顾一切去观影。她没有告诉任何人就去了，她后来承认，自己是个"彻头彻尾的笨蛋"。当她在电影院里如痴如醉时，屏幕上突然一片煞白。放映厅里灯火通明，盖世太保成员冲进来逐排检查每位观众的身份证。当纳粹党徒靠近时，安嘉呆坐在座位上，她害怕对方会对她身份证上的字母"J"有何反应。她惊慌失措地四处张望，在犹豫该不该冲出去，但这样也许会更糟糕。突然，盖世太保在她面前那一排停下来了，也许觉得太过无聊，他们就此放弃了检查。

安嘉惊魂甫定，在座位上喘着粗气，再也无心观看，直到演员表出现在大屏幕上。当她将此事告知朋友时，朋友们大为惊骇，并且告诉她："那帮人有权当场射杀你的！"对于这死里逃生的一天，安嘉已经不记得自己冒着生命危险去看的是什么电影了，但那可能是《乱世佳人》（*Gone with the Wind*）。对于当时十来岁的人来说，这部小说是最受欢迎的书籍之一，而这部电影是1939年上映的。战争结束后，她经常看这部电影，以至于能够复述当中诸多完整的段落，但那是在战争结束后了。

随着对犹太人的限制日益收紧，越来越多的人计划逃亡。安嘉及其女伴在咖啡馆里遇到几名英国记者。安嘉回忆
82 道："我的朋友说：'我要嫁给他们其中一个。'她六个星期后就结婚了。朋友的未婚夫还有个对象可以介绍给我，那人十分钟后就跟我说：'嫁给我好吗？'我认为他要么疯了，要么只是贪玩，但我对此根本不感兴趣。"她拒绝了对方的好意，也并不珍惜这逃脱危险的机会。

贝恩德·纳坦

正好相反，安嘉成为姑妈的学徒，姑妈是女帽制造商，在市内历史悠久的黑玫瑰街区拥有自己的沙龙，而在商店打

烊后，安嘉继续会客访友。然而，这并不仅仅是为了避免逃亡而故作镇定。她有非常充分的理由留在布拉格。1939 年 11 月，安嘉的表亲把她介绍给贝恩哈德·“贝恩德”·纳坦（Bernhard ‘Bernd’ Nathan），一名非常英俊的德国犹太人，他于 1933 年希特勒上台后逃离柏林。及至 1939 年，与数十万德国犹太难民一样，他错误地认为布拉格已经足够远也足够安全。他的弟弟罗尔夫（Rolf）先后逃到荷兰与瑞士，后来在瑞士加入美国军队，最终得以安全。她的妹妹马尔加（Marga）逃到澳大利亚，最终也得以幸存。

贝恩德生于 1904 年，比安嘉年长 13 岁。他是建筑师和 83
室内设计师，供职于著名的巴兰多夫电影制片厂（Barrandov Film Studio），那是欧洲规模最大、设备最全的电影制片厂之一，被称为“东欧好莱坞”。他有自己的制片车间和制片团队，作为副业，他还创办了几家有利可图的服装道具商店。他也为纳粹工作，对方根本不知道他是犹太人，还委托他设计酒吧、夜总会和咖啡馆。

贝恩德认为自己首先是德国人，其次才是犹太人。他根本就不信犹太教，他的德语说得如此地道，以至于能够摆脱种种限制，假装自己是雅利安人。安嘉说：“他长得就像德国人……他说话也像德国人，因为他就来自柏林。德国人继续邀请他作客……我们生活得如此自在，即使是在希特勒统治之下。”

贝恩德的父亲路易斯（Louis）曾经获得德国最高军事荣誉，一枚一级铁十字勋章。他在第一次世界大战的战场上因为芥子气中毒而致盲，由此获得英雄般的地位。尽管双目失明，但路易斯还是风流成性，最终与优雅的妻子塞尔玛

(Selma）离婚，而塞尔玛就是贝恩德的母亲。正是塞尔玛确保了长子每月获得2000克朗的收入。

贝恩德有着迷人的外表，就像父亲那样天生吸引女性，而且懂得如何虏获芳心。安嘉第一次引起他的注意，是在巴兰多夫的游泳池里，当时她做了一个漂亮的后空翻。“我认为他是我这辈子见过的最英俊的男子。”几个星期后，两人在贝恩德重新装修的夜总会里正式认识对方。安嘉形容这位发色浅淡、碧眼清澈、微微浅笑的男子走向她时的情景为：“这就是一见钟情。我们彼此认识后，仿佛就在那一瞬间……我们都像傻瓜一样不知所措。”

在安嘉形容的“旋风般的浪漫”之后，他们在一年内就结婚了，那是1940年5月15日（星期三），战争爆发八
84 个月后。安嘉刚满23岁，而仍然被当局视为德国移民的贝恩德已经36岁了。安嘉说：“早在《慕尼黑协定》之后，希特勒实际上就统治了捷克斯洛伐克。但在当时，我们都没有意识到，我们正置身于致命的危险中。”

1940年，婚礼上的贝恩德与安嘉

两人的简单婚礼在德国驻布拉格地区办公室举行，那里就位于艺术气息浓厚的大斯拉维亚咖啡馆旁边。只有两位证婚人出席婚礼。由于犹太人不得拥有黄金或钻石，安嘉拥有一枚以白银底座镶嵌着漂亮长方形紫水晶的订婚戒指，以及一枚朴实无华的结婚戒指。安嘉戴着女帽，穿着深色套装和白色花领衬衣，头发上饰以贝壳小梳，与西装革履的丈夫拍了结婚照。在铃兰花散发的香气中，她感到无比幸福。

安嘉曾经鼓起勇气，与生活在偏远的特雷贝克绍夫采的父母联系，告诉父母自己要结婚了。但父母根本开心不起来，主要是因为贝恩德是德国人，他们害怕这会给安嘉带来不必要的麻烦。即使在父母与贝恩德见面的时候，他们也不是非常喜欢这位女婿。安嘉的母亲认为他是个花花公子，甚 85
至声称“一眼就把他看穿了”。

两人结婚当天，荷兰向纳粹投降。十二天后，盟军不得不从法国的敦刻尔克滩头撤退。5 月 28 日，比利时投降。6 月 10 日，挪威也投降了，意大利则对英法两国宣战。几乎就在两人宣读结婚誓词一个月后，巴黎沦陷。然后，令人生畏的遣送行动开始了。

党卫队一级突击大队长阿道夫·艾希曼在布拉格自行设立了犹太人引渡办公室，以监督犹太移民中央办公室（Central Office for Jewish Emigration）。他仅在 1940 年就多次下达遣送指令（目的地是达豪集中营），并且威胁道，如果犹太社区长老未能完成指令，他就让他麾下的部队每天从布拉格清除 300 名犹太人。

人们曾经熟知的世界，正变得面目全非。

这对新婚夫妇沉浸在甜蜜的爱恋中，两人搬进了贝恩德的那套空中公寓，公寓位于老会堂街那座犹太会堂的顶楼。公寓有个穹顶，其中一面墙上还有雕花玻璃窗——身处其中就像置身于艺术家的工作室那样——他们几乎不可能遮住灯光以确保夜间安全。由于没有窗帘，在宵禁后，他们就坐在烛光旁边，用留声机聆听他们最喜欢的音乐，或者沉醉于楼下的祈祷者在仪式上传出的美妙和声。

安嘉说，在屋顶上缱绻“非常浪漫”。贝恩德极具室内设计天赋，他把公寓装饰得非常漂亮。两人被他亲手设计的家具所环绕，包括一座音色悦耳、雕刻精致的自鸣钟。他还悬挂起颜色素雅的苹果绿丝绸窗帘，安嘉认为这简直是太奢华了。

多亏父亲给安嘉的资助，她雇请了一位能够制作“奇迹般的”甜甜圈的女佣，贝恩德尤其喜欢吃这道甜点。无论两人何时出门，安嘉都有许多漂亮的衣服可选，并且还能配上她从姑妈的商店里选用的帽子。

86 由于未经特别许可不得离开布拉格，安嘉已经超过一年没有见到家人了，直到 1941 年 6 月，她得知她深爱的哥哥托达死于脑动脉瘤。托达去世时才 33 岁，去世前两周经受了中风折磨。安嘉祈求没有人在路上查看自己的身份证，她坐了火车去出席托达的葬礼，安慰悲痛的父母，尤其是母亲。母亲在托达的病床旁边须臾不离地呆坐了两周，因为又送走了一个儿子而无处话凄凉。

“（我哥哥）是我第一个亲眼看见的亡者，我也忘不了母亲当时的情形，她不得不眼睁睁地看着儿子离世。我不希望再有人经历这样的惨状。”葬礼过后，一家人安静地坐在家里，气氛极为凝重。安嘉的父亲斯坦尼斯拉夫比平常更加沉默。姐姐热德娜和鲁热娜在场，热德娜的丈夫赫伯特·伊西多尔（Herbert Isidor）和鲁热娜的儿子彼得也在，但家中并无团圆的喜悦。

突然之间，一队德军士兵大力敲门，他们甩开门板，鱼贯而入。原来是一个邻居向德军告发，说这里住着犹太人，所以德军就来搜查了，他们翻箱倒柜。安嘉的母亲伊达胸部丰满，就像她最小的女儿那样，当德国人背对着她的时候，母亲悄无声息地把家里的现金塞进胸罩里。然后，悲痛中的母亲镇定下来，询问这些不速之客是否需要咖啡和蛋糕。令人惊奇的是，对方应允了，分别坐下，然后与家人进行了礼貌的对话，而家人原本以为是会受到恐吓的。

年轻的士兵还与安嘉说笑，问她为何能说如此标准的德语，她便承认自己嫁给了一位来自柏林、住在布拉格的建筑师。士兵们说笑道，应该开车送她回家，把她扔在丈夫的床上。士兵的脸色突然变得严肃起来，他们警告安嘉，别再未经允许就来看望家人，然后他们就走了，他们没有逮捕安嘉。这是又一次幸运的逃脱。

回到布拉格后，人们对于接下来可能会发生的事情就更
为恐慌了。希特勒已经宣布，保护国境内的所有犹太人必须 87
被清除掉。面对被遣送的威胁，人们学会不信别人，只信自己。人们藏匿或积攒尽可能多的财物，许多人仍然试图逃离这个国家，尽管有谣言说那些逃脱的人在异国他乡也过得并不如意，他们身无分文、语言不通、百无一用。

又一次，安嘉本来有机会逃离。她与贝恩德从朋友那里听说，有可能乘坐火车穿越西伯利亚抵达上海，当时占领上海的日本人非常欢迎来自欧洲各地的 2.3 万名犹太人，并为他们在隔离区内提供避难所。这对夫妇再次犹豫，最后还是决定不走。1941 年 6 月，德国开始入侵苏联，他们也就再次失去了逃脱的机会。

那些为他们提供帮助的人，并非唯一为犹太人挺身而出者。一个支持种族多元化的国际组织已经帮助了许多家庭，尤其是小孩子，逃往相对安全的英国，后来被称为“儿童运送行动”（Kindertransports）。还有一个名为“1000 个孩子”的类似计划，于 1934～1945 年把大约 1400 名儿童运送到美国。据估计，大约有 1 万名来自欧洲各地的犹太人以及其他孩子，通过这类计划得到拯救。对于那些未能得到拯救的人来说，前途将会越发渺茫。

随着安嘉和贝恩德那处舒适公寓所在的犹太会堂被关闭，两人也被迫搬出公寓，搬到位于金德里斯卡街区的一处老房子。尽管如此，安嘉还是为那两个没有暖气的房间配上了一个小厨房。安嘉说，“反犹太条例意味着我们这也不允那也不许，但一切尚可忍受”，她形容种种限制就如同在他们的幸福生活中“用针扎了几下”。条例“非常聪明地”逐步收紧，但他们继续忍受种种变化。“人们在忍受，而且总是说：‘只要局面别再变坏……’我们不得不放弃收音机，
88 这很糟糕，但我们还能看报纸……你总能找到别的事情做……你永远不知道你还能忍受多久，反正情况越来越糟糕。”

1941 年 9 月，当局下令，所有年满 6 岁的捷克犹太人都要在外衣上缝上黄色的大卫王之星，人们总算知道非犹太人将会在大街上如何对待犹太人了。已经有许多犹太人被随意揪斗、逮捕或殴打，佩戴星星意味着他们已成为社会弃儿，他们无处可躲。

起初，安嘉刻意地把星星别在她最时髦的衣服上，那是一条墨绿色格子呢裙子和一件赭石色山羊皮夹克，她把星星当成配饰。她说在所有反犹措施中，星星是她最不在意的。“我为我的黄色星星感到自豪，我还想：‘如果他们要彰显我，那便彰显我。’我对此漫不经心。我穿上我最好的衣服。我烫了头发，昂首阔步地走在路上，并未畏畏缩缩。”她遇见的人都忽视了她胸前的标记。没有人对她恶语相向，也没有人对这位充满自信的年轻女士无礼相待，这位女士拒绝为那颗星星而卑躬屈膝。

有一天，当安嘉看见一位朋友对别人两度鞠躬，甚至“在人行道上爬行”以遮掩那颗星星的时候，安嘉告诉那位朋友道：“为什么要看别人的脸色？……站起来！做个自豪的犹太人。我们不得不佩戴星星？那又怎样？不要让别人辱没了你。”

一次，贝恩德有一位名叫奥托的非犹太裔朋友从德国来访，贝恩德想让对方看看布拉格宵禁后的景象。贝恩德摘去星星，而且让安嘉也这样做，这样他们三人就可以一起外出了。贝恩德说：“如果有人拦住我们，你要保持冷静，让我们两个去应答。”贝恩德和奥托都说高地德语，这相当于 BBC 标准英语在英国的地位。他们从未受到冒犯，但这段经历太过惊心动魄，以至于他们后来都不敢再试了。

当时，市内绝大多数犹太人已被赶出富人区，被迫住进
89 小公寓。犹太人不得从事艺术创作、戏剧或电影行业，贝恩德再也不敢冒险为德国人制作家具了。两人在布拉格的生活因为失业而陷入困顿，于是这对夫妇就靠安嘉父亲的资助生活，而且安嘉的姑妈还会为她支付制作帽子的酬劳。

1941 年 9 月，党卫队全国副总指挥兼盖世太保头领莱因哈德·海德里希（Reinhard Heydrich）被任命为波希米亚和摩拉维亚的帝国保护人，气氛一夜突变。在一个月内，落入他“保护”下的 5000 名男女老幼被围捕，并被送到罗兹隔离区。其中就有安嘉的姑妈及其家人，他们再也没有回来。“我们开始为自己以及其他人都无法预计的事情做准备……我们还认为人们只是被吓怕了……我们不知道，他们会以流水线运作的方式把人们推向死亡。”

事态平息数周后，贝恩德收到纳粹任命的布拉格犹太委员会的通知，通知上分配给他一个号码，告诉他两天后到维勒特日尼宫即旧交易所大楼的集合点去报到，那里被德国人重新命名为交易会宫。集合点位于霍莱绍维采街区，距离布拉格－布比尼铁路干线车站不远。

那是 1941 年 11 月。

终于轮到他了。

安嘉挚爱的贝恩德，与上千名青年男子一起上路，他们离开了妻子的怀抱，离开了幸福的生活。抵抗是无用的。

遣送行动的组织者向人们保证，在最近这次遣送行动中，遣送者将会成为“先遣队员”，到捷克北部的要塞城镇

泰雷津去建立“模范隔离区”，乘坐火车前往不算太远。泰雷津是由神圣罗马帝国皇帝约瑟夫二世（Joseph II）所建造，以其母后玛丽亚·特蕾西亚（Maria Theresa）的名字命名。泰雷津由两座固若金汤的堡垒组成，外面环绕着高墙、壁垒、壕沟。仿佛命中注定，堡垒的平面图如同大卫王之
星，占地面积略超过1平方公里，是个理想的战略要地。德 90
国人已经在城镇里设立了一处盖世太保监狱，人称“小堡垒”（Small Fortress）；德国人还恢复了泰雷津的奥地利地名：特莱西恩斯塔特（Theresienstadt）。

贝恩德此去吉凶难料，令人难以心安，但至少泰雷津还在捷克斯洛伐克境内，而不是在“东方”，人们对东方都有着不言而喻的恐惧。安嘉说：“那里距离布拉格只有50英里，因此还算是在‘家里’……总比被送到国外要好。我不想让他去，我自己也不想去，但他们能对我们为所欲为。”

海德里希原本确实有此打算，为捷克犹太人在波希米亚和摩拉维亚保护国境内建立一处隔离区，以平息日益沸腾的国际舆论，国际社会开始关注犹太人在德国人手上备受虐待的境况。当年9月，有超过3.3万名犹太人在基辅被纳粹集体枪决，而在奥斯维辛，医生们已经对毒气室进行过首次测试。这类消息是被严格保密的，但传闻实在难以掌控。

之后的那几个月，海德里希准备宣布，泰雷津将会接纳“年长者”，即65岁以上、身体健康的德国和奥地利犹太人，包括部分残疾或受勋的老兵，以及部分社会知名度较

高、有助于改善外界观感的犹太人。这将被视为元首给犹太人的“赠礼”，为犹太人“到巴勒斯坦去生活预先做准备”，新隔离区位于风景优美之地，背靠紫色的波希米亚山脉。这片隔离区在很大程度上实行自治，但当然要置于党卫队监督之下，这片隔离区将会长期存在下去。

不过首先，隔离区要为预期的抵达者做好准备。纳粹征召了3000名年龄在18～35岁的青壮年男女以组成施工队。这些青壮年男女被编为三组，每组1000人，他们要把年久失修的要塞改造成能够容纳7000人的房屋，而这
91 片营地将能收容10万名犹太人。纳粹当局承诺，如果第一批先遣队员工作表现突出，他们就再也不会被送往其他地方。

贝恩德是个心灵手巧的木匠，非常适合被列入先遣队员名单。贝恩德与妻子都知道，没有办法逃脱征召。安嘉说：“人们只能服从安排。”贝恩德被告知，可以携带50公斤行李，包括锅碗瓢盆和御寒衣物，这对夫妇都希望这意味着贝恩德可以从事户外劳动，并且可以自己开小灶。安嘉强忍泪水，帮助贝恩德收拾行李。可是带什么好呢？他应该把有限的行李定额用于携带财物、书籍、工具，还是携带罐头或药物呢？他需要带上铺盖吗？要不要带上两人最喜爱的唱片呢？

在一起熬过苦乐参半的最后一夜后，安嘉终于与丈夫挥手道别，她平静地相信，不久后就能再见到丈夫。1941年11月28日（星期五），在布拉格－布比尼（Praha-Bubny）火车站，贝恩德·纳坦跟随第二批施工队离开布拉格。此后

不久，他那年轻的妻子也收到类似的通知，让其报到，等候遣送。“我很高兴我也能去，我确信我会见到他的。但这从来没有发生。”

在 12 月一个霜冻的早晨，安嘉带上最好的手袋，戴上最好的帽子，还挽着一个小手提箱，她把公寓的钥匙交给女佣，叮嘱女佣保管好家中最为珍贵的物品。这包括安嘉所有的家庭照片、他们的家具和窗帘，以及贝恩德的自鸣钟。然后，安嘉汇入混乱不堪的犹太人队伍，向着维勒特日尼宫走去。安嘉没有带上某些“必须而且有用之物”，如鱼罐头或汤料包，而是带了一个用绳索捆扎起来的衣帽盒。在盒子里面，装着三打由女佣制作的覆盖着糖霜的美味甜甜圈，这是贝恩德最喜欢的食物。

不久后，安嘉来到那座废弃的六层楼房，那个地方曾经是交易所。楼房里每一层都挤满数百名男女老幼，所有人都在相互推搡，就为了争抢肮脏地板上的一点空间。厕所数量有限而且臭气熏天，食物和饮用水供应也非常有限，都是装在大铁罐里运来的。戴着臂章的捷克官员把人们分 92
成几组，同时分发遣送编号，人们要把这些编号写在箱包上，钉在或缝在铺盖和衣服上，用绳子挂在每一名遣送者的脖子上。

所有人的目光都被安嘉吸引住了，在这混乱、嘈杂、酷热中，她的衣着非常漂亮，她穿着最时髦的绿色套装，还戴着帽子。当安嘉身边的人们蓬头垢面，当人们在这里自顾不暇的时候，这位年轻的新娘还烫着头发，坚持化妆。当她穿着长筒丝袜跪在地上使用睫毛夹的时候，人们更加觉得惊奇。“我只想把我最美的一面呈现给我的亲密爱人。”

在这栋楼房里度过三个不眠不休的日夜后，安嘉只想蜷曲在地板上入睡，再也顾不上漂亮了。越来越多的人拥入此地，尽管已经没有空间再容纳后来者。她那装着甜甜圈的盒子越发潮湿，也越发沉重了，但她还是舍不得吃掉或丢弃里面的食物。最后，人们被集合并被分组，再步行约三十分钟前往火车站。在人行道上，既有犹太人，又有非犹太人，路人目送他们离开，并且想知道接下来还有谁会被送走。人们难以忍受这充满屈辱的场景，许多人羞愧或难过地转过身去，脸上默默地淌着泪水。

路上列队站立着年轻的纳粹军官。安嘉与名叫米茨卡（Mitzka）的女伴同行，女伴请求其中一名军官帮安嘉拿那个衣帽盒，那个盒子几乎要从安嘉手里滑到地上了。一名十几岁的还长着娃娃脸的士兵恶狠狠地说：“我才懒得管你这个该死的盒子呢。”士兵的话让安嘉感到脊背发凉，她感觉到说什么都没用了。

开往泰雷津的火车拉着几节二等车厢，车厢里面坐着1000名乘客，人们被强行遣送到布拉格北面铁路干线上的
93 博胡绍维采－纳德奥日车站。从那里出发，人们还要步行2.5公里才能抵达隔离区，人们步履艰难地沿着积雪和冰封的路面跋涉，道路两旁还有全副武装的捷克守卫和党卫队看守警戒。比较沉重的包袱会被堆放在木头手推车上，由青年男子组成的特别运输队拉走，但绝大多数行李尤其是衣帽盒必须手提，“人们简直累弯了腰”。

三 安嘉

泰雷津这座红砖砌成的高大堡垒，被牢不可破的围墙所环绕，以其巨大的身躯展现在人们面前。安嘉说：“这座堡垒正好符合德国人的期望。”在高大的木栅栏和挂满警铃的带刺铁丝网后面，是破败不堪但仍相当壮观的城镇，呈网格状对称延伸的林荫大道环绕着城镇中央的宽阔广场，那里被称为集市广场。开始的时候，这个区域在犹太隔离区之外，广场上搭起极不协调的马戏团帐篷，里面藏着一条生产线，奴工们正在里面为发动机灌注防冻液。广场周围的街道立着破败的四层营房，可以容纳大量住户，再往后面的街道则是比较低矮的房子、车库以及马厩。

人们在几分钟之内穿过其中一扇大门，总共有四扇大门把人们与外部世界隔开。之后，被遣送者来到一处外围庭院，接受德军守卫以及大约 100 名捷克宪兵或警察的点验、分类、搜身。早期入住者可以保留绝大多数行李，并且由隔离区的犹太管理员分配住房。

男人会与妻子分开，并被编入 11 个分队，所有分队都以德国城市命名，如汉堡、德累斯顿和马格德堡，孩子则被送入儿童之家。在落满灰尘、缺乏供暖的建筑物里，到处都是寄生虫，人们被塞进三层架子床里，每个房间有 20 张架子床；人们会领到木屑填充的床垫和发霉的草席，平躺在每人只有 1.6 平方米的空间里。由于没有壁橱，人们 94
只能把行李放在床底下，或者把衣服挂在钉子上。洗过的湿衣服就晾在床与床之间的绳子上，永远都不可能干透。在这片与世隔绝的天地里，所有人都要服从种种限制以及宵禁。

泰雷津集中营，马格德堡营房的床铺

1941 年 12 月 14 日，星期天，当安嘉抵达泰雷津集中营的时候，她还年轻、健美、健康、乐观。安嘉被分配到拥挤的底层房间，但她觉得这“还不错”，至少她们还活着。她们有一个水泵，可以从井里打到（受污染的）水，她们有厨具、厕所、厨房，还有基本的管理制度。经过几番打听，安嘉获悉贝恩德就在西面的苏台德男子营房，距离安嘉的营房还不算太远。安嘉刚刚为自己找到栖身之处，好几个先期抵达隔离区的女伴就找到她和米茨卡了，她们
95 说：“你不能屈就在这个地方！”她们接过安嘉的行李，帮她搬到德累斯顿营房一间只住了 12 个人的房里，这样她们就能在一起了。有这样一帮朋友，安嘉觉得此行就像探险似的。

最为幸运的是，就在当天晚上，安嘉与贝恩德团聚了。

在那里，男子可以获得特别通行证，进入女子营地欢迎自己的妻子。历经曲折后，安嘉终于能够把舟车劳顿带来的甜甜圈拿给贝恩德了，那些甜甜圈已经变得又湿又软。“但他还是吃得很开心。”

除非有特别签发的许可，或者有警察陪同，否则谁都不能离开自己的营房，但安嘉与贝恩德在布拉格就经常违反禁令，所以他们依然故我。擅自离开营房的惩罚包括在隔离区监狱关禁闭，或者承受鞭打，但这对夫妇仍然设法见面。两人摸准别人的工作时间，还找到了几条危险的小路，让他们能够共度片刻时光。

犹太委员会全权负责堡垒围墙内所有以字母排列的街道，并为每一名年满 14 岁的住户分配工作。数以百计的人每周平均工作七十个小时，要么从事建筑工程，要么在厨房、洗衣房或办公室里工作。其他人则为纳粹军官缝制军服，或者为德国平民缝制衣服。有些人则从事没人肯做的洗厕所工作，还有些人被编入防疫队，以降低传染病流行的风险。一年时间内，泥瓦匠就为数以百计预计会死于此地的人建起了火葬场，但火葬违背犹太教信仰，该教教义认为火葬亵渎尸体，因此只能土葬。

贝恩德被分配到木工班组，他们的任务是搭建更多床铺，以及修葺废弃的营房和改建房屋。贝恩德还被指派为隔离区守卫，这是一份令人羡慕的工作，享有诸多特权。

安嘉最初并未被分配工作，之后又因为罹患重病而无法工作。她首先长出皮疹，然后变成猩红热，这使她被隔离了整整六个星期。在她最终康复后，她在民政部门找到了工 96

作，负责凭票分发牛奶、面包、土豆，她要在人们的配给卡上把票根撕下来。安嘉说："我站在一个木桶旁边……给每个人一满勺牛奶。"她的职务意味着她能够通过实物交换的方式，得到额外的面包或蔬菜，让她每天领到的清汤寡水里多点味道。

正是在分发牛奶期间，安嘉初次认识了指挥家卡雷尔·安切尔（Karel Ančerl），以及他的妻子和儿子。安切尔后来在隔离区内协助组织音乐会，并且成为泰雷津弦乐团的团长。"看在他孩子的份上，我多给他一点牛奶……我喜欢他们，他们也喜欢我，我们成为朋友……如果有人告发我，我赔钱就是了。"

之后几个月里，遣送行动还在继续，高峰期的时候，每三天就会有1000人抵达。6万多名老弱病残填满了拥挤不堪的要塞，涌入的人流也让厨房和古老的排水系统不堪重负。隔离区内有限的饮用水受到污染，必须煮沸才能饮用。居民每六个星期才可以濯洗肮脏不堪的衣服。人们在天花板上打洞，以利用阁楼的宝贵空间，壁垒下方潮湿的地下墓穴也对人们开放，甚至连马厩也住了人。

最后拥入的人们最为可怜，许多人在半路上便已经丢了性命。他们的遣送条件最为悲惨，在摇摇晃晃的车厢中备受煎熬，而且对即将面临的命运毫无准备。车上臭气熏天，人们情绪低落。

1942年9～12月开来的火车卸下了可怜兮兮的人物，包括安嘉的父母斯坦尼斯拉夫和伊达，姐姐热德娜和姐夫赫伯特·伊西多尔，以及外甥彼得。他们都是从赫拉德茨－克

拉洛韦上车的，那里曾经是安嘉上学的城镇。彼得的母亲，
即安嘉的姐姐鲁热娜，则被送到位于斯瓦托博里采 97
(Svatoborice) 的捷克拘留营，以此作为她丈夫汤姆“叛逃”国外的惩罚。由于儿子与外公外婆在一起，鲁热娜因为母子分离而极为沮丧，等到她被送到泰雷津与家人团聚时，她已经丧失了活下去的勇气。

此后，安嘉的公婆路易斯和塞尔玛也来了，他们离了婚，是分别抵达的。时年 64 岁的路易斯先行抵达，然后他的前妻从威斯特博克（Westerbork）被送来，那是一处位于荷兰境内的营地，主要用来收容荷兰犹太人。塞尔玛在第二任丈夫的陪同下抵达，让贝恩德感到非常尴尬的是，那人竟然比他还年轻。在塞尔玛与安嘉谈话之前，纳坦家的家长还从未见过这位儿媳妇，而她们谈话的内容却是关于安嘉父亲所给的资助。塞尔玛说：“你应该知道，贝恩德只是因为你的钱才娶了你，你不知道吗?”这真是糟糕的开局。

还有越来越多的亲戚抵达此地，包括安嘉的表亲奥尔加(奥尔加最初是安全的，因为她嫁给了非犹太人）的父母和兄弟，这位年轻的新娘发现自己每天至少要喂饱 15 个人。塞尔玛完全指望她的这位新媳妇照顾婆婆、婆婆的丈夫和前夫，以及一位负责照料前夫的妇女。还有一位老姑妈完全指望安嘉提供食物，老姑妈如此害怕饿死，以至于每天晚上都等着安嘉回来，希望能够得到额外的食物。

安嘉打趣道：“这挺好玩的!”不过，安嘉竭尽所能为他们提供的只是一些“难以下咽的暗灰色的糊糊”，即水煮大麦，它黏稠得就像糊墙纸用的糨糊。“我似乎这辈子都围

着我的汽锅和煎锅打转，近乎绝望地找东西来煮……煮给我的姑母姑父，煮给我的公公婆婆。我不得不用尽办法来供养他们……如果他们只靠分配到的定额来生活，他们早就饿死了。”许多人的确饿死了。安嘉的姐姐们还年轻，她们还能自己想办法，但安嘉的父母就实在没有办法了，尤其是 73
98 岁的父亲斯坦尼斯拉夫，他是“一位绅士”，从未习惯与其他同龄人并排睡在冰冷的石板地面上。父亲如此依赖 60 岁的妻子伊达，以至于母亲无法离开父亲去找工作，而这本来能够为他们争取到更多食物。“在集中营里，母亲总是很乐观……要不是因为母亲，父亲可能连一个星期都熬不过去。父亲这辈子都在依赖母亲……在集中营里，父亲从未让母亲离开自己的视线。”

除了供应牛奶，以及基本的蔬菜和谷物，隔离区内还有座食堂。男女老幼在上午 7 点、正午、下午 7 点在此排队，他们手持铝制盘子、杯子、罐子，就是为了获得一小片面包，以及一满勺寡淡如水的咖啡或清汤。那些被分配从事重体力劳动的人会得到最高定量，普通工人则会得到中等定量，而非劳动者（绝大多数是老人）只能得到足以饿死的定量。

“装满好吗？求求您了。”最饥饿的人会如此恳求，希望能够多分配些食物。所有病后初愈的人都会得到一张特殊票据，允许他们稍微多得到些食物，所以许多人假装有病或延长症状，以便多得到些食物。但无论他们的身份地位如何，食物定量总是不够；饥饿成为持续的折磨，觅食成为每日的要务。许多人变得倦怠和沮丧。命运迫使一度高傲的、曾居广厦美宅、曾锦衣玉食的上等人，沦落到委身于满身跳蚤的陌生人。他们之间没有任何共同之处，除了他们都是犹太人。人们别无选择，只能呼吸夹杂着汗臭污垢气味的空气，恐惧与饥饿让他们沦落至此。

每天都有新的工作下达，随之而来的还有定量供应之外的球茎类蔬菜，但许多都已经腐烂了。最初送来的还包括亲友寄来的香肠或罐头，他们都在家里翘首期盼亲人回归。亲友还寄来现金，不过这些钱很快就被德国人中饱私囊并被兑换成票据或伪造的“隔离区货币”，以在黑市上买到商品。

男人承担绝大多数重体力劳动，而女人则主要从事照顾 99
老幼的卫生和福利工作。男人和女人都会被编入农业师，负责为纳粹栽种蔬菜和喂养肉鸡，同时还为隔离区的囚犯种植土豆、洋葱以及球茎类蔬菜。隔离区内有一间小型医院，负责治疗肺炎、猩红热、败血症、斑疹伤寒和疥疮等各类病症，隔离区内还有几所临时学校，以供孩子们上学。

尽管人们总是忍饥挨饿，尽管冬天如此寒冷，以至于人们不得不在房屋内的墙壁上凿冰，但泰雷津的早期居民仍然在忍耐，甚至暗自庆幸情况还不至于更坏。然而，就在人们到达后不久，有些事情终于让他们意识到“现实之残酷”，意识到谁在掌管他们的命运。安嘉说：“我们心情还不错，直到处决开始。”

德国人组建了营区指挥部，召集了犹太长老以及某些经过挑选的见证人，他们被集中到奥西格营房附近的广场上，那里竖起了几座绞刑架。然后，德国人公开绞死了9名年轻男子，罪名是企图“未经允许”与家人私下通信，“冒犯了德国的尊严”。此后绞刑接踵而至，包括 7 名因为轻微的行为不端而被处决的年轻男子，他们的不端行为包括偷拿糖果和拥有烟草。

安嘉颤抖地说：“类似的公开处决大概进行了六次。这对我们如同当头棒喝，让我们意识到生存的不易。从那时候起，我们小心翼翼、忧心忡忡，因为我们都不知道还会发生什么。”

随着人们继续从德国和奥地利如同“雪崩”般拥入此地，纳粹指挥部颁布的规章制度也日益严苛。新一轮禁令禁止居民在白天某些时段进入隔离区某些区域，禁止居民从事
100 某些日常活动。隔离区内竖起更多栅栏和防卫墙，岗哨也增加了。主要街道都被清空，人们只能走横街窄巷。那些违反规条的人会被殴打甚至射杀。那些被抓进小堡垒的人，很少能活着出来。

为了节省电力，人们经常被关押在营房里，以便实施灯火管制，人们只能摸黑穿脱衣服，或者在烛光下阅读，而蜡烛供应极为短缺。安嘉躺在肮脏的草垫上，忍受着虱子的叮咬，呼吸着难闻的空气，她不禁回想起与贝恩德在布拉格公寓里的那些浪漫的烛光之夜。人们还要忍受跳蚤和臭虫的折磨，这就像饥饿那样令人痛苦。随着冬天降临，人们还得收集木头以点燃炉火，这既是为了房间取暖，也是为了加热食物。煤炭只有在温度跌到零度以下时才会供应。安嘉说：“由于营养不良、住所狭窄，又缺乏盥洗设备，人们就像苍蝇那样死去，这对于老人来说尤其致命。”

在这饥荒之地，食物短缺令许多人难以忍受，动物本能

由此迸发。生存与否有时取决于你是否能够成为熟练的盗贼。安嘉说："人们想尽办法偷窃。如果有人告诉你，他们从未偷窃，切勿相信他们。"那些在厨房工作的人会把土豆甚至土豆皮偷偷藏起来，然后拿去卖，或者拿去以物易物。安嘉学会了如何用荨麻熬汤，而且不断抓住机会从厨房里拿走东西，然后试图用一块发黑的土豆换一颗浸水的洋葱。

安嘉一度时来运转，她意外收到了装满葡萄牙沙丁鱼的包裹，这个包裹本来是寄给一位名叫纳尼·纳坦（Nanny Nathan）的妇女的，但此人早已身故。安嘉向犹太邮局指出错误，但邮局让她把包裹留着。"我高兴地收下了，但有那么多沙丁鱼，我们都吃不下了。我的丈夫甚至会问：'又是沙丁鱼？'……这真是身在福中不知福啊！"

尽管许多人都死了，但隔离区从未有足够的空间容纳新来者，尤其是来自奥地利和德国的那些人，所以从 1942 年 101
1 月起，东迁行动开始，每次遣送 1000 ~ 5000 人。在罗兹以及其他隔离区，人们四处奔走，哀求或贿赂官员，请官员把亲人的名字从遣送名单上抹去，但这通常毫无作用，人们只能眼睁睁地看着亲人消失。从泰雷津出发的首批被遣送者首先被送到拉脱维亚的里加隔离区，然后被送到波兰沦陷区的隔离区，但很少有人知道自己正在前往何处。"当你看到躺在担架上的老弱病残被送往上帝才知晓的目的地时，你只会觉得一阵恐怖……数千人在到达某地后才几天，就会被送往更东面的地方……数千人来了，数千人死了，数千人走了。1942 年是如此往复。1943 年还是如此往复。"

遣送行动变成一种恐怖，一种压倒一切的威胁。没有人知道第二天会迎来什么，恐惧让早已沉沦的道德更趋沦丧。在被送到泰雷津的14万名犹太人中，估计有3.3万人命丧于此，超过8.8万人被转送到死亡营，捷克斯洛伐克犹太人被彻底消灭了。其中1.5万人是孩子，当中还包括1260名可以安全前往瑞士并有志愿者沿途护送的孩子，几乎所有这些孩子都被杀害于奥斯维辛。

像安嘉和贝恩德这样的“先遣队员”仍然怀有希望，认为当局对他们的承诺意味着他们能够避免被遣送，但他们并未获得任何书面保证。安嘉说：“你永远不知道你何时会被送走，或者你还有多久会被送走。今天？下周？下月？所有人都知道‘东方’意味着某种恐怖事物，每个人都试图逃避遣送。”

随着形势恶化，盖世太保开始兜售虚构的小块土地以及“特许权”，以诱骗享有特权的德国犹太人前往泰雷津，他们把泰雷津天花乱坠地描述为国家度假胜地，提供免费住房和医疗照顾，是帝国老人之家，是温泉疗养胜地。许多人甚至付了额外的价钱，以求得到一间“看得见风景”的房间，或者一套顶层公寓，人们为此感激不尽，直到发觉自己受骗
102 上当，但为时已晚。人们期待来到一片宜人的度假胜地，好让他们安全地置身于战争之外，但最终被隔离区的状况所震惊。人们想象会过上富足的社会生活，与志趣相投之人穿着珠光宝气的华衣丽服，但迅速被击溃乃至沦丧。人们只发现狄更斯笔下那肮脏卑微的场景，而终点就是萦绕脑海的对通向远方的铁路轨道的恐惧。

安嘉说：“我有一次碰见一群老人，他们本该被送去医

院的……我不知道他们这一路走了多远，我们不得不照顾他们。实在是太不人道了。那里没有空间可以收留他们。他们不知道该栖身何处……他们被塞进了改建为宿舍的小楼房的阁楼……他们不得不爬上阁楼，但他们根本无力做到。”

在那个又闷又热又无风的夏天，苍蝇开始传染瘟疫。脑炎、白喉、痢疾四处蔓延，夺去了数以百计的人的生命，有些病人肛门失禁，就倒毙在自己的粪便之上。四轮马车运走死者，他们瘦骨嶙峋的双脚从裹尸布下面伸展出来。隔离区内建立起特别除虱站，用杀虫剂对死者的衣物和行李进行消毒。

尽管情势每况愈下——也许正因为情势每况愈下——余下的居民在隔离墙内创造出丰富的艺术生活。泰雷津云集了欧洲某些最为出色的艺术家、知识分子、作曲家和演奏家，他们设想出更加具有革新意义的艺术形式，以抵御与日俱增的绝望情绪。孩子和成人参演戏剧、参加朗诵，人们相互鼓励，通过艺术和诗歌来表达自我。原材料是乞来的、借来的甚至偷来的，老人和孩子分享一小截炭棒或一小截蜡笔，他们会在账簿的活页或书本的扉页上写写画画。

身陷囹圄似乎点燃了人们的创作冲动。有人以硬纸板和碎布料制作拼贴画。一位名叫帕维尔·弗里德曼（Pavel Friedman）的年轻男子在脆弱的复写纸上写下诗篇：“我再也没有见过蝴蝶……蝴蝶不会栖身于此，蝴蝶不会甘受隔离。”他在23岁那年死于奥斯维辛。那些秘密描绘隔离区 103
内部恶劣状况的艺术家会被抓进小堡垒，他们会遭受酷刑折磨，会被弄断手指。许多人因此被射杀，或者被送去集中营。

尽管随时可能遭到报复，但文化变革还在前行。小型展览、音乐评论以及音乐会还在秘密举行。即兴剧最初在地下室和营房里悄然上演，由于变得大受欢迎，后来改在仓库或健身房上演。犹太管委会必须审查每场演出，但也开始发售门票；这些门票如此抢手，甚至经常在黑市上被用于购买食物。

由于德国人并未干预并禁止此类活动，甚至允许人们使用乐器，人们也就更加大胆，开始重拾本行了。建筑师和舞台设计师投入工作，女裁缝则被请来缝制戏服。作家鼓起勇气写作讽刺剧和滑稽剧，其中一部题为《最后的骑行者》（*The Last Cyclist*），由卡雷尔·什文克（Karel Švenk）编剧。剧中描绘了一个世界，在那里，骑自行车的人会受到当地居民的迫害，而那些居民本来就是从庇护所里逃脱出来的。遗憾的是，这部戏从未在泰雷津上演，它在带妆排练期间就被犹太长老会禁止了，因为长老会害怕这部戏会招致报复。但在战争结束后，尽管什文克并未幸存，这部戏还是根据幸存者的回忆改编上演，并且继续向世界各地的观众巡回演出。

其他较少争议的演出则可以如期上演，包括歌剧《阿依达》（*Aida*），这是享誉欧洲的著名独唱剧。汉斯·克拉萨（Hans Krasa）那部名为《布伦迪巴》（*Brundibar*）的儿童戏剧则上演了超过50场。这部戏得以上演，很大程度上归功于弗朗齐歇克·泽伦卡（František Zelenka），他是当时最具影响力、最敢革新的捷克舞台设计师。泽伦卡曾在泰雷津为超过20部戏剧设计舞台布景，包括莎士比亚和莫里哀的作品，他最终死于奥斯维辛，终年42岁。

安嘉曾经观看过一次难忘的带妆排练，那部戏是《被 104
出卖的新娘》，她第一次看那部戏时，还是个无忧无虑的学生。尽管安嘉认为饰演新娘的演员太老了，但这部充满乐观主义的戏剧还是“棒极了”。“这部戏剧被创作时，没人知道它会在泰雷津上演，但里面有些唱词和对白实在是太应景了……女主角曾经问男主角：‘最终的结局会如何?’男主角说：‘一切都会好起来的!’……这太有象征意义了。那些片段让人永生难忘。”

在演出进行的一两个小时内，观众不再是为食物犯愁、为生存担忧的囚犯。他们自由地大哭大笑，自由地感受希望和失望，音乐、舞蹈、歌曲让他们度过快乐的时光。安嘉说：“这有助于缓解压抑的气氛，借助艺术，你就能坚持下去。”

在泰雷津，其中一项最为瞩目的艺术成就归功于一个热诚的业余合唱团，他们由罗马尼亚指挥家和室内乐作曲家拉斐尔·舍希特（Rafael Schächter）担任指导。由于他们的努力，这个监狱合唱团演出了超过16次，上演的剧目是朱塞佩·威尔第最高难度的作品《安魂弥撒》（*Requiem*）。那场感情炽烈的天主教葬礼弥撒，只能靠演员逐字逐句、逐个拉丁语单词，在阴冷潮湿的地下室里背诵下来。他们只有一部偷运进来的乐谱和一台缺胳膊少腿的钢琴，他们还有频繁变换的演出班底，因为随着遣送行动展开，越来越多的合唱团成员被带走，舍希特对团员们说：“我们对纳粹无话可说，让我们唱出来吧。”

其中一幕《解救我》（*Liberate me*）的唱词是："主啊，解救我，从永恒的死亡中解救我……您终将降临，以烈焰审判这个世界。"另一段独白是：在最终审判日，"没有什么可以逃脱审判"。这是一段所有罪人终将受到神圣审判的勇敢预言。安嘉观看了其中一场演出，那是她听过的最为悲壮、最为感动的歌剧。当时，纳粹高级军官也在座。演出结
105 束时，犹太观众屏息静气，等待德国人的反应。当党卫队员开始鼓掌时，其他人也掌声雷动，观众们早已泪流满面。

在休闲活动管委会的监管下，人们进行着从未止息的艺术抗争，泰雷津的人们组织讲座和课堂，开设缝纫班和进修课程。即使人们未能参与艺术或教育活动，以充实自己的知识和技能，人们也致力于改善营区环境。

犹太人公然蔑视如影随形的死亡威胁，他们选择自己的生活方式。作为个人反抗的表现形式，人们唱歌、跳舞，人们恋爱、结婚，人们极度渴望爱，极度渴望某种爱欲，人们竭尽所能去寻找安慰。

贝恩德在 H 街区一处专业车间和木料厂工作，街区位于带刺铁丝网那边的堡垒内部。贝恩德的工作内容之一就是为纳粹军官制作精美家具，这也是他在布拉格的旧业。每到下班时分，他就偷偷溜进妻子的营房去看望妻子。那里没有隐私可言，但也没有羞耻之说。他们并非特例，许多夫妻会向特权人士租用私人空间，但那总是供不应求。其他人就只能充分利用夫妻相处的片刻时光了，有时在夜里，好几名男子会偷偷溜进女子营房，安嘉说她甚至能感觉到整个营房都在震动。安嘉说："我们房间里有 12 个女人，有时就会有

12 个男人睡在那儿，但人们都满不在乎。这是我们仅有的片刻欢愉，这让我们还不至死去。”虽然风险很大，但他们认为值得为此冒险。他们都还年轻，还在爱的年纪，共寝片刻也会给他们带来希望。

尽管许多人都被运走了，但安嘉和贝恩德两人还是留在后方，这对夫妇深信纳粹关于“先遣队员”将会安全的承诺，他们将会在战争期间留在隔离区。尽管在 1943 年 6 月，隔离区中心区域建起了专用铁路站台，但安嘉仍然相信，许 106
多人也仍然相信，战争会很快结束。

安嘉那年 26 岁，结婚已经三年，她并不想当高龄母亲，但她与贝恩德都决定，在当时的环境下不宜要小孩。尽管从未做出特别声明，但德国人还是颁布过严格的性别隔离规定，人们害怕如果犯下怀孕的“罪过”，将会被处以死刑。然而在 1943 年夏天，当安嘉发现自己怀孕时，她还是暗自高兴。母亲伊达当时与女儿住在同一个营区，母亲难以置信地问道：“怎么怀上的？几时怀上的？”安嘉只是耸耸肩，而母亲也笑了。安嘉确信孩子来得正是时候。安嘉觉得九个月后必将有事情发生。通过地下电台和捷克警察的闲言碎语，小道消息已经传遍泰雷津。盟军已攻入西西里岛，墨索里尼已被剥夺权力，意大利已向盟军投降。华沙犹太隔离区已发生大起义，德国鲁尔区也已遭到猛烈轰炸。对于许多人来说，似乎已胜利在望。

但事情仍未结束。隔离区内暴发斑疹伤寒，一天之内就夺去过百人的性命。运来发霉面包的车辆也负责运走尸体。棺材如此短缺，以致死者只能用裹尸布草草包裹并堆放在走廊上，火葬场每个月要处理上千具尸体。

秋天时传来消息，安嘉的两位姐姐，36 岁的鲁热娜和 39 岁的热德娜，安嘉的外甥，即 8 岁的彼得，以及安嘉的姐夫赫伯特，都将在一次对 5000 人的遣送行动中被送往东方。安嘉表亲的父母以及其他家庭成员也会被送走。安嘉说：“当你的亲人将在下次遣送行动中被送走时，你会不惜一切去拯救他们。但显然，尽管我尝试了一切办法，但最终
107 仍一无所获。我试图……贿赂主事者……但毫无作用。你还要承担巨大风险。许多人都倾其所有去贿赂某些人，但德国人说要运走 1000 人就得运走 1000 人。幸运与不幸只在一念之间。”

许多人自杀，或者试图自杀，而不是去面对未知的旅程。根据相关报告，1941 ~ 1943 年，在泰雷津，有 430 人自杀，有 252 人自杀未遂，绝大多数自杀行为都发生在遣送行动期间。那些无法面对骨肉分离的人，要么跳楼，要么割腕，要么上吊，要么大量吞食从诊所偷来或拿来的安眠药。

在安嘉对于近亲被送走的最终记忆中，就包括老姑妈的那次，“她衣着整齐，还戴着帽子”，坐在行李箱上。“她跟我握手，并说：‘那么，回头见吧。’仿佛我们是在赫拉德茨 - 克拉洛韦的大酒店里见面……她没有说‘永别了’，而是说‘下周见！’她不知道何谓毒气室，但她知道此行凶多吉少。”

安嘉强颜欢笑，与亲人挥手道别，目送人群走向站台，数千人的脚步扬起漫天灰尘。安嘉祈求自己能与亲人尽快重逢，祈求亲人离开她后还能找到足够的食物。

又过了几个月，安嘉的腹部开始隆起，她因为即将成为母亲而感到兴奋，尽管她已消瘦了许多，而且食物当中又没有多少营养。安嘉说：“我们为了即将降生的孩子而欣喜若狂。我记得怀孕四个半月的时候，胎儿就开始动了。我坐在办公室里工作，然后感觉到胎儿在动，我跑进大办公室，告诉我的上司：‘它开始动了！’我那时候得意忘形。这是何等奇迹啊！”但安嘉的欢喜很快就变成恐惧，尤其是再也没有关于战争的好消息传来，而向东方的遣送行动却在加速。

当新任的党卫队营区指挥官、党卫队二级突击中队长安东·布格尔（Anton Burger）发现有些囚犯怀孕时，他下令怀孕者必须主动报告情况。身为犹太人竟然胆敢怀孕，这被 108
视为对第三帝国的犯罪。布格尔下令，所有小于七个月的胎儿都必须人工流产。他还发出威胁，要惩罚那些隐瞒怀孕情况的母亲，同时还要株连那些母亲所在的社区。

安嘉和贝恩德肯定选择隐瞒，直到再也隐瞒不下去了。然后，两人被传唤到指挥部的行政管理办公室，同行的还有另外四对夫妇。他们别无选择，只好从命。在那里，大发雷霆的纳粹党徒拿着手枪对着他们指指划划，每对夫妇都被迫签署文件，同意交出新生儿并进行“安乐死”。尽管安嘉掌握多国语言，但她还是看不懂文件上写着什么，不得不询问别人。当别人告诉安嘉，孩子出生后将被弄死，她几乎当场晕了过去。

“我从未想象过，我将被迫在交出并杀死（我的孩子）的文件上签字。从未有人听说过这种事情……你怎么能签下这种东西呢？但我们签了。他们说：‘快签！’我们就签了……党卫队员就拿着左轮手枪站在你身后……你当然得签了！”

1943年11月，安嘉怀孕六个月，德国人进行了人口普查，以确保补给物品数量与剩余囚犯数量相符。结果整个隔离区都被清空了。贝恩德因为发烧正躺在诊所，因此被留下了，同时被留下的还有其他病人和一些孩子。安嘉也被赶出隔离区，贝恩德并未同行，同行的是安嘉的父母，以及其他3.6万名囚犯。

人们害怕最坏的情况即将到来，他们在全副武装的守卫看管下在雪地里艰难跋涉，最终来到一片开阔的牧场，即博胡绍维奇卡盆地。从早上7点到晚上11点，人们被反复点验，恐怕多半是要被射杀了。人们不得坐下或稍作休息，所以人们只能在站立的地方便溺。严寒和雨雪让身体虚弱者难
109 以承受，许多人倒地之后就再也未能醒来。当人们最终可以跑回营房的时候，安嘉如释重负，因为她发现诊所里的所有人，包括她丈夫，都尚未被杀害。

然后到了12月，安嘉的老父母斯坦尼斯拉夫和伊达收到前往东方的通知。安嘉那位曾经信心十足的父亲，那位在特雷贝克绍夫采广受尊敬的企业家，那位曾经开设了经营有方的皮革厂并且很好地养活了家人的成功人士，此时形容枯槁到“如同可怜的乞丐”，并且正遭受病痛的折磨。一名党卫队军官打伤了父亲的脸，打碎了父亲仅有的一副眼镜，所以父亲再也看不见东西了。安嘉说：“这让我最为伤心。他……变成一个身材矮小的犹太老头子，只能依靠我的母亲……此情此景真是让人伤心欲绝，因为父亲……如果没有

母亲搀扶就寸步难行。”

尽管饥肠辘辘、病体怏怏，但安嘉的父母从未抱怨，从未让她感到“揪心”，他们直到最后的日子都还保持着乐观。“父母离开的时候，我非常失落。我对父母说再见，但我并未意识到这是我们最后一次相见。道别非常简短，‘再见，回头见’。父母知道我已怀孕，他们对此泰然自若。他们有太多事情需要面对，我们都认为总能应付过来的。”

贝恩德也曾目送母亲塞尔玛以及其他亲人远去。他相信自己那失明的父亲路易斯终将得救，因为父亲得过铁十字勋章。

1944 年 2 月 2 日，当安嘉的儿子在泰雷津提前几周降生时，安嘉的父母和姐姐都不在身边，当时距离盟军轰炸柏林已过去了好几个星期。那时候，隔离区还有一间继续运作的医院，里面有现代化的、配备了消毒器械的手术室，并有数百名拥有执业资格的囚犯医生。安嘉还可以选择妇科医生和儿科医生，尽管如此，分娩的痛苦必须由她自己来承受。安嘉说：“真的好痛。我想这真是太可怕了，就算你给我发奖金，我也不再生孩子了。”但她还是补充道：“我这小宝贝真是太珍贵了！”

分娩过后，安嘉把好不容易盼来的孩子放进摇篮之中， 110
她与其他母亲和婴儿都躺在育婴室里，但孩子随时可能会被抢走。安嘉说：“他是个健康的孩子，我也有充足的乳汁喂养他。”

一开始，安嘉和贝恩德给孩子取名吉里（Jiri，即乔治），这让安嘉的公公非常高兴，因为公公有个兄弟也叫乔治。但是，德国人不允许犹太人取非犹太名字，所以两人只好给孩子重新取名为达恩，“不是丹尼尔，而是达恩”。还没有人来把孩子送去安乐死，两人也不知道为何会被赦免。他们只是感到庆幸。

直到战争结束后，在另一位泰雷津囚犯贡达·雷德利赫（Gonda Redlich）的私藏日记中，人们才解开了这个谜团。雷德利赫的妻子叫格尔塔（Gerta），安嘉曾与她相识，当时也是位怀孕的母亲。1943 年 11 月，格尔塔与丈夫也被迫同意“杀死孩子”。雷德利赫在当天的日记里心酸地写道：“我签了一份保证书，我要杀死我的孩子。”

1944 年 3 月初，在儿子出生后（这孩子也叫达恩），雷德利赫对儿子写道：“犹太人被禁止出生，犹太妇女也被禁止生育。我们被迫隐瞒你母亲怀孕的情况。就连犹太人也要求我们杀死你，而你明明是我们的骨肉，因为敌人发出威胁，要为隔离区内犹太孩子的降生而集体惩罚整个社区。”雷德利赫说，孩子得以保全，简直就是个“奇迹”，当时一名德国军官的妻子因为早产而诞下死胎。雷德利赫写道：“当你和其他孩子降生的时候，为何他们取消了禁止生育的命令呢？因为犹太医生救活了那名产妇。敌人考虑到那位丧子母亲的感受，才允许你的母亲和其他母亲生育。”

安嘉对此一无所知，只是全心全意地养育孩子。她用撕开的碎布作为尿布，也有足够的乳汁去喂养孩子。她也把“好运气”带给其他怀孕的母亲，她们也在隔离区生下了孩子，有一位母亲还生下了双胞胎，不过有三个孩子后来夭折了，还有一位母亲后来死于肺结核。

111 然而，到孩子满月的时候，尽管他已逃过死刑，但他还是渐趋衰弱。安嘉说："他看上去跟其他同时出生的孩子不太一样。"几个星期后，安嘉这个弱小的长子就患上了肺炎。他死于 1944 年 4 月 10 日，那是个星期四。安嘉说："我这小宝贝不是被杀死的。他只是不够强壮而已。我的小宝贝就躺在我的怀里。他是自然离去的……我从未想过他会离我而去，但他真的走了，我感到非常伤心。"

贡达·雷德利赫写道："在那些德国人允许出生的孩子当中，有个孩子走了。想想身为人母的悲痛吧，她奇迹般地得到一个孩子，但又失去了他。"

贝恩德出席了儿子的简短葬礼，然后儿子的骨灰就被装进纸皮匣子。这个匣子与其他数千个匣子都放在隔离区的骨灰匣安放处，直到 1944 年 11 月，绝大多数骨灰都被倒进湍急的奥赫热河。

泰雷津集中营纪念碑，纪念骨灰被撒入河中的死难者

112 安嘉未能目睹火葬。她很少再谈及她的儿子。安嘉后来说："这很可怕，但后面还有许多可怕的事情接踵而至，也就忘记了……总得跨过去。"后来，安嘉问表亲，自己为何不能去哀悼达恩，表亲的解释让她释然了。安嘉补充道："我们不能再承受忧伤，否则我们都要疯掉的。你开始胡思乱想，什么事情发生了，为何事情发生了，你必须找到出口，不要再想这件事情了。"

安嘉最喜爱的生活格言出自《乱世佳人》郝思嘉的口中。这句格言是："明天再想吧。"安嘉一次又一次地重复这句咒语，以此度过集中营里的岁月。安嘉承认，所谓"郝思嘉理论"听上去"愚蠢"又"荒谬"，但安嘉也认为，这句话让她受用终身。"如果我在事情发生时暂且放下，去睡个觉，也许第二天局面就会好转。迄今为止，这方法真奏效……这符合人的天性，人们总是认为，自己总能幸存……那些自暴自弃、形销骨立的人总是死得最快。"

前几年发生了这么多事情，已经让人们的世界支离破碎，人们的安定感也荡然无存。人们没有机会逃脱，也没有办法掌握自己的命运。安嘉简单地说："我抗争的手段就是活下去。"

儿子去世后，安嘉患上严重的黄疸症，几乎因此丧命。安嘉在诊所里被隔离，就连贝恩德也不能探望。有一天，贝恩德不知从何处摘来一朵花，隔着窗户拿给安嘉看。尽管安嘉很欣赏这浪漫举动，但她后来说当时太饿了，宁愿要一片面包。安嘉最终还是挺了过来，跟丈夫再次团聚。

之后那几个月，随着盟军准备攻入欧洲，第一批丹麦犹

太人被送到泰雷津。丹麦政府代表和丹麦红十字会马上开始对纳粹施压，追问那500名丹麦人的下落，尤其关注纳粹集 113
中营里集体消灭犹太人以及其他囚犯的传闻。在所有被占领国家中，丹麦最为果敢地抗议纳粹虐待犹太人，并且设法拯救本国的犹太人，要么加以藏匿，要么加以帮助。即使对那些未能得到拯救的本国犹太人，丹麦也予以密切关注，迫使纳粹为他们提供特别待遇。

为了平息众怒，德国人同意允许国际红十字会在丹麦官员陪同下参观泰雷津，德国人一举将其变为希特勒的“橱窗”营地。1944年5月，为了清理泰雷津，5000名犹太人被遣送到东方，包括所有孩子和绝大多数病人，尤其是肺结核病人。最后又遣送了7500人。余下的病弱者都被藏匿起来，最糟糕的区域也被隔断开来。

指挥官精心计划红十字会小型代表团巡视的路线，并下令对道路沿线的建筑物进行大规模美化，街道被重新改为好听的名字，如“湖畔街”。在指挥官所谓的美化行动中，营区铺上了新草皮，种上了玫瑰花，搬来了公园长凳。每件东西都被粉刷过，包括子虚乌有的路牌“学校”或“图书馆”。鲜花种满窗槛花箱，操场、旋转木马、乐池、社区中心以及运动场也都临时搭建起来。预定参观的营房也被整饰一新，整个街区都是粉刷华丽并正在营业的商店，里面“出售”的商品都是从囚犯的行李中巧取豪夺而来的。

囚犯们都受到死亡威胁，只能乖乖地排练做何事、去何处以及如何行事。囚犯根据指示，都穿上最好的衣服，确保仪容整洁。临时运来的新鲜蔬菜和出炉面包必须精心摆放并安排得恰到好处。红十字会的参观活动于 1944 年 6 月 23 日准时上演。

114 约瑟夫·戈培尔（Joseph Goebbels）领导下的第三帝国宣传部制作了长达六个小时的参观影片，并添加了其他后期制作画面，企图向全世界播放一部题为《元首为犹太人建造城市》（*The Führer Gives the Jews a City*）的电影。影片经过精心剪接，配以旋律昂扬的音乐，如奥芬巴赫的《地狱舞曲》（*Infernal Galop*），这是最受欢迎的巴黎康康舞曲。影片还选取外表健康的年轻男女，展示他们正在隔离区外面的锻造厂、陶瓷厂或艺术工作室里劳作的形象。人们示范如何制作手袋、如何缝制衣服或如何制作木器，然后手挽手走回隔离区，去享受休闲活动，如阅读、编织、玩牌，以及参加朗诵和演讲。影片里还有如下片段：精力充沛的足球比赛，老夫老妻在公园长凳上闲话家常，阳光下肤色黝黑的孩子吃着涂满黄油的面包，尽管这些孩子长这么大还是第一次看见黄油。

滑稽的是，公共浴池还展示裸体男性如何往身上涂抹肥皂。男人、女人和孩子在带有围墙的花园里灌溉指挥官的菜园。安嘉和贝恩德跟许多犹太人一起坐在维也纳风格的咖啡馆里喝“咖啡”。随着电影摄像机呼呼运转，人们按照指示表演，对着镜头微笑，啜饮咖啡杯里油腻的液体，而杯子则由身穿白围裙、面带微笑的女侍应端上来。在注定成为历史经典时刻的片段中，红十字会官员也被拍进影片，他们坐在从柏林赶来的党卫队高级军官旁边，欣赏着威尔第的《安魂弥撒》，由人数大为减少的合唱团负责演出。

隔离区内每个人都祈求，来访者会看懂囚犯的手势，会提出尖锐的问题，会要求更改既定的路线。但是，这些都没有发生。此次参观成为纳粹的胜利。国际红十字会代表团团长莫里斯·罗塞尔（Maurice Rossel）博士在报告中评论道："总体而言，来到此处的人都不会被送往别处。"报告实际上给纳粹提供了辩解的理由，足以反驳所有关于集体屠杀的指控，罗塞尔及其同事声称犹太区"相当好"且"很舒适"，铺满地毯和挂毯。代表团声称隔离区内衣食充足，提 115
供邮政服务和文化设施，青年之家有着"显著的教育意义"。罗塞尔在结论中写道："我极为意外地发现，隔离区内的市镇生活如此正常。我本来以为会更糟糕的。"罗塞尔评论道，他的报告"会让许多人感到宽慰"。

隔离区居民对红十字会的报告一无所知，人们还希望外部世界最终会得知他们的状况。其实无论隔离区如何被美化，代表团成员难道就看不出来，这仍然是占地 1 平方公里、与外部世界彻底隔绝的监狱吗？

参观过后，隔离区内所有引人入胜、令人愉悦的东西都被摧毁、拆除或带走。泰雷津及其居民回归到之前的破败状态，甚至此后两周的定量配给还要削减，因为参观期间人们享受了"额外的"食物和奢侈。至于影片里那些坐在摇摆木马上面带微笑的孩子，还有那些表情夸张的孩子，在影片拍摄完毕那天，就跟其余 5000 人一起被送去了奥斯维辛。这 5000 人中包括威尔第歌剧的指挥家拉斐尔·舍希特，以及这部宣传片的犹太制作人，还有安嘉的朋友、指挥家安切尔及其家人。舍希特曾经为数以千计的人带来希望，许多人也有幸听过他的最后演出，他在辗转三座集中营后最终被杀害。安切尔活了下来，但妻子和孩子都被杀害。

负责看守泰雷津的捷克警察继续偷偷传播从外面听来的消息，警察告诉兴高采烈的囚犯们，盟军已在挪威登陆，正在横扫法国。安嘉说："消息就像风一样传播，我们当时都在想，我们已经胜利了！我们彼此勉励，一个月内就能回家了。"非常刻意地，安嘉和贝恩德决定再要一个孩子，"我们真是疯了"。安嘉补充道："第一次怀孕毫无计划，纯属
116 意外。第二次怀孕却是计划好的，因为我们想要孩子。'既然我们都在这里三年了……我们还要等待多久呢？'"安嘉的计划是：如果两人带着孩子返回布拉格，他们总会想到办法的；但如果两人没有孩子，他们就会等到有钱有工作的时候再要孩子，这会消耗太多时间，也许最后就不要孩子了。

随着好几次遣送行动把人们送往东方，营区内的某些阁楼突然空置了，所以贝恩德就在阁楼里修建了一处秘密隔间，他称之为"干草公寓"，这是他与妻子见面的地方。这种阁楼后来在隔离区内被称为舒适小天地。后来，贝恩德还把阁楼扩大成一套单间公寓，两人都能住进去。安嘉说："我们把它改造得非常漂亮。"

尽管始终存在德国人在定期搜捕中发现两人的风险，但贝恩德和安嘉还是抓住了机会。法国包括巴黎已经全境解放，盟军正在对荷兰发动空袭。1944 年的夏天既漫长又炎热，身边许多人，尤其是老人，纷纷死于感染、疾病与饥饿，而安嘉和贝恩德正在享受他们偷来的相聚时刻。

安嘉难以知道自己怀孕与否，因为她曾经怀孕过，再加上疾病和营养不良，这都打乱了她的月经周期。妇女们称之为“监狱综合征”，它对许多被囚禁的妇女都有影响。1944年秋天，安嘉都不知道自己是否已怀上孩子，当时盟军已经步步进逼，有些德国陆军师被迫全体投降，纳粹于是决定遣送泰雷津的绝大多数居民。

由于害怕引起反抗，或者由于处心积虑，德国人首先提出，把最有劳动能力的男子迁往德国境内“德累斯顿附近”的新营地。德国人声称，此后四个星期，每隔一天都会有1000人被送过去。所有关于先遣队员将会得救的承诺都一文不值，因为贝恩德也收到了可怕的粉红色通知单，命令他到新的建筑指挥部去报到。当犹太长老向德国人抱怨先遣队 117
员应有豁免权时，德国人只是回应说所有豁免权都已被“取消”。

根据隔离区的规定，贝恩德必须交出配给卡，他的食物供应会被取消，他应该在二十四小时内报到以等待遣送。安嘉说：“他的离开毫无预兆。突然来了一道命令，所有男人都要被迁往另一处隔离区。我们想这隔离区应该类似于泰雷津，位于德国境内某个地方。情况可能会更差，但也只不过是某种隔离区而已……人们不会联想到任何灭顶之灾或者恐怖之事。”

尽管如此，安嘉还是再次忍住愁绪，为贝恩德收拾了几件行李，把他送上未知的旅途。男人们集中在营区的一处院子里，他们的爱人可以前来道别。安嘉拥抱和吻别贝恩德，两人约定尽快相见。贝恩德也不知道妻子已经怀孕，他走向营地边缘的站台，登上了拥挤的车厢。那是 1944 年 9 月 28 日，到此时他被送到泰雷津已将近三年了。

没有了贝恩德的安慰，安嘉就只能独自过日子了。令人沮丧的是，她生活在充满悲伤、饥饿和恐惧的世界。由于许多囚犯已被送走，而纳粹战争机器的需求更加迫切，安嘉被调往隔离区内的一间工厂，她在那里负责切割加工过的云母片，用于制造飞机的火花塞。“他们把这些东西叫云母，一种细小的透明结晶体。我使用非常锋利的刀具把它切削成薄片。”这些云母片被视为德国空军的战略物资，搬运过程必须极为小心，包括安嘉也得小心翼翼。

这份新工作除了极为孤独、令人痛苦，还无法为安嘉及其仅存的亲人（即那位失明的公公）获取额外的食物，她
118 很是为获取食物而犯愁。那时，纳粹宣布需要再征召 1000 人，前往新建的德国劳动营工作。安嘉的朋友米茨卡的名字也出现在名单上，名单上还有许多来自布拉格的朋友，她们都是先遣队员。安嘉得到豁免，因为她被指派去从事军工生产。为了平息众怒，德国高级军官又宣布，任何人如果自愿跟随朋友和家人前往德累斯顿附近的新营地，都将得到准许。德国军官在营造希望，仿佛被送去从事有用的工作，就能确保人们得救。

这则消息让安嘉心动了，她下定决心追随贝恩德。安嘉说：“我那时候已经知道自己怀孕了，但我的丈夫却并不知道……真是疯狂。”对也好，错也好，安嘉认为，既然她和贝恩德能够在泰雷津活下来，那么她也能够在其他地方活下来，就算那里状况更糟糕也无所谓。安嘉还不知道贝恩德身

在何处、状况如何，但她决心无论如何都要跟贝恩德在一起。安嘉认为："至少，德国还是个文明国家，在那里总能活下去。"安嘉后来形容自愿参加遣送是"一生中最为愚蠢的决定"。安嘉与贝恩德一起熬过了三年；他们失去了儿子和绝大多数家人。她不相信还会发生更糟糕的事情。她祈求他们能够立刻团聚，然后被送往某处工作，甚至还能碰见父母和姐姐，然后一家人在一起熬到战争结束。

安嘉也害怕，如果再等下去，她可能会被遣送到其他地方，那就再也找不到亲人了。安嘉收拾了几件行李，这次她务实得多，不再像三年前初到泰雷津时那样，带着一盒甜甜圈，留在原地的一位朋友也过来帮她收拾。安嘉说："我从未告诉任何人我怀孕了。但当我收拾一件初次怀孕穿过的衣服时，朋友说：'为什么要带这件衣服呢？'我没有回答。她说：'上帝啊！你怀孕了！'她几乎晕过去。她又说：'你疯了吗？为什么你要自愿参加遣送呢？'"

数日后的星期天，即 1944 年 10 月 1 日，就在美国军队 119
抵达德国西部的齐格菲防线后不久，安嘉永远地离开了泰雷津。爬进拥挤的三等车厢后，安嘉、米茨卡以及其他朋友挤得"就像沙丁鱼"。随着她们身后的车厢门被锁上，车厢内一片漆黑，火车传出刺耳的汽笛声，然后缓缓开出。安嘉尽力忘记恐慌，希望这段与丈夫相见的旅程不至于太过漫长。

安嘉的祈祷似乎应验了，她正在追随贝恩德的脚步，如她所愿。但残忍的是，火车甚至真的开进了德累斯顿车站，她们以为这就到站了。她们如释重负，希望下车就奔向新营地，盼望着与亲人团聚。她们精疲力竭、饥肠辘辘、严重脱水，在上锁的车厢内再三等待，直到火车突然再次开动。让她们感到恐惧的是，接下来的停靠站是包岑，那是德累斯顿东面60公里开外的城市。到那时候，她们才知道自己被骗了。安嘉说："慢慢地、无可挽回地，我们所前进的方向露出了曙光。"安嘉形容，当她们看见波兰语车站名的时候，真是"糟糕的时刻"，而她们的火车还在令人忧郁地缓缓开进。

"向东走只意味着一个地方，我们对那个地方几乎一无所知，只知道它的名字叫奥斯维辛。那是一处营地：一处可怕的营地。但我们并不知道它更多的情况了。"

安嘉不可能知道，如果小宝贝达恩还活着，如果她怀抱达恩，在10月的那个星期天走下奥斯维辛二号营－比克瑙那座臭名昭著的站台时，几乎可以肯定，她和达恩会被直接送去毒气室。然而，此时安嘉的肚子里怀着一个小生命，它那小小的心脏将要跳过所有艰难险阻。

安嘉不需要对陌生人遮掩怀孕的肚子，因为除了安嘉自己，没有人知道她再次怀孕了。两天之后，车厢门被打开，迎面而来的不是贝恩德的笑脸，呈现在她眼前的，是人间地狱。

四　奥斯维辛二号营－比克瑙

佩莉斯嘉

在可怕的混乱中，佩莉斯嘉来到三个巨型集体灭绝营中 120
的二号营，这三个灭绝营被统称为奥斯维辛。刚刚从斯洛伐克抵达的人们惨遭猎犬撕咬，而被称为“牢头”、身穿条纹囚服的囚犯头目则对人们肆意叫骂，粗暴地把人们从车厢里拽下来。冷酷无情的党卫队哨兵手持武器站在旁边。佩莉斯嘉说：“我们过去甚至不知道何谓奥斯维辛，但从我们跳下火车那刻起，我们就都知道了。”

人们被这个超现实世界——通上高压电的带刺铁丝网、瞭望塔上配备机关枪的士兵、横扫夜空的探照灯光——吓得目瞪口呆，佩莉斯嘉和蒂博尔也立即就感受到了来自四面八方的敌意和攻击，周围传来皮鞭挥舞的响声，有人对他们大喊大叫：“滚出来！快！扔掉行李！快！”

男女老幼同样无助，人们被赶下火车，随即被推入人群中。人们在混乱中跌跌撞撞，很快就被冲散，珍贵的手
提箱也被弃置在泥泞的水洼里。有些妇女变得歇斯底里， 121

她们试图抓住亲人或护住孩子，却被充满敌意的陌生人强行推开。

佩莉斯嘉想要抓住蒂博尔的手臂，却被强行推开，几乎跌倒在地，幸好埃迪塔设法扶住她。佩莉斯嘉哭了，她绝望地四处张望，却再也未能看见她那年轻丈夫的身影，蒂博尔早就被周围拥挤的人群所吞没。佩莉斯嘉蹒跚前行时，突然与一名党卫队高级军官打了个照面，她后来才知道此人名叫门格勒。在当时，对于佩莉斯嘉来说，此人只不过是另一名眼神冷峻的纳粹军官而已。

约瑟夫·门格勒医生

门格勒带着似乎永远镶嵌在脸上的笑容问道："需要帮忙吗，美丽的女士？"

佩莉斯嘉站直身体，抬起下巴，轻蔑地回答道："在这里，不需要。"

门格勒命令道："给我看看你的牙齿。"

佩莉斯嘉犹豫片刻，还是张开了嘴巴。

门格勒斩钉截铁地命令道：“干活去！”

许多粗暴的手把她推向右边的行列。她发觉自己淹没在痛苦的人海中，谁都不能站立或回头。蒂博尔已经消失在几百米开外的混乱人潮中，她甚至无法确定埃迪塔是否能够跟上她。

牢头和穿着制服的党卫队看守挥动棍棒，大喊“快点！”他们命令妇女们每五人一行，肩并肩地通过泥泞不堪的走廊，走廊两边分别是深陷的沟渠和高耸的带刺铁丝网。妇女们被带到营区外围一栋偏僻的砖砌楼房，被塞进一处装有窗户的狭长房间，随即又被要求脱光衣服，以便进行“消毒”。

许多妇女感到震惊，因为即使在丈夫面前，她们也从未全身赤裸任人打量，她们犹豫不决。如果任何妇女稍有迟疑，或者乞求以衣服覆盖身体，她们就会遭到殴打，直至乖乖从命。妇女们脱下或摘下的衣服、手表、钞票、珠宝堆积如山，随后被送到奥斯维辛的商业中心进行分类，那是一处代号为“加拿大”（Kanada）的仓库，因为加拿大这个国家物产丰盈。在那里，在加拿大指挥部的严密监督下，每次大约有1000名犹太女囚犯脱去衣服，她们脱下来的衣服可以堆到三层楼高。

加拿大指挥部的职责是收集保暖性能良好或质地优良的衣服，经过熏蒸消毒后运回德国。他们必须仔细搜查接缝和衬里，寻找黄金、钞票、宝石、珠宝。在毫无遗漏地翻查口袋的过程中，他们会找到人们珍藏的家庭合照和亲人独照，这些照片会被扔进废纸堆里，随后被拿去烧掉（有些照片则被勇敢地保存下来）。

一旦新来者被脱光衣服，她们就会沿着走廊被赶进一处小房间。在那里，会有人熟练地检查她们的口腔以及其他孔
123 洞，以搜寻藏匿的黄金或宝石。那些害怕失去一切的妇女，早已让牙医在补牙材料里填上钻石。有些妇女则把珠宝藏在阴道里。绝大多数黄金宝石都会被找到。一旦通过检查，妇女们就会像绵羊被剪羊毛一样，由理发师借助手动或电动理发剪匆匆忙忙地剃去所有毛发。

妇女们低头饮泣，她们宝贵的头发，曾经如此细心呵护和烫染的头发，现在却被剃去，被装进麻袋。她们的秀发曾经是她们引以为傲的女性特征，当她们的指尖战战兢兢地触碰被剃光的头部时，她们真切地感受到自己被羞辱、被奴役。然后，她们被推向下一名看守，她们站在小板凳上，剃去腋下和耻丘的毛发，尽管如此，匆忙中总有漏网之鱼，包括佩莉斯嘉，并未全部被剃光。

剃去毛发，被视为让妇女们迅速认清自己身为囚犯的措施，也是为了降低被虱子叮咬的风险。以半钝的剃刀剃去毛发，成为最具有冲击力的步骤，让这些身陷囹圄的斯洛伐克妇女丧失人格。被剥夺衣服、毛发、身份、尊严后，她们通常已伤痕累累，她们的头皮被剃得乱七八糟，只留下几寸长的杂乱毛发，朋友和亲人挤在一起、抱在一起，害怕彼此分开，因为她们突然看上去千人一面，已经“不再是人类了”。

由于有太多妇女在楼房里接受深入检查，妇女们被迫在大操场上等待初次点名，以及由比克瑙妇女营主任医师门格

勒主持的再次检查。寒冷刺骨的空气向她们赤裸的头部和身体袭来，让她们气喘吁吁。她们不能东张西望，只能每五人一组接受仔细检查，她们蒙受了彻底的羞辱。她们畏畏缩缩地站在泥泞中，感觉到整个世界已经倾颓，一度熟悉的生活已被永远剥夺。

她们的亲人在何处，已被黑夜吞噬了吗？她们曾经无忧 124
无虑的生活，已经荡然无存了吗？在奥斯维辛的疯狂与残忍中，伴随着直冲鼻孔而来的地狱般的气息，佩莉斯嘉绝非唯一濒临崩溃之人。

随着门格勒医生走近，佩莉斯嘉看见医生把面带病容、身上带有明显伤疤或伤口的妇女拉出队列。有时候，医生似乎仅仅由于厌恶某人的面容就把某人拉出队列。佩莉斯嘉偷听到医生对前面几位女囚犯的提问，知道会被问及是否怀孕。尽管她在外表上凛然不可侵犯，但她在内心里从未感到如此屈辱和害怕。

然后，医生突然站到她面前，面带笑容，靠得如此之近，以至于她能够闻到医生脸上那刮完胡子后涂抹的爽肤水的味道。她昂起了头颅。与那身体面帅气的制服极不相称，门格勒满是欣赏地对她上下打量，似乎对她那健美的躯体留下了深刻印象。相比之下，她周围那些妇女简直是骨瘦如柴，许多妇女瘦得只剩皮包骨头，还满身疥疮。

然而，佩莉斯嘉知道，绝对不能信任这名医生。她与蒂博尔像动物一般被运到这座营区。没有饮水，没有食物，备受斥骂，备受殴打。在与唯一爱过的男人分开后，她已被剥夺一切，也只能蔑视一切。如果希特勒真的打算说到做到，在欧洲清除所有犹太人，那么这肯定意味着，就连犹太人尚未降生的孩子也将难以幸免。

在门格勒目不转睛地研究她的躯体时，她只有几秒钟时间做决定。但在门格勒以德语问她是否怀孕后的几秒钟里，佩莉斯嘉直视前方，与对手正面对望。

佩莉斯嘉用德语回答道："没有。"她不愿承认她真正懂得医生及其同党引以为傲的这门语言。她的心脏在胸口剧烈地跳动。确定无疑的是，她知道如果今后暴露怀孕的事
125 实，如果暴露时还是囚犯之身，那么后果将会极其严重。尽管迟疑了片刻，但这名带有人类学博士头衔、一心想成为伟大科学家的医生还是冷漠地走了过去，走向队列里的下一位妇女。

比克瑙灭绝营，盥洗室里的淋浴设备

一旦通过初次点名，佩莉斯嘉以及其他妇女就被驱赶回崭新的盥洗室。这座盥洗室有许多窗户，呈现“T”形布局，是为少数被分配到工作的囚犯而设计的。她们仍然赤身裸体，被带到一座混凝土结构的淋浴房。在那里，牢头做着卑鄙的手势，说着下流的脏话，以此向在头顶上监视的主子拍马屁。妇女们满身疲倦地站在复杂的网格铜管以及巨大的金属喷头下。她们成群结队地赤脚站立在光滑的地板上，这种等待简直是折磨。

突然之间，热气腾腾的水流从头顶上倾泻而下，妇女们因为震惊和恐惧而尖叫。她们扬起头、张开口，试图缓解口
渴，但比克瑙的水并不适宜饮用，她们很快就吐出口中咸得 126
发苦的脏水。那里没有肥皂或毛巾，但牢头向妇女们的头上和腋下喷洒让人刺痛的消毒剂，消毒剂让她们的伤疤或伤口更加刺痛。喷涌而出的洗澡水时冷时热，但妇女们都尽可能地洗去皮肤上的恶臭。

她们才洗湿身体，就被不断叫嚷的看守驱赶到另一个房间，她们只有几分钟时间来擦干身体。她们沿着与入口处平行的另一条走廊前进，被带到与脱衣室同样巨大的另一个厅堂，然后被塞进厅堂边上一间没有门的公共厕所。

妇女们被迫每五人一组蹲在地面的茅坑上，她们被茅坑里升腾起来的恶臭熏得难受。由于不停地被棍棒猛戳，而且那里没有手纸，只有极少数人在被赶出茅坑之前能够完事。在害怕与困惑中，她们被带进大厅外围的另一个小房间，那里有堆积如山的破衣烂衫。每一名妇女走进去的时候，那里的狱友就随手扔给她一两件破烂衣服。

由于发放者与领受者没有任何眼神接触，那几双脏手扔过来的衣服也是张冠李戴到荒唐可笑，而发放者的选择也意味着生与死的差别。佩莉斯嘉在胡乱堆放的鞋子里拿到裹脚之物，还拿到一件用料厚实、宽松垂坠的女式大衣，对此她始终非常感激。许多没那么幸运的同伴只拿到不合身的衣服，比如太过窄小的衣服、男性内衣裤甚至缎面睡衣。如果在别的地方，这种衣不称身的场景肯定引人发笑。然而，当她们把滑稽的囚服套在潮湿的皮肤上并且彼此审视时，她们都有越发严重的不祥预感。

来自塞雷德的妇女们手挽手，每五人一组通过出口，来到另一处操场，然后沿着带刺铁丝网围绕的走廊，来到另一
127 栋楼房。这里还只是妇女营的边缘，被称为中转区或“啤酒桶 C”，排列着许多由木头搭建的小屋或营房，每 30 米设置 10 间，收容了数千名胆战心惊的妇女。

奥斯维辛二号营－比克瑙灭绝营中木板搭建的营房区域

四　奥斯维辛二号营－比克瑙

在死亡地理上，佩莉斯嘉正置身于一个巨大的死亡网络的正中央，其中包括3座主要集中营以及超过40座附属集中营。此地距离波兰南部的偏僻城镇奥什维茨（Oświęcim）并不远，纳粹将其改名为奥斯维辛，这个地名将会成为第三帝国进行流水线式种族灭绝的最为有力的象征。奥斯维辛一号营原本是奥匈帝国的骑兵要塞，后来也做过波兰军队驻地，最初被设计为一座“一级”监狱，以收容绝大多数波兰犹太人以及非犹太裔的刑事犯和政治犯。1940年5月，此地被正式指定为集中营和灭绝营，接受党卫队指挥官鲁道夫·霍斯（Rudolf Höss）的监管，此人曾经任职于萨克森豪森集中营和达豪集中营。

奥斯维辛二号营－比克瑙——1941年年初由苏联战俘 128
建成，参与建造的战俘多达10万人（后来绝大多数死于非命）——位于离一号营3.5公里远的一个曾被唤作布热津卡（Brzezinka）的村庄，德国人将其改名为比克瑙（Birkenau），意思是“白桦树”。此地位于两河交汇的沼泽地上，这个地点之所以被选中，是因为它正位于第三帝国的中心位置，而且比邻主要的铁路网络。

随着纳粹在波兰行动的扩大，1200名茫然无助的布热津卡村民被迫放弃家园，村庄随即被夷为平地。此外还有数千人被疏散，以制造一片面积为20平方公里的无人地带，好让营区隐藏在与世隔绝的环境中。村舍的砖块被用来建造营区的拱门、门卫室、卫兵宿舍，以及几座早期的牢房。由于所需砖块越来越多，后来干脆就用当地的木材搭建牢房。1942年3月，比克瑙被重新归类为集中营。

奥斯维辛三号营——位于被德国人命名为莫诺维辛（Monowitz）的地方——建造于1942年，作为劳动营，专门为德国的IG法本化学公司提供奴工。法本公司的丁钠橡胶厂制造合成燃料，及至1944年，法本公司在当地拥有大约8万名劳动力。从1942年年初开始，奥斯维辛一号营和奥斯维辛二号营－比克瑙开始收容犹太人，第一批犹太人来自布拉迪斯拉发和西里西亚。为了缓解拥挤，木头搭建的牢房延伸到极目所及的地平线上。然后，那里开始收容从法国德朗西集中营和荷兰威斯特博克集中营运来的犹太人，再往后，就开始收容来自泰雷津的犹太人。

1943年5月，约瑟夫·门格勒来到比克瑙，此人是德国医学专家组成员，专注于遗传学及其他实验。由于醉心工作，他在专家组里的地位迅速上升。尽管对于许多幸存者来说，门格勒经常被认为是亲手筛选囚犯，并被视为谋杀行径的人格化象征，但其实并非所有新囚犯的检查工作都是由门
129 格勒亲手进行的。可以肯定的是，他对那份工作表现出极大的热情，似乎渴望接管那座铁路站台，以便“迎接”尽可能多的新囚犯。

党卫队军官也会获得额外的烟草、香皂、烈酒、食物的配给，以褒奖他们参与筛选和处决囚犯的“特别行动”。这些慷慨的额外配给会定期由武装党卫队俱乐部厨师主理，厨师会为他们提供特色菜单，包括烤鸡、烤鱼，还有泡沫丰富的啤酒，以及无限量供应的冰淇淋和味道浓郁的甜点。

就在不远处，每天都有数以千计的近乎饿死的囚犯拥入奥斯维辛，而每一名囚犯都是处决行动的候选对象。大约有

90%的囚犯会在抵达数小时内即被谋杀。只要囚犯被认定为适合“特别处理”（Sonderbehandlung，在记录中打上“SB”字样），就等于被判死刑。在集中营建成之初，营区距离铁路专线还有1公里的距离，那些注定要死的囚犯，直接就在帆布覆盖的卡车上迎接死亡。

党卫队用尽各种方法去杀害犹太人以及其他“帝国公敌”，从饥饿和枪决，到使用一氧化碳，但这些方法大致上效率太低、耗时太长，而且在壕沟里焚烧尸体还要浪费宝贵的燃料。纳粹指挥部渴望找到同时消灭许多人的方法，而且要花费最小的人力成本和经济成本。在奥斯维辛，许多囚犯被直接在心脏部位注入石炭酸，但后来出现了党卫队更为热衷的做法：毒气室。

在比克瑙的中心地带，有两座漂亮的砖砌村舍，这是被拆毁的波兰村庄仅剩的房子。这两座村舍被称为“红房子”和“白房子”，纳粹将其伪装成浴室的样子。囚犯们被告知，他们会在里面擦洗和消毒。一辆挂着红十字会标志的卡车经常停在房子外面，好让囚犯们安心。实际上，那辆卡车
是用来运送齐克隆B（Zyklon B，毒气）以消灭囚犯的。齐 130
克隆B是一种高效杀虫剂，曾经被用于控制隔离区的寄生虫。它是一种细小的结晶体小球，只要遇水遇热就会发生反应，释放出致命的氢氰酸。1941年，在奥斯维辛一号营的地下室里，苏联战俘成为这种残忍实验的试验品，直到纳粹医生让这种杀人方法臻于完善。

那些将要被谋杀的人，都会从身穿白衣的工作人员手上领到毛巾和小块肥皂，这也是为了进一步迷惑人们。人们赤

身裸体地被赶入村舍，那里的窗户被砌得严严实实，就连大门也密不透风。绝大多数人对于即将发生的事情毫无知觉。然后，德国人会停顿好几分钟，让人们的体温加热这个密闭空间。预热会让毒气更快地发挥作用。只有当汗流浃背的囚犯拥挤在含有硫黄气味的黑暗空间时，他们才开始怀疑自己的命运。本来所有人都希望，在那些伪装的淋浴头里，会有清水喷涌而出，如今他们彼此拥抱、默默祈祷，或者吟诵摩西五经里面的《施玛篇》（*Shema Israel*，申述笃信上帝的祷词）。时间一到，穿着制服的士兵就会戴上防毒面具，爬上扶梯，把毒药倒入屋顶或墙上的特制通风口，毒药会与体温和汗液发生反应，释放出致命的蒸气。

受害者会口吐白沫、耳道流血，最多二十分钟就会死去，死亡的速度取决于距离通风口的远近。那些负责施放毒气的人，经常会听到尖叫声、呐喊声，以及捶打大门之声，人们试图抓住每一次呼吸的机会。只有在里面一片死寂，并且通风系统把毒气排出后，囚犯别动队（Sonderkommando）才会被派进去。在如同流水作业的集体灭绝行动中，这些熟练工人是在死亡的威胁下被迫干活的，威胁的手段就是那些尸体。大约有400~900名被称为“秘密知情者”（Geheimnisträger）
131 的男子。他们与其他囚犯严密隔离，任务是打开毒气室大门，拖出死难者尸体，接下来的可怕任务则是清理里面的粪便、呕吐物、血迹，以迎接下一批“访客”。

有时候，这些囚犯会遇见自己的亲人。目睹如此惨景，有些人会选择自杀，这是他们获得解脱的唯一方式。每支别动队都会被灭口，然后新的人取而代之，周期从三个月到一年不等，这取决于他们的工作效率。任何新组建的别动队，第一个任务就是处理掉他们前任的尸体。几乎没有人能够在战争中活下来，但由于他们都知道自己的命运，有些人还是偷偷写下自己的经历，然后把证据藏匿起来，直到他们死后证据被人发现。

奥斯维辛一号营的毒气室

对于这些囚犯来说，对于那些经由他们之手处理掉的尸体来说，羞辱并未随着死亡而终止。在纳粹的人类再循环系统中，没有什么是可以浪费的，谋杀行动的副产品，也可以
为帝国做贡献。从女囚犯头上剃下来或剪下来的浓密卷发和 132
精致发辫，可以用于织布或织网，或者用于德国战争机器所需的绝缘材料和防水材料。受害者尸骨未寒，每具尸体就被强行撬开嘴巴，牙齿会用老虎钳从牙槽上拔下来，这也是别动队的工作。特别好的牙齿会收集起来用于补牙。从补牙材

料中发现的宝石，则会移交给党卫队，据说这是为了填补灭绝行动产生的食宿和交通费用。金牙会熔炼成大块金砖，即所谓的“牙金”（dental gold）。

后来，随着运送囚犯的火车日夜抵达，4 座编号为二号至五号的营区“火葬场”也陆续建成，以便为死亡工厂提供更强大的焚化能力。这几座现代化混凝土建筑物，每座 100 米长、50 米宽，包括 15 座焚尸炉。这些火葬场不仅比村舍的效率高得多，而且附设地下脱衣室，从脱衣室有斜坡直通隔音毒气室。毒气室看上去就像淋浴间，里面配备专用电梯，每当毒气作业完成，就能把尸体抬升到焚尸炉所在的位置。这些设施每次能够毒死和焚烧超过 4000 人。在高峰期，曾经在一天之内毒死 8000 名男人、女人和孩子。

在集中营建成之初，死者滚烫的骨灰被倒入营区周围那些深深的池塘里，但随着流水被骨灰所堵塞，骨灰又被堆放到白桦林的林间空地，堆满了森林的地面。骨灰也被当作肥料，给附近的土地施肥，那里由此成为全世界最大的犹太人墓地。东风经常吹起骨灰，旋风也会把骨灰吹遍平原，它们顽强地留在人们的皮肤皱褶上，留在人们的面容和嘴唇上。
133 那些侥幸逃过死亡的囚犯，也在无意中吸入了亲人的骨灰，日复一日，年复一年。

佩莉斯嘉刚刚从布拉迪斯拉发来到此地，初到奥斯维辛二号营－比克瑙，还不知道这里发生的任何事情。她能够感觉到的是，她被关在缺少空气、没有窗户的棚屋中，屋里挤进了太多人，这对于她和未出生的孩子来说都是极度危险的。不幸中之万幸，她与埃迪塔重逢了，从此再未分开。只有当街区里的妇女们在黑暗中窃窃私语时，佩莉斯嘉才领会到何谓死亡。来自不同国家的老囚犯头发掉光、眼窝深陷，她们会偷偷挨近新来者，问对方身上是否还有食物。在得到失望的回答后，她们就开始告诉新来者，营区内会发生什么事情，并且开始互相争吵。她们就是来这里受死的，要么累死，要么饿死，她们注定毫无希望。不，另一个人坚持说，她们只是被隔离，人们开始争吵内讧。为什么那么多人都被剪了头发，只有少数人被打上烙印？第三个人解释说，她们都应该祈祷，祈求被选入劳动营，因为这是她们生还的唯一希望。

但其他人在哪儿呢？新来者伤心地问道。家人现在如何呢？家人住在其他营房，还是被送到其他地方劳动呢？

“看见了吗？”瘦到皮包骨头的可怜人带着扭曲的笑容，透过墙上的缝隙，指着烟囱里冒出的滚滚浓烟自言自语道，“那就是你们亲人所在的地方，那也是我们都会去的地方！”

纳粹曾经声言要大规模灭绝犹太人，这听上去令人难以置信，但当佩莉斯嘉听说毒气室的情形，当她闻到人体血肉和毛发被烧焦的恶心气味，她就对囚犯们所说的难以言说的真相深信不疑了。焚烧死尸的浓烟笼罩在她们周围。佩莉斯 134
嘉说：“每天发生的事情都非常清晰地告诉我们，妇女以及尚在孕育中的孩子会遭逢什么命运。逻辑告诉我，在这人间地狱，存活下来的机会微乎其微。”

在这个令人丧失信仰的地方，佩莉斯嘉所信奉的一切就是千方百计地保住孩子，这就意味着不能像其他人那样活活饿死。人们很快就发现，她们赖以生存的所有食物都是清汤寡水，也就是德国人称为咖啡的“洗碗水”，用沼泽地的脏水和烧过的小麦熬制而成，她们早饭晚饭都吃这种东西。正午时分则是用烂菜叶熬成的难以形容的汤，里面漂浮着她们仅有的固体食物，一小片发黑的掺了锯木屑的面包。吃着这种东西，让佩莉斯嘉在清晨发生妊娠反应时吐无可吐。

出于动物的求生本能，佩莉斯嘉和埃迪塔发现，其他狱友会在黑暗中惊醒，在其他囚犯把汤送进来的一刻，猛然冲向那个容积只有 50 夸脱的汤桶。争吵马上在不同圈子、不同国籍的囚犯之间爆发，牢头马上抄起棍棒或胶管，狠狠惩罚那些跪在地上舔食汤汁的人，或者像豺狼虎豹那样狠狠教训每个不听号令的人。那些最饥饿的人，忍受着雨点般的棍棒敲打，像鱼儿一样围到汤桶边上，伸出肮脏的双手，想要捞点足以果腹的东西。每一小块汤渣都可能让她们存活下来，过去习以为常的洗手礼仪早已抛诸脑后。佩莉斯嘉看到，最好是沿着桶底的边缘刮上一满勺，不过，人人都想这样，人人都得排队。

当把她们从不清洗的碗舔干净，当仅有的、足以致盲的探照灯光划破营区的夜空，佩莉斯嘉以及狱友们就可以睡上六个多小时了。她们躺在简陋的木板床上，营房没有窗户，却有很多漏风漏雨的缝隙。她们躺在薄薄的床垫或肮脏的草垫上，几个人盖一床薄薄的被单。她们整个晚上都穿着鞋子
135 或靴子，以免被人偷走，她们紧紧抱着弥足珍贵的碗或勺子，就像紧紧抱着救生筏子。

那些睡在三层架子床下铺的人最为幸运，但她们还是会遭到老鼠的骚扰，老鼠在潮湿的地面上窜来窜去，啃食人们脚上的死皮。那些睡在中铺的人在夏天的几个月要忍受炎热

和缺氧之苦，而那些睡在上铺的人，夏天热如火烤，冬天冷如水泡，不过至少还能舔食冰雪或雨水。无论妇女们睡在哪一层，她们都会因为腰酸背痛而难以入眠。

集中营里的妇女营房

人们无事可做、无事可想，只剩下恐惧、饥饿以及难忍的口渴，佩莉斯嘉以及其他囚犯害怕时间流逝，她们焦虑地等待自己的最终命运。置身于这空气污浊的营房中，每个昏暗的日子都似乎永无止境，无所事事的状态只会让人们的情
绪更为低落。许多妇女被逼疯了，她们因为想念失去的孩 136
子、父母、爱人而失声恸哭。绝望的情绪在蔓延，死亡似乎成了解脱。其他人心如死灰、无动于衷，不再与人交流，变得沉默寡言，如同孤魂野鬼，她们怀着对死亡的永恒恐惧，盲目地遵守秩序。

所有妇女都在牢头（所谓的“牢房老大”）的监视下。这些牢头要么是职业罪犯，靠作奸犯科赢得他们的特权地位，要么已经证明自己能够胜任纳粹指使的任何残忍行为。有些囚犯在奥斯维辛待了好几年，早就知道要想活得更久，就得模仿主人的残暴行径。与纳粹体制下的所有监狱走卒一样，他们的任期取决于他们能否胜任。如果太过仁慈，他们就可能受到严厉惩罚，甚至迅速被送进毒气室；如果反感党卫队的所作所为，他们就会被剥夺职衔，并被投入他们看管过的营房，通常很快就会被他们折磨过的人弄死。就是这样，牢头帮助维持秩序，尤其是在党卫队员离开营区的晚上更是如此。作为他们合作的回报，他们会分配到主营房以外的房间，那里有更好的床铺和食物。他们也能得到在冬季取暖的燃料。那些在他们监管下的妇女必须服服帖帖，否则就会遭到殴打，而极少数反抗分子的下场还要更惨。

尽管如此，到了晚上，囚犯们还是会用各种语言窃窃私语，谈论朋友、家庭、丈夫、爱人、孩子以及她们失散的亲人。对孩子、父母、丈夫的思念折磨着她们。她们渴望看到色彩斑斓的世界，渴望听到欢声笑语、鸟叫虫鸣，渴望看到鲜花。偶尔，她们还会背诵诗篇，或者复述书本中最喜欢的段落。如果足够大胆，她们还会低声合唱，经常会有人因为这些低吟浅唱或感人挽歌而潸然泪下。

137 尽管如此，人们谈论得最多的还是食物。无论怎么痛苦都好，她们都不惜用种种回忆来折磨自己，她们会回想起盛大的宴会，宴席上摆满了她们所能想象的最美味的食物。就在这散发着难闻气味的角落里，她们回想起家里的厨房，那里弥漫着出炉面包的芳香，饭桌上摆满食物，还有甜美的红酒。只有当别人受够了她们的絮絮叨叨，叫她们停止幻想时，她们才会再次陷入沉默。

当她们身心俱疲时，她们就彼此紧靠在一起，以至于动弹不得。就连党卫队的狗舍都比她们的营房宽敞。她们手肘贴着手肘比邻而卧，如果一位妇女想要转身，放松一下被木头硌得生疼的髋骨，或者爬下床铺使用尿桶，所有妇女都会被弄醒。她们尴尬而断续的睡眠还会被噩梦、自然界发出的声响以及关于家庭的心碎梦境所打断。

每天清晨4点左右，妇女们就会被刺耳的铃声粗暴地惊醒，或者被铜锣声吵醒，还会有人冲着她们大喊大叫，敲打她们的双脚，女牢头来回走动，把她们赶下床铺去点名，她们会被反反复复地清点。探照灯光让她们头昏目眩，泥泞地面让她们站立不稳，她们被迫每五个人站成一排，在指定的点名区域站上十二个小时。无论天气如何恶劣，都得接受反反复复的清点。那些独木难支的囚犯得靠朋友扶着，因为任何人牙口不好、身上带伤或虚弱到难以站立，都必定难逃一死。

妇女们只能用口呼吸，以免闻到阵阵袭来的尸体臭味，她们经常在刮过原野的刺骨寒风以及冰冷雨雪中裸身站立。经常是门格勒，以其作为医生的专业眼光，决定她们当天受死，或者在工厂里为第三帝国劳累而死。他对这份工作如此热诚，就连他不当班的时间他也照常出现并进行这种筛选。

有一天，佩莉斯嘉被吓坏了，门格勒径直向她走来，粗 138
暴地挤压她的乳房。佩莉斯嘉说：“我当时非常害怕，如果被挤出奶水就糟了，上帝保佑，我躲过去了。”门格勒以他淡褐色的眼睛紧盯着佩莉斯嘉，这个医生曾经在乌克兰战役期间因为类似行径而获得一枚铁十字勋章，此时他对佩莉斯嘉审视片刻，然后就走开了。

另一位女囚犯的乳房也受到类似的挤压，当门格勒高声喊出“有奶水！怀孕了！”时，她被吓坏了。门格勒就像在舞台左侧调度演员的导演，轻轻一挥手，那位女囚犯就乖乖出列，被指派到一名女性驻营医生那儿，医生粗略检查过后就说她怀孕了。女囚犯极力否认，但女医生坚持己见，当女医生去找看守时，那位女囚犯抓住机会逃跑了，跑回正在点名的人群中，此举救回了她的性命。

就算是门格勒也是要睡觉的；其他医生同样如此，其中就包括弗里茨·克莱因（Fritz Klein）医生，他总是带着几条军犬巡逻，并且总是一副居高临下的表情，他也负责某些清晨的筛选行动。他首先询问妇女的姓名、年龄、国籍，检查她们身上是否有湿疹、伤痕、畸形，然后动动手指，示意这些妇女是可以侥幸活过这天，还是马上被送去毒气室。他是恶毒的反犹主义者，带着显而易见的恶意来检查他面前的妇女。在他后来受到的战争罪行审判中，克莱因还公然声称犹太人是欧洲那“发炎的阑尾”，必须动用外科手术予以切除。

每到傍晚，妇女们就要经历同样的致命程序，她们的生命会被再次估价。那些放弃生命的囚犯，那些因为腹泻、疾病、脱水而无法站直的囚犯，都会被带走，她们几乎不可能再出现在众人面前。

埃迪塔还在悉心照顾她那怀孕的伙伴，帮她站直，睡她旁边，给她保护和温暖。偶尔，且总是在晚上，埃迪塔会在
139 佩莉斯嘉耳边轻声地说：“张开嘴巴。”佩莉斯嘉照做，奇迹般地，一小片生土豆或一小片黑面包，就会塞进她颤抖的

牙缝中。“这是我吃过的最美味的食物。”佩莉斯嘉不知道，埃迪塔是在什么地方、以什么方式，在这片不毛之地找到了足以救命的食物，但佩莉斯嘉知道，如果没有这些食物，她肯定活不下来。

每日每夜，妇女们都惨遭虱子叮咬，它们躲藏在每个接缝、角落、裂隙当中，它们繁殖得如此之快，以至于根本不可能根除。用食指和拇指抓住和捏碎虱子就足以耗费好几个小时。没有医疗护理，没有卫生条件，囚犯们总是忍不住抓挠虱子叮咬的伤口，而这会导致感染，经常足以致命。由于缺乏柔软的床铺，妇女们还会患上化脓的褥疮，她们的皮肤也会由于肮脏和营养不良而慢慢破损。

由于每间营房都塞进了多达 800 名妇女，无法遏止的疾病会侵袭她们毫无免疫力的身体，痢疾和腹泻都是她们经常承受的痛苦。所谓的盥洗设施就是一条长长的水槽，位于一处独立营房，两根水管喷溅出令人疑虑的褐色脏水，盥洗室里也没有牙刷或肥皂。在营区待得最久的妇女，会向新人演示如何用沙土甚至粗砂擦洗自己，有些人还会用自己的尿来清洗褥疮。

妇女们每天只被允许使用一到两次营房厕所。所谓的厕所其实就是两条 50 米长的混凝土空心板梁，上面开了 50 个洞，下面是一条浅浅的沟槽。妇女们成群结队地被推进厕所，踏过泥泞的地面，走上粪迹斑斑的茅坑。妇女们只能上几分钟厕所，她们别无选择，要么用手擦屁股，要么用床上肮脏的稻草，要么用衣服上撕下来的破布。经期妇女也没有多少办法来吸干血迹。佩莉斯嘉倒是不用担心，只要她萎缩的身体里的胎儿还活着，她就不用担心这回事。

140 随着“继续走!”的叫声响起，妇女们就迅速走回营房，直到下一次点名。她们奋力地抬起脚，尽力让足以救命的鞋子不被贪婪的泥泞吸走。

每次妇女们放风时，佩莉斯嘉都会越来越绝望地左右扫视，祈求能看见她的蒂博尔。但是，她只能看见一排又一排营房上方数百座废弃不用的烟囱，还有许多被称为“鹳”的木制瞭望塔，以及从锅炉房里冒出来的滚滚油烟。

奥斯维辛二号营－比克瑙灭绝营的公共厕所

蒂博尔曾经告诉她，只去想美好的事情，但在那里，只能看见颜色暗淡的沼泽地，地平线上架起的带刺铁丝网，寸草不生的黄色土坡，还能想到什么美好的事情呢？营区内污 141
浊的尸体气味扩散到很远的地方。白桦树在广阔的天空下摇摆，但暗淡的阳光无力刺破挥之不去的阴霾，就连鸟儿也离开了这个被人遗忘的角落，这里只剩下喧闹的死寂。此地之外，世界又如何呢？

在这个专门用于摧毁人类心智的复杂系统中，佩莉斯嘉身边那些不成人形的幽灵形容枯槁，她们的表情极为紧张。被运送到东方的不毛之地，被置身于非人的悲惨境地，她们早已变成游魂野鬼，要么半疯，要么半死。在她们眼中，看不到半点希望。死亡似乎是不可避免的，狱友们经常像行尸走肉般醒来，实际上，她们通常试图在秩序中寻求庇护，以求多分得一点儿食物。

由于思乡成疾，由于极度渴望那一星半点的美好事物，佩莉斯嘉开始明白，她对生存的希望幼稚得荒唐可笑。她正受到饥饿和口渴的折磨，因为褥疮而瘙痒难当，更难以忍受自己身上的味道，她几乎不敢相信她与蒂博尔被带离家后发生的一切。她在兹拉特莫拉夫采成长的美好生活还在吗？她辅导朋友吉兹卡，她在蛋糕店台阶上大口舔食薄片甜点的美好时光还在吗？她与蒂博尔在布拉迪斯拉发烟雾缭绕的咖啡馆里享用萨克蛋糕，与活泼睿智的朋友们共聚，这快乐的时刻还在吗？她安静地坐在蒂博尔身边，看着爱人在笔记本上写写画画，闻着淡淡的烟草芳香，这恬静的时刻还在吗？希特勒肆无忌惮的征服计划抽空了她的过去与现在，如今她只能幻想那些美好的日子。

在这麻木不仁与恐惧不已的环境中，佩莉斯嘉说不定就像其他人那样，要么向毫无希望的命运屈服，要么就听天由命了。但在接连三次流产后，她却出人意料地决心活下来，而且要让孕育中的胎儿降临人世。她不知道别人会如何处置她，但无论如何，她希望能见丈夫最后一面。

142 男性囚犯住在远离比克瑙妇女营的地方，住在这个胡乱蔓延的复杂系统边缘地带的那些临时营房里。尽管有些穿着条纹囚服的男性囚犯偶尔来打扫厕所，或者到其他营区干些脏活累活，但这些来干活的男性囚犯通常佩戴粉红色三角徽章，这说明他们是同性恋者，所以佩莉斯嘉注定找不到她的丈夫。她开始担心，她那性情温和的作家兼银行职员的丈夫，可能早就“化作一缕青烟”了，或者已被运送到远方。随着日子一天一天过去，她的希望也日趋渺茫。

然后在一天下午，她每天晚上向上帝所做的祈祷终于起了作用，上帝在她合眼之前回应了她的祈祷。透过带刺铁丝网的重重线圈，她突然发现蒂博尔混迹于一小群男性囚犯之中，正在通过她的营区。她马上认出了蒂博尔，尽管爱人看上去早已面目全非，他比过去更消瘦了，脸色苍白得如同透明。

佩莉斯嘉几乎不敢相信自己的眼睛，她冒着被射杀或被打死的危险，穿着木鞋走过泥泞、跨过电网，她小心翼翼地不去触碰电网，并且在被人发现之前对他说了几句话。

蒂博尔几周之前还与佩莉斯嘉共度30岁生日，现在看上去足足老了两倍。然而，当他看见“佩莉”，他还是欣喜若狂，他告诉佩莉斯嘉，他拼命祈祷，祈求佩莉斯嘉和两人的孩子能够活下来。他哭诉道：“正是这希望让我还活着！”

佩莉斯嘉告诉蒂博尔：“不要担心。我会回来的。我们能够做到的！”直到两人被迫分开，被拖回各自的区域，被擦碰得遍体鳞伤。

那天奇迹般地看见蒂博尔，知道丈夫还活着，这都给了佩莉斯嘉极大的鼓舞。再次见到蒂博尔，这个念头给了佩莉斯嘉极大的慰藉。蒂博尔鼓励的话语萦绕在佩莉斯嘉耳边，当晚她睡在埃迪塔与另一位妇女中间，她开始感觉到拯救孩子的强烈信心，当战争结束的时候，汉卡或米什科应该出生了吧？

就在佩莉斯嘉与蒂博尔被运走前夕，她们通过朋友的无 143
线电台秘密收听到的新闻简报得知，战局已转而对德国人不利。法国已重获自由，美苏两国的盟军已接近会师。再过几个星期，她们就会获得解放，然后，佩莉斯嘉、蒂博尔还有两人尚未出生的儿子或女儿，就能回到家园，重拾他们被粗暴打断的生活。佩莉斯嘉把手掌平放在肚皮上，默默计算孩子降生的日期。佩莉斯嘉说：“我是在 1944 年 7 月 13 日怀孕的，所以我确切地知道，九个月何时期满。”

佩莉斯嘉的预产期是 1945 年 4 月 12 日。佩莉斯嘉把这个日期谨记于心，她已下定决心，无论如何都要保住这个婴儿，她会活下去，至少活到儿子或女儿降临人世。由于在战争头五年，她在布拉迪斯拉发基本上未受伤害，她现在还算健康，也还算健壮。她的丈夫还活着，她的丈夫深爱着她，还怀有生存的希望。

佩莉斯嘉曾经答应丈夫，他们能够做到，所以他们一定能够做到。

这是佩莉斯嘉日思夜想的美梦，直到 1944 年 10 月 10 日，一个晦暗不明的清晨，她终于梦碎。大约在她抵达奥斯维辛二号营－比克瑙灭绝营两周后，她与其他女囚犯再次被包围起来，三三两两地从门格勒医生面前走过，医生掌握着她们的生杀大权。医生面带笑容，擦得光亮的军靴上带着马刺，医生随意挥挥马鞭，就选出了最为健康的女囚犯去服苦役。与那些在隔离区或集中营里监禁数年的妇女相比，佩莉斯嘉依然双眼明亮、体态丰盈。她很快就被选中了。她甚至还没有明白过来，门格勒挥一挥手，她就被推向一边，与其他妇女一起被推向劳动队。

在分得一口面包以及一满勺汤以后，妇女们出人意料地再次被送上附近重载列车的货运车厢，列车已经在轨道上静静地恭候多时了。

144 当佩莉斯嘉默默饮泣，默念丈夫的名字时，车厢门狠狠地关上，也把佩莉斯嘉再见到蒂博尔的美梦重重击碎。随着蒸汽机发出嘶嘶尖啸，巨大的黑色火车头把她拖离奥斯维辛的地狱之火，带她驶向新的、未知的终点。

拉海尔

纳粹杀人机器日复一日、周而复始地运转着。与其他妇女一样，拉海尔及其姐妹们也被运送到奥斯维辛的铁路线尽头，那是 1944 年夏末秋初之时。

随着尖锐刺耳的金属撞击声，来自罗兹的火车在比克瑙的专用站台上戛然停下，车厢门被猛然拉开，阳光刺得她们的眼睛一片昏眩。由于在车厢里无法活动手脚，她们此时四肢僵硬，是被别人拽下车厢的。她们被眼前的景象所震惊，那是拥挤不堪的人群，人们高声尖叫、低声哭泣。在还没回过神来的时候，她们就被驱赶到一旁，被推挤到所谓的“浴室”里，在那里被迫脱光衣服。在皮鞭的抽打与别人的谩骂中，她们被迫把旧日生活的痕迹抛诸脑后。

拉海尔说：“他们剃光我们的头发，用消毒剂把我们清洗干净，然后我们就从大房子的另一面走出去。他们在周围踱步，打量着妇女们——他们是怎么看的呢——他们把年轻又健康的妇女选出来。在那里，没有孩子和母亲的差别。他们只要能够干活的健康妇女。”

妇女们站在那里，伸出双手，挂在耳垂上的耳环被扯下来，戴在手指上的戒指则在双手涂上油脂后被摘了下来。囚犯头目嘲笑道：“你们要去的地方，手表是用不着的。”于是，就连手表也被没收了。然后，妇女们的耳朵、嘴巴、私处都被打开检查，然后再被剃去毛发。全身赤裸、毛发剃光、极度屈辱，这些看上去几乎一模一样的年轻妇女正在接受评估，看她们是否适合劳作至死。她们的年龄、身高、体 145
形都很近似，没有明显的残缺或疤痕。

萨拉说：“我们是害怕的小绵羊。在被党卫队女看守剃去毛发后，我甚至认不出我的亲姐妹。我告诉她，我们看上去都不成人形了……我当时戴着一条小项链，那是我的朋友为我制作的，我真愚蠢，甚至没想过把它藏起来，于是一名看守就从我的脖子上把项链抢去。他们甚至不跟我们说话。

一切都是残忍冷酷的。然后，我们就被领到外面去游街，就是为了看我们羞耻难当的样子。”

拉海尔排着队等待筛选，她看见之前在站台上见过的那名外表俊朗的党卫队医生正在逐个挤压妇女们的乳房。任何明显有怀孕迹象的妇女，都会被拖出队列。拉海尔估计自己可能怀上了丈夫莫尼克的孩子，但她不是很确定。无论如何，拉海尔凭本能就能感觉到，承认自己怀孕将会是个致命错误。她因为寒冷和害怕而浑身颤抖，这位眉清目秀的妻子甚至还不确定自己是否想要孩子，但她肯定为否认腹中孩子的存在而感到羞耻。

门格勒从拉海尔面前走过，但并没有盘问她，她这时候才痛苦地意识到，自己甚至没有把握住机会，告诉丈夫或亲爱的母亲法伊加自己怀孕的消息。事到如今，她也不敢告诉姐妹们，害怕她们担忧。在这一行又一行瑟瑟发抖的人体模型中，萨拉、芭拉、伊斯特正在排队接受相同的医学筛选检查，身体虚弱、营养不良的妇女会被揪出来，走向另一边。尽管在罗兹隔离区生活了好几年，但得益于年轻，她们看上去还是比那些瘦得皮包骨头的妇女更有活力。

兴高采烈的门格勒医生在她们的耳朵上打记号，四姐妹都被指派到即将运往奴工营的人群中。在鞭子的驱赶下，她们匆匆回到屋子里，别人从一大堆衣服中向她们抛来几件款式奇怪而且尺码不合的衣服。这一大堆衣服明显是上一列火车的人们脱下来的，就像刚刚脱下来似的。她们跟其他走出浴室的人一样，别人随手抛来的衣服都是既不称身又不合体的。这些触手可及的遗留衣物包括少女裙、工人裤、带羽毛的帽子，甚至婴儿的衣服。有些囚犯分到露背酒会礼服和大码男装靴子。有些囚犯分到睡衣或汗衫。少数幸运儿分到内衣裤，或者可以当作内衣裤穿着的衣物，但多数人都没有内衣可穿，这种经历对她们来说完全是不可思议的。她们肮脏的双脚，要么穿着尺码偏大的鞋子，要么套着黑色的“荷兰”木鞋，要么硬塞进高跟鞋，并很快就被高跟鞋折磨得苦不堪言。

拉海尔说：“我非常幸运。他们扔给我一件大码黑色衣服，我肯定这是残疾人穿过的。这件衣服上面有可拆卸的裙腰，大得就像顶帐篷。我当即意识到这件衣服能够把我怀孕的肚子隐藏起来。没有人会知道这件衣服下面藏着什么。然后，他们扔给我一双不合脚的鞋子，但我还是穿上了。”

又一次，姐妹们设法紧靠在一起。这时候，她们被赶出屋子，被连捎带打地赶进队伍里。她们每五个人肩并肩站在点名区里，等待另一场噩梦的到来，她们呆若木鸡地站着，穿着滑稽的衣服，看上去就像牲畜等待点验，要么移到其他的营房，要么移到更糟的地方。随着波兰的冷风开始劲吹——预示着欧洲历史上又一个最难熬的严冬即将开始——妇女们正纳闷，她们的命运将会如何，她们是否能够逃脱炼狱的折磨。

幸运的是，对于妇女们来说，这种折磨为时短暂。德国人知道自己正输掉这场战争，由于绝大多数男人已被征召入伍，军事和工业部门劳动力不足已成为主要问题。在隔离区内，纳粹也意识到，最健康的囚犯，就算是犹太人，在被杀害前仍然有其经济价值。那些由妇女运作的工厂，正是德国继续空袭盟国的关键要素，而德国对盟国的空袭曾经相当成功。先进技术的运用，使得交战双方的空中力量都能造成前所未有的破坏，但德国空军曾经占据西欧地区制空权，凭借
147 的就是梅塞施密特、容克、亨克尔、斯图卡以及福克－伍尔夫（Focke-Wulf）这样的先进飞机。希特勒把他麾下的轰炸机群视为“飞行炮兵”，能够支持他的地面部队，但随着盟军在不列颠空战中赢得制空权，德国空军就经历了一系列的灾难性失败。尤其是在斯大林格勒惨败期间，纳粹损失了900架飞机，这些飞机都亟须补充，而且必须尽快补充。任何肢体健全、能够劳作的人都是有用的，而那些没有劳动能力的人就只能被抛弃了。

在1944年年底的比克瑙，随着天色已晚、气温骤降，这些不知命运如何，更加不知所措的妇女正口干舌燥地焦灼等待。在远处，她们能够听到狗吠声、惨叫声以及零星的机关枪开火声。这让她们满腹怀疑与恐惧，但她们只能站在原地，牢头和党卫队女看守则殴打或掌掴那些站立不稳、想要讨水喝或想要上厕所的人。

最后，她们总算可以坐在冰冷的泥地上，每人分得一小份清汤寡水的食物。显而易见，她们共用的那些碗也能当成水杯来用。那些装进碗里的肮脏咸水既难闻又难吃，但妇女们还是捏着鼻子硬灌下去以缓解口渴。拉海尔说：“我们有些汤，却没有勺子，我们只好用手吃。”她的内心羞愤难当，但她的身体却饥饿难忍。

接着她们就在黑暗中坐在地上，看着集中营烟囱里冒出直冲天际的深红色烟雾，她们屏住呼吸，尽量不去吸入那带

着烤肉味道的烟雾，这些烟雾会在她们的喉咙里留下腐蚀性的气味。一个接一个地，那些老囚犯走近她们，以虐待狂似的语气低声说："看见那些烟囱了吗？他们就在这里，把人毒死，把人烧掉。如果你的母亲去了左边的队伍，那么她现在就在那里了。"

开始的时候，她们备受折磨的心灵拒绝相信这坏消息。老囚犯们所说的话似乎太过邪恶，让人难以置信。但渐渐地，她们又将信将疑，看着这些形容枯槁、眼神迷离、步履维艰的行尸走肉，你会觉得老囚犯们所说的都是事实。当她 148
们意识到几乎所有亲人都已走向那鬼影森森的房子，被毒死，被焚烧，那辛辣的浓烟就足以让她们窒息。拉海尔原本已经麻木了，但她突然想到，如果纳粹能够对无辜的男人、女人和孩子下此毒手，那么他们到底会如何处置新生婴儿呢？莫名的恐惧刺向她的子宫，她几乎喘不过气来了。

她早就设想过，如果被人发现她怀孕会有什么后果，如今这些设想完全被证实了。由于每天都有许多妇女从占领区被送到奥斯维辛，党卫队也意识到当中肯定有人怀孕。那些无法掩盖身孕的孕妇通常会被送进毒气室，但随着战争陷入泥潭，健康的年轻妇女能够提供劳动力，这时候尚未显现身孕的孕妇就成为棘手问题了。因此，纳粹在比克瑙设立了简陋的堕胎诊所，堕胎手术则由驻营医生负责实施。许多妇女被迫接受堕胎手术，并且在这不怀好意、极不卫生的手术中丢掉性命。少数成功掩盖身孕甚至生下孩子的妇女，通常也因为营养不良而失去她们的孩子。那些被允许十月怀胎的妇女，通常见不到她们的孩子，那些孩子要么被饿死了，要么被门格勒医生拿去做实验了。门格勒的特殊营区被人们称为“动物园”，这位党卫队军官及其医疗团队在那里进行不可告人的手术，手术对象包括双胞胎、婴儿、侏儒、成年人，手术内容从灭菌和阉割到电击和截肢，有时候手术是在不打麻醉药的情况下进行的。有些母亲甚至得到个别驻营医生的劝告，拿掉孩子，保全性命。

后来，政策发生了明显改变，党卫队宣布，所有堕胎手术都被停止，额外的配额将会惠及怀孕妇女，她们也不用参加无休止的点名。这道命令很快就被废除，并且任何未沾染犹太血统的雅利安孩子都将会被带走，以便在“日耳曼化”之后过继给没有孩子的德国人。有将近300名居住在特殊待产营区的妇女被送进毒气室。那些未被送走的孩子纷纷死于
149 饥饿、口渴、疾病。有些孩子被送进毒气室，或者被活活扔进焚尸炉，有些孩子则被心脏注射毒死，还有数不清的孩子在桶里被活活溺死。

拉海尔不知道上述情况，但她知道奥斯维辛的业务就是制造死亡。拉海尔和姐妹们尚未从家人罹难的噩耗中恢复过来，但她们设法从其他囚犯那里了解到，营区内的毒气室会被伪装成淋浴室。其他囚犯冷冰冰地告诉她们：“总有一天，我们都得跟爱人在烟囱里团聚。”因此，几小时后，当囚犯们于清晨时分被摇醒，并且被党卫队叫去淋浴时，她们都呆住了。她们呜咽着动身，一个跟着一个，盲目地走向屠宰场，一个人的手搭在另一个人的肩膀上，她们不再介意自己赤身裸体了。许多囚犯大声祈祷，向上帝许诺，如果她们能够活下来，她们会做个更好的犹太人，奉献余生去帮助别

人。萨拉说："他们把我们领进房间，我们看见淋浴头了。我想：'也好，这里就是我们的终点。我会闻到毒气的味道的。'但没有毒气，水从淋浴头里喷出来，我们又活下来了。"

当冰冷的水冲走她们身上的恐惧时，她们仿佛看见希望的曙光。水象征着生命，生命等同于工作，工作也许意味着生存。她们尚未擦干身体，身上还残留着消毒剂的刺鼻味道，就整整齐齐地走出淋浴室，套上囚服，领到一丁点儿面包和汤，然后又整整齐齐地走向铁路轨道那边，大概二十四小时之前多点，她们就是沿着这些铁路轨道走进集中营大门的。惊慌失措的人们再次乖乖服从，姐妹们设法在混乱中紧靠在一起，她们被推上用木头搭建的站台，被塞进同一节货运车厢，然后车厢门猛然被关上。伴随着可怕的撞击声，车厢门从外面被反锁。

在令人恶心的气味中，在昏暗的车厢中，姐妹们紧靠在一起，在充满汗臭、恐惧、尿臊味的环境中几乎窒息。这味道是属于刚刚从外部世界来到集中营的可怜人的，她们本来确信自己将会被径直送进焚尸炉。她们的眼睛已经习惯了黑暗的环境，这 80 多名妇女并不知道自己正去往何处，也不知道当火车到达终点的时候，自己将会迎来什么结局。她们 150
不见天日，也无法动弹，她们紧紧挤在一起，没有坐下、休息、呼吸的空间。

在她们当中，无人能够入睡，人人都很痛苦，有人将会死去。

但她们都想知道，她们是怎样从这吞噬人类的地狱中幸存的。尽管她们似乎都对“后来”有所期待，但她们又不敢对离开奥斯维辛后的境遇心存希望，毕竟她们都已预料到，她们的亲人将会被奥斯维辛永远吞噬。

火车启动造成一阵颠簸，妇女们在尖叫声中跌撞在一起。然后，火车载着她们驶离这片由带刺铁丝网组成的迷宫，她们都深深地吸了一口气。萨拉挤到车厢的小窗户边上，她们正缓缓退出这处杀人场的大门口。

通向奥斯维辛二号营的铁路轨道

随着火车正常开动，萨拉凝视着集中营外面的土地，它被笼罩在灰暗的晨光中。她正进入另一个世界的大门，她看

见结满苹果的果园，她看见人们在广阔的土地上劳作，她看见人们在照看南瓜和甘蓝，仿佛这只是又一个寻常日子。在 151
她眼前展开的乡村景色，是数千亩由囚犯或德国移民耕种的农田，这些德国移民是因为一个农业实验计划而被招募来的。当无数人在奥斯维辛二号营－比克瑙被活活饿死时，在高压电网外，这片肥沃的土地正产出新鲜的农产品。

突然之间，萨拉看到的事情让她心里重燃希望。那是一位在田地里劳作的妇人，看上去就像她们的母亲法伊加。她意识到她们幸运的母亲也许还活着，这让她欣喜若狂。“我开始尖叫：‘妈妈！妈妈！’她抬起头看了看我，仿佛我是个疯子似的，但我永远忘不了她的面容，她看上去就像我的母亲。”

拉海尔就站在旁边，她抓住妹妹的肩膀，重重地扇了妹妹一个耳光。两个人都摔倒在地上，火车突然加速，载着她们迅速逃离，远离她们挚爱亲人的鬼魂。

安嘉

当安嘉与好友米茨卡坐着三等车厢，从泰雷津来到奥斯维辛二号营－比克瑙的时候，她们的身心状况都已经非常糟糕了。在赶来奥斯维辛的两天路途里，她们紧紧挤在一起，没有足够的空气可供呼吸，也没有足够的空间可供伸展。她们仅以容身的车厢里挤满了人，散发着身体污垢的臭味，更加糟糕的是，掀开窗页或打开窗户都是被严令禁止的。没有食物，没有饮水，安嘉说：“最难受的经历就是口渴难忍。”

早在蜿蜒蛇行的火车开始放慢速度之前，那些无视禁令、擅自掀开窗页的人就已发现，许多烟囱都在喷火。“我们还不知道这意味着什么，但那情景是阴森恐怖的……那股味道我以前从未闻到过，你也无法分辨……我永远忘不了那
152 股味道……那些烟囱看上去如此令人恐惧，你甚至还不知道发生了什么，就已经往后退缩了。”

随着火车停下，车厢门也被打开半边，人们跌跌撞撞地跳下火车，就像喝醉了酒一样。现场随即陷入混乱，只听见声声叫骂：“滚出来！赶紧的！跑起来！”人们惊慌失措，被身穿条纹制服、看上去就像“凶神恶煞”的男人包围着，这些男人让人们扔掉那些小心翼翼地写上了名字的行李，向人们保证这些行李稍后即将发还。但是后来，这些行李从未被发还。

安嘉说：“在那里，狗的吠叫和人的尖叫响成一片。现场非常混乱。人们都不知道该往哪儿去……无数人相互推挤……那里至少有 1000 人。我甚至记不起那是白天还是黑夜。党卫队员谩骂和敲打所有挡住去路的人。那情景就像世界末日。你能隐约感觉到可怕的事情正在发生，但你却被蒙在鼓里。”牢头迅速地把男女囚犯分开，由于囚犯们在泰雷津已经习惯了男女隔离，因此人们开始时并未感到恐慌。“我在车厢里遇见过一位年纪相仿的男性友人。我们早就了解对方的一切，他对我说：‘那么，是时候说再见了，因为我要跟男囚犯在一起，而你要跟女囚犯在一起，我们战争结束后再见吧。’我再也没有见到他。”

然后，男男女女不得不排好队来到一位高级军官面前，那就是臭名昭著的门格勒医生，他把囚犯指向一边或另一

边。“我当时年轻又健康，所以我去了右边。所有带着孩子的妇女，以及所有超过 40 岁的人……都去了左边……在当时看上去纯粹是多此一举。然而，这并非多此一举。”

安嘉以及其他囚犯，包括她在泰雷津的女伴们，每五人排成一行，迅速被推着前进，甚至都来不及喘口气。“我们被迫在泥泞中跑步前进……闻着那股味道，看着那些火焰。这让人感到害怕。没有人能够想象……那个地方有多么恐怖。那实在难以形容。”她们像鹅群一样被驱赶到偏僻的淋浴大楼，进入所谓的“脱衣室”，她们在那里看见了形形色色的裸体妇女。她们也被要求脱去所有外衣和内衣，把脱下来的衣服堆放起来。伴随这道命令而来的还包括严厉的警告，如果她们胆敢违抗，会被就地枪决。就像之前进来的人 153
那样，她们也得摘去手上、脖子上和手腕上的珠宝首饰。

在泰雷津那几年，安嘉曾经设法保住了贝恩德给她的朴素的结婚戒指，至于那枚紫水晶白银订婚戒指，她将其藏在舌根下，或者攥在拳头里。就这样，尽管比克瑙的牢头和看守有火眼金睛，但她再次设法保住了这件首饰。

妇女们被驱赶到另一个房间，她们被迫赤身裸体地坐着，等待负责剃头的男人和女人摆弄剃刀，简单粗暴地剃去她们的头发。安嘉眼睁睁地看着自己青丝般的秀发掉落在膝盖上和地面上，她尽量忍住不哭。然后，这些头发就被一根桦条扫帚扫成一堆由五光十色的头发堆叠而成的云彩，许多头发上还有发夹、丝带、梳子。年轻妇女们就像被剪去毛发的动物，她们觉得这简直不可理喻，而她们看上去简直不成人形。安嘉把这形容为最糟糕的事情之一。“你会觉得这比被剥去衣服更难受，你会觉得被剥夺了尊严……成为任人践踏的蟑螂。这并不伤人血肉，但是……那种屈辱……如果你并非出于自己的自由意志……你简直无法想象自己被剃光头发的样子和感受。”

奥斯维辛集中营，从妇女头上剪下来的头发

154 当她们被勒令返回队伍时，米莰卡，只不过与朋友分开了几分钟，就像发疯似地喊道：“安嘉！安嘉，你在哪儿？”

安嘉回答道：“如果你是米莰卡，我就站在你身边啊。”

安嘉回忆道：“我们当时赤身裸体地到处奔跑，男人们看着我们，别提有多尴尬了。我们当时很害怕，但我们甚至都不知道害怕了。”

她们被驱赶到风雨交加的户外，接受另一次点名，以及另一次“门格勒测试”。安嘉再次接受点名，她遮住自己的乳房，希望能够保持尊严。当她看见每个人都在接受搜查，被迫交出最后一点财物时，她摘下戒指，任由它们滑过自己的指尖。泪水刺痛了她的双眼，她用赤裸的双脚把戒指深深踩入松软的泥土里。“我摘下我的两枚戒指，把它们扔进泥泞里，我对自己说：‘任何德国人都得不到它们。’这让我伤心欲绝，但这是我的选择，而不是他们的……或许会有别人捡到它们，但那是我当时最珍贵的东西。”安嘉知道，她永远失去了贝恩德给她的定情信物，但这就像一次重要的反抗行动。这是她注定要走下去的路。

她们在操场上步履蹒跚地走着，她们被告知要进行一次淋浴，她们对此很高兴，因为她们根本不知道“去淋浴”可能代表着另一种含义。还好这次不是毒气，但喷溅出来的水是冰冷的、断续的、肮脏的，而且也没有肥皂可以洗去身上的污垢。她们还没擦干身子，别人就向她们扔来样式古怪、形状各异的粗布衣服，这很快就让她们皮肤过敏。“我们拿到些肮脏的破布，有些人比较幸运，还能拿到鞋穿，否则就连鞋都没有。我拿到了一双木鞋。”然后，她们被驱赶到由几排临时营房组成的营区。当她们跑进营区的时候，她们的鼻孔充斥着令人作呕的古怪气味，这气味挥之不去，明显来自那些喷涌着烟雾的烟囱。

一位妇女转过脸来问安嘉：“为什么他们在这里烤肉
呢？”安嘉看着那古怪的黑色烟雾，但她无法回答。“那时 155
候，我们如此害怕和困惑，一切就像可怕的噩梦，不幸的是，这噩梦竟然是真的。”

她们的营区就像个巨大的鸡笼，地面很脏，没有窗户，只有在屋顶上开了几个小口。里面是木制的架子床，每张床都有三层床铺，没有床垫，没有被子。房屋里面已经太过拥挤。里面肯定住了超过 1000 名妇女，每张架子床最多时睡了 12 个人。新来者会听到人们的呻吟，还有那闷热、让人反胃的汗臭味。妇女们不知道可以坐在哪儿或睡在哪儿，她们完全不知所措。

安嘉的一位朋友与家人一起从泰雷津被运送过来，她绝望地环顾四周，想要寻找熟悉的面孔，但一无所获。最后，她问另一位妇女："这里发生了什么事情？我什么时候才能再见到我的父母？"其他囚犯发出歇斯底里的哄笑，安嘉认为她们肯定已经疯掉了。这就是她们要来的地方，一座疯人院吗？在这绝望的深渊里，她们也会疯掉吗？一名老妇人吼叫着说："你会看到的，这就是你会看到的！"另一名疯疯癫癫的妇女讪笑着说："你这笨牛！他们现在已经在烟囱里了。我们全都会化作那股浓烟，然后你就会看见他们了！"

安嘉确信，那些妇女确实是疯掉了。"但我很快就意识到，她们是对的，我们是错的……就在那时，我明白那里正在发生什么……他们正在烟囱里烧人。"

来自泰雷津的妇女想方设法挤进床铺，尽量紧靠在一起。安嘉和米茨卡在两具发出恶臭的躯体之间勉强挤出一片地方，仅足以睡下一名小孩的地方。当她们躺在坚硬的床板上，她们开始回想起来时路上所经历的一切，她们现在觉得，隔离区里的生活简直够得上奢侈了。有人开始哭泣，但绝大多数人默然无声，她们已经精疲力竭了，或者已被在营区内巡逻的监狱看守吓怕了。

156 "牢头跟我们一样都是囚犯，只是她们在监狱里的时间更长些，得到了这份比较好的差事。有些牢头还好，但有些牢头比德国人还坏。她们东一句西一句。我们把她们所说的话拼凑起来，突然之间就明白了一切。那些被指派到另一个队伍的人，会在抵达车站几分钟后被处决。我的父母、姐妹、彼得，以及比我们先来的人都进了毒气室。”

当安嘉试图接受现实时，一位与她们同行的、名叫汉内洛蕾（Hannelore）的妇女唱起了德国流行歌。在希特勒上台之前，汉内洛蕾是一位专业歌手，她当天晚上唱歌，尝试让大家振作精神。然而，安嘉说这的确非常不合时宜，妇女们疯狂地叫她闭嘴。安嘉说：“就像是世界末日，你仿佛听着挽歌走进毒气室似的。”

她们抵达几个小时后，牢头送来一些油腻腻的水，这就是所谓的汤，用长柄勺子从肮脏的金属罐里舀出来。她们用没洗过的盘子来盛汤，四个人共用一个盘子，还没有勺子。“面对此情此景，我们不知所措，如此害怕，如此疯狂，没有人觉得饥饿，至少在那时没有。”新来者还不明白，她们得到的食物将会少到何等地步，她们就这样错过了连日来仅有的一顿饭。波兰妇女们冲上前去，如饥似渴地抢夺自己应得的份额，她们把碗舔了个底朝天，就像动物那样。

丽萨·米科娃（Lisa Miková）是与安嘉同车抵达的捷克囚犯，她解释道：“波兰妇女们简直不敢相信，她们说：‘你们不吃吗？’我们告诉她们：‘不，太恶心了，碗还没洗呢。’她们哈哈大笑，然后又问：‘我们能吃你们那份吗？’我们看见她们的样子有多饥饿，还看见她们在舔那些味道难闻的盘子。第二天，同样的汤又来了，我们再次犹豫了。波兰人告诉我们：‘我们过去也用刀叉、勺子来吃饭，那是正常的。但这地方就不正常。如果你不吃，你就会失去体重，你就会失去用处，你就会死。’我们能够想象到的，只要看看周围就知道了。所以我们就开始吃了，就算再恶心我们也得咽下去。”

157 最初几个晚上，她们很难睡着，就算睡过去了，也会因为清晨点名而被粗暴地叫醒，她们被看守抄着棍棒赶出营房。然后，她们乖乖脱去衣服，排成行列，在寒冷和黑暗中站立好几个小时，被反复检查，这毫无理由，纯粹就是为了折磨她们。有些看守殴打她们，还骂骂咧咧地喊着：“肮脏的犹太猪！”有些看守朝她们扇耳光、吐口水。许多人被拽出队列，然后被押走。“在到达点名区之前，你不得不踩过大片烂泥地，你头顶上则是高耸入云、喷着火焰的烟囱。那是真正的地狱……渐渐地，我们开始明白这一切。”

当安嘉等待生死判决时，她得庆幸她有鞋穿，尽管这双鞋并不合脚，穿得她双脚疼痛。那些没有鞋穿的人冷得瑟瑟发抖，只能听天由命。如果没有鞋子保护双脚，以免受到阴冷潮湿的厚厚泥泞的致命伤害，谁都无法存活下来。安嘉自己都几乎冻僵了，她暗暗发誓，无论何时何地，都得穿着那双木鞋。她也学会了其他生存诀窍，主要是自我隐藏的办法，低下头颅，混迹人群，以免引起不必要的注意。囚犯中明显分为东西两个派系，以德国人、奥地利人、捷克人为一方，以波兰人、罗马尼亚人、匈牙利人以及其他国家的人为另一方。鞋子、食物、衣服经常在人们睡觉期间被偷取。一旦双方的紧张关系达到临界点，双方就会爆发斗殴，而卷入斗殴则容易被抓捕。

安嘉说："你越是融入营区，就越是懂得如何应对、如何生存。每个人都知道，尽量不要冒犯德国人……要像蚂蚁那样爬到角落里去，这倒没什么。总之要学会夹着尾巴做人。"安嘉能够听懂德语命令，因此比那些不懂德语的狱友更能应付自如，这对安嘉帮助很大，而且她有敏锐的直觉，懂得远离那些奸诈的、危险的人。更为明智的是，安嘉从不去考虑下个小时会发生什么，她只要专注地熬过这个小时就够了。

安嘉说："恐惧令人无法忍受，但你必须勇敢面对。我 158
再次回想起郝思嘉在《乱世佳人》里面所说的话：'明天再想吧。'我就是这样熬过来的。"

安嘉把接下来的十天称为"人间地狱"，她每天都能闻到死亡气息。在那里，时间概念不复存在，她仿佛过了一百年。她一个又一个小时地熬过去，完全不知道接下来会发生什么事情。安嘉说："你总是会感到害怕，每天害怕二十四个小时。"那里几乎没有食物可以充饥，只有发霉的干面包，早上是寡淡的咖啡，晚上是寡淡的盐水，甚至连草叶都没得吃。在奥斯维辛，且不说数千人死于饥饿或疾病。人们得到的食物还会引起胃痛和腹泻，而且在人们这一生中，还是第一次无法在内急时直接上厕所。安嘉说，实际上每个人都得过痢疾。"我留给你自己去想象那情景和气味……你满身污秽，但无法清洗。我总算艰难地熬过来了。正是怀孕给了我勇气。"

人们只有很少时间上公厕，在此期间还遭到党卫队军官用长棍或草叉棒打或猛戳，党卫队军官喊着："赶紧！赶紧!”安嘉说，她永远忘不了纳粹这种羞辱人的“运动”，在污秽不堪、臭气熏天的公厕里，纳粹在妇女们排泄时从后面捅她们的屁股。“他们就是为了从中取乐，让你不得安宁……他们说，就是要在任何时间、任何情景下戏弄犹太人……这实在是太下流了。”

每当铃声响起，那就是点名时间，清晨和黄昏各一次，在人们当中进行又一轮筛选。在错综复杂的死亡算术中，有太多数字需要被清点入册，这种裸体点名经常持续三个小时以上。妇女们在叼着卷烟的所谓医护人员面前走过，她们羞愧难当。“这太可怕了，无论穿不穿衣服都同样可怕……我
159 们又饿又怕，还要被指派到左边或右边，我们那时候已经知道这意味着什么……清晨 4 点整……你站在风里雨里……你总是会很害怕，下一个就轮到我了，如果他们知道我怀孕了，那么我的结局就被注定了。”

安嘉至少经历过十二次这种形式的筛选。“我不认为他们把我们当人看。唯一的筛选标准是：‘她是否可以干活?’”安嘉在心里反复问自己：“我能做到吗？这次我能混过去吗?”安嘉补充说：“你心中只会剩下我、我、我……在生与死之间，你会选择生……你对生与死无能为力，但你知道，你要选择生，且不论其他人都已放弃。这与其他人无关，但你要选择生。”

如果名单上出现空缺——要么病了，要么死了——囚犯们就要被迫站上好几个小时，因为极度疲劳而摇摇欲坠，直到凑够人数为止。尽管筋疲力尽，尽管每天只能摄入几百卡热量的食物，因而极度虚弱，但在每天两次的冗长点名中，

怀孕的、赤裸的安嘉只能像其他人那样，强撑身体而不能晕倒。“如果有人晕倒或者生病，她们就会直接被送去毒气室。我头很晕，因为我怀孕了，因为我很害怕，因为我又冷又饿，但我的朋友挽起我、扶起我、撑起我，我就这样得救了……大家都对我很好……因为在奥斯维辛，你绝对不能生病，你要么去医院，在医院里被枪杀，要么走进毒气室。”

就这样，她活下来了，又活过了一天。

正如佩莉斯嘉渴望与蒂博尔重逢那样，安嘉也渴望回到贝恩德的怀抱。希望是她仅存的东西。希望明天会更好；希望自己不要生病，不要流产；希望自己活着走出去。贝恩德比安嘉早一个星期来到奥斯维辛，他是否也熬过了最难熬的过渡期呢？他是否住在营区另一面的某个铺位上呢？他是否内心同样骚动，就像安嘉担心他那样担心着安嘉呢？

然而，正如佩莉斯嘉那样，安嘉也很快了解到，女人和 160
男人是分开关押的，两者相距甚远，中间隔着三米高的水泥墙，还有好几公里的缠绕铁丝网。安嘉也得不到其他家庭成员的消息，包括父母和祖父母、叔叔和姑妈全都音讯全无。就算毒气室和烟囱是真的，像她那样比较年轻和健康的家人是否能够得救呢？

安嘉并不知道，自己只是少数。在被运到奥斯维辛的大约 130 万人当中，有 110 万人将会死去，其中就包括她的绝大多数家人。安嘉后来发现，有些家庭成员受到哄骗，以为自己能够入住家庭营。所谓的家庭营，是党卫队于 1943 年夏天在比克瑙设立的，当时国际红十字会在获准参观泰雷津

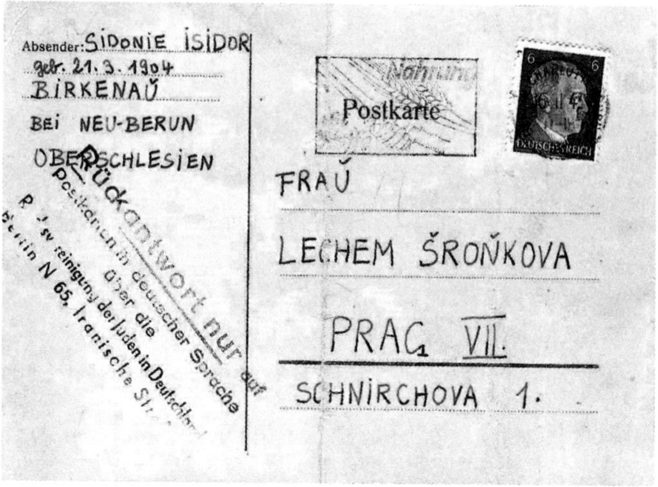

安嘉的姐妹热德娜从比克瑙灭绝营寄出的
明信片，明信片中提到“要面包”

后，又要求正式检查奥斯维辛。作为纳粹全球宣传攻势的组
161 成部分，从那时起，所有从泰雷津来到奥斯维辛的新来者都被安置在家庭营，在那里，他们可以保住自己的行李、头发和衣服。

来自捷克的新囚犯由此被迫向在家和在泰雷津的亲戚写明信片，以平息人们在失去离家亲人音讯后与日俱增的恐慌。1943 年 10 月，在布拉格施尼尔绍娃大街，安嘉的表姐妹奥尔加收到其中一张明信片，这是安嘉的姐姐热德娜写的。她用德语写道：亲爱的，我与丈夫、姐妹、外甥在这儿。我们都还好，也都很健康……致以问候和亲吻，你的热德娜·伊西多尔。热德娜冒着生命危险，在地址栏第一行，用希伯来语单词“面包” （Lechem）代替了“奥尔加”（Olga），希望她的表姐妹能够意识到他们正在挨饿。奥尔加读懂了，很快就寄去一个食品邮包，但热德娜及其家人是不太可能收到的。

就在当年，国际红十字会的罗塞尔博士的确曾突然造访奥斯维辛，但他并未看见任何营房或医务室。相反，他与一名党卫队年轻军官大谈冬季运动，答应在他离开之前提供药物和烟草。由于罗塞尔的组织并未如预期那样继续提出实地视察的要求，党卫队便清理了家庭营。安嘉那轻信别人的来自泰雷津的父母、祖父母以及孩子们，此前一直在所谓的“惊涛骇浪中的避风港”里接受庇护，此时再次流离失所。3 月 8 日夜间，营区内发生了针对捷克公民的最大规模的集体屠杀，在将近 5000 名捷克犹太人当中，大约 3700 人命丧毒气室，其中就包括安嘉的绝大多数亲人。在步向死亡的路上，许多人听到有人在唱捷克国歌。

在比克瑙停留一个多星期以后，安嘉完全失去了时间概念。她再也没有勇气考虑亲人的命运；她甚至不再考虑腹中孩子的命运，孩子的存在只会把她置于极度危险中。她唯一能够思考的是如何通过下一次筛选，她唯一能够做到的是尽 162
量避免吸入白色的骨灰，那些骨灰正在集中营里四处飘散。1944 年 10 月 10 日早晨，安嘉无意中听到门格勒医生告诉下属：“这次，货色很好。”门格勒继续做出个人选择，围着妇女们前后打量。又一次，安嘉怀孕的事实未被发现，她活下来了。“我们就像牲畜，正要被送去屠宰场。”

那个早晨，安嘉仍然赤身裸体，拿着衣服，她与一群妇女并未回到她们那肮脏的营房，而是走向一栋巨大、低矮、阴森的建筑物。任何因为恐惧而脚步迟缓的妇女都会遭到牢头如雨点般的敲打。安嘉心里想："这就是吗？这就是他们告诉我们的毒气室吗？我本来以为我要被选去工作的。"尽管她也知道，所谓工作，只不过意味着劳作至死，而非立即被杀而已。

在那栋陌生的建筑物里，她们被勒令接受淋浴。她们做着祈祷、带着希望，走进淋浴室，她们都感到茫然无助。她们简直不敢相信，从淋浴头里喷涌而出的是冰冷的水，而不是毒气。有人喊道："这是水！我还活着！"她们总算比前几天干净了些，她们又拿到几件二手衣服，还拿到一点儿面包和香肠，然后以疲于奔命的步速被推上铁路站台。她们被装进货运车厢，大约每500人锁在一节车厢里，火车拉着她们远离奥斯维辛的火焰，以及那夹杂着硫黄味、酸臭味、腐烂味的气息。

透过车厢裂缝，安嘉窥见那些致命的橙红色火焰，她不知道自己会被送去何处，但在这几个星期以来，她第一次能够大胆呼吸了。"我们被送走了，我们都很激动，因为我们知道，不可能比这里更糟糕了……那种活着离开奥斯维辛的感觉，你简直无法想象！就像飞升到天堂。"

163 安嘉总是说，看着比克瑙这座地狱从视线里消失，是她这辈子最伟大的时刻，对于拉海尔和佩莉斯嘉而言也是如此。她们都没有意识到，她们自己，以及她们尚未降生的婴儿，仍然要面临巨大的威胁：饥饿、劳累、寒冷。

五　弗赖贝格

 164

奴役妇女的弗赖贝格工厂

在古老的中世纪城镇弗赖贝格（Freiberg），一座新建的兵工厂拔地而起。弗赖贝格位于萨克森地区，在德累斯顿西南面 35 公里处。正是在弗赖贝格，三位怀孕的母亲正式成为纳粹德国的奴工。

25 岁的拉海尔·弗里德曼在名册上被写成波兰犹太人 165
“拉结拉·弗里德曼”（囚犯编号：53485）。在三位母亲当中，她是第一位被驶离奥斯维辛的火车带到弗赖贝格的，出发日期是1944年8月31日。她是首批249名波兰犹太人之一，同行者还包括她的妹妹萨拉、芭拉和伊斯特。她还沉浸在痛失亲人的震恸中，毕竟亲人刚刚从罗兹抵达奥斯维辛就遇害了。

28岁的佩莉斯嘉·勒文拜诺娃（囚犯编号：54194）则被归类为“SJ”（斯洛伐克犹太人），于1944年10月12日抵达弗赖贝格集中营。这列火车还运送了另外500名来自捷克、德国、斯洛伐克、荷兰、波兰、匈牙利、俄国、美国的妇女以及少数“无国籍”妇女。佩莉斯嘉的新朋友埃迪塔曾经向蒂博尔保证，将会照顾蒂博尔的妻子，埃迪塔此刻忠诚地陪伴在佩莉斯嘉身旁。尽管佩莉斯嘉与安嘉尚未认识，但她们却在同一列火车上。27岁的安嘉（囚犯编号：54243）在名册上被写成捷克犹太人“汉娜”·纳坦，她与朋友米茨卡以及几位泰雷津狱友同行。

还有一列火车，载着251人，其中绝大多数是波兰犹太人，于9月22日离开比克瑙。这三列火车都被分配了连续的囚犯编号，这说明在奥斯维辛与弗洛森堡（Flossenbürg）这两个行政当局之间存在着严谨细致的合作关系。弗洛森堡是巴伐利亚地区的主集中营，弗赖贝格集中营就在弗洛森堡主集中营控制下。尽管纳粹从不在乎囚犯的姓名和面目，但这1001名年龄介乎14岁至55岁的妇女和女孩被送到弗赖贝格市中心的废弃陶瓷厂后，却并未经受在前臂纹上囚犯编号的折磨。在纳粹集中营系统中，奥斯维辛是唯一给在押囚犯纹身的集中营，这种做法是从 1941 年开始实施的。那些注定要被送进毒气室的囚犯既不登记也不纹身，这反而让没有纹身的她们感到担心。

安嘉说：“我看见别人都有纹身。但我始终提不出任何合乎逻辑的理由来解释（为何我们没有纹身），除非他们知道我们都得死在那儿，或者我们都要在德国或者其他地方工作，纹身反而多此一举。”

从奥斯维辛出发，她们要在密封货运车厢里待上三天两 166
夜，途中只有很少的食物和饮水。要想知道白天黑夜，只能靠透过小窗格栅照射进来的几丝微光。她们要么相互倚靠，要么蜷缩角落，她们紧紧抱着双腿，轮流使用便桶，共同忍受羞辱。她们的处境取决于她们搭乘的火车，有些火车加挂了集体厨房，能够提供咖啡、面包和汤。有些火车，比如安嘉搭乘的火车，什么都不提供。

安嘉的火车最终停靠在弗赖贝格繁忙的货运仓库，卸下所有货物，准备重新装货。安嘉说：“我们离开车厢的时候，只剩下半条命，我们饿得半死、渴得半死，但总算还活着。我们非常口渴。简直是难以想象……你也知道，要是在以下三件坏事中选一件，饥饿、寒冷、口渴，最糟糕的肯定是口渴。饥饿与寒冷尚可忍受，但口渴的时候，你全身脱水，嘴里就像塞了泥土，而且时间越长越难受……这种难受难以形容……你会愿意为喝一口水付出任何代价……然后，我们停靠在德国的一处车站……他们给了我们一些喝的，那味道就像玉液琼浆，太可口了。我们离开奥斯维辛，来到了文明国度。”

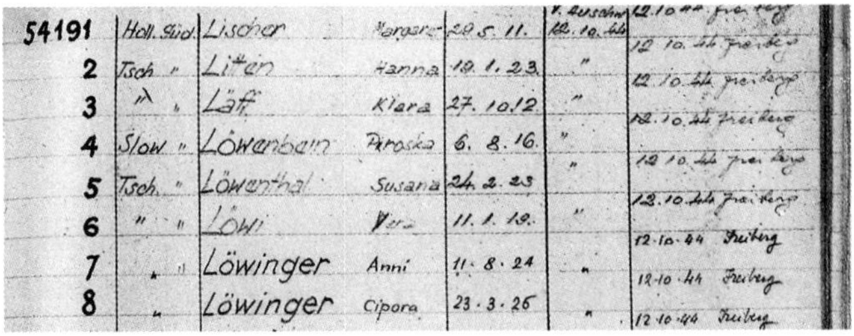

54191	Holl. Jüd.	Lischer	Margare	29.5.11.	v. Auschw. 12.10.44	12.10.44 Freiberg
2	Tsch. "	Liten	Hanna	19.1.23.	"	12.10.44 Freiberg
3	" "	Läff	Klara	27.10.12.	"	12.10.44 Freiberg
4	Slow. "	Löwenbein	Piroska	6.8.16.	"	12.10.44 Freiberg
5	Tsch. "	Löwenthal	Susana	24.2.23	"	12.10.44 Freiberg
6	" "	Löwi	Vera	11.1.19.	"	12.10.44 Freiberg
7	" "	Löwinger	Anni	11.8.24	"	12.10.44 Freiberg
8	"	Löwinger	Cipora	23.3.26	"	12.10.44 Freiberg

佩莉斯嘉在弗赖贝格的记录卡

尽管妇女们满身污秽、蓬头垢面、惊魂未定，但她们已经开始期待清澈的天空，那里没有遍地烟囱，那里没有滚滚
167 浓烟。在惊奇中，她们沿着巴恩霍夫街爬山，穿越这座中世纪城镇。幸存者之一，当年只有 14 岁的来自维也纳的格蒂·陶西格（Gerty Taussig）说：“那里多么宁静。街道上没有人。我们觉得处境正在改善。但我们错了。”佩莉斯嘉说：“我们路过公园，闻到树木香味，看到茵茵绿草，我们都陶醉了。”

弗赖贝格位于萨克森与波希米亚交界的厄尔士山脉（Ore Mountains）脚下，拥有丰富的矿石与白银矿藏，还有一所建于 18 世纪、专攻采矿与冶金研究的大学。城镇里仅存的犹太人都是与雅利安人结了婚的，而城镇里多数非犹太人都在矿井或光学企业里工作。战争期间，好几列火车运载着囚犯们，往返于隔离区、集中营和劳动营。有几列火车从奥斯维辛发车，开往邻近的奥埃德兰（Oederan）和海尼兴（Hainichen）劳动营，这两个地方都在萨克森境内。许多火车停靠在弗赖贝格，卸下它们运来的劳动力，这些人将会在矿山和其他企业里被奴役。

在当地数量超过 3.5 万的人口中，只有极少数人试图帮助这些不幸的囚犯，而且当来自奥斯维辛的妇女们衣衫褴褛地穿过城镇时，在这三十多分钟的路程中，没有人对这些妇女伸出援手。拉海尔的妹妹萨拉说自己大致明白原因：“如果他们远远看着我们，他们就会想，我们肯定是从疯人院里跑出来的，而我们无非是疯人院里的妓女、杀人犯或刑事犯。他们害怕看见我们……我们看上去的确不像正常人，我们要么赤脚，要么穿着木鞋，我们穿着奇怪的衣服。”佩莉斯嘉也同意：“人们看着我们，仿佛我们是马戏团里的动物。”

1943 年下半年，纳粹政府和军工企业与党卫队勾结，决定在弗赖贝格的空置厂房内制造飞机零部件。除了在战场上损失了大量飞机，德国许多规模最大的飞机装配企业还遭受了大规模战略轰炸。轰炸行动于 1944 年 2 月底进行，被称为“伟大的一周”（Big Week）。盟军飞机出动了 3500 架 168
次，成千上万的盟军炸弹投向德国各个城市。飞机和飞行员的大量损失，意味着欧洲上空的制空权已经落入盟军手中。纳粹剩余的军事工业不得不迁移到地下洞穴里，或者迁移到此前未被战火波及的地方。

及至当时，弗赖贝格还从未遭到过军事攻击。然后，1944 年 10 月 7 日，500 架原定飞往捷克工业区莫斯特（Most），奉命摧毁当地炼油厂的美军轰炸机因为云层太低而受阻，美军必须寻找替代目标。在发现弗赖贝格拥有繁忙的铁路线以及星罗棋布的工厂后，美军在此投下了 60 吨炸弹，炸死了将近 200 人，摧毁了数百处民居。一个星期内，通过使用已被监禁在城镇里的奴工，瓦砾得到清理，铁轨得到修复，于是，从奥斯维辛开来的最后一列火车才能把安嘉、佩莉斯嘉以及其他将近1000人运送到这片新家园。

工厂与生活区的遗址

169 拥有巨大粉饰外墙的弗赖贝格陶瓷制造厂位于弗劳恩斯坦纳街那座俯瞰整个城镇的小山岗上，该厂建于1906年，主要生产电气绝缘材料和工业陶瓷管道。这座陶瓷制造厂隶属于卡赫拉股份公司，由于经济萧条，也由于公司的犹太老板维尔纳·霍夫曼（Werner Hofmann）博士在“水晶之夜”后自杀，公司于1930年倒闭了。此后厂房空置超过十年，最初被改成军用仓库和德国军队的临时营房。当纳粹决定在此制造飞机零部件后，士兵们搬了出去，妇女们则搬了进来。

五　弗赖贝格

来自波茨坦的阿拉多飞机制造公司与帝国军工生产部达成协议，负责生产阿拉多飞机的垂直尾翼、起落架、机翼以及其他零部件。其中最为特殊的部分是为阿尔 234 型（Ar 234）飞机生产零部件，这是世界上第一种喷气式轰炸机，这种轰炸机因为速度极高、轨迹诡异而声名大噪，几乎不可能被截击。它对于纳粹的“猎杀计划”尤为重要，是纳粹重新夺取制空权的撒手锏。在弗赖亚股份有限公司的名义下，阿拉多公司同意，党卫队每提供一名“工人”，阿拉多公司都要向党卫队支付 4 帝国马克，其中包括 70 芬尼的“餐饮补贴”。仅仅是向这一家工厂“借调”劳工，党卫队就能每月挣取 10 万帝国马克，这相当于如今的 3 万英镑。

绝大多数囚犯都在弗赖亚公司运营的主厂房里工作，但有些囚犯则被转移到邻近的希尔德布兰军需工厂，在那里制造弹药，以及供飞机和 U 型潜艇使用的精密光学零部件。所有囚犯都在少数德国技术工人的监督下工作，工厂里还有 27 名党卫队男看守和 28 名党卫队女看守。党卫队四级小队长理查德·贝克（Richard Beck）全权负责这个营区，囚犯们不久后得知，贝克中士在营区的代号为“扎拉”（Šára）。

最新到来的囚犯，也是营区的第一批妇女，被编入 3000 人的劳工队伍中，这些人中有意大利战俘，以及来自 170
俄国、波兰、比利时、法国、乌克兰的劳工，他们在弗赖贝格的许多工厂或矿山里工作。那里的意大利人因为其祖国“无耻背叛”第三帝国而受到惩罚。那些所谓“东线劳工”则是从纳粹征服地区强制征发的，纳粹称其为“劣等人”（Untermenschen），实际上也给了他们非人的待遇。那里还有一些日耳曼血统的外国工人，他们被纳粹带回“祖国”，并且被告知，一旦合同到期，他们就能回家。

尽管随着美国军队抵达齐格菲防线，苏联军人越战越强，战争似乎已到了关键点，但专门为犹太妇女修建的木质营房，还是在距离银矿竖井 1.5 公里处的地方动工兴建。在这些营房建成之前，妇女们就临时安顿在最近才清空的六层高的红砖厂房的顶层。

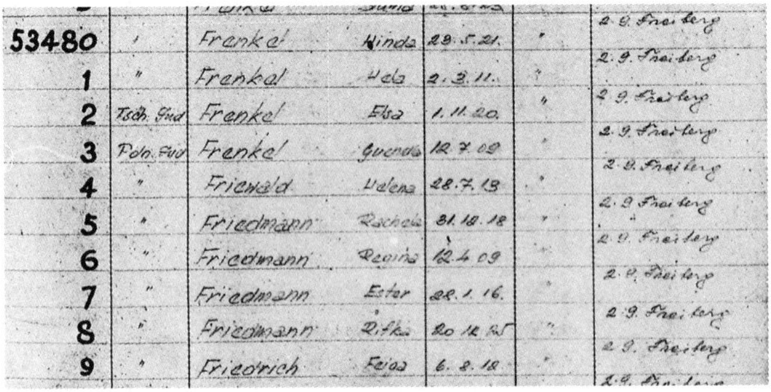

53480	"	Frenkel	Hinda	29.5.21.	"	2.9. Freiberg
1	"	Frenkel	Hela	2.3.11.	"	2.9. Freiberg
2	Tsch. Jud	Frenkel	Elsa	1.11.20.	"	2.9. Freiberg
3	Poln. Jud	Frenkel	[illegible]	12.7.09	"	2.9. Freiberg
4	"	Friewald	Helena	28.7.13	"	2.9. Freiberg
5	"	Friedmann	Rachela	31.12.18	"	2.9. Freiberg
6	"	Friedmann	Regina	12.4.09	"	2.9. Freiberg
7	"	Friedmann	Ester	28.1.16.	"	2.9. Freiberg
8	"	Friedmann	Rifka	20.12.25	"	2.9. Freiberg
9	"	Friedrich	Feiga	6.8.18	"	2.9. Freiberg

拉海尔在弗赖贝格的记录卡

当拉海尔首批抵达时，这里远没有准备妥当。这里没有机器，也没有任何生产工具，因此拉海尔以及其他囚犯就被锁在拥挤的区域内无所事事。她们仅有的伸展手脚的机会就
171 是永无休止的点名。纳粹始终坚持进行点名，早晚各一次，让她们在恶劣的天气中长久站立、等候点名。尽管如此，她们还是提醒自己，这里已经比奥斯维辛好多了。

就寝环境也大为改善；在这里，她们每两个人睡在三层架子床的一张床板上，每个房间住 90 名妇女。她们甚至还有一个枕头和一床被单。这里有只供冷水（偶尔有水）的

浴室和不供厕纸的公厕。她们于是就用衣服的破布条、丢弃的硬纸皮或旧报纸来上厕所，反正能用就行。她们尤其喜欢用印有希特勒照片的报纸来擦屁股。

囚犯们被告知，一旦她们开始工作，她们就会每 12 ~ 14 小时两班倒，因此一班工人离开铺位时，另一班工人就能回来睡上铺位。但在她们开工之前，由于暴发了猩红热，她们被隔离了一周。德国人建立了临时医务室，负责人是 42 岁的俄国囚犯和医生亚历山德拉·拉迪伊斯切科娃（Alexandra Ladiejschtschikowa，她并非犹太人），以及 32 岁的捷克犹太人、儿科医生埃迪塔·毛特纳洛娃（Edita Mautnerová），她在后来扮演了拯救妇女生命的关键角色。

一旦隔离检疫期结束，她们就得投入工作了。此时距离她们离开奥斯维辛已经两个星期了。早班是凌晨 3 点起床，凌晨 4 点半点名，清晨 6 点半开工，中午稍息片刻。开始时工作并不繁重，因为重型机器尚未安装到位。妇女们就是锉平或抛光小零件，但每天的工作冗长乏味、度日如年，妇女们的工作热情也急转直下。“每个人都很沮丧，我们不得不互相帮助……最糟糕的是，在这十四个小时里，你不能坐下，也不能说话。”

随着工人们陆续抵达，生产线开始变得组织有序，新来的工人也就直接投入工作。安嘉说：“我们走进山顶的大工厂，立即开始工作……”有人向安嘉示范如何用铆钉连接垂直尾翼。机器很笨重，也不容易操纵，但厂房干燥而温 172
暖，妇女们对此感激涕零。“我这辈子都没见过铆接机，我的朋友也没见过，所以你能想象到，那门手艺真是复杂到难以形容……我们每天工作十四个小时，党卫队总是让我们心烦意乱，但那里看不到毒气室，这就够了。”

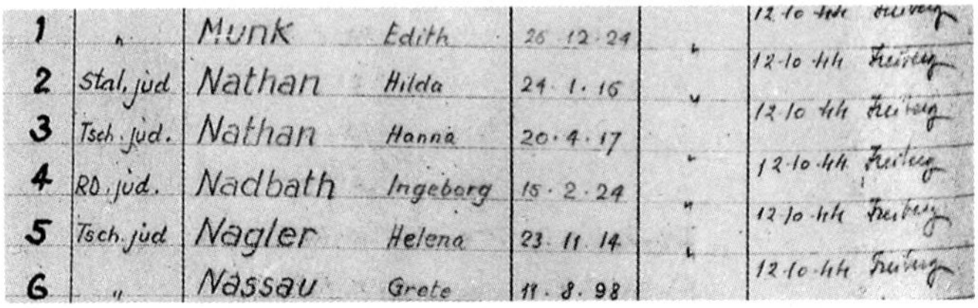

1	„	Munk	Edith	26.12.24	„	12.10.44 Freiberg
2	Stal. jüd	Nathan	Hilda	24.1.16	„	12.10.44 Freiberg
3	Tsch. jüd.	Nathan	Hanna	20.4.17	„	12.10.44 Freiberg
4	RD. jüd.	Nadbath	Ingeborg	15.2.24	„	12.10.44 Freiberg
5	Tsch. jüd	Nagler	Helena	23.11.14	„	12.10.44 Freiberg
6	„	Nassau	Grete	11.8.98		12.10.44 Freiberg

安嘉在弗赖贝格的记录卡

萨拉说：“我得到一份工作，开始制造飞机，这就是为什么（德国人）没有能赢得战争，因为正是我们制造了那些飞机！”按照佩莉斯嘉的说法，她们出了好多差错。“你简直无法信赖从那里出厂的飞机！”

妇女们每两人一组，进入未经预热的车间，车间通常设在地面或二楼。妇女们穿着不合脚或已破损的鞋子，站在冰冷的水泥地面上，她们轮番使用钻机，在机翼上打孔，机翼则固定在金属支架或脚手架上。有些妇女负责焊接、锉屑、抛光漆面，其他妇女则负责挑选零部件或锉平铝板边缘。对于这些从未干过体力劳动且大多受过高等教育的职业女性来说，不断重复的工作对身体和心智都提出了相当高的要求，对手臂、肩膀、手腕更是难以忍受的考验，她们日夜都会感到疼痛。风机和钻机的噪音令人难以忍受，空气中弥漫着浓重的金属碎屑和有毒气体的味道。

173 拉海尔及其妹妹芭拉被指派到邻近的希尔德布兰工厂，那里正在二十四小时轮班生产螺旋桨和细小的飞机零部件。

拉海尔说，她们就像“被鹰眼监视着”，而且已被告知从事破坏活动的可怕后果。拉海尔说：“他们告诉我们，如果工厂里出了任何差错，操作那台机器的人就会被吊在机器上方，让我们所有人都看到。”

在弗赖亚工厂，每层厂房都由一名党卫队男军官全权负责，并由一队党卫队女兵提供协助，这些女兵要么卑鄙，要么冷血。女兵每天都要惩罚囚犯，而囚犯们每天都被反复殴打。一名看守仅仅因为一点儿小事就狠狠扇了佩莉斯嘉的耳光，但她还算幸运。安嘉也被党卫队的看守打了，那名看守看上去才十几岁而已。“我正怀着孩子，穿着破衣烂衫，看上去就像地上的烂泥……她就那样走过来打我的脸。虽不算太痛，但毫无理由。”安嘉并未冒犯对方，但挨了打，而且不能还手，因为这“极其不公”的遭遇，她想“大哭一场”，但她拒绝让看守感到得意。“这太侮辱人了，比我记得的种种不公还要伤人。”

平民身份的班组长或工长与囚犯们一起工作，除了下达指令，他们很少与囚犯沟通。当他们说话的时候，说的也是萨克森方言，就连说德语的人也未必能听懂。其中有些班组长曾在国防军服役，因为年老或受伤而被送回后方。所有班组长都想在战争期间保住这份舒服的工作，而不是被派往前线。安嘉与朋友米茨卡分在一组，安嘉说：“我并不认为他们知道我们是谁，他们不曾对我们说话，也不曾对我们示好。他们从来不问……我们来自何处，我们遭遇何事。他们对此一无所知。他们从未给我一片面包或其他东西，但他们眼睁睁地看着我们不似人形，看着我们备受虐待。”

174 幸存者丽萨·米科娃有一位朋友是受过专业训练的药剂师，她的班组长是一位名叫劳施（Rausch）的德国男人，他使用手势进行沟通。有一天，药剂师误解了劳施的手势，拿来了错误的零件。“劳施把零件扔到远处的墙上，然后还打了药剂师。药剂师受够了，用完美的德语说：‘如果你告诉我你要什么，我就能拿给你了。’”

劳施惊异地看着她：“你会说德语?”

她说：“当然，你以为我们是什么人？我们是医生、教师、知识分子。”

“我们被告知，你们都是来自不同城市的妓女和罪犯，所以才被剃成光头。”

“不。我们只是犹太人。”

班组长叫道：“但犹太人是黑色皮肤的呀!”这就是当时蛊惑人心的纳粹宣传的结果。

此后，劳施对药剂师尊重了许多，但并非人人都如此。有些看守听说囚犯并非妓女或罪犯，不过拒绝相信。看守们气得脸红脖子粗，公开嘲弄囚犯。一个名叫罗夫曼（Loffman）的“驼背”看守，曾经以优异的成绩毕业于盖世太保学校，他经常拿锤子扔向他管辖的囚犯：“你是个老师？你只是块烂泥!”其他看守更是虐待成性，他们变着法子用工具、拳头、皮带、绳头来殴打囚犯。脾气暴躁的四级小队长，人称“扎拉”的贝克中士，通常会因为细微小事而勃然大怒，经常殴打让他烦心的妇女。

女看守往往最为残忍。女看守不仅殴打或鞭打囚犯，还会发明种种羞辱女性的刑罚。其中就包括禁止囚犯上厕所，或者要求囚犯的朋友剃光囚犯仅剩的头发，或者剃剩头顶正中的一缕头发。其中一名特别残忍的党卫队女军官会拿手枪恐吓妇女们，偶尔还会拿枪射击一名妇女的腿，枪击的伤口很快就会因感染坏疽而腐烂发臭。

囚犯们实行轮班制，一个星期夜班，一个星期日班，每 175
周工作七天。有时候星期天能休息，可以擦洗和晒干肮脏的衣服。每个月有那么一次，少数被选中在办公室工作，因而与德国人较为接近的囚犯，可以结伴前往 17 世纪建造的济贫院，那是老城中心的贫民习艺所。在那里，囚犯们可以洗个奢侈的淋浴。

尽管如此，对于所有妇女来说，工作通常是繁重的，再加上营养不良，她们的体质很快就严重衰弱。许多妇女头昏目眩，这会导致生产效率下降，而它又会换来拳打脚踢，直到她们继续工作为止。幸存者克拉拉·罗伏娃（Klara Löffová）说过，那里有两条重要规则："你不要承认你生病了，或者你就说你不知道。"她们也不害怕空袭警报。"在我们看来，被炸弹炸死炸伤的危险，比被党卫队拿枪指着的危险小多了。"私底下，她们会为每次盟军空袭而欢呼，并且对附近屋顶上防空炮火震耳欲聋的炮声喝倒彩。如果她们看见英军或美军飞机被打下来，她们就会情绪低落，"整天无精打采"。

虽然企业为党卫队提供的劳动力付过钱，但党卫队只给她们提供最劣质的食物，仅仅是让她们不至于饿死。有人形容所谓的配给食品就是"一块滚烫的泥土"。唯一的好处是每个人总算有了杯、碗和汤匙，这就意味着她们不必再用手脏兮兮地吃东西。尽管如此，配给食品与奥斯维辛完全一样，早上是带着苦味的黑色液体，还有一片面包，要么就是用菜头、菜根或南瓜根熬成的味道难闻的汤。所有人都坐在地板上，或者随便找个角落坐着吃饭。克拉拉·罗伏娃说：“一名所谓的厨师给大家舀汤，汤时浓时淡。长桌边上没人
176 坐着，长桌上面站着我们的德国长官，一名党卫队军官，他穿着长筒靴，在桌子上走来走去，他那带着党卫队皮带扣的皮带握在手上，随时准备挥舞。女孩们很快就学会不要偷拿别人的食物。”她们还学会了遮住眼睛，因为如果被打瞎一只眼睛，那就意味着回到奥斯维辛，就意味着必死无疑。

到了晚上，她们每人可以得到400克面包和一点儿咖啡。偶尔，她们会得到额外补给，如一小块人造黄油、一小块果酱或一小片蒜味腊肠。通常，她们不知道是把人造黄油吃掉好，还是用来涂抹她们干燥开裂的皮肤好。安嘉说有些妇女很自律，她们会把食物分成几份，每天分成几次来吃。安嘉说：“我一次就吃完我那份食物，然后就得挨饿二十四小时。”

佩莉斯嘉正在怀孕，很需要吃生洋葱，她经常用整块面包换一块洋葱。佩莉斯嘉比绝大多数人幸运，因为毕竟还有埃迪塔的保护，埃迪塔设法藏匿了一些值钱的东西，并用其去贿赂一名年长的国防军看守，请他偷运些食物。这名看守被称为“勇敢的威利大叔”，是唯一身穿制服但还有点良心的看守。威利大叔好多次冒着丢掉工作甚至丢掉性命的危险，为其管辖下的囚犯做点小事。在威利大叔的帮助下，埃迪塔能够继续在怀孕的朋友耳边低声说“张开嘴”，喂给她

一点儿额外的食物。

格蒂·陶西格说："我们都知道谁私藏黄金或者钻石，因为那些妇女看上去比绝大多数囚犯状况好些。但我们都没有把她们的秘密透露出去。"即使偶尔得到额外食物，怀孕妇女仍然极度渴望食物，这已成为她们全神贯注的事情。饥饿如影随形，她们正在孕育的胎儿也在挨饿。

尽管如此，安嘉从不允许自己放弃生存的希望。"幸好
我保持着非常乐观的心态，这帮了我很多……我知道我能够
做到，这很愚蠢，也很荒谬，但我就靠这点信念活着……尽 177
管我几乎已经饿死了。"

拉海尔同样渴望食物，她说："我们回到住处的时候都很累，如果谁还能剩下一片面包，我会求她分我一点。"有一天，她找到一片生土豆，然后就像吃糖那样吮吸着那片土豆，直到一点儿都不剩。还有一次，她发现一颗半埋在泥泞里的发霉卷心菜，尽管她知道捡起那颗卷心菜可能会被射杀，但她太饿了，她豁了出去。虽然那颗卷心菜已经腐烂发臭，菜叶腐烂到用手指就能轻易地戳穿，但她还是把那颗卷心菜整个地吞了下去，还说这辈子都没有吃过那么好吃的东西。

几乎每到工余时间，妇女们都会谈论食物。安嘉说："多么美妙的食物啊！不是一两个鸡蛋，而是十个鸡蛋做成的蛋糕，淋上四公斤奶油和一公斤巧克力。这是我们渡过难关的唯一办法。蛋糕越夸张越好。这给了我们某种满足感。我们还发明了其他取悦自己的搭配，如香蕉淋上巧克力和果酱。尽管我们正在挨饿，但这是一种自我安慰的幻想。实际

上，我也不知道这样是否管用，但你就是禁不住胡思乱想，因为你太饿了。”实际上，她们没有奶油蛋糕，她们只靠“令人作呕”的汤水和一丁点儿面包维持生命。“到最后，我们喜欢上任何分配给我们吃的食物，任何食物都如此美味，吃完还想再吃。”

妇女们下班时，终于可以回到工厂顶层的住处去休息。当时妇女们感到很宽慰，毕竟她们是在坚固的砖砌建筑里工作，而不是在四面透风的窝棚里，但当她们打开就寝区的大门时，她们马上就会闻到臭虫的味道。党卫队指责妇女们带来了臭虫，但这肯定是之前的囚犯留下的。安嘉说：“这些小甲虫有种特别的味道，某种甜腻腻的味道。这挺可怕的，那里有成千上万的臭虫……多到随时会从天花板掉到我们的杯
178 子里，以至于无论我们吃什么，首先吃到的就是臭虫。我们起初不太介意，毕竟臭虫只生活在温暖的地方，但如果你捏死它们，马上就会闻到特殊的味道，那味道非常难闻。”

由于接触不到新闻，甚至没有钟表，妇女们只能知道日期，而对外部世界正在发生的戏剧性事件一无所知。在这通风不良的工厂里，她们从未见过阳光，也从未呼吸过新鲜空气，也没有人愿意取悦她们。就连偶尔善待她们的国防军老兵，也没有告诉她们多少消息。她们不知道，奥斯维辛二号营－比克瑙灭绝营的特遣队已于 1944 年 10 月炸毁了再无用处的四号焚尸炉，但她们的确从德国工人那里听说，在阿登地区，突出部战役正在打响。

她们每天的生活往复循环、毫无变化。她们又脏又臭，浑身肌肉酸痛，双脚和牙龈同样肿痛，绝大多数妇女必须经

历日复一日、夜复一夜的思想斗争，以确保自己活下去。有些忍受不住折磨的妇女精神失常，最终被送走了。一位囚犯说：“我们就像疯子一样干活，连续许多个小时赤脚站立，衣不蔽体。我们吃饭，我们沉默，我们料理自己的事务。就算我们身上穿着破衣烂衫，我们总得擦洗一下。谁都没有时间关心其他事情。”她们的牙龈已经溃烂出血，她们的皮肤就像羊皮纸那样龟裂，任何小小的溃疡都可能造成致命伤。妇女们的身体每况愈下、半死不活，就连经期也紊乱了，更加没有力气去想如何反抗或起义。另一位囚犯说：“在弗赖贝格，我们没有从事任何破坏活动。我们甚至害怕自己的影子。我们不知道如何反击。如果你说：‘你要带我去哪儿？为什么？’你就会被劈头盖脸地毒打，或者直接被射杀。所以大家都很害怕，害怕到不敢说话。”

囚犯们都受过良好教育，但并非技术工人，工厂的生产进度也就缓慢得可怕。因此，当克拉拉·罗伏娃的班组于圣诞节完成第一块机翼时，发生了一场大骚动。囚犯们得到从未兑现的许诺，如果她们完成任务，就会得到额外的汤料、 179
面包或奶酪。罗伏娃说：“德国工人大肆庆祝，他们把机翼绑在从天花板垂下来的绳子上，然后就准备去共度好时光。突然之间，绳子断了，机翼掉了下来，几乎摔成废铁。这下子，该轮到我们庆祝了。”圣诞节那天，有些妇女的确得到了不值一提的额外奖赏，稍微多一点点的配给食品，以及“购买”食盐的机会，但绝大多数人还是得照常工作。

1944 年最后一天的晚上，安嘉已经怀孕六个月，她仍然把自己的身体状况隐藏在布袋状的宽松衣服底下，但她不小心绊倒一个沉重的金属工作台，后者重重地砸在她的腿上，幸好没有伤到骨头。“我当时就想：‘我的孩子！我的孩子会怎样?’我被送去临时医务室，我在那里包扎伤腿，还在那里度过了一段时间。那里很温暖，而且我也不用去工作了。虽然那里没有多少食物，但我能够节省力气，以便治愈我的伤腿。”

安嘉躺在小型医务室里，她尽量让自己看上去情况好些，以免被送回奥斯维辛，她知道伤病不是好事情，尤其是在这个要么劳动、要么死亡的地方。有些妇女甚至不知道这里有个医务室。有些妇女虽知道，但害怕医务室只是杀人场的中转站，因此她们从来不去医务室，宁愿自行处理伤口、溃疡、疾病。格蒂·陶西格说：“当你生病的时候，要么干活，要么去死。许多人用尿来治疗皮肤病，毕竟我们都有尿。尿液也帮助我最好的朋友治好了脓疮，而之前她的手臂都在流脓。还有一次，我的床板塌了，我的后背重重摔在地上，我有一阵子动弹不得。没有医生来看我，但我还是活下来了。”

一直以来，安嘉都没有时间真正顾及腹中正在孕育的胎儿，在医务室里，她总算能够关注腹中的胎儿了。当年怀上达恩的时候，安嘉并没有感觉到达恩在踢肚子，但这一次，安嘉能够感觉到胎儿还活着。安嘉回想起自己与贝恩德在泰雷津干草棚里那些浪漫的晚上，她预计孩子会在 1945 年 4
180 月底降临人世。她开始设想，如果她和孩子都活下来了，之后将会怎样呢？安嘉不可能在毛特纳洛娃医生面前掩盖怀孕的事实，这位捷克儿科医生负责照看她，她也向医生讲述了自己的担忧。“我跟她说了许多愚蠢的话。我说：‘如果战争还没有结束，我的孩子就出生了，将会怎样呢？德国人会把孩子从我这儿抱走，送给一个德国家庭吗？我去哪儿找孩子呢？’这最终没有发生，德国人也没有杀掉我和我的孩子。我经常跟她讨论这个问题，她并没有出卖我，而且对我很好，她向我保证，我一定能找到孩子的。”

安嘉最终还是回去工作了，但被安排在所谓“轻松”的岗位，包括每天在工厂里拖地，从顶层拖到底层，包括楼梯，每天工作十四个小时。尽管这份工作单调乏味，但安嘉却说这是对孕妇最好的锻炼了。而且，看守们并未发现安嘉怀着孩子，否则肯定要把她送回毒气室了。

拉海尔也很幸运，她的老板是个捷克人，对她很好。拉海尔说：“当他看见我的腹部日渐隆起，他就让我坐下，不用站着，我只需要检查机翼上的铆钉是否拧好了就行。我的体重减轻了，但我已不再晨吐……所以我很想保住这个孩子。没有什么比这更重要的了。”

及至1945年1月，为犹太工人准备的营房终于修建完毕，新营房在大约两公里外，在汉默尔贝格区沙赫特维格街。眼下正值气温下降的时节，妇女们被赶出温暖的、滋生臭虫的床铺，搬进滴水成冰的新营房。她们在暴风雪期间到达此地，发现这里冰雪覆盖、高墙环绕。营房还带有未干透的木头和水泥气味，也没有取暖设备。水从屋顶渗到墙壁上，浸湿了她们睡觉的草垫。由于屋顶太低，架子床只有两层，而不是通常的三层。当时没有人意识到，更糟糕的事情还在后头，上铺是湿的，下铺是潮的。

181 盥洗室建在另一栋房子里，而且开始时还没有投入使用，妇女们只好在户外水龙头旁边擦洗身体，经常被冻僵。她们开始时还有小煤炉，甚至还有些木炭，但牢头把木炭偷走并在自己的房间里生火取暖，结果营房的窗户每天晚上都会结上厚厚的冰块。关押来自俄国、乌克兰、意大利、波兰、法国以及比利时的战俘的营房也在同一个区域，妇女们偶尔可以隔着带刺铁丝网认出那些战俘。少数战俘作为电工和技工在妇女们所在的工厂里工作，由于大家都是工友，所以他们对那些妇女来说算是老面孔。

有时候，双方都冒着生命危险把包裹着石头的纸条扔过围墙，以此互通消息。双方彼此交换关于战争进程的消息，有些人甚至发展成情侣。佩莉斯嘉懂得多国语言，一位囚犯请求她把一封情书从法语翻译成斯洛伐克语，这是一桩会受到严厉惩罚的“罪行”。尽管如此，她还是欣然接受了，她回想起自己与蒂博尔彼此往还的情书，回想起她在奥斯维辛隔着铁丝网认出蒂博尔的奇妙时刻。

有一天，在营房里，一名党卫队看守看见佩莉斯嘉用铅笔头在小纸片上写着什么。这是一位妇女的回信，那位妇女与比利时战俘坠入爱河。佩莉斯嘉看见看守向她扑来，她把纸条揉成一团吞了下去。她因此遭到毒打，之后又受到长期审讯，但她始终守口如瓶。

这家民营的德国公司需要让这些奴工活着，至少活到战争结束为止，因此公司给囚犯们发放了冬衣，包括长筒袜和黑色木鞋，穿着这种鞋子在工厂里走来走去，会发出咯噔咯噔的声音。不过鞋子并不够分，因此许多妇女不得不穿着她们在奥斯维辛分到的鞋子，那些鞋子鞋底很薄，并不合脚。
木鞋也不是最佳选择，因为木鞋要么太大、要么太小，穿木 182
鞋的人脚上会磨出让人疼痛的水泡，这些水泡难以愈合，久而久之就会发生感染。由于鞋底没有坑纹，穿木鞋在冰面上走路很容易滑倒。另外，木鞋没有后跟，因此木鞋里总是灌满雨水或雪水，而且总是无法弄干。

木鞋还有其他不便，妇女们穿着木鞋走在坚硬的鹅卵石路上，会发出嘈杂的回响，这让本已疼痛的骨头更加疼痛。更有甚者，党卫队看守穿着擦得发亮的厚底军靴，沿途走在她们身边，催促她们跟上步伐，而且还吆喝着："左，二，三，四……！"克拉拉·罗伏娃说："住在我们上下班路上的人们也不好过，他们甚至向工厂抱怨我们早上5点发出的响声。想象一下，500人穿着木鞋走在路上的情景。当时正值灯火管制。人们都不敢打开电灯。然后到了6点，夜班的工人下班了，再次发出响声。早上这几个小时是人们仅有的睡觉时间，因为英国皇家空军飞回英格兰了。我们才不在乎，反正我们都睡不着。"

就算有了新鞋子，妇女们还是穿着可怜兮兮的破衣烂衫，这些衣服已经破烂不堪，只能靠夹子和针线拼接起来。她们绝大多数人也没有内衣和袜子。如果她们幸运地找到一块破布，她们就会把破布当头巾，包裹被剃去头发的头顶，以抵御上下班路上凛冽的寒风。然后，她们会用同一块破布当汗巾，或塞进鞋子变成衬垫，或包裹被冻伤的脚趾。尽管如此，看守经常会把她们的破布扔掉。

因此，往返工厂的黑夜行进变成新的折磨，尤其是双脚

疼痛、四肢冻僵的时候更是如此。安嘉说："穿越城镇的路很长，他们朝我们吐口水，对我们骂骂咧咧。我们不得不继
183 续走，没有大衣……没有长筒袜，没有其他御寒衣物……真的很凄凉。"幸存者查夫纳·利夫尼（Chavna Livni）说："每天穿越漆黑的城镇，天还没亮，一片漆黑，大街上几乎没人，久而久之，我能认出路上每块石头，每个寒风凛冽的街角，我们回来的路同样是一片黑暗，我们走进冰冷的窝棚，那里有个炉子，但从来不生火。"

一旦冬季来临，雨水就变成雪水，又冷又饿的囚犯们精疲力竭地沿着排水沟艰难跋涉，她们身上覆盖着飘降的雪花。在她们身边站着党卫队看守，看守们穿着好几层衣服，外面还套着长及膝盖的军大衣或斗篷，步枪背在肩膀上，而戴着手套的双手则深深插进口袋里。

拉海尔有一位善良的德国班组长，此人私下给拉海尔弄来几片白色棉布，这些棉布是用来打磨机翼的，边角上还印着"弗赖贝格集中营"。其他人设法得到了针线，拉海尔借了过来，给自己和芭拉缝制了时尚的胸罩。那位善良的班组长还给了她们一些食物，也正是那位班组长，在得知她们没有领到木鞋后，给她们找来几双。"他的理由是，我们会被机器上掉下来的铁屑割破双脚，然后就会感染，但我们始终认为，他是为了让我们在刮风下雨的天气，在走着上班的路上好受些。"

利奥波丁娜·瓦格纳（Leopoldine Wagner）是一位奥地利人，被请来给意大利战俘当翻译，她也是工厂雇员，同样冒着生命危险帮助囚犯。她说："当你看见（这些妇女）骨

瘦如柴、剃去毛发，在零下 18 摄氏度的低温中没有衣服、没有袜子、穿着木鞋……双脚血流如注，你会感到心碎。”当她面对此情此景，看着人们“备受折磨”且“身世悲惨”，看着人们双脚渗血流脓，她为自己嫁给德国人而感到羞耻。当她发现所有囚犯只能吃“可怕的”菜头汤，她就尽量在囚犯来她办公室擦地板的时候，给囚犯一片面包或其他食物。有一天，她给了一位妇女一件连体内衣，因为对方 184
根本没有任何衣物可以覆盖后背或承托胸部。

第二天，一名党卫队军官把这件内衣还给了她，还问这件内衣是否属于她。她羞涩地点了点头。对方冷冷地告诉她：“如果你要把东西给别人，那就给德国人。否则你的名字就不再是瓦格纳夫人，而是第 1000 号，或者其他什么号码的囚犯。”

FREIA
G.m.b.H.
Freiberg
(Sachs)
A-Ausweis
Nr. 60 240 F
Name: Leopoldine
Wagner
geb. 13.11.1914.
ausgestellt am:
21.06.1944.
Leopoldine Wagner
Eigenhändige Unterschrift

利奥波丁娜 · 瓦格纳的身份证

面对如此威胁，利奥波丁娜 · 瓦格纳如此害怕，几乎再也不敢帮助囚犯了。“我自然感到害怕。如果一个人不肯学狼叫，这个人已经有一只脚迈入集中营了。”然而，有一天，她碰见十几岁的匈牙利犹太人伊洛娜（Ilona），她知道对方战前是一位钢琴师。不知道从哪里来的勇气，她决定帮助伊洛娜逃脱。她说：“我反复跟她说我姐妹在奥地利的地址，这样她就能记住了。我的想法是，她能够藏身于一处修道院。”在当
185 地天主教神父的帮助下，她在老城中心圣约翰教堂的告解室里存放了一套修女制服，然后告诉伊洛娜，在下次去附近的济贫院淋浴的时候，想办法逃脱看守的监视跑到教堂去。“我并不知道她最终的下落，但那套修女制服消失了。”

其他的当地人，比如克里斯塔·斯托泽尔（Christa Stölzel），当年才17岁，在工厂办公室里工作，她也同情囚犯。她在自己的午餐盒里藏些面包和蛋糕，放在废纸篓里，这样晚上清洁办公室的囚犯就能找到食物了。这在当时是重罪，但她多次这样做，希望能够帮助囚犯。其他人也采取种种善举，如班组长会为患脓疮的囚犯留几件衣服，或者在某些场合留下一小包食糖，就藏在机翼的框架里。

然而，绝大多数城镇居民无所作为，这要么出于恐惧，要么出于愚昧。瓦格纳夫人说过，营区“与世隔绝”。她补充道：“绝大多数人只知道汉默尔贝格有些营房，但对于那些在营房里受苦受难的囚犯，市民们根本不想关心。”由于缺乏外界干预，妇女们的困境在冬季来临时越发严重。尽管她们宁愿三四个人睡一张床板，一起盖一块薄薄的毛毯，她们还是几乎冻僵，她们的双手双脚冷得就像冰柱。严寒总是伴随饥饿而来，她们越是需要消耗热量来保持温暖，就越是感觉到饥肠辘辘的痛楚。久而久之，她们的身体和心智开始崩溃。

更让妇女们感到沮丧的是，当她们每天穿行街道的时候，她们会看见弗赖贝格市民过着一切如常的生活。她们看见孩子在堆雪人，或者穿戴冬天的衣服、帽子、围巾放学。她们看见男人出门上班，而妻子在窗户里挥手送别。丽萨·米科娃说："我们看见人们在温暖的房子里打量我们。周围都是党卫队，有20人左右，人们不可能与我们交谈或给我们食物，甚至没有人试图这样做。人们对此不感兴趣。"

时年14岁的格蒂·陶西格知道，她的父母和姐妹已被 186
毒死在奥斯维辛。她说："当你看见别人的家庭愉快地坐在温暖的家里，吃着，笑着，过着平常的生活，你会感到更加伤心。没有人对我们寄予同情。没有人。我们只不过是游魂野鬼。我们都不认为自己能够活下来，都不认为自己能够再过上正常的生活。"

有一天，时年22岁的德国囚犯汉内洛蕾·科恩（Hannelore Cohn）在早上行进时有所发现，她于是驻足观看，几乎绊倒别人。她的母亲，一位来自柏林的金发碧眼的非犹太人，正站在街角，眼睁睁地看着自己的女儿走过。在她的请求下，一位德国班组长私下给她的家人写了封信，让她的家人知道她还活着。幸存者埃斯特·鲍尔（Esther Bauer）非常了解汉内洛蕾的身世，鲍尔说："汉内洛蕾的母亲来到弗赖贝格，却只看到她上下班。她的母亲每天早上都在大门外守候，等我们去上班。母女之间不能说话，但汉内洛蕾至少知道母亲在那儿。我们都知道。"

格蒂·陶西格也记得这个场景，她补充道："站在大街上眼睁睁看着自己那瘦骨嶙峋的女儿走过，却连招手都不可以，实在是太可怜了。”然而，接下来好几个星期，那位母亲还是每天站在街角，所有看见她的人都感到莫大的安慰。

一旦进入厂房，囚犯们就能够稍稍烘干和温暖身体，尽管在解冻的时候双手会痛到不停地抽搐。如果在下班或晚间点名的时候碰上下雨或雨夹雪，她们就没有办法烘干衣服，只能彻夜躺在湿冷的衣服上，冻得瑟瑟发抖。天气如此寒冷，以至于公共盥洗室的水龙头也结了冰。她们共用一块毛巾，如果幸运的话，她们还可以共用一小块肥皂。她们没有牙刷或梳子，当她们的头发开始胡乱生长的时候，她们会奇痒难忍，而且头发也缠绕在一起。其中有些人，头发再长出来的时候已经完全变白了。

日历无可止息地翻过一页又一页，每一位囚犯都如同行
187 尸走肉，命运让她们每天挣扎在死亡线上。佩莉斯嘉、拉海尔、安嘉三人生活在不同营房，工作在不同班组，通常也是在不同厂房，她们仍不知道彼此的存在。她们也不知道还有其他人隐瞒着怀孕的真相，但她们都感到纳闷，为何自己仍未被揭发。丽萨·米科娃的一位捷克朋友曾经设法隐瞒自己在上夜班时意外怀孕的真相。丽萨·米科娃说：“2 月时，她在弗赖贝格的营房里诞下婴儿，但党卫队随即就杀害了这个孩子。看守把婴儿带走，她后来才知道婴儿已被杀害。”还有两位妇女，同样因为怀孕而被送回奥斯维辛。

妇女们的命运实在是难以逆料，但情况有时未如门格勒医生所愿。捷克幸存者露丝·胡佩特（Ruth Huppert）提供了自己的事例，她曾经与丈夫生活在泰雷津隔离区，大概与安嘉生活在那里的时间相同。1943 年年底，在新一轮遣送

期间，她怀孕了，她请求堕胎，但纳粹当时禁止驻营医生实施堕胎手术。就像身陷弗赖贝格的三位母亲那样，她被送到奥斯维辛时正在怀孕，但她设法在筛选时蒙混过关。然后，她说服了牢头，把她的名字列入将要被送走的奴工名单。

当她快要分娩的时候，她正在一间德国炼油厂工作，她怀孕的真相被揭发了，1944 年 8 月，她被送回奥斯维辛。门格勒想要知道她是怎样侥幸过关的，门格勒告诉她："你先把孩子生下来，然后我们再看情况。"几个小时后，她的女儿降生了，"死亡天使"宣布，要看看婴儿在没有食物的情况下能够存活多久。门格勒下令紧紧包裹这位母亲的乳房，让她无法给孩子喂奶。八天过去了，她发着高烧，乳房肿胀难忍，她与婴儿无助地躺在一起，门格勒每天都来看上两眼。直到小小的女婴奄奄一息，那位母亲才给婴儿注射了驻营医生给她的吗啡。她的孩子死了，这救了她的命，她被送去另一处劳动营，最终得以幸存。

身陷弗赖贝格的三位母亲及其婴儿，也可能遭遇类似命 188
运，如果怀孕的真相被发现，她们也会被送回门格勒医生那里。在当时当地，谁也无法保证三位母亲能否在弗赖贝格幸存。在接下来的几个月里，死神开始收割狱友们的生命。首先，一位 20 岁的斯洛伐克妇女病倒了，不到一个月后，就因为败血症倒毙在工厂里。她与一位 30 岁的死于猩红热的德国妇女于同一天下葬。在她们死后，随即又有至少 7 个人死去，她们是年龄介乎 16 岁至 30 岁的少女和妇女，分别死于肺炎、心肺衰竭或其他疾病。所有死者都在火化后埋葬于当地多纳特墓园的集体墓穴。

弗赖贝格集中营死难者纪念碑

189 佩莉斯嘉跟狱友们一样，疲惫不堪，饥饿难忍，但她顽固地拒绝让求死的念头吞噬她的心智。她始终坚信，在别的地方，蒂博尔一定还活着，这促使她只去想美好的事情，她专心致志地凝望营房窗户上错综复杂的霜花。每当她们艰难跋涉在上下班的路上时，她就是少数几个抬头看风景的人之一，她会踢打雪堆，看着雪花飞溅，或者在有雾的清晨，惊奇地看着树上挂满白霜，就像白色糖霜那样。她曾经答应蒂博尔，她和孩子都会活着；蒂博尔曾经告诉她，这就是自己活着的意义。佩莉斯嘉说：“我只关心我的丈夫和胎儿。我不想与任何人接近……我只希望，当我回家的时候，（蒂博尔）会在家里等我。”

然而，随着温度继续下降，妇女们的情绪更加低落，她们不禁感到绝望，日益自暴自弃。她们痛苦地意识到，漫长而严寒的冬季，只会让境况更加难以忍受。当她们沦为纳粹奴隶的时候，她们就已被剥夺了最基本的生存必需品，这些游魂野鬼一般的人更加瘦弱了。她们的衣服与灵魂都被撕裂得支离破碎，虱子和臭虫的叮咬，以及身体的崩溃，让她们身上满是脓疮。她们的头脑里不可能装下其他东西，只能想着食物，只能想着如何熬过另一天。安嘉说：“我甚至不记得我曾经做过梦。活下去已经够累了，没有时间再想其他的事情了。”

对安嘉和拉海尔来说，由于她们已经在隔离区熬过好几年贫困潦倒的生活，她们超乎所有人想象的可怜处境似乎永无止境。她们与尚未出生的婴儿下场会如何呢？贝恩德和莫尼克又如何呢？他们还活着吗？安嘉有米茨卡可以分担忧愁，在夜里还可以说悄悄话，尽管安嘉也害怕，就算米茨卡只是知道安嘉怀孕，也会让米茨卡身陷险境。拉海尔白天与芭拉一起工作，晚上睡一个床铺，但拉海尔没有告诉芭拉以及另外两位妹妹自己正在怀孕，因为拉海尔害怕，就算知情不报，也许会让妹妹们同样身陷险境。

萨拉和伊斯特比较幸运，在工厂办公室分配到文书工 190
作，这就意味着能够得到更好的食物和衣物，以及相对舒适的工作环境。“我们刚刚开始装配飞机，一名党卫队军官向我们走来，那时我正拿着锉刀锉铁屑，那名军官用德语问我：‘你的姐妹呢？’我总是跟姐妹在一起，但让我感到意外的是，我甚至意识不到他知道我们两个是姐妹。”那名军官让萨拉和伊斯特跟着他，走到厂区尽头。“他一直对我说德语，还问我：‘你知道怎样读和写吗？’他把我们两个领进办公室，那里存放着制造飞机的所有图纸，我们就这样安全地度过了八个月！我们如此幸运。我们不用干重活了，我们有周日休息，空袭的时候，他们甚至把我们领进防空洞。尽管如此，工厂办公室里还是很冷，而我们只能用报纸包裹自己，让自己暖和些。”

在办公室里工作一天后，萨拉和伊斯特会与其他妇女一起走回营房，半路上会跟拉海尔和芭拉会合，她们会鼓励姐妹们坚持下去。萨拉说：“这有助于我们分担忧愁。我们共同分担，尤其在姐妹们快要撑不下去的时候更要分担。我们相互勉励，明天会更好。总会有明天的。”

尽管妇女们总是备受饥饿的煎熬，但她们继续进行想象的盛宴，继续构思各种菜谱。一种流行的游戏是，“邀请”朋友享受精美的晚宴，她们谈论烹饪的过程，享受各种菜肴，直到她们在想象中吃饱肚子。另一种游戏是，无休止地讨论她们在战争结束后想吃的第一种食物，这魔幻的、虚构的游戏被简单地称为“以后”，因为谁也无法确定是否还有以后。厚厚一片涂抹着黄油的面包是广受欢迎的，尽管年轻女孩通常喜欢的是甜品。以各种方式烹饪（尤其是油炸）新鲜土豆通常会得到最高票数。

有些人过去一直享用母亲或仆人烹饪的食物，她们说正 191
是在弗赖贝格，她们才第一次学会如何烹饪，尽管听着这些奢侈的菜单会让她们心烦意乱。这经常变成弄巧反拙的自我折磨，让她们想起母亲、祖母和“以前”的舒适生活，以及种种食物香味和家庭礼节：出炉面包时的垂涎滋味，冲泡咖啡时的馥郁芳香，以及餐前洗手用到的薰衣草香皂的气味和触感。当她们低头看看如今污秽的手指，她们只能哑然失笑。

丽萨·米科娃说：“突然之间，我们都说：‘够了！别说了！’半个小时之后，我们又开始说起来。食物在我们的头脑中占据中心位置，而且始终如此。食物支配我们的生命。我们想要肉类和饺子，我们想要火腿和面包。我曾经说过，如果我能拥有土豆和面包，我就不再需要其他任何东西了。”

有一天，格蒂·陶西格设法找到了一整个生土豆，她与最好的朋友分享。“我们把土豆切得非常薄，这是我吃过的最好吃的食物。我告诉自己：‘如果我能活下去，我只吃土豆就够了。’那块土豆很快就吃完了，太快了。”

除了体重大幅减轻，妇女们极为严重的营养不良还导致了各种健康问题，而且她们还得不到救治或同情。有一天，克拉拉·罗伏娃出现了疼痛的牙龈感染。“起初，没有人在意，几天后，我半边脸都浮肿僵硬起来，我甚至看不见东西。我们的集中营长官把我带到镇上去看牙医。我不得不走在他前面，他拿着上了刺刀的步枪跟着我。路人看着我们，以为他抓住了世界上最重要的间谍。”牙医被告知，克拉拉是个囚犯，他只要做些“必要处理”就行了，没有必要在克拉拉身上“浪费”麻醉剂。那名党卫队军官想在旁边监视，但牙医把他赶了出去，说治疗室地方太小了。克拉拉·罗伏娃说：“我走进治疗室，里面温暖而洁净，牙医很有礼貌。我的眼泪夺眶而出，牙医问我是不是非常疼，我真诚地
192 说：‘不是的，我流泪，是因为很久没有人把我当人看了。’牙医给我注射了（止痛剂）普鲁卡因，并且告诉我，如果小队长问起，就说非常疼。我明白了。牙医让我静坐休息超过一个小时。我尽情享受当中的每一分钟，一个星期后，我又愉快地接受了一次本来并无必要的复诊。”

这种怜悯是非常罕有的，绝大多数人每天都在等待死亡。她们知道没有什么比奥斯维辛更糟糕了，但也开始意识到在弗赖贝格集中营的日子同样是为生存而战斗。有几位妇女都声称：“我们都被视为将死之人，所以我们更要活下去！”日复一日，她们没有任何获救的希望，仅剩的问题就是她们到底何时死去。即使不是死于饥饿，或者死于看守之手，她们也肯定要死于日益频繁的盟军轰炸。

工厂里的妇女，包括三位母亲，很快就迎来了命运的巨大转折，当时英国空军轰炸机司令部的飞机轰炸了德累斯顿，那里距离弗赖贝格 40 公里。英国空军元帅亚瑟·哈里斯（Arthur Harris）下令于 1945 年 2 月 13 ~ 15 日对德累斯顿进行轮番轰炸。绝大多数德累斯顿市民认为他们居住的城市不可能成为轰炸目标，因为这是一座历史悠久、文化璀璨的古城。许多市民没有意识到，在战争的第六个冬天，纳粹已经把德累斯顿选定为“易北河防线”的关键点，这条防

线从布拉格绵延到汉堡，而德累斯顿就此成为盟军瞄准的靶心。

距离希特勒下令对维隆和华沙等波兰城市进行战略轰炸，以及对荷兰的毁灭性空袭，已经过去6年了。距离1940年9月至1941年5月造成2万伦敦市民死亡的闪电袭击，也已经过去4年了。针对英国首都的“闪击”持续了76个夜晚，摧毁了超过100万间房屋。几乎与此同时，1940年8月至1941年5月，利物浦港及其周边地区也遭到轮番轰炸，导致将近4000人死亡。1940年11月14日，考文垂在“月光奏鸣曲”行动中接连遭到18轮轰炸，损失尤为惨重。当天晚上，大约500架德国轰炸机袭击了考文垂， 193
投下了500吨高爆弹和燃烧弹，企图摧毁这座城市的工厂。超过4000间房屋和三分之二的市区被摧毁，数百人丧生，过千人受伤。此后数年，陆续到来的轰炸继续造成损失，最终死亡人数达到1236人。

上述空袭与盟军对德国以及波兰占领区的空袭旗鼓相当，遭到空袭的城市包括汉堡、柏林，以及普福尔茨海姆、希维诺乌伊希切、达姆施塔特，造成的破坏也大致相当。然而，德累斯顿，这座被称为华丽的洛可可和巴洛克建筑风格的“珠宝盒”的城市，将会成为最具争议的轰炸目标。英国空军第一波兰开斯特轰炸机从林肯郡出发，经过4小时飞行，大约于1945年2月13日晚上10点抵达弗赖贝格上空，防空警报响起，警告弗赖贝格市民提防可能到来的空袭。党卫队把绝大多数囚犯，包括佩莉斯嘉、拉海尔和安嘉锁在工厂顶层，也就是最容易成为英国皇家空军轰炸目标的地方。

然后，党卫队就带着班组长和当地员工逃到地下防空洞去了。

妇女们被告知，应该关掉电灯，遵从灯火管制，以免吸引飞机注意，但她们很快就反其道而行之，她们希望看见那700架重型轰炸机俯冲下来。有好几次，她们看见飞机在工厂上空低速盘旋，仿佛是在演练。她们也在纳闷，是否下一波炸弹就该降临到她们头上了。安嘉说：“我们希望英国皇家空军朝我们扔炸弹……这样工厂就不能再为战争生产了……但他们没有把炸弹扔下来。”

拉海尔也回想起德累斯顿被轰炸的那几个晚上，她们朝天空叫喊：“来这里！炸我们！反正我们都要死了！”拉海尔补充道：“我们绝对肯定，我们当中没有人能够活下来。问题是我们还能活多久。直到德累斯顿被轰炸，我们才意识到我们也有可能获救。”

194 少数德军看守被指派到大门外面，以免妇女们趁乱逃跑，看守们强烈抱怨，这是让他们自己冒风险。丽萨·米科娃说：“他们告诉我们，不要往窗外看，不要以灯光向飞行员发信号。我们欢呼雀跃，他们大发雷霆，因为我们竟然对此欣喜若狂。”

尽管萨克森的首府距离当地还有段距离，但夜空已被摧毁城市的燃烧弹和高爆弹点亮。据估计，有2.5万名德累斯顿居民被炸死，紧接而来的火焰风暴把天空都染红了，共摧毁了超过6平方公里的城区。安嘉说：“这是我一生中看过的最宏伟壮丽的戏剧，因为我看见那些燃烧弹照亮天空的颜色，我们希望这会带来世界上最为严重的破坏。这实在是……难以置信……这实在是太令人满足了。战争结束后，人人都说‘轰炸机’哈里斯多么多么坏，但他是我心目中的圣人。”

德累斯顿大轰炸

第二天，一名班组长从被摧毁的城市回来，报告说老城 195
区“一块石头都没剩下”，没有一个家庭能够幸免。格蒂·陶西格说她们并不在乎那些投票给希特勒的人，只是漂亮的艺术品被烧毁有点儿可惜。拉海尔说：“一名女看守告诉我们，看守们有多沮丧。女看守说：‘那是我们的城镇！我们的人民！’女看守还说，如果有人对轰炸感到高兴，或者望向窗户那边，必将被射杀。”拉海尔赶紧把这句话转告所有人，以免囚犯们太过感情外露。

针对德累斯顿的第一轮空袭发生在夜班期间。第二天，轰炸机又来了，在日班期间扔下了700吨炸弹。第三天，英国空军袭击了郊区和附近的炼油厂。丽萨·米科娃说："你能借助火光来阅读。可见烧得多厉害。我必须承认，我毫不同情。我们说：'我的父母呢？我的丈夫呢？是谁开始了这一切？'我们对此很冷漠，尽管我们知道，肯定也会有妇女、儿童甚至数千人被炸死。第二天，看守们怒不可遏，他们大发雷霆，对所有囚犯扇耳光，禁止任何囚犯上厕所。"

在弗赖贝格，突然出现了逃离德累斯顿的难民潮，难民们带着行李逃跑，这让工厂里的人们再次燃起希望。每天都有数百架盟军飞机在头顶上盘旋，囚犯们大胆地相信，获救的时机也许触手可及。她们甚至不介意被派到大街上，帮助清理空袭造成的碎石瓦砾。这种工作令人愉悦，因为可以看到盟军的战果。拉海尔只是感到有点失望，英国人并没有去炸铁路。拉海尔问道："为什么他们不炸铁轨或者火车呢？如果炸了，就再也没有人会被送去集中营了！"

及至 1945 年 3 月 31 日，持续进行的盟军空袭已经重创了弗赖贝格工厂的运输线，原材料也已经耗尽。没有油料开动机器，电力供应也时断时续。所有生产都停顿下来了。因
196 为害怕丢掉工作，看守们让囚犯们"保持忙碌"，所以她们用金属废料来加工各种东西，包括小刀，可以用来切割、食用她们所说的"世界上最好的膳食"：杂草。如今冰雪开始融化，在上下班的路上，她们可以偷偷把手伸到雪堆里，然后把草根挖出来。其他囚犯还用铝给自己造小梳子。尽管有些人从奥斯维辛出来后还剃过头，但绝大多数妇女的头发已经长得跟杂草一样了，这些小发饰能够让她们回想起过去的文明时光。

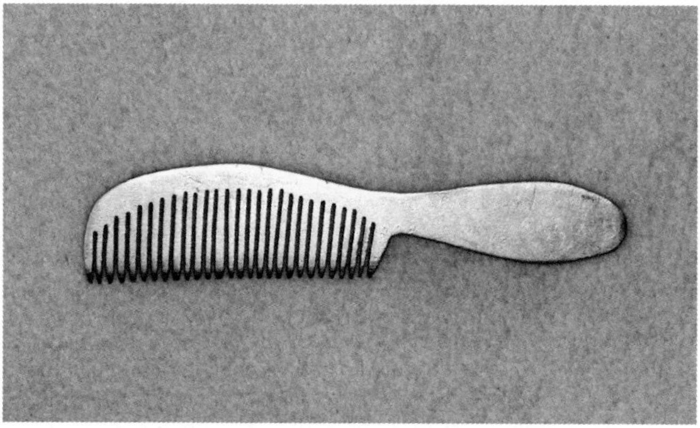

在弗赖贝格发现的以航空金属制成的梳子

格蒂·陶西格有一位朋友，因为得到一把小梳子而异常兴奋，她总是把小梳子握在手里，唯恐被别人偷走。在点名的时候，一名党卫队看守发现了这把梳子，看守从她手上夺过梳子，厉声喝道："你要这个有什么用？"

那位妇女用手抚摸着自己刚刚长出来的稀稀疏疏的头发，反驳道："用来梳理我漂亮的秀发。"就连看守都笑了，但他并没有把梳子还回来。

在一次例行公事、故作紧急的清晨点名中，已怀孕九个 197
月的佩莉斯嘉身体极度虚弱，她未能及时跟上队伍。她脚踝浮肿、两腿发软，只能慢慢移动，看守们包围了她，一名看守上前问道："为什么你迟到了？"

佩莉斯嘉勉强地笑道："难道我迟到足以摧毁帝国么？"

看守挥起拳头殴打佩莉斯嘉，以惩罚她的傲慢，她倒在地上，身体蜷缩成一团，以保护自己的腹部。这场毒打本可能轻易杀死她和她腹中的胎儿。等到看守停手的时候，身边的妇女们扶起了她。佩莉斯嘉吞下口中的血，告诉妇女们："我还好。我还好。"佩莉斯嘉笑着说："总比被枪毙好些！"她再次从信念中得到力量，她静静地对腹中的胎儿说："我知道你会活下来的。"

冬去春来，透过窗户，妇女们能听到鸟儿鸣唱，能看到树上枝条开始萌芽。随着季节变换，这已经是她们生活在纳粹铁蹄下的第六个年头了，囚犯们开始想，接下来的几个星期、几个月将会发生什么。许多班组长已被送往前线，她们也接到指令，开始拆除造飞机的机器，准备搬到其他工厂去，她们不知道应该感到轻松还是害怕。谣言开始四处流传。她们会被"清理"吗？会在党卫队逃跑之前在营房里被射杀吗？还是会跟那些军用机器一起被运走呢？她们最害怕被送回奥斯维辛。她们此时完全不知道，苏联红军已于1945年1月解放了奥斯维辛，一同被解放的还有几个最为恐怖的灭绝营，比如特雷布林卡、贝乌热茨（Bełiec）、索比堡（Sobibór）。

由于接到放下工具的命令，狱友们无事可干，只能等待，她们中的大多数人被禁锢在营房里。少数人接到命令，干些毫无意义的杂活，比如把石头从一个地方搬到另一个地
198 方，仅仅是为了看上去很忙。由于她们不再为帝国生产价值，她们的食物配给也被减少。她们每天只能得到不足200克面包，以及定量减半、不再放盐的汤，她们只能狼吞虎咽。丽萨·米科娃说："他们说，如果你们不工作，你们就不需要吃那么多。在那之后，面包还是每天都有，但汤却是隔天才有。真的很残酷。我们确信我们要被杀死了。"

除了体重下降，妇女们还开始出现肌肉萎缩，几乎丧失了所有力气。她们的灰色皮肤覆盖着厚厚的积垢，紧紧地包裹出骨头的轮廓，皮肤脱落起泡。她们气喘吁吁，臭不可闻；她们腿脚浮肿，难以迈步。她们体温下降，冷得瑟瑟发抖，非常容易染病。尽管如此，由于她们熬过了作为囚犯的漫长日子，她们彼此依靠、相互勉励。佩莉斯嘉有埃迪塔和其他朋友，包括玛格达·格雷戈洛娃（Magda Gregorová），她嫁给了著名的斯洛伐克演员马丁·格雷戈尔（Martin Gregor）。拉海尔有姐妹们，安嘉有米茨卡和来自布拉格的朋友，包括克拉拉·罗伏娃和丽萨·米科娃。丽萨·米科娃说："当我们工作时，我们十几个小时站在一起，我们谈到很多，我们回忆起诗歌和其他事情，直到党卫队员尖叫：'闭嘴！'我们在营房里继续谈论，我们讲故事，我们回忆电影和书籍。这有时候有用，有时候没用，所以有人会哭：'请你们别说了，这让我们想起家里了。'这很糟糕，在那个时候想家，真的很糟糕。"

她们只能继续等待，而德国人又在外面"忙碌"了好几天，试图找到出路。妇女们与外部世界仍然没有任何接触，她们不知道，盟军在鲁尔区进行的重要战役已胜利在望，科隆和但泽已被盟军攻陷。她们也不知道，盟军通过电台广播和空投传单，对德国和奥地利发起了宣传攻势，告诉人们希特勒将要输掉这场战争。妇女们所知道的全部事实就是，她们非常饥饿，她们非常害怕。当她们焦虑地等待自己 199
的命运时，营房里经常爆发争吵，气氛陡然变得紧张起来。

1945 年 4 月，在一次清晨冷水浴中，一名捷克囚犯发现了佩莉斯嘉宽松衣服底下正在怀孕的腹部，那名囚犯马上变得歇斯底里。那名妇女曾在战争期间私藏家里的钻石，害怕那些钻石会被别人搜出来，或者更加糟糕，被看守搜出来。那名妇女尖叫道："你会害死我们所有人的!! 我们都会死在你手里!"那名妇女变得如此疯狂，以至于看守们跑过来想知道为何发生骚动。那名妇女指手画脚、呼天抢地般尖叫道："她怀孕了！她怀孕了!"

佩莉斯嘉整个人呆住了，心脏跳得飞快。

一名党卫队女看守难以置信地问道："这是真的吗?"女看守盯着佩莉斯嘉，此时的佩莉斯嘉由于极度危险的营养不良，体重只有大约70磅了。"你怀孕了吗?"

佩莉斯嘉最终轻声答道："是的。"她预计自己会被当场射杀。

看守们面面相觑，难以置信地摇着头。局面僵持了很久，佩莉斯嘉紧张到无法呼吸。然后，一名看守问道："你什么时候生产?"

"快了。很快了。"

看守们离开并商量着什么，佩莉斯嘉跌坐在自己的床板上。她怀孕的消息迅速传遍整个班组，与她同组的工友尽量安慰她，跟她说不会有可怕的事情发生。此后又过了几天风平浪静的日子，大家都回去工作，就像平时那样。直到有一天，一名看守走近佩莉斯嘉，静静地问她："你需要些什么吗?"

当时，佩莉斯嘉的双脚已经成为她最大的折磨。她的双脚浮肿不堪，而且流血流脓。她几乎无法站立。"我想要热水泡泡脚。”出乎意料的是，对方竟然给她端来一盆热水。其他囚犯看得目瞪口呆，心中既羡慕又嫉妒，她还穿着破衣烂衫，衣服上长满虱子和其他小爬虫，她把脚趾浸入这临时 200
的洗脚盆中，“仿佛像个女王”。佩莉斯嘉说，盆里的水“很热”，那种感觉太奢侈了，“太幸福了！”

佩莉斯嘉补充道：“人们对我挺好的，因为他们觉得亏欠了我，而且没人相信我能够怀上活着的、健全的孩子。”她知道看守们突然之间良心发现，当中肯定带有自私自利的动机，但她仍然欢迎这种转变。“我的丈夫与我感情深厚，我很想为他生个孩子。”

安嘉怀孕的真相也是在那时暴露的，但并非由她信任的捷克儿科医生透露出去，而是因为其他人都留意到她那膨胀的腹部了。安嘉说：“我越来越瘦，但我的肚子却越来越大。有些看守也知道了。如果他们在 1 月 18 日之前发现真相，我是会被送回奥斯维辛的，但奥斯维辛已经不复存在了……所以他们无法送我到别处去。尽管在当时，我并不知道这个。我也不可能知道……在他们询问我之后，我只好承认怀孕了。我不能不承认，但他们已不能送走我了。”

尽管安嘉骨瘦如柴，但她的乳房却越发饱满和厚重了，这让她在穿着粗布衣服时很不舒服，尤其在赶路上下班的时候更不舒服。安嘉的朋友米茨卡借了针线，用从一件衣服上裁剪下来的布料为安嘉做了一副胸罩。尽管手艺很业余，而且尺码也不对，但安嘉还是非常感激，直到战争结束，她都穿着这副胸罩。

拉海尔向自己的妹妹们隐瞒了九个月，也大约在那时因为其他囚犯而暴露了，其中一名囚犯向拉海尔的妹妹们询问道：“你们知道拉海尔怀孕了吗？”

芭拉不敢相信，说：“不！你疯了吗？我可是跟她睡在一起的！”

伊斯特和萨拉几乎同时喊出声来：“她不可能！”尽管她们与拉海尔被分配在不同班组，而且她们在其他地方上班，她们还是会在回营房的路上看见拉海尔，她们并没有发现什么异常。一旦妹妹们意识到这是真的，她们都感到震惊
201 和害怕，尤其是因为拉海尔如此虚弱，几乎无力行走，大多数时候只能留在医务室里。萨拉说：“我们无法相信，如果这是真的，我们会为她感到非常非常难过。我的意思是，在那种地方怀孕，真是太糟糕了！”

拉海尔说：“那里并没有额外的食物分配给我，她们也爱莫能助。”她尽量不去想自己以及尚未出生的孩子会有什么下场。

几天后，与萨拉一起工作的一名德国人偷偷塞给她一个橘子。“他们很少帮助我们，但他还是给了我这个漂亮的、新鲜的水果。在我的记忆中，我从未见到过、闻到过如此可爱的东西。我很想自己留着，但我还是把它藏在衣服里，带给拉海尔以及她的胎儿。她们比我更需要。”

及至那时，妇女们几乎无事可做，绝大多数人都被关押在营房里，由于人们难以想象的长期饥饿而变得极为迟钝，但她们并不知道这是否意味着党卫队想要恐吓与饿死她们。有人已经不在乎了。

1945 年 4 月 12 日星期四早上——正好是预产期那

天——佩莉斯嘉·勒文拜诺娃洗过脚，正要去上班。当她第一次宫缩的时候，她痛到尖叫起来，她马上被送到工厂一个小房间里的医务室，并被扶到桌子表面的木质支架上。她尽力忍住阵痛，她的第一个孩子即将呱呱坠地了，毛特纳洛娃医生在那里帮助佩莉斯嘉，但没有药，也没有消毒器械，医生只能拼尽全力了。

每当佩莉斯嘉因为对抗宫缩而面红耳赤地坐起来，她都会看见大约30名挤在门口的围观者。他们当中有党卫队看守、工厂班组长以及牢头。有些旁观者还打赌婴儿是男孩还是女孩。“他们说，如果是女孩，战争就该结束了，如果是男孩，战争就还得打下去。”

当人们为婴儿的性别争吵不休时，佩莉斯嘉正在经历前 202
所未有的阵痛。经过几个小时的努力，以及最后一次使劲，下午3点50分（按照一名看守手表显示的时间），佩莉斯嘉诞下一个女儿。由于贫血和极度危险的营养不良，这位母亲在生产过程中流出的血量几乎足以致命。

德国人欢呼道：“是个女孩！是个女孩！战争就要结束了！”尽管如此，当孩子完全分娩出来后，一名看守则呼喊道：“这是个魔鬼！”

在佩莉斯嘉那毫无营养的子宫里待了九个月，这个孩子本来是不太可能存活下来的，她那双沾着血污的小手捏成拳头，举起来放在耳边。此时此刻，就连佩莉斯嘉都像是吹响了号角一般。有些围观者完全被异常激动的情绪所压倒，佩莉斯嘉自己也是如此。尽管在几次流产后终于生下了这个存活的孩子，她也因此感觉到如释重负的轻松，但她还是暗自害怕，担心孩子会有异常或畸形。的确，这个婴儿的头部看上去大得不成比例，但这主要是由于这个孩子只有3.5磅，她的身体实在是太小了。一旦佩莉斯嘉意识到孩子并无缺陷，她就为蒂博尔未能与她分享喜悦而感到沮丧，然后又为孩子的命运而感到害怕。

迄今为止，佩莉斯嘉的婴儿都被相对安全地藏在妈妈的肚子里。如今，孩子突然就来到这个世界了，这个一贫如洗、全身赤裸、无比脆弱的孩子，就这样来到这个纳粹统治的世界。佩莉斯嘉的小女孩太过孱弱，她哭不出来，甚至无力挪动她弱小的四肢。医生绑好脐带，把孩子擦干包好，佩莉斯嘉总算第一次把女儿抱在怀里。这个皮包骨头的瘦小孩子，身上几乎没有脂肪或肌肉，多余的皮肤松松垮垮地耷拉在腿上，就像穿着长筒袜。她那干瘪的小脸皱巴巴的，佩莉斯嘉说她“丑得像个罪人”，但她长着父亲那样的蓝色大眼睛。

“我的汉嘉。”佩莉斯嘉泪流满面，回想起那段噩梦般
203 的前往奥斯维辛的旅程，回想起在运牛车厢里她与蒂博尔的轻声对话，如果生女孩，就叫汉嘉，如果生男孩，就叫米什科。佩莉斯嘉低头看着这个“圆头圆脑”的孩子，长着小小的鼻子，嘴角仿佛泛起微笑。

在奥斯维辛二号营-比克瑙灭绝营的站台上，在两人被分开之前，蒂博尔曾经告诉佩莉斯嘉：“只去想美好的事情。”蒂博尔这句话铭刻在佩莉斯嘉的心底。在弗赖贝格，佩莉斯嘉曾经暗下决心，如果她在上下班的路上多看看那些漂亮的孩子，那么她的婴儿不仅能够存活，而且也会长得漂

亮。当其他囚犯三五成群地低头走路时，她的双眼却只看那些她能看到的金发碧眼的雅利安孩子。她祈求自己能够诞下“鼻梁高挺”的儿子或女儿，她不希望婴儿像她那样长着犹太面孔，而是希望婴儿长得更像父亲，长着波兰人的苍白肤色。

这真的奏效。汉嘉降临人世后，在母亲看来她几乎是完美的。在布拉迪斯拉发的一套公寓里，一对羡煞旁人的夫妇孕育了这颗爱的种子，这对夫妇失去了许多。如今躺在母亲怀抱里的小小生命，经历过纳粹的占领，经历过奥斯维辛的残酷，经历过冬季的严寒，经历过六个月的噪音、暴力、饥饿、苦役，最终降临于被战争撕裂的欧洲。佩莉斯嘉大胆猜想，这个女孩的降生，也许真的预示着交战双方能够结束战争。佩莉斯嘉看着这个瘦到皮包骨头的孩子说：“这是我见过的最漂亮的孩子。我们经历了这么多苦难，但我们还在这里，我们还活着!”佩莉斯嘉知道，如果没有陌生人埃迪塔的悉心照顾，她们母女俩根本不可能幸存。由于埃迪塔在磨难期间始终施以援手，所以佩莉斯嘉决定，把孩子的名字定为哈娜·伊迪丝·勒文拜恩（Hana Edith Löwenbein），通常叫“哈娜”或“汉嘉”。

然而，生产的疼痛和失血耗尽了佩莉斯嘉的力气，她神志不清地仰面躺在那张桌子上。她的婴儿体重严重不足，身体也缺乏保暖的皮下脂肪，很容易患上低温症。毛特纳洛娃 204
医生无法提供更多的食物和产后药物，因此无法确定母亲或孩子是否能够存活。佩莉斯嘉在产后二十四小时几乎陷入昏迷，而不是母子安然入睡。当她醒来的时候，她就心满意足地摸摸孩子，但她忍不住用手指碰碰哈娜的鼻尖，希望哈娜的鼻子能够长得高些。

随着战争临近结束，之前的规矩也变得宽松了些，佩莉斯嘉的几位好朋友获准前来探望，其中就包括埃迪塔，当埃迪塔得知孩子的中间名以自己来命名，不禁喜极而泣。妇女们把之前收集的橘子酱加水调成糖浆，以供婴儿食用，她们为佩莉斯嘉找来了最干净的一个杯子。她们还找到一些柔软的白棉布，并用这些印着弗赖贝格集中营字样的白棉布，给哈娜做了一件罩衣，还在罩衣上缝上小圆领。她们也缝制了一顶软帽，有着蓝色的镶边和红色的小花。这些都是佩莉斯嘉永远珍惜的宝贝。

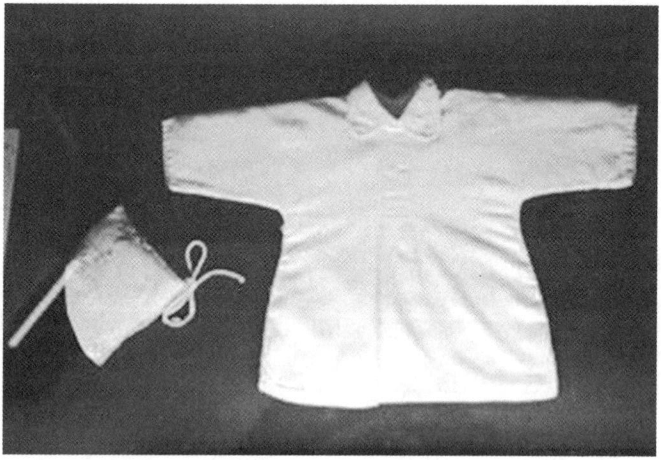

哈娜的婴儿服，用弗赖贝格集中营的布料缝制而成

205 来访者告诉佩莉斯嘉，就在她生孩子那天，富兰克林·罗斯福（Franklin D. Roosevelt）死于脑溢血。这位美国总统与希特勒于同一年上台，享年 63 岁。一位囚犯无意中听到一名党卫队军官对同僚大声宣扬这一“喜讯”。妇女们祈求，罗斯福的逝世不会拖延战争进程。

就在出生后第二天，营养不良的哈娜“跳到”母亲胸前。佩莉斯嘉说：“她吸干了奶水，实际上只是水而已。她是个好孩子。她喝完了就哭着睡了。”无论佩莉斯嘉给予孩子多少营养，她实际上已经无能为力了，即使喂养过后，哈娜也还是面色苍白、皮肤松软，只能可怜地抽泣。

直到4月14日，也就是生孩子三十六小时后，佩莉斯嘉才稍微清醒了些，当时党卫队四级小队长的副手在午夜过后把她摇醒，告诉她营区要疏散了。来者喊道：“所有人必须于一个小时之内上路!”所有人也包括佩莉斯嘉及其婴儿，她希望自己不会在病床上被射杀，或者被留在医务室里等死，只要她和小哈娜还有活下来的机会就行了。佩莉斯嘉说：“苏联军人正在入城，而他们正在逃命，并且他们还带着我们逃命。”

从1944年12月起，纳粹就开始逐步疏散集中营，这是与时间赛跑。由于意识到他们几乎肯定要输掉这场侵略战争，许多人决心不能输掉对犹太人的战争，他们要继续消灭犹太人。数千人在集中营疏散之前被毒杀或射杀，但有些人迎来了不同的命运。纳粹最高统帅部始终相信，无论如何，他们仍然需要奴工来重建帝国。希特勒和希姆莱制订了“阿尔卑斯要塞”计划，德国最高统帅部及其精锐部队将会撤退到阿尔卑斯要塞。这个区域包括巴伐利亚南部、奥地利西部和意大利北部。

由于囚犯有助于防卫要塞地区，当局决定把关押中的所 206

有囚犯转移到帝国南部。考虑到速度和效率，那些被选中与纳粹共存亡的囚犯将会由火车运送，但由于车辆不足，或者由于轨道和车站遭到轰炸，囚犯们被迫徒步疏散。这种“死亡行军”是在历史罕见的寒冬中进行的，这成了折磨人的新花样，虚弱者死在半路上，剩下的就是强壮者了。

据估计，在战争的最后六个月，集中营和死亡营里本来尚有70万名囚犯幸存，但其中30万人在此期间被折磨致死。1945年1月，奥斯维辛就有6万名幸存囚犯被迫行进40公里，前往一座车站，在那里被赶上火车，运送到德国腹地。其中大约1.5万人因为劳累、严寒、饥饿而死在半路上，运牛车厢成了屠宰场。还有更多人死在其他地方，党卫队看守接到命令，射杀那些因为太过虚弱而无法继续前进的囚犯。

弗赖贝格集中营的妇女们别无选择，只能服从疏散命令，就连佩莉斯嘉也不例外，她本来不应该匆忙上路，而且她的婴儿本来应该被放在保温箱里面的。

拉海尔的状况也同样糟糕，当她听说集中营正在疏散时，她只能勉强爬起床，告诉妹妹们尽快做好准备。“我太过虚弱了。我什么都做不了，甚至连生孩子也没有力气了。但在那天晚上，我听说他们要把我们带走。我知道我必须做点什么，所以我跟妹妹们说：‘准备好了。我们今晚就走。’”拉海尔说过，德国人“直到最后一分钟都还纪律严明”，他们命令囚犯销毁一切证据，清理一切物品。然后，他们押解囚犯最后一次穿越城镇，每五名囚犯肩并肩急行军。“他们也不知道要把我们送到何处去。他们只是接到命令，把我们带走，因为俄国人正在逼近。”

丽萨·米科娃为疏散的速度而感到惊讶，营房逐一被清 207
空。米科娃说："这是一次夜间紧急疏散，总是在夜间。他们来了，让我们带走所有东西，饭碗、汤匙、被单全部带走……我们毫无预警，直接摸黑走向车站并被送走。我们并不知道奥斯维辛已经不复存在了，我们很害怕被送回那里，那是最糟糕的结局。"尽管夜里一片死寂，但当盟军飞机飞临城市上空时，仿佛整个弗赖贝格都被动员起来了。随着越来越多的难民逃往南方，许多人收拾细软举家逃离，要么夺路而逃，要么冲向车站。苏联红军士兵即将杀到，难民们对苏联红军士兵的恐惧，远甚于对英国皇家空军飞机的恐惧。

佩莉斯嘉及其婴儿，以及另外 35 位患病妇女，是最后撤离弗赖贝格集中营的。起初，她们接到指令，要与其他人一起冒雨行进，但她们才走了几百米就走不动了。看守们商量过后，让其他妇女继续前进，让掉队的妇女留在路边。佩莉斯嘉说："其他妇女确信，他们将要处决我们。其他妇女跟我们说再见，也跟我们一起哭了。"

但妇女们并没有在城镇中央被就地枪决，而是被装进一辆封闭的军用卡车。等到她们都坐进车里，车厢后门被猛然关上，她们就这样被党卫队带走了。婴儿哈娜了无生气，她几乎不能哭也不能动，尽管她的皮肤已经开始起水泡。佩莉斯嘉为了给女儿保暖，把女儿放在胸口，用那件宽松的衣服盖着。货车里的妇女们不知道自己会被送到何处，随着卡车一路颠簸，许多人害怕自己将会被送到偏僻的地点就地枪决。其他人听过海乌姆诺和其他灭绝营的传闻，确信自己会被汽车废气毒死。佩莉斯嘉吻了哈娜的额头，默默祈祷。
208 “我是基督徒，所以我告诉自己，一切都交给全知全能的上帝。上帝知道我在何处生育，所以上帝会帮助我的。”

由于苏联红军和美国陆军从两个方向逼近弗赖贝格，剩余的时间已经不多了，因此无论最初的疏散意图是什么，卡车在莫名其妙地停了一阵之后又继续前进。卡车最终停下来的时候，佩莉斯嘉和其他妇女互相帮助在车站走下了车，她们的到来引起妇女们的欢呼，妇女们从未想过，她们竟然还能再见。

实际上，所有穿越欧洲占领区的火车都要用来运送部队和军需品往返前线，而剩下的客运车厢也被预留用来疏散帝国公民。在纳粹运营的铁路网络中，能够把 990 名犹太妇女以及个别男性囚犯从附近营房运走的车辆，就只剩下 15 节露天或“半露天”的车厢了，此外还有几节封闭的运牛车厢。这些车厢里面有些曾经用来运送无烟煤，煤灰深及脚踝。其他车厢曾经用来运送动物或人类，而剩下的车厢曾经用来运送干货，包括熟石灰，这会让囚犯们本已可怜兮兮的双脚如同被火灼烧。

春天的天气又湿又冷，当妇女们每 60 ~ 80 人被赶进露天车厢时，雨水变成了雨夹雪。她们只有薄薄的毛毯保护自己免遭雨雪侵袭，她们再次紧靠在一起，滑动车厢门在她们身后猛然关上。即使她们踮起脚尖，或者让别人举起她们，她们也只能勉强看到外面。更让她们感到沮丧的是，几乎所有车厢上都有一名德国监工，制止囚犯们张望或逃跑。她们惊慌失措，开始猜测自己会被送往何方。有人声称听到传闻，她们会被送去一处地下兵工厂，并在那里被活埋。其他人则害怕会被送到巴伐利亚的弗洛森堡主集中营（许多次死亡行军的终点），并像害虫那样被消灭。就算党卫队把这 209
么多饿得半死、无法从事重体力劳动的妇女送去采石场，又有什么用处呢？

佩莉斯嘉只考虑如何熬过接下来这几个小时。她被塞进一节露天车厢，她尽力保护新生的婴儿不至于受到挤压，不至于滑落在污黑的地面上，她用婴儿的软帽遮住了婴儿的双眼。

拉海尔则在隔着几节车厢的地方，她的预产期就要到了，她如此虚弱，跟其他垂死的囚犯被关押在一起。唯一让她感到安慰的是，这节车厢并不像其他车厢那样拥挤，她至少还能有一点点空间，躺在其他人身边，“就像罐头里的鲱鱼”。除了被关押在其他车厢的妹妹们以及个别妇女，没有人知道拉海尔怀了孩子，也没有人留意到哈娜的降生。人们挣扎求存，需要考虑更为紧迫的事情。

安嘉怀孕九个月了，已是“衣衫褴褛的行尸走肉”。安嘉与米茨卡被塞进露天运煤车厢，但米茨卡的身体状况并不比准备当妈妈的安嘉好多少。她们与其他人一样恐慌，她们虔诚地祈祷，不要被送回奥斯维辛。天蒙蒙亮的时候，火车因为变道而有所倾斜，安嘉双手扶着车厢边缘，尽量保持身体平衡。

笨重的火车头喷着黑烟，开始把身后破败不堪的车厢拖离陷入重围的德国，驶向未知的远方。

六　死亡列车

210

1944 年冬天，囚犯就在露天车厢中被运送

1945 年 4 月那个潮湿的早上，那些站在弗赖贝格车站月台上的人，也许根本就注意不到一趟缓缓往西开去的货运
211 列车。就像任何一趟出发列车那样，信号员会摇摆闪烁的灯号，站长会吹响哨子或挥舞旗帜，示意“专列”可以开出，司机会打开蒸汽阀门，乘务组会给锅炉炉膛加煤。

唯一能够说明这趟列车不是战时向前线运送补给或装备的，是那些身材高大的囚犯蓬头垢面的仪容，他们甚至比货运车厢的围栏高出一头。尽管如此，这些恐慌地聚集在车站周围准备逃命的德国人几乎不会留意到，在那些半死不活、如同牲畜的囚犯当中，竟然有一个出生才两天的婴儿，此外还有两个即将出生的婴儿。德国人也自顾不暇。

在德意志帝国铁路公司的领导下，在相关政府部门及其关联铁路公司的协助下，第三帝国在欧洲境内的铁路网络长达 10 万公里，大约 1.2 万个火车头行驶其间，拖拽着货运和客运车厢。除了铁路系统的首要功能，即动员军队、运送维持战争所需的油料和机器之外，在欧洲占领区内缴获的火车，还成为希特勒实施“最终解决方案”的基本工具。在此期间，在数百万注定要被杀害或累死的罹难者当中，相当一部分人就是通过铁路运送的。

为了最大限度填满毒气室那难以餍足的胃口，通过沉重滑门上下车的大型木制车厢就成为运送“特种货物”的理想手段。“特种货物”是纳粹用来指称被遣送者的术语，这些术语也是纳粹处心积虑的欺骗宣传的组成部分。那些密封的“沙丁鱼罐头”设计得如此精妙，确保囚犯无法张望、无法逃脱，除非是作为尸体被扔出来。这种 10 米长的标准车厢也已经证明了自身是最有效率的，能够在已变成完全自负盈亏的行动中把经济效益增加到最大限度。使用这些火车，每次至少能轻易运送 1000 件“货物”，能够满足大批 212
量运输、节省运费的要求。

只要每次运送超过 400 人，德国铁路部门就只向党卫队收取三等车厢的运费，折算过来就是每运送 1 名囚犯去集中营，每人每公里的运费仅仅是 1 芬尼。在这个精打细算的收支系统中，运费有时候是直接向囚犯收取的，囚犯被迫支付现金或实物，或者在自己从事苦役所得的“工资”中扣除。把小于 4 岁的孩子送去处决是免费的，4 ~ 10 岁的孩子就要收半价了。反正每件“货物”都只能领到一张有去无回的单程票。

附带瞭望隔间的欧陆货运车厢，用于运送囚犯

运送条件也是以最大限度制造痛苦为宗旨，数百万囚犯被迫经历几小时甚至好几天的旅程。目前已知路程最远的一
213 次运送发生于 1944 年 6 月，从希腊的科孚岛出发，路上整整用了 18 天。当车厢滑门在奥斯维辛被打开时，2000 多名乘客中已经有数百人死去。剩下的人多数也是奄奄一息，他们被立即送进毒气室。

德意志帝国铁路公司也向押送囚犯的看守收取费用，尽管看守领取的是双程票。一旦列车被装满，这些男女看守通常会爬上本来是为制动员准备的特制瞭望隔间。这种隔间在欧洲大陆的列车上是很常见的，看守也可能住进带有舒适座席的连接车厢。有时候，看守会住进列车末端的客运车厢。看守很少会跟囚犯待在一起，因为那些车厢臭气熏天。

尽管如此，并非所有看守或铁路员工都愿意跟车。在经历从泰雷津到奥斯维辛二十四个小时的车程后，有些士兵会向上级报告，说自己受不了，甚至声称自己“宁愿上前线”。

一位名叫阿道夫·菲利佩克（Adolf Filipik）的车长奉命运送一批囚犯，他在交车后报告说，自己精神恍惚，无法继续执行任务。在捷克的科林（Kolín），距离布拉格才50公里的地方，有一列类似的火车，上面的几名司机及其车长同样精神崩溃，无法继续提供“特殊服务”。但直到火车抵达捷克布罗德（Český Brod），他们才被换掉，而且他们直接住进了医院。在这种情况下，党卫队军官只好亲自充当火车司机。

尽管当中出现了一些烦人的小插曲，但这个效率极高的服务系统还是在冷血而熟练地继续运转，货运列车也继续开出。每次运送完成后，车厢都会被清理干净，然后又被拖回去装载下一批货物。有些运牛车厢带有系留动物的绳索和铁环，这些设备也适用于那些具有自杀倾向的囚犯。这些车厢在被用来运送牲畜时，就连牲畜的待遇也比人好得多，地板上铺满干草，还有基本的保障设施，以减少动物所受的痛 214
苦。帝国的敌人可不配享受如此优厚的待遇。

动力强劲的52型军用火车头被称为“战争列车”，因为经常承担往返集中营的任务而成为纳粹统治的象征。实际上，这种火车头让希特勒的“最终解决方案”成为可能。来自被征服国家的工人，在纳粹监督下各司其职，分别承担驾驶、加油、消毒、调度等任务。这些雇员遭到反复警告，如果帮助任何囚犯逃跑，他们就会被射杀。他们不仅为这种有计划的灭绝行为提高了效率（也经常得到好处），而且经常在无意中成为工业化谋杀的帮凶。

有些地方行政当局洞悉这些穿越当地的“特种货运”列车的真实目的，尤其是到战争后期更加遮掩不住，于是地方行政当局拒绝让这些列车通过其辖区。令人难过的是，这通常意味着囚犯会被送回人间地狱般的集中营，或者在旅程被打断的地方被“终结”。然而，绝大多数运输行动都得到了放行。

由于发动机的轰鸣，铁路员工也许听不到乘客那悲痛的哀鸣和口渴的惨叫，但当列车由于空袭、宵禁、灯火管制或支线让行而停下时，他们就不能再假装听不到了。据报在多次停车期间，党卫队看守和铁路员工都会引诱车厢里的乘客做交易，通过索取珠宝、衣物、现金来交换对方渴望的饮用水，但经常是他们一把抢过值钱的财物，然后冷酷无情地拒绝对方的请求。

那些在列车上面或列车附近工作的维修人员不得不屏住呼吸，因为车厢里滴下的尿液和粪便会发出刺激泪腺的恶
215 臭。他们将会亲眼见证，那些中途死亡者的尸体在停车期间被扔出去。据说有些司机要求以伏特加来支付工资，以便麻

痹自己的知觉，帮助忘却自己亲身参与的一切。其他司机则接受了工钱，也许是因为他们太过害怕，不得不接受。当列车在欧洲各地穿行时，每天也会在数以百计的平民面前开过，普通公民看到、听到、闻到这些隆隆作响的列车开过，然后看见这些列车空车返回。绝大多数平民无动于衷，但也有少数人冒着巨大风险，提前告知沿线其他平民，让他们在列车开过时向车厢里投掷食物、水壶、衣物、毛毯。

其他平民则协助许多小型抵抗组织切断敌人的运输线，包括最为致命的运输线。尽管始终受到酷刑和处决的威胁，但人们还是继续破坏铁路轨道、信号系统、制动系统和发动机，拧开蒸汽机车的水龙头，偷走蒸汽机车的煤，通过伏击和制造出轨，迫使司机让列车慢下来。勇敢的抵抗组织成员和游击队员竭尽全力去破坏纳粹的杀人机器。

尽管如此，弗赖贝格集中营那些病弱而饥饿的妇女却没有得到类似帮助。在风雪交加、气温骤降的天气里，她们紧紧挤在有限的空间里。克拉拉·罗伏娃说："我们甚至不能同时坐在地板上。由于车厢短缺，他们把我们塞得满满的……4 月时的欧洲还很冷，时而下雪，时而下雨，简直是人间地狱。"没有食物和饮水，长期暴露在严寒天气和昏天黑地中，她们再次等到纳粹的怜悯，列车全速前进，向着她们害怕自己有去无回的目的地驶去，消失在黑夜之中。

她们一路南下，穿过被纳粹占领的苏台德区西北部，开进保护国的城镇特普利采扎诺夫，然后开往莫斯特和霍穆托夫（Chomutor）。这段旅程被波希米亚－摩拉维亚铁路公司的德国领路员一改再改。一路上，她们匆匆路过许多地点， 216

信号员多次示意列车继续前进，在光滑的铁轨上继续其死亡之旅。妇女们无助地被置于草菅人命者的控制下，似乎谁也无法逃脱那早已注定的结局。她们就像被判了死刑，她们的身体被虱子日夜叮咬，漫漫长路似乎永无尽头。

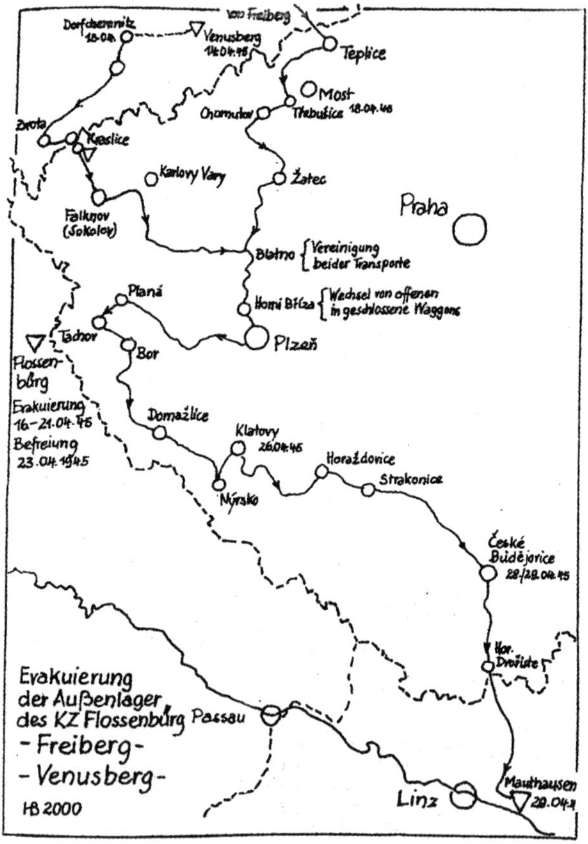

从弗赖贝格出发的路线图

217 丽萨·米科娃说：“我们不知道我们正前往何处，但我们都非常害怕。车厢是露天的，有时下雨，有时下雪，尽管这也意味着我们能够喝雨水、吃雪块……有时候，我们日夜兼程，这取决于空袭的频繁程度。夜里非常寒冷，经常有人在夜里被冻死。”

对于那些尚未丧失心智的人来说，精神折磨更是令人难以忍受。毕竟，她们都经历过每天等待死亡的煎熬，她们所承受的苦难是许多人难以想象的。她们坚持了如此之久，难道只是为了在更糟糕的地方被压垮吗？难道只是为了去弗洛森堡这种由囚犯管理的集中营吗？据估计，大约有 10 万囚犯曾经被关押在弗洛森堡，其中三分之一的人都死了，包括 3500 名犹太人。暴力虐待和性虐待在那里极为盛行。她们并不知道，就在她们离开弗赖贝格两天后，弗洛森堡就被疏散了，1.6 万名幸存的囚犯被迫徒步踏上死亡行军之路，然后再被运牛火车送往德国境内的达豪集中营。有大约一半囚犯在抵达目的地之前就死了，而在抵达目的地后，多数人还将死于饥饿和劳累，或者干脆被毒杀。

由于盟军飞机持续出动，在这趟缓缓开出弗赖贝格的列车前后，城镇和铁轨都遭到轰炸，看守们和调度室都对列车应该开往何方莫衷一是，这造成进一步的延误。列车在两条战线之间斗折蛇行，妇女们紧紧抓住浸湿的毛毯，只能默默等待和祈祷。格蒂·陶西格说：“我们看不到外面。我们只能看到上面。我们看见飞机在头顶飞过，盟军轰炸机在寻找下一个目标，但我们太过虚弱了，以至于连挥手示意都做不到。看守偶尔会让我们出来放风，但他们总是把我们看得很紧。我们尽力拔除在铁轨之间生长的杂草。那些杂草几乎就是我们所有的食物，除非他们把少量面包扔进车厢里，人们会为了一点儿面包屑而大打出手。”

218 通常，囚犯们口干舌燥、饥肠辘辘，也只能吞食些所能得到的残羹冷炙而已。她们把那珍贵的一点点食物紧紧抓在手上，而列车的颠簸却让她们东倒西歪。丽萨·米科娃说：“我们所知道的就是，我们的前进路线被摧毁了，所以我们只能去其他目的地。火车开开停停，每当停车的时候，他们就打开车厢门，让我们把死人扔出去。我们几乎每天都会看到其他火车，车上装满穿着条纹制服的囚犯。有些火车与我们并向而行，有些火车与我们背道而驰。”

那些小心翼翼地爬到车顶张望的人，能够看到列车已经穿过波希米亚和摩拉维亚边境，因为她们能够看见路上的捷克车站名。正如在欧洲占领区的其他地方，每座城镇都被赋予新的德语地名，但原来的地名要么还能看到，要么并未完全抹去。列车上的捷克人尤其为“回家”的念头所打动。幸存者哈娜·费舍尔洛娃（Hana Fischerová）来自比尔森（Plzeň），她说：“当我穿越祖国的时候，那种感觉是难以言喻的……我们知道自己已经回到家乡，但只能继续前往未知的地方，而到了那里，我们就再也不可能回家了。”

在防空警报和防空炮火的噪音之外，妇女们还能听到“你好!”或“活着!”的叫喊，捷克人正在给她们鼓劲，让她们相信战争即将结束。捷克乡村地区的男男女女跑到车站，向妇女们投掷食物，就算看守们威胁开枪射击，人们也并不退缩。但这苦难旅程还在继续，妇女们也更加痛苦。随着列车越来越靠近目的地，在一次中途停车的时候，安嘉祈求列车折向东南，向泰雷津进发。安嘉说：“对如今的我们来说，泰雷津就像天堂，而且是触手可及的天堂……因为火车上没有水，没有食物，没有衣物，还下着雨，实在是难以想象又惨不忍睹，我都已经怀孕九个月了！”

在这骇人听闻的恶劣环境中，许多囚犯崩溃了。虱子日 219
夜叮咬她们的身体，而她们能够做的就是不停抓痒。有些人因为过度饥饿而陷入昏迷，在站立的地方昏倒过去，或者紧紧靠在别人身上，就像在奥斯维辛时那样。她们曾被告知，要带上饭碗和汤匙，如今看来这简直是开玩笑。在污秽不堪的衣服下面，她们的身体日渐消瘦，她们的希望日渐渺茫。

那些死掉的人被堆放在车厢角落里，堆成四肢惨白、毛骨悚然的尸堆，等到下次停车再作处理。死掉的人是不会再感觉到饥饿了，她们那空洞洞的双眼直勾勾地看着别人从她们冷冰冰的脚上脱去鞋子，然后她们就被堆放在被人遗忘的角落。还有些可怜人双眼完全失去神采，她们在二十四小时内就会死掉。在格蒂·陶西格栖身的车厢，第一周就有 8 位妇女死亡。格蒂·陶西格说：“我那年 14 岁，我唯一的感觉就是庆幸，总算能为剩下的人腾出一点儿空间了。那里没有葬礼，也无人祈祷，她们就被扔在铁轨旁边，自然而然地腐烂下去。”在保护国的某个地区，人们发现了 100 多具在运送囚犯途中被丢弃的尸体。

拉海尔说，每当列车停靠在编组站场，或者停靠在支线尽头，党卫队看守就会前往附近的农场或商店，要么为囚犯讨取些食物，要么直接拿走自己想要的东西，通常是鸡蛋，然后看守会在自己的特殊车厢里用小火炉做鸡蛋吃。妇女们能够闻到煎鸡蛋的香味，但纳粹很少会与别人分享战利品。

口干舌燥比饥肠辘辘更加折磨人，囚犯们不停讨水喝，“给我水！求求你了！我要喝水!”但没人理会她们。尽管如此，让拉海尔感到意外的是，一名负责这节车厢的党卫队女兵亲自用汤匙给拉海尔喂了些水和食物。车厢里的人们都对这突如其来的良心发现感到难以置信，并且满腹疑惑，但拉海尔太过虚弱，已经顾不得这些了。“她给我喂水，而我只是说：‘别管我了。我已经没有力气了。’”

220 那座令人厌恶的移动监狱在颠簸中继续前进，将这些悲惨的有人性的货物运向反人性的终点。这些曾经年轻漂亮、富有教养的妇女，当中有许多人曾经代表着欧洲都市社会的精华，如今却沦落为幽灵鬼魅。她们身上爬满寄生虫，浑身散发着腐烂气息，牙齿脱落，满身脓疮。所有人都有好几个月没照镜子了，也许有好几年了，但只要她们看看其他囚犯，看见狱友干裂的嘴唇、凹陷的脸颊、蓬乱的头发，她们也就知道自己的样子，从而更加绝望。安嘉说：“没有食物。没有盥洗设施。满身煤渣油垢，让你觉得自己不再是人了。真是太可怕了。”

每当她们的列车停靠在支线上，普通客运列车和军用列车就从她们身旁开过。每当囚犯们颤颤巍巍地蹲在地上休息，或者绝望地寻找能够食用的野草时，她们就会看见营养良好且衣着光鲜的男人、女人和孩子，对方漠然地看着她们，仿佛她们并不存在。更加悲惨的是，囚犯们有时会在路过的民居边上闻到烹饪的香味，肉或面包、蔬菜或鱼，这些芳香气味简直要把她们逼疯。她们已经很久没有设计食谱或谈论食物了，她们不想再受“折磨”。通常，大家就把自己锁在各自的地狱里。

丽萨·米科娃说，由于看不到尽头，绝大多数人干脆自我封闭、很少说话。有人则是不停说话，试图提升大家的情绪。“我们会问：‘你能看见些什么呢?’‘你知道些什么吗?’或者‘你听说过那个地方吗?’我们都陷入深深的绝望中，但我们试图让大家振作起来，无论是身体还是情绪都要振作起来。”但就在这麻木不仁的气氛中，她们继续冷漠地驶向黑暗。列车有时会令人紧张地长期停靠，没有任何明显理由。每当临时停车时，妇女们就会继续叫喊着讨水喝，但双目无神的党卫队军官毫无反应。有一次，几位妇女跌跌 221
撞撞地奔向一个肮脏的水坑，但不可理喻的看守向她们鸣枪示警，警告她们不得接近水坑，然后把她们赶回列车上。每当遇到空袭，列车就会停下，党卫队员要么作鸟兽散，要么趴在车厢底下。又一次，妇女们祈求自己被炸弹炸死，她们彼此勉励：“如果我们现在被击中就好了！他们就躲在我们下面，我们将会压碎他们！”

佩莉斯嘉最为关注的事情是如何鼓励小小的哈娜吃奶，但她的乳房扁平地垂在胸前，根本就没有足够的营养让她分泌乳汁。在怀孕期间，她每天至少应该进食 500 卡热量的食物，应该比她战前的食量还要多些才行，但她和另外两位母亲每天只能依靠 150 ~ 300 卡热量的食物勉强维持生命，而且食物当中缺乏铁质和蛋白质。更加糟糕的是，三位母亲每天都要从事长达 12 ~ 14 个小时的重体力劳动，每周工作 7 天，而且工作期间气温极低。

在列车后面的某个地方，拉海尔的体重只剩下 70 磅，再也无法支撑日益隆起的肚子，所以她勉强躺下，置身于露天车厢坚硬地板上那些瘦骨嶙峋的行尸走肉之间。她的预产期快到了，或许她的死期也快到了，尽管得到那名党卫队女军官的关照，但她难以想象在这样的环境中分娩。除了自己身体不适，她还遭到一名疯癫妇人的严重骚扰，对方坚持要把浮肿的双脚支起来。拉海尔说："她腿脚不好，而唯一的高处……就是我的肚子，她就把双腿支在我的肚子上。我无法用言语形容当时的情景，也不知道我们是怎么活下来的……我有时候会问自己：'你是怎么熬过来的呢？'"

安嘉也在努力保持振作。"有时下雨，有时下雪，有时日晒，我们就挤在煤渣里面……忽冷忽热，忽热忽冷，又脏又饿……每当下雨，煤灰就飞溅到我们身上，可想而知我们的样子有多狼狈。幸好我看不到自己……我并未消沉下去，这让我熬了过来。"

222 大约在 4 月 18 日，列车驶进特里布茨辛（Triebschitz）附近的铁路支线，那里距离莫斯特不远，这次停靠是为了让运载军需品和伤兵的列车优先通过。来自弗赖贝格的妇女们在那里静静等待了好几天，直到列车可以安全通过为止。在平行的铁路支线上，还停靠着一列来自德国境内布痕瓦尔德（Buchenwald）苦工营和集中营的列车，布痕瓦尔德早在 4 月初就被解放了。部分囚犯在解放之前被撤运出来，妇女们可以向对方打听消息。在这两趟列车之间，人们甚至可以互相抛掷沾满虱子的外衣，直到来自弗赖贝格的列车继续向莫斯特进发为止。

莫斯特当时被德国人改名为布吕克斯（Brüx），位于波希米亚中部高地与矿石山脉之间，是一座重工业城市，拥有一处重要的铁路枢纽，服务于城里的石油化工企业与合成燃料企业。英美两国的轰炸机参加了被称为“二次大战油料战争”（Oil Campaign of World War Ⅱ）的行动，反复对这座城市进行空袭。尽管轰炸持续不断，尽管捷克铁路系统混乱不堪，但来自弗赖贝格的列车还是继续前进，慢慢靠近钢铁城镇霍穆托夫。然后，在越发严重的混乱局面中，列车又原路返回，远离步步进逼的美军战线。

在路上某个地方，她们的列车停了下来，这样另一列装载着大约900名囚犯的列车就能与她们的列车连接起来，那些囚犯来自弗洛森堡及其附属维纳斯山（Venusberg）集中营。其中也有些囚犯来自一个生产巴祖卡火箭炮和反坦克火箭筒的劳动营，但来自弗赖亚工厂的妇女们并不知道后续车厢里发生的故事，更不要说这趟旅程的终点了。她们只是为了生存而挣扎。

她们被迫停留在容易遭到攻击的地点，从天上俯瞰是非常清楚的攻击目标，她们那蜿蜒前进的列车就困在莫斯特与霍穆托夫之间，而这两座城市在4月19日还都遭到了猛烈空袭。那天深夜，在空袭期间，拉海尔的羊水破了。当盟军飞行员在远处的土地上扔下致命炸弹时，拉海尔正要分娩。 223
拉海尔摊开四肢，平躺在粪水横流的车厢地板上，周围还躺着几位刚刚死去的妇女，而她则躺在浸湿的毛毯上瑟瑟发抖。拉海尔第一次感觉到下体出现宫缩，她知道，她与莫尼克在罗兹隔离区的小房间里怀上的孩子，似乎就要降生了。她决定，无论世界变得如何，她都要把孩子生下来。

拉海尔喘着粗气，紧紧抓住妹妹芭拉的手臂，强烈的宫缩导致她整个身体都扭曲了。看守呼叫协助，有人找来捷克医生埃迪塔·毛特纳洛娃，她曾经帮助佩莉斯嘉生下哈娜，她也是弗赖贝格医务室的负责人。看守举起火把，医生就能看见婴儿的头部开始娩出了。列车里传言四起，说有个孩子要出生了，因此来自其他车厢的看守也爬上车厢看热闹，毫无疑问，看守们又在打赌了。拉海尔有点愤愤不平："你能想象在露天运煤车厢里，一群妇女围着你看你生孩子吗？"

在长达四个小时的时间里，防空炮火照亮了夜空，而4月的春雨浸湿了拉海尔的皮肤，她强忍阵痛，在车厢地板上弓起后背。然后，在深夜或凌晨某个时候，在又湿又冷的环境中，她发出最后一声尖叫，生下一个脆弱的小生命。这个孩子看上去刚刚具有人形，而且如此瘦小，有人告诉拉海尔，是个男孩。一名党卫队看守大笑着叫喊道："又一个献给元首的犹太人！"

在弗赖贝格那黑暗的床铺上，在拉海尔悄悄孕育孩子的时候，她就暗下决心，要把孩子取名为麦克斯（也就是后来的马克）。孩子身上还沾染着母亲的血污，他的身体蜷缩着，长着一张小小的皱巴巴的脸。他肯定还不到3磅重。孩子的母亲太过虚弱，甚至都感觉不到快乐，只觉得天旋地转。"我在想，'我有孩子了，或者我失去孩子了。'我们都不知道此后将会如何。"在难以形容的肮脏环境中，手边没有任何锋利的手术器械，谁也不知道如何割断曾经让母子相连的脐带，谁也不知道如何救活这个孩子。有人建议拉海尔咬断脐带。最后，一名党卫队看守给医生递来了肮脏的剃须刀。拉海尔说：“她们甚至找到一个用来装面包的纸皮箱，把婴儿放了进去。当时正在下雨夹雪，所以我总是把孩子放在纸皮箱里。”

难以置信的是，就像佩莉斯嘉那样，拉海尔开始分泌乳汁，能够哺育她那新生的孩子。拉海尔并不知道，这些营养不良的孕妇生下的孩子如此瘦小、如此脆弱，而分泌乳汁需要消耗大量脂肪，甚至会耗尽脂肪，从而让母亲陷入危险中。拉海尔说：“我很高兴，我奶水还够。”但在那里，没有任何东西可以用来擦洗她的儿子，也没有多少东西可以给孩子保暖，或者让孩子免受恶劣天气的威胁。

拉海尔问道：“今天几号了?”无论儿子最后是生是死，她决心记住儿子的生日。谁也无法确定，但那名关照她的党卫队看守说：“就说那男孩是在希特勒的生日出生的吧：4 月 20 日。这或许能救他的命。”当时，拉海尔甚至还得到一点儿“额外”的面包，但这不是因为她刚刚分娩，而是因为看守们意识到这孩子是在元首诞辰出生的。在那个人性难觅的时候，另一名看守给拉海尔拿来一件旧衬衣，用来包裹她的婴儿。拉海尔还穿着那件附带裙腰的、在奥斯维辛领到的“残疾人”外衣，在连续穿了几个月后，那件衣服已经破烂不堪，她也因为寒冷和休克而瑟瑟发抖。在她娩出胎盘后，有人给她找来一件大衣，披在她的肩膀上。

拉海尔非常虚弱，询问能否让两个妹妹来看她，于是看守走到列车末端，把萨拉和伊斯特叫来。当那两位隔着几节车厢的年轻女性第一次听到别人叫她们的名字时，她们甚至不敢回答，但最后她们还是应答了。看守告诉她们：“你们的姐姐生了个儿子。”

她们吃惊地问道：“我们可以去看她吗?”当看守说可以的时候，她们甚至更为惊讶。她们第一次在白天被扶下车
225 厢，蹒跚地走向新生的外甥所在的车厢，她们找到了这对状况堪忧的母子。萨拉说：“她蜷缩在角落里，盖着一件大衣。那可不是一幅美丽的图景。”车厢里恶臭不堪，里面横躺着已死或垂死的妇女。“她病得如此严重，我们都确信，那个婴儿活不下来，我们甚至无法为她感到高兴。然后，他们就把我们带回原本所在的车厢了。我们都哭了，因为我们认为，自己再也无法看见这对母子了。”

在永无止境的痛苦中，列车继续前行，此时还加速了，高速通过遭到轰炸的霍穆托夫，向着扎泰克（Zatec）进发。这已经是她们在路上的第八天了，她们再次停下来，一等再等。安嘉说：“时不时有人把面包扔进车厢让我们吃。那实在难以形容。”绝大多数情况下，负责看守她们的看守会把面包夺去，拒绝与她们分享，但有时候她们也能够抓住面包，迅速吃掉。安嘉挺着大肚子，从来抢不到面包。安嘉半躺半坐，形容自己就是“活活挨饿的象征”，她从一位在车顶上张望的狱友那里听说，车顶上飘扬着纳粹旗帜。看守解释道：“那是希特勒的生日。”

安嘉虚弱地回答道：“那也是我的生日。”安嘉的朋友试图逗她开心，笑说那红黑旗帜就是为她准备的。安嘉努力回想起自己正置身于什么年份，她意识到这肯定是1945年，

这就意味着她已经28岁了。看守听说这天也是安嘉的生日，意外地给她扔来一些面包。在她挨饿如此之久后，这天赐粮食就如同小小的奇迹。她紧紧抓住这一小块如同奖赏的食物，自从她于1917年4月20日出生以来，自从她作为斯坦尼斯拉夫·考德尔和伊达·考德洛娃的孩子降生于特雷贝克绍夫采－普德奥雷宾以来，她从未如此庆幸，自己竟然跟元首同一天生日。

当盟军飞机在天上盘旋以躲避防空炮火的时候，妇女们对照太阳的位置，推断自己正在向南方前进，正在前往比尔森。比尔森是苏台德区里面一座被德国吞并的边境城市。比尔森因为出产的比尔森啤酒而远近驰名，但她们并不知道， 226
比尔森也是德国国防军选定的斯柯达兵工厂的所在地，这间兵工厂负责生产令人闻风丧胆的坦克装甲车辆。当苏联军人抢在美国人前面逼近比尔森的时候，美国军队反复轰炸这座城市及其铁路网络，试图阻止兵工厂制造和发动那些由纳粹接管的装甲车、榴弹炮以及坦克歼击车。然后，美国人制订了“一劳永逸”地抹平该兵工厂的计划，而不是让这座第三帝国最大的兵工厂落入苏联手中。第8航空队派出将近300架B－17“飞行堡垒”轰炸机以及200架战斗机，准备于1945年4月25日（星期三）执行计划。这将是他们在战争期间的最后一次战斗。

当时，在一节车厢里，婴儿麦克斯·弗里德曼与母亲拉海尔正瘦得皮包骨头；在另一节车厢里，佩莉斯嘉试图给面色蜡黄的哈娜哺乳；而安嘉还挺着大肚子，当列车靠近城市的时候，安嘉只能祈求不要在这个时候生孩子。

4月21日，星期六，艾森豪威尔将军提前宣布盟军即将袭击比尔森，列车被迫转移到以前囚犯们从未走过的线路上。在大雨倾盆的夜里，列车抵达小镇霍尔尼－布日扎（Horní Bříza，德国人将其改名为欧贝尔－比尔肯），列车在那里摇摇晃晃地停了下来，随即被置于小镇站长安东尼·帕夫利切克（Antonin Pavlíček）的监管下。

帕夫利切克先生满头银发，是两个孩子的父亲，他从1930年起就在车站里工作了，他为自己所提供的准时收发车服务以及为小镇上生活着的将近3000名居民服务而感到自豪。他也因为一丝不苟的工作记录而知名。他负责监督车站里的几名员工，并且作为德高望重的人物，得到社区居民的普遍尊敬。

霍尔尼－布日扎仅有的工业就是一座建于19世纪的瓷土厂，这座工厂总体而言未受战火波及。在德国占领此地
227 后，工厂里的5位犹太人迅速遭到围捕并被送去集中营。希特勒青年团与当地年轻人有些小冲突，但除此之外，小镇居民的生活未受纳粹统治干扰。镇上的西波希米亚瓷土和耐火黏土工厂建于1899年，即使在纳粹占领期间也仍然掌握在捷克人手中。这座工厂每年开采4万吨瓷土，生产2.2万吨瓷器、耐火黏土、硅土，其中大部分用于出口。有少数游击队员在工厂里工作，这造成一些麻烦，引起驻扎在比尔森的盖世太保的异常关注（被他们抓走的煽动者从来都是有去无回）。但除了上述个别不幸事件，小镇的生活大体上还是与战争爆发前一样。

由于比尔森及其邻近地区频频遭到空袭，帕夫利切克先

安东尼·帕夫利切克，霍尔尼-布日扎火车站的站长

生突然发现，自己负责的铁路线比过去繁忙多了。4 月 12 日，一列装满苏联伪军的列车抵达霍尔尼-布日扎，所谓苏联伪军就是俄罗斯人民解放委员会的武装部队（又被称为 228
“弗拉索夫伪军”，在前红军将领安德烈·弗拉索夫领导下）。苏联伪军逃离列车，把列车丢弃在了车站里。五天后，即 4 月 17 日清晨，苏联战斗机突然发动俯冲轰炸，炸毁了部分建筑物，切断了小镇的电力供应。随着防空警报响起，9 架飞机还袭击了废弃的弗拉索夫列车及其机车，破坏了邻近的仓库。帕夫利切克先生拒绝离开岗位，他仔细登记损失，并在电力供应恢复时向布拉格的上级提交了极为详细的报告，这份报告至今还留存在档案里。

又过了四天，即在 4 月 21 日夜间，来自弗赖贝格的列

停靠在霍尔尼－布日扎火车站的弗拉索夫机车及车厢

车缓缓开进森林密布的山谷，停靠在霍尔尼－布日扎。在此
229 之前，有些类似的“专列”会途经小镇，抄近路开往南方。帕夫利切克先生如同平常那样注重效率，他记录下车次编号为 7548，抵达时间为 20 点 58 分。帕夫利切克先生报告道：“这趟列车足有 45 节车厢，由三趟列车编组而成，包括一趟男子列车和两趟女子列车。”其中有些车厢装载了多达 100 名囚犯，他估计整趟列车装载了大约 3000 人。他还记录道：“两趟列车加挂了封闭车厢，一趟女子列车加挂了 15

节半封闭车厢。”

由于前方的铁轨正在修复，而修复工作至少需要二十四小时才能完成，列车就停靠在车站旁边的瓷土厂编组站。列车长度超过半公里，从小镇看去，后面许多车厢还蜿蜒着看不到尽头。

即使是在纳粹占领期间，列车还是要受到帕夫利切克先生的正式管辖，因此他无视党卫队看守要他退后的命令，坚持冒雨徒步检查整趟列车。列车上的情形可谓惨绝人寰，这深深震动了他。许多车厢门已被打开，他震惊地看到数百条因为饥饿、疾病、潮湿、寒冷而患病或垂死的可怜生命。他因为囚犯们的气味和外表而不禁后退了几步，但更让他震惊的是看守们，尤其是女看守对待囚犯的态度，他说这是残忍而“粗暴”的。

站长意识到在持续阴雨和“极端寒冷的气候”中，露天车厢的囚犯们尤其脆弱，他要求面见这次押运的指挥官，并且勇敢地向对方提出建议。由于弗拉索夫伪军一周前丢弃的列车加挂了几节封闭式货运车厢，因此帕夫利切克先生建议，“基于人道的理由”，应把露天车厢里尽可能多的囚犯转移到封闭车厢。认识站长的人都一致认为，他正冒着巨大的风险挑战党卫队四级小队长扎拉的权威，扎拉一把推开他，并且可以轻而易举地当场射杀这位冒犯权威的站长。但善良的站长决心 230
为这些暂时归他管辖的囚犯做点什么，因此他并不退缩。

1945 年，雅罗斯拉夫·朗格（Jaroslav Lang）还是一位 10 岁的男孩，他的家距离铁轨不过 50 米，他透过家里的窗户好奇地看着铁路支线上这趟长得不同寻常的货运列车。“当天学校停课了，因为天上都是飞机，到学校去太危险了。哥哥米兰和我看见火车，我们看见站长正在跟党卫队指挥官争吵，但我们不知道出了什么事。那里有好几名军官，还有许多荷枪实弹的德国兵。他们非常严厉，党卫队员吼叫着让人们走开。他们显然不想让我们看见任何东西。但那还是米兰和我第一次看见头戴钢盔的党卫队员或者德国兵出现在我们的小镇。我们还是小孩子，什么都想看一看。这太让人兴奋了。”

帕夫利切克先生的强烈申辩持续了好几个小时，在慷慨地给看守们补充食物和饮料后，他终于说服了扎拉，后者同意把尽可能多的瑟瑟发抖的妇女转移安置到带有顶盖的车厢里。帕夫利切克先生后来说：“在押运指挥官表示同意后，交易达成了。车厢里的人们饥饿不堪，而且在晚上没有人照料她们。在调度列车并且把她们转移到封闭车厢期间，我给她们带了些食物，我只有在晚上才能这样做。”

佩莉斯嘉是得到转移的幸运儿之一，拉海尔以及那些奄奄一息的狱友也转移了，但挺着大肚子的安嘉还是留在露天车厢里，完全不知道几节车厢之外正在发生的事情。

当帕夫利切克先生看见囚犯们对他这次小小的善举千恩万谢，他才意识到囚犯们的处境多么恶劣，他脑海中冒出了一个念头。囚犯们的列车停靠在霍尔尼－布日扎纯属偶然，但作为虔诚的天主教徒，他想要遵循道德行事。4 月 22 日，星期天，也就是第二天的早上 6 点 30 分，他没有去教堂做
231 弥撒，而是去拜访瓷土厂的主管约瑟夫·祖贝克（Josef Zoubek），以及当地托瓦尼旅馆的房东安东尼·维尔特（Antonín Wirth），那间旅馆碰巧也是车站旁边瓷土厂社交俱

乐部的所在地。他询问两位绅士，能否为囚犯们迅速筹集大量食物，“如果押运指挥官同意的话”。

站长也怀疑那名党卫队四级小队长甚至会更加抗拒这条最新建议。作为军人，他服从命令直到战争结束就够了，他看不到喂养这些注定要死的人有什么意义。反过来，他也不能公开接纳站长的请求。经过漫长的谈判，双方最终达成协议，在囚犯暂时由帕夫利切克先生监管期间，由小镇出资搭建临时食堂，为那些饿得半死的囚犯提供一顿热饭。

囚犯们正在受苦受难的消息迅速在霍尔尼－布日扎的居民当中传播开来，小镇居民收集了所有能用于分享的物资，用篮子装着面包、鸡蛋、水果、肉类、奶酪，匆忙赶往三层楼高的社交俱乐部。时年10岁的雅罗斯拉夫·朗格后来说：“开始的时候，我们甚至不知道火车上关押着囚犯，但当我们看见人们拿着食物赶往车站，我们也随同前往，然后就知道那里正在发生的事情。我们又回到家里，问母亲拿了些面包带去。尽管母亲非常害怕，但她还是给了我们一些食物。由于物资短缺，每个人都要凭票领取粮食，不过人们还是拿出自己的口粮，送给火车上的囚犯。”

帕夫利切克先生感觉到情势危急，也感觉到小镇居民的热情，他请求当地学校的老师扬·拉伊什尔（Jan Rajšl）帮忙分配大量拥入的食物补给。拉伊什尔做得很好，“严格但公平”。他住在教师宿舍，爱拉小提琴，会骑着自行车去学校。磨坊主扬·科瓦日（Jan Kovář）和屠夫科坎德里（Kočandrie）也自愿来帮忙分发面粉、糕点和香肠。许多来

自周边地区的人也赶来帮忙，不过人们无法靠近囚犯，因为
232 看守们沿着列车组成了警戒线，每隔 50 米就站着一名荷枪实弹的看守。

在那个星期天，旅馆厨房就没有消停过，旅馆员工们不顾休息日，都赶回来帮忙。他们烘焙了 5000 条面包，准备了许多盘糕点和许多壶咖啡。软面包和熟鸡蛋则提供给病人食用。

与此同时，帕夫利切克先生继续巡查站内的列车，检查囚犯的状况，希望与个别囚犯私下交谈。他发现绝大多数囚犯是捷克人，不过也有许多囚犯来自不同国家，包括希腊。他后来形容囚犯们的状况“非常糟糕”。当他告诉囚犯们，自己正在帮忙分发食物，囚犯们反复恳求他把食物分别交给囚犯们，而不要交给看守，因为看守会偷取食物，囚犯们什么都得不到。他对此感到震惊。

更让帕夫利切克先生感到震惊的是，他在其中一节车厢里发现另一位站长，来自邻近小镇的西什卡（Šiška）先生，以及比尔森牙医奥托·费舍尔博士的遗孀艾尔莎·费舍尔洛娃，牙医本人已经在一次集中营撤离行动中被打死。费舍尔洛娃夫人时年 39 岁，她的女儿汉嘉时年 17 岁，她们与其他妇女一样，都在奥斯维辛和弗赖贝格待过，她们请求帕夫利切克先生给家中的亲人带个口信，告诉亲人她们还活着。站长与这对母女的匆忙交谈突然被打断，因为党卫队四级小队长发现牙医的妻子正在对站长说话，他残忍地把牙医的妻子打翻在地。为了避免节外生枝，帕夫利切克先生别无选择，只能走开，但他马上跑回站房，按照牙医妻子的嘱托，向她

的家人传递口信。

幸存者利什卡·鲁道夫（Liška Rudolf）也通过封闭货运车厢的小窗户，设法与站长说上了话。利什卡·鲁道夫说：“22 日早上，我遇见了帕夫利切克先生。他从我的眼中看出我的饥饿，他告诉我：‘我会给你带些食物。’……后来，押运指挥官问我，为何与敌对地区的平民说话。他告诉 233
我：‘你最好不要再靠近窗户，否则我就把你消灭掉。’”再后来，利什卡·鲁道夫所在车厢的门微微推开，两片面包和一些果酱被扔了进来，她设法接住了食物，而其他囚犯的眼神仿佛要把她吃掉。利什卡·鲁道夫说：“整节车厢的人都妒忌我。那个下午，我又以同样的方式，接到两个软面包和两个鸡蛋。”

站长继续尽可能地喂养囚犯，同时尽可能为囚犯向家里带口信，他这样做承担着巨大风险。当他经过一节车厢的时候，他听到婴儿的哭声。他深感不安，要求知道列车上到底有多少孩子。扎拉不想告诉站长，也肯定不想其他人知道。当扎拉最终承认车厢里有“两三个”小孩的时候，站长坚持看看这些孩子，他震惊地发现，这几个新生儿都营养不良，而且几乎没有衣服可穿。

“死亡列车上还有婴儿”的消息如同丛林大火一般迅速传遍霍尔尼－布日扎。有些婴儿，比如哈娜和马克，来自弗赖贝格，而其他婴儿则是由来自维纳斯山的妇女们所生的（没有这些妇女的孩子最终幸存的记载）。尽管这条消息在数千名民众当中引发混乱与骚动，但列车上的母亲却并不知道彼此的存在。帕夫利切克先生立即请来当地的医生，以便为婴儿及其母亲进行医学检查。“我告诉指挥官，当地的扬·罗特医生可以来帮助病人。”站长的请求被粗暴地拒绝了。“我被告知，囚犯们有自己的医生，医生本身也是囚犯。”

罗特医生未能帮上忙，他沮丧地回到家中，把事情告诉自己的妻子，妻子正值初次怀孕。罗托娃女士有成套的婴儿服装，是为自己的新生儿准备的，当听说列车上有婴儿时，她就把这些精致的手工服装交给帕夫利切克先生，并且叮嘱，确保每个新生儿都能有衣服穿。其他两位母亲，贝尼索娃女士和克拉胡里科娃女士，也捐赠了一些婴儿用品，帕夫利切克先生也按照她们的嘱托逐一送到了。帕夫利切克先生说：“（列车上的母亲）眼含泪水对我道谢……为她们特别制作的食物也已经准备好了。”

234 佩莉斯嘉是其中一位幸运的妇女，她收到食物、给哈娜的衣服，以及尿布、襁褓、毛毯。“这是一整套衣物了。那里甚至还有洗漱用品，例如爽身粉和肥皂，以及所有必需的婴儿用品。”当她看着那件漂亮的绣花外衣时，她都不敢用沾满煤灰的双手去触碰。她甚至不愿为哈娜穿上那些衣服，因为婴儿破损的皮肤正在流脓。佩莉斯嘉把这些小小的衣服捧在脸上，闻到了浆洗衣服和新鲜亚麻的香味，这种香味让她想起过去能够正常清洁身体的时光。她把衣服小心翼翼地放在旁边，她决定把这些衣服好好留着，她期待等到她与哈娜到达目的地后，可以擦洗过身体再穿。

佩莉斯嘉撕开一条面包，发现里面有一张用捷克语写的小纸条：坚持住！要坚强！困境不会持续太久！她在此时此刻感觉到了久违的快乐。其他人也在面包卷和三明治里找到类似的信息，她们同样深受感动。

在列车后面的车厢里，拉海尔及其儿子当晚却没有收到任何东西。拉海尔与佩莉斯嘉相似，对于能够转移到更加温暖的货运车厢感到很庆幸，但妇女们拥挤在只有一扇通风小窗的车厢里，空气很快就变得极其浑浊，而且在这种车厢里，她们再也无法喝到雨水。

安嘉置身于列车远端的车厢里，甚至都不知道分发衣物和分配食物的事情。她逐渐丧失了对现实和生活的把握，只能庆幸列车停靠的时间还比较长，车厢门被打开时，她还能短暂喘息片刻。关于那段时间，安嘉说："那不是能不能活到下一天的问题，而是能不能活到下一个小时的问题。"在看守的看管下，她只能站在车厢门口，满身流脓，皮肤被煤灰染得漆黑。她就靠希望支撑下去，当她吸入森林里的清新空气时，她回想起与朋友或家人在森林里漫步的时光。这种
思乡之情简直是精神折磨，于是她再次用文学偶像郝思嘉的 235
话语来提醒自己："明天再想吧。"

安嘉补充道："我庆幸自己生来就是这个样子，在我的一生中，这种天性帮了我很多很多……这纯粹是一种笨拙的乐观主义，除此无他。无论发生什么事情，我都对自己说：'明天再想吧。'而到明天已经时过境迁了……我如此幸运，竟然没有死，而我本来在当天任何时刻都可能死去。"

安嘉听到声音，于是朝外看去，看见一群人正在匆匆走过，想必是沿路分发食物的。安嘉说："他们完全不知道自己会看见什么。他们当中有一位农夫，在铁轨边上停了下

来。我永远忘不了他脸上的表情，当时他看见我这具正在怀孕的行尸走肉，我也许只剩下 65 磅了，还挺着一个大肚子……我几乎就是活着的骷髅，没有头发，肮脏得难以想象。”安嘉还说，那位农夫吓得脸色煞白，他肯定以为自己看见世界末日了。“你也会想，人们也许已有心理准备，但他们完全不知道会看见如此景象。”一名拿着枪和皮鞭的党卫队指挥官正好就在旁边，军官怒视那位农夫，直到他悻悻而去。尽管如此，五分钟后，那位农夫又提着一瓶牛奶折回来，大胆地靠近车厢，把牛奶递给安嘉。

安嘉难以置信地看着对方。“我怕喝牛奶……我之前之后都没喝过牛奶，但在当时，我喝了。”就在安嘉喝牛奶的时候，那名党卫队四级小队长举起皮鞭，想要鞭打安嘉。“那位农夫非常震惊，几乎要跌坐在地上。他一言不发，但我能够从他眼中读到些什么。面对此情此景，他的沉默胜过千言万语。我也不知道为什么指挥官放下了手中的鞭子，而我也喝光了牛奶，那简直就像起死回生的神药。我享受牛奶的味道……那味道甜美得如同甘露……我当时想，那瓶牛奶也许救了我的命。喝完那瓶牛奶后，我觉得自己健壮如牛……那瓶牛奶让我重新变成人类。”

236 安嘉用手背擦擦嘴，接着把瓶子还给那位好心人。然后，她用地道的捷克语表示感谢，接着就回到满是煤渣的牢房里去了。

在三位母亲中，佩莉斯嘉是最为幸运的。除了整套婴儿用品，她还拿到了帕夫利切克先生亲手给她的面包和果酱，“这是我吃过的最好吃的东西！”安嘉说人们“排着队”来帮忙，当来自弗赖贝格的某些看守看见此情此景，他们也凑过来打听工厂里那对母子的情况。

有人难以置信地喊道：“她还活着！她还活着！”

但并非每个人都能活下来。就在那天，就在霍尔尼－布日扎的列车上，就有 19 个男人和 19 个女人死去，他们那无足轻重的尸体就被扔在铁轨上。帕夫利切克先生看见他们像垃圾一样被扔出来，于是坚持必须为他们举行体面的葬礼。帕夫利切克先生说：“我请求指挥官告诉我，那些死者的姓名或编号，因为他们死在铁路范围内。但我一无所获，而且指挥官告诉我，‘那些人对于这个世界毫无意义’。”

帕夫利切克先生为指挥官的态度感到震惊，于是站长通知当地警察局，警察局派来穿制服的警官约瑟夫·舍夫勒（Josef Šefl）调查此事。警官向押运指挥官出示了镇公所开具的官方文件，确认总共有 38 具囚犯尸体被移出列车。警官和帕夫利切克先生总算能够为死者挽回一点点尊严，当晚深夜，在夜幕覆盖下，德国人挖了几个坟坑，让死者安息在森林里。

随着夜幕降临，指挥官终于同意，允许小镇居民把精心准备的大量食物从旅馆拿到车站来。计划是给每位囚犯一碗传统的捷克土豆汤、一条货真价实的白面包，再加上一些咖啡、糕点、水果。据说那位党卫队四级小队长相当“震怒”，因为站长坚持必须由站长本人以及当地居民亲手把食物发放给囚犯，而不是经由看守发放。又经过紧张的谈判，237
站长冒着食物被拒收或毁掉的风险据理力争，指挥官最终同意了站长的要求，但表示只能允许帕夫利切克先生和维尔特先生发放食物以及探望封闭区域内的囚犯。其他人只能远远地站在外围。

霍尔尼－布日扎公墓纪念碑，纪念在此地被扔下火车的死难者

比尔森牙医的女儿哈娜·费舍尔洛娃及其母亲也得到了食物。“铁路巡视员以及其他铁路员工想方设法为我们做点什么。他们真的很好。他们在食堂里熬汤，我敢肯定那是我
238 一生中喝过的最好喝的汤。”其他囚犯也表示同意。其中一位囚犯说：“我永远无法忘记那面包和土豆汤，当我吞咽的时候，我的眼中流下了热泪。我想我们所有人都不会忘记。那是伴随我终身的记忆，一段美好的回忆。”另一位囚犯

说，要不是有那条白面包，她就活不下去了，她禁不住流下泪水，感谢这“来自另一个世界的问候”。囚犯们与世隔绝如此之久，她们认为自己已被世界遗弃，直到站长及其邻居冒着生命危险来帮助她们为止。微弱的光芒短暂地刺破了她们黑暗的世界。

利什卡·鲁道夫回忆道：“当天晚上，几乎所有被押运的囚犯都已领到汤和面包。每个人都喜极而泣，人们说：‘我们穿越乌克兰、波兰、匈牙利、奥地利、德国和法国，没有人来看我们！只有在捷克斯洛伐克，人们如此热心……我们永远忘不了霍尔尼-布日扎。’”克拉拉·罗伏娃说：“整个村庄的居民都拿着汤和面包赶来……看上去就是个奇迹。我们认为这里就是家园，他们是我们的同胞，我们是他们的成员。”

雅罗斯拉夫·朗格及哥哥米兰躲在森林里，看见一节又一节车厢的囚犯得到喂养。朗格说：“我们躲在远处保持安静，我们看不太清楚，但我们可以断言，得到喂养的囚犯既沮丧又疲惫。他们不得不互相搀扶着才能走路。许多人还穿着囚服，他们对善心人不停道谢。”这两个男孩看不清楚那些囚犯是男是女。“他们被扶出车厢，两边还站着看守，这样他们就无法逃跑了。他们没有碗，所以不得不逐一领取食物，有人就用双手拿着食物往嘴里塞。分发食物用了很长时间，因此火车上并不是每一个人都能领到食物。”

尽管帕夫利切克先生想让每一位囚犯都领到食物，但还是有许多人一无所获。尽管囚犯们逐一得到喂养，但党卫队以帮忙提高分发速度为借口，偷取了许多食物，以至于那些关押在最远端车厢的囚犯被完全忽略了。丽萨·米科娃说："就在我们停靠的位置，居民要求给我们分发食物。党卫队指挥官说他们会代为分发，但党卫队拿走了绝大多数食物，只留给我们几个土豆。"

239 雅罗斯拉夫·朗格当时仍然与哥哥在丛林里向列车张望，他后来说："我们看见一位囚犯要求得到食物，一个德国人上前去鞭打他，但他迅速躲开，并且夺路而逃。我们看见有人逃脱也非常害怕。然后又下起了雨，天色越发昏暗，我们能够听见追踪者在开火，还听到飞机的声音。德国人开始叫骂，还开了好多枪，我们赶紧跑开。第二天，我们听说有些囚犯冲破警戒线逃脱，有些囚犯则从车厢里偷偷溜走了。"朗格平静地补充道："那种经历让你永生难忘。"

哈娜·塞尔扎洛娃（Hana Selzarová）时年 23 岁，来自布拉格，体重只剩下 77 磅，她就是在那个雨夜逃离车厢的妇女之一。当时她穿着破衣烂衫，从一名正在站岗的、穿着防水雨披的党卫队看守身后悄悄走过，磕磕绊绊地消失在森林里。枪声响起的时候，她看见远处有一点灯光，于是就朝着灯光走去，却发现那里是警察局。当她走进警察局的时候，警察们惊呼："天啊！快走。我们本来要逮捕你的！"警察们让她到当地人家里暂避，当地人答应会为她提供协助。"在那里，他们给我换上其他衣服，还给了我一条围巾，因为我没有多少头发。他们给了我一些食物，甚至还给了我一些旅费，告诉我去什么地方赶火车。"她在当地人家里过了一夜，然后于次日清晨前往布拉格，最后，布拉格的一位朋友收留了她。

瓦茨拉夫·斯特帕内克（Vaclav Stepanek）来自霍尔尼-布日扎，时年17岁，当时两位逃脱看守看管的妇女敲响了他们家的大门，他们的木屋距离车站只有300米。那两位妇女中的一位可能就是哈娜·塞尔扎洛娃，她们自称分别来自比尔森和布拉格，想要知道这里距离比尔森还有多远。瓦茨拉夫说："她们还穿着囚服，饥饿不堪。我的父母给了她们食物和衣物。当时每个人都已经知道押运行动了，大家都对她们感到非常歉疚。"

瓦茨拉夫的父亲是个木匠，他同意让两位妇女躲进谷仓。瓦茨拉夫说："她们可不是我父母藏在谷仓的第一批人。母亲非常害怕，但我们希望，即使她们被发现了，我们 240
也还可以声称我们不知道她们在那里。她们第二天一早就走了，从那天起，我们就再也没有听到过她们的消息。我倒是很想知道她们后来的下落。"

帕夫利切克先生已经喂养了尽可能多的囚犯，包括佩莉斯嘉和拉海尔，他还打算做更多事。剩下的食物被移交给指挥官，指挥官对站长撒了个谎，说随后会把剩下的食物分发给囚犯。当站长收到从比尔森发来的指示，获悉前方的铁路已经最终修复完毕后，他再也没有理由拖延发车了。在与指挥官的最后一次谈话中，站长试图说服对方把囚犯留在铁路支线上，然后带着看守赶紧逃命，但那名党卫队四级小队长"完全不可理喻"，决心把职责履行到底。对方甚至问帕夫利切克先生，走什么路线前往巴伐利亚最为便捷，当站长说不可能活着到达那么远的地方时，对方充耳不闻。

捷克幸存者海尔格·魏斯（Helga Weiss）说："我们听

到指挥官与站长的对话，站长试图说服他把我们留在这里。站长说，当地人会照顾我们，食物，以及其他一切所需物资……（他）听不进去，他只想不顾一切地离开这里。”

帕夫利切克先生以及小镇居民再也无法阻止囚犯们步向死亡了。4 月 23 日星期一，下午 6 点 21 分，来自弗赖贝格的押运列车换上新的车次编号——90124——然后离开了霍尔尼－布日扎的庇护所，在阴云密布的天气中向南开进。站长满心绝望，目送最后一节车厢消失在弯道尽头，祈求战争能够及时结束，让车厢里那些无助的灵魂得到拯救。

告别了善良的小镇居民，90124 号列车上的囚犯又来到比尔森，对于许多囚犯来说，这是一座熟悉而亲切的城市。一位来自比尔森的妇女说：“那是难忘又难受的时刻。我们眼睁睁地看着我们的家，但只是路过。”两天后，囚犯们路过斯柯达装甲兵工厂，那里已经变成瓦砾堆。厂区 70% 的
241 面积已被燃烧弹和碎裂弹破坏殆尽。铁路线也被摧毁。囚犯们刚好错过空袭，而空袭原本可以杀死或拯救她们。路上还有更多曲折和延误，因为纳粹的计划经常被空袭打乱，日益靠拢的两条战线也让情势更加危急。苏联红军正在逼近，德国人害怕苏联红军，远甚于害怕美国人。

由于无法确定哪里才是目的地，也无法确定哪座集中营同意接收这将近 3000 名囚犯，德意志帝国铁路公司只好指示列车沿着狭窄的路线继续南下。囚犯们透过窗户缝隙或车厢顶棚，焦虑地记录路上每一处车站名，“普拉纳！——塔霍夫！——博尔！——多马日利采！——尼尔斯科！”那些身体状况尚可的妇女尖叫道：“那里就是我的家！”或“我

的家人住在那里！”那些能够看到外面景物的妇女陷入愁云惨雾中，她们能够看见非常美丽的田园风光，田野上的牲畜被喂养得很好，村民也能够做自己想做的事情。

德国方面对火车司机以及党卫队看守下达的最后命令是前往泽勒兹纳－鲁达（Železná Ruda），但地方行政当局听说巴顿将军的第3集团军已经进驻那个地方，因此他们别无选择，只能折回尼尔斯科。4月27日前后，押运列车抵达小镇贝什尼（Běšiny），在那里，50名还能行走的男性囚犯受到指派，帮助修复在空袭中被炸毁的通往克拉托维（Klatovy）的铁轨，这样列车才能继续前进。那些留在后面的囚犯可以暂时放风，冲洗掉身上的煤灰和粪便，以及把车厢里的尸体扔出来。有些人摘取芦苇食用，有些人跑到溪流边上喝水，湿润她们那火辣辣的喉咙，而看守们则狼吞虎咽地吃掉从霍尔尼－布日扎带来的糕点。

当被派去修复铁轨的男性囚犯回来后，利什卡·鲁道夫听见一位男性囚犯说，克拉托维的居民看见囚犯的时候都哭了，他们试图给囚犯提供食物，但被党卫队员推开了。“到了晚上，来自贝什尼以及其他地区的人们拿着许多箱子前来，箱子里装满普通面包、软面包、意大利香肠、汤。但所 242
有食物都被送到了党卫队员的餐车里。我们从窗户看出去并高唱捷克歌曲。这很奏效——我们只换来几下鞭打。尽管如此，人们送来的所有食物，却也都没有被拿出来分享。”

在经历更多的等待后，纳粹听说如果折向西南，途经霍拉日多维采（Horaždovice）和斯特拉科尼采（Strakonice），有可能把来自弗赖贝格的列车开到巴伐利亚境内的达豪集中营。但德国最高统帅部已经彻底陷入混乱，纳粹对欧洲的控制也已经临近尾声。苏联军人已经抵达柏林，墨索里尼已被捉拿并即将被绞死，鲁尔区的德国军队已经投降。4 月 28 日，又经历更多的延误后，列车停靠在捷克布杰约维采附近的铁路支线上，城镇里挤满德国难民。第二天，美国第 7 集团军解放了达豪，使得来自弗赖贝格的妇女们免于身陷最后一处潜在目的地。达豪集中营由希姆莱亲自开设，被视为后来所有集中营的模范，达豪集中营也由此成为“暴力的学校”，党卫队员能够在这里接受训练。据估计，有 20 万人曾被关押于此，其中超过 4 万人丧生。

一天晚上，列车停靠在荒郊野外，夜空中回荡着防空炮开火时的巨响，有些妇女惊讶地听到车厢里有劈开木头的响声。当她们透过被劈开的缺口，看见一位捷克游击队员的面容时，她们更加吃惊，游击队员劈开这个缺口是为了帮助囚犯逃脱的。讽刺的是，绝大多数囚犯因为身体虚弱、身患重病，或者仅仅是由于害怕而不敢尝试，但确实有几位囚犯成功逃脱了，其中就有儿科医生埃迪塔 · 毛特纳洛娃，她曾经帮助怀孕的安嘉治疗腿伤，曾经帮助佩莉斯嘉和拉海尔分娩。她抓住机会，在战争中活了下来。党卫队员一旦发现有人逃脱，便要知道是谁帮助囚犯逃脱，逃犯要去何处，他们殴打留在车厢里的妇女。绝大多数人都遭到毒打。许多人神志不清，倒在地上就死了。其他人则已精神崩溃。

利什卡 · 鲁道夫说：“囚犯们因为饥饿而号啕大哭……有些人因为饥饿而疯掉了，她们两眼放光，就像漆黑中的野
243 兽。”对于许多囚犯来说，列车在夜间全速开过捷克布杰约

维采南下的这段旅程，是她们在囚禁期间最为糟糕的经历，尽管她们正飞驰在从捷克斯洛伐克到奥地利的尊贵的夏日度假铁路线上。在列车上度过漫漫长夜总是有点儿让人害怕，但在那个晚上，在那个最后却最黑暗的晚上，她们麻木地躺在摇晃的列车里，那肯定是最为漫长的夜晚。

丽萨·米科娃说："当列车改变行进方向的时候，我们对自己说：'天啊，他们肯定要把我们带到恐怖的地方！'那的确让我们感到震惊。我们非常害怕。每个人都心事重重，再也没有人讲话，再也没有人交谈。与其他人一样，虽然我不愿相信，但我知道我的家人都已经死了。我在想，如果我们也不得不进入毒气室，那就进去吧。我们都太累了，不想再反抗了。"当她们意识到列车唯一可能的行进路线只剩下穿越奥地利边境前往林茨的时候，车厢里弥漫着苦熬多年但终将难逃一死的消极情绪。因为在林茨附近只有一座集中营，许多囚犯对那座集中营的恐惧，可以与奥斯维辛相提并论。

安嘉说："当我们朝那个方向进发的时候，也就只剩下一条路了。那个方向没有其他目的地。我们正在前往毛特豪森……"

所有人都失魂落魄。

许多人都知道这个地名对"帝国的敌人"来说意味着什么，他们都闻之色变。作为一座纳粹集中营，毛特豪森甚至在隔离区内都已臭名昭著。当安嘉被关押在泰雷津的时候，就有消息提到，著名的捷克歌唱家兼作曲家卡雷尔·哈斯勒（Karel Hašler）被杀害于毛特豪森。这条消息甚至可能来自两位逃出奥斯维辛、暂时藏身于泰雷津的囚犯。哈斯勒并非犹太人，而且已与德国妇女成婚，他因为创作爱国歌曲而被盖世太保逮捕，并被送进奥地利境内群山环抱的集中营。1941 年 12 月，他在备受酷刑折磨后，变成了一座“冰雕”：他被带到户外，并被脱光衣服，反复浸泡在冰冷的水中，直到被彻底冻僵。

244 这座集中营最令人害怕的地方，是其让绝大多数囚犯劳累至死的手段。安嘉说：“毛特豪森的业务就是死亡，通过一座采石场来制造死亡。在泰雷津，每个人都知道……在毛特豪森采石场，人们被迫劈开石头，要么爬上大约 150 级阶梯，要么当场被杀害。对于我们所有人来说，这将会是最为可怕的结局。”

所有妇女都已经历过太多。她们在纳粹暴政下已经熬过了好几年，她们在隔离区里幸存，她们逃过了门格勒和齐克隆 B 的魔掌，她们经历过饥饿、疾病、劳累以及盟军轰炸却免于一死，她们在列车上时仍然挣扎求存，突然之间，她们战战兢兢地迎来了结局。

离毛特豪森，只剩下一个晚上的路程。

这座巨大而冷酷的集中营距离林茨并不远，搭乘短途列车沿多瑙河谷行进就能到达。救赎似乎来得太迟。三位母亲及其已出生或未出生的婴儿，即将被列车送到整个纳粹种族灭绝网络之中一个最为臭名昭著的终点。

那也是整趟旅程的终点。

七　毛特豪森

 245

风景如画的毛特豪森，位于多瑙河畔

尽管毛特豪森集中营让人闻之色变，但它也许是所有纳粹集中营里面最为风景如画的。毛特豪森集中营居高临下，可以俯瞰上奥地利大多数地区，极目南望甚至可以看见萨尔茨堡（Salzburg）。它雄踞于山冈顶端，位于一个以迷人景色而知名的地区。

毛特豪森市镇靠近德国与波希米亚和摩拉维亚保护国的 246

边境，地处多瑙河畔，能得益于欧洲大陆第二长河的便利，也可得益于当地便捷的公路和铁路网络。维也纳就在其东面不到200公里处，而林茨则在其西面20公里处。阿道夫·希特勒曾在林茨长大，也把林茨视为故乡。他为这座“全奥地利最具德国风情”的城市预留了某些最为宏大的城市建设计划，并且把这座城市视为五座所谓的“元首城市”之一，跻身于柏林、慕尼黑、纽伦堡、汉堡之列。

市内的标志性建筑将会是元首博物馆，那是一座巨大的画廊，由希特勒的军需部长艾伯特·施佩尔（Albert Speer）设计，足以和乌菲齐美术馆或卢浮宫媲美。那座建筑将会有150米宽的罗马柱风格的外立面，里面将会存放大量艺术珍品。那些艺术品是从其他博物馆或私人收藏品中掠夺或没收而来，其中绝大部分原本属于犹太人。最高品质的金色花岗岩将会用于建造这座纪念希特勒不朽荣光的建筑，同时还要建造计划中的歌剧院和戏剧院。这些金色花岗岩将采自毛特豪森的“维也纳沟渠”（Vienna Ditch）采石场，在爆破之后，再由帝国的敌人雕凿成材，这道工序将会大量消耗掉帝国的敌人。

数十年来，这个采石场一直由维也纳市政厅拥有，此地出产的石材主要用于铺砌奥地利首都的林荫大道。1938年德奥合并后，采石场转归党卫队名下的德国土石工程公司。这家公司不仅直到1945年都在为其产品大做广告，到处散发印刷精美的宣传册子，而且还将其产品出口到欧洲各地，用于修建纪念碑、建筑工程、工业厂房以及高速公路。囚禁于达豪的刑事罪犯建造了这座集中营，用于容纳采石场的奴工队伍，集中营的范围从平原直到邻近的小山包。这座石砌建筑显示了纳粹的高高在上，警卫室、瞭望塔以及一道固若金汤的花岗岩围墙莫不如此。采石场于 1939 年重新开业，周围许多公里外都能看见。

许多最早期的囚犯是政治犯和思想犯，以及知识分子阶层，包括大学教授，所有人都被判处苦役死刑。在这些囚犯 247
当中，有各种宗教的信徒，有各个被征服民族的成员，包括耶和华见证人的信徒、牧师以及西班牙共和派。即使在奥斯维辛以及其他集中营于 1945 年年初被清空后，毛特豪森集中营关押的犹太人也只占少数，而且很少有妇女（那些被迫在妓院充当军妓的妇女除外）。苏联战俘遭到最为残忍的对待，4000 名战俘里只有不到 200 人幸存。他们不仅在采石场劳累至死，而且只得到一半口粮配给，而且被迫赤身裸体地睡在没有窗户的窝棚里。当他们为自己完成“俄罗斯营”的建筑后，他们的人数已急剧减少，营房也被改建为医务室，但那里还是保留着“俄罗斯营”的原始地名。

毛特豪森集中营是帝国境内仅有的两座“三级”惩罚营之一，它在帝国境内以其绰号而知名，号称“人骨研磨机”（bone-grinder），迅速博得环境最恶劣、死亡率最高的“赫赫威名”。根据一份报告的记载，一名纳粹高级官员于 1941 年公然声称：“没有一个人能够活着离开毛特豪森。”许多囚犯的档案被打上“RU”字样，意思是“不得放回”。毛特豪森有超过 40 座附属集中营，其中就包括邻近的古森（Gusen，另一座三级惩罚营）集中营。这些集中营预计能为党卫队带来巨大收益，因此享有无限量的囚犯供应。及至 1944 年，这座综合集中营已被证明是纳粹德国境内利润最为丰厚的集中营，每年产生超过 1100 万帝国马克的利润。

采石场的工作尤其艰苦，包括挖掘、爆破、雕凿大块花岗岩，而这些活经常只能徒手操作，仅有的工具也只是鹤嘴锄。每块石头平均重量为 90 磅，都要由囚犯扛在背上，走上一段陡峭的泥板岩悬崖。在囚犯血流如注的脚下，这段悬崖经常发生崩塌，让囚犯跌落死亡的深渊。后来，悬崖上开凿了 186 级粗糙的阶梯，其又被称为“死亡阶梯”（Stairway of
248 Death）。全副武装的看守经常站在阶梯边上，骚扰、殴打、推撞那些不堪重负的囚犯，囚犯有时只能踩在已死者身上走过去。

毛特豪森采石场的死亡阶梯

囚犯每天都受到威胁，看守会强迫囚犯从陡峭的采石场边缘跳下去，那个地方被纳粹称为跳伞墙。看守们大笑着叫喊：“注意咯！跳伞运动员！”囚犯们站在墙上摇摇欲坠，要么撞死在石头上，要么淹死在悬崖底部的死水塘里。那些 249
没有立即死去的人，会被扔在那里等死，死亡的过程可以持续好几天。许多囚犯宁愿跳崖自杀，也不愿在忍饥挨饿中、在极端气温中、在暴力虐待中每天筋疲力尽地连续工作 12 个小时。除了劳累致死，在毛特豪森还有超过 60 种杀人方法，包括打杀、射杀、绞杀、医学实验、注射汽油，以及花样百出的种种酷刑。这座综合集中营的最终死亡人数已经无从得知，因为许多囚犯是在流动毒气车或在附近的城堡里被毒杀的。那座毒气室从 1941 年起就一直存在，当时的囚犯奉命建造了用于处决自己的毒气室。估算的死亡人数相差甚远，但一般认为有大约 10 万人被杀害，其中超过 3 万名犹太人。

开始的时候，尸体是用卡车运到斯太尔（Steyr）或林茨去处理，但这种做法太过张扬，潜藏着巨大风险，因此后来就委托一家火葬场来料理此事。骨灰被撒在集中营后面的森林里，或者干脆倒进多瑙河。迟至 1944 年秋季，纳粹还制订了清空奥斯维辛二号营 - 比克瑙灭绝营的计划，10 座巨大的“废物焚烧炉”将会被拆卸，然后在毛特豪森重新装配，尽管在 1945 年 2 月时当地已有一家公司获得了拆装合同，但这个计划从未被执行。

种族灭绝就发生在距离美丽的河畔市镇毛特豪森几公里远的地方，而且集中营也是以市镇地名来命名的。市镇里生活着1800名居民，主要是天主教徒，许多居民亲眼看见初来乍到的囚犯从车站出发徒步穿越市镇街道，但从来不见有人回来。居民还见证了精神崩溃的囚犯被带到墙根下执行枪决，然后他们再把血迹擦洗干净。居民听说囚犯在采石场遭到暴力虐待或蓄意谋杀，他们簇拥到渡轮上，去围观身穿条纹囚服的样子奇怪的男人被转送到下游的附属集中营。直到党卫队威胁枪决那些“好奇的观众”，居民才各自散去。

250 尽管第三帝国于1938年宣告在毛特豪森设立集中营是这个地区的“特殊荣誉”，但其实并没有几个人欢迎集中营进驻。然而，大约400名党卫队看守的到来，确保了这座市镇的生活物资供应充足，而且这座市镇也很快成为这个地区的经济命脉所在。酒吧、商店、餐厅都因为贸易繁荣而顾客盈门，而最靠近集中营的旅馆也成为党卫队员最喜爱的消遣之地。许多当地人获益于看守们花销的钱财，看守们总是豪爽地购买从苹果酒、烟熏肉到鱼等各种东西。当地也有繁荣的黑市，买卖肥皂、食物、衣服以及从集中营里偷来的珠宝首饰，有些当地妇女与看守们走得很近，个别妇女甚至与看守结了婚。当地工人和石匠到采石场去做监工，可以赚取优厚的报酬，而集中营里的奴工也会被“借给”当地从事市政工作，包括装饰市容、修剪花草、耕种粮食、修建房屋等。1943年，被囚禁于附近古森集中营的斯坦尼斯拉夫·克尔奇科夫斯基（Stanislav Krzykowski）奉命雕刻一座鹿的雕像，放置于党卫队首领的花园里。

纳粹看守经常与当地猎人一起打猎，他们甚至组建了自己的足球队，就在囚犯修建的可以俯瞰俄罗斯营的球场上踢球。球场在主要围墙外，甚至还有一面铺满草皮的斜坡可以作为看台。一旦毛特豪森一队晋级地区联赛，所有主场比赛就在那个球场举行，主场球队得到当地球迷的热烈欢呼，这些球迷肯定已经见到、闻到、听到集中营里正在发生的事情。球赛会得到当地媒体的报道，媒体轻松地评论道，囚犯们也坐在医务室的屋顶观看比赛。

在靠近球场的地方，有一个由囚犯建造的很深的混凝土蓄水池，原本是作为营地防火灭火用的，后来变成党卫队员的游泳池。经过甄选的当地人会获邀到营地去游泳，顺便参观营地的电影院，当然，在火葬场加班加点工作的日子，营
地是不开放的。营地里还有封闭的菜园和果园，囚犯们被迫 251
种植自己永远也吃不上的农产品。

市镇居民完全不必想象那些身穿制服、看守山顶营地的男人有何恶毒意图。警告信息早就贴满市镇各处，上面提到，任何试图帮助囚犯的居民，一经发现，就地枪决，任何私下谈论营地状况的当地工人，一经发现，马上监禁。有一位石匠就因为抱怨集中营不人道而倒了大霉，后来被送去布痕瓦尔德集中营，因此居民们很快就学会了保持沉默、低下头颅。

历史学家的确发现了几个市镇居民发出抱怨或试图帮助囚犯的例子。有一位名叫安娜·波因特纳（Anna Pointner）的妇女，她是奥地利抵抗组织成员，她把西班牙囚犯在集中营里秘密取得的文件和照片藏匿起来。另一位年轻妇女是安娜·施特拉塞（Anna Strasser）夫人，她在火车站对面一间仓库的会计办公室工作，亲眼看见押运列车抵达。囚犯的状

况让她震惊和失眠，因此每逢午饭时间，她都会出去走走，通过口袋底部的小洞，故意遗落几片面包、几袋盐和糖、几个针线包，希望后来的囚犯能够发现这些东西。她还发现了囚犯塞在车厢缝隙里的身份证和小纸条，小纸条上写着绝望的信息，请求别人“提醒我的家人”。她后来不得不停止自己的人道主义努力，她的老板是一位有家室需要供养的已婚奥地利人，此时也被逮捕，因为一名看守看见老板向几位囚犯扔面包。老板后来死于达豪集中营。

施特拉塞夫人则被发配到坦克制造厂任职，并在工厂里再次因为帮助囚犯而被揭发。她被盖世太保逮捕，然后被送去拉文斯布吕克集中营，她几乎在集中营里丧生，但被一位抵抗组织的医生救活，设法活到了战争结束以后。

1945 年 2 月发生了俄国囚犯集体逃出毛特豪森集中营的事件，有几位当地农民冒着巨大风险藏匿了几位俄国囚
252 犯。然而，许多当地人参加了所谓的“猎兔行动”，他们追踪和射杀逃亡者。当地人被告知，逃亡者都是死不悔改的罪犯，将会伤害他们的家人。在超过 400 名逃出集中营的俄国人当中，许多人被射杀，或者在露宿时被冻死。有 2 名逃亡者被当地镇长的下属藏在镇长家的阁楼里。在 57 名被活捉的逃亡者当中，只有 11 人最终幸存。

一位在当地圣十字修会诊所里工作的修女，记录了市镇里那些爱莫能助的人遭受的挫折。“有些人很想帮助这些逃亡者，但又害怕党卫队的严厉规则，党卫队严禁人们施以援手，任何微不足道的帮助，都会让帮助者自己承受巨大的生命危险。”还有其他市镇居民私下开会，讨论如何帮助囚

犯，但绝大多数人都太过害怕，最终没有采取任何行动。许多人不愿或不能确信山上正在发生的事情，或者害怕落得同样的下场。有些人抱怨集中营的气味，抱怨火葬场的浓烟和骨灰在市镇里四处飘散。为了平息居民的不满，党卫队指挥官下令火葬场职员只能在夜间“点燃焚尸炉”。考虑到传染病肆虐的可能性，党卫队还建立了特殊医务室（后来被称为医务室营地），医务室职员由囚犯中的医生担任，试图遏止各种传染病的蔓延，以免危及当地居民的健康。

唯一留存下来的关于毛特豪森的囚犯备受虐待的正式投诉记录，是由一位名叫埃莱奥诺雷·古森鲍尔（Eleonore Gusenbauer）的农妇于1941年通过当地政党提出的。她的农舍可以俯瞰采石场，她因此见证了好几起枪决事件。她写道：

> 那些未被当场打死的囚犯显然还能活一段时间，他们就这样被丢弃在尸体旁边，等上好几个小时甚至半天
> 才能断气……我经常被迫见证这种罪行……（这种罪 253
> 行）让我神经紧张，我再也无法容忍下去了。我请求明令禁止这种非人道行为，或者到其他的别人看不见的地方去吧。

在长达十六天的斗折蛇行的欧洲旅程后，那些来自弗赖贝格集中营的苟延残喘的人，终于抵达毛特豪森市镇和毛特豪森集中营。在人群当中，有佩莉斯嘉及其出生十七天的女儿哈娜，有拉海尔及其出生九天的儿子马克，以及挺着大肚子的安嘉。三位母亲尚未认识，每时每刻都为生存而孤军奋战。

就在90124次列车结束漫长旅程抵达毛特豪森火车站几分钟后，就有人熟练地打开插销，封闭的车厢门也被拉开。此前几天，车厢里已有许多人死去。那些还活着的人，要么因为受到惊吓而呆若木鸡，要么因为射进封闭车厢的强光而头昏目眩。她们就像野生动物，两眼圆睁，精神错乱。她们还没有喘过气来，就被党卫队看守拽出车厢，三三两两地被推到专门修建的卸货站台上，这里距离波光粼粼的多瑙河不过几百米远。

与多瑙河北岸的美丽景色形成强烈反差的是，映入安嘉眼帘的是一堵高墙，墙上写着巨大的黑体字，那是这处"通行所"的地名：MAUTHAUSEN（毛特豪森）。死板冰冷的字体，不仅对她昭示着1945年4月29日星期天那个冰冷春夜的真面目，而且足以引发她的第一轮宫缩。此时此刻，就算是郝思嘉的乐观主义也救不了她。明天已经来了。

安嘉说："从我看见那行我不愿看见的大字时起，我就开始疼痛了。我甚至不能转移注意力，疼痛就是疼痛。那就是事实……我如此害怕，以至于我都开始分娩了。毛特豪森与奥斯维辛就是一回事。毒气室、甄别囚犯，简而言之，就是一座灭绝营。"

254 丽萨·米科娃也有同感。"我们看见车站的名字，知道这就跟奥斯维辛差不多。我们说：'好吧。反正都一样，这里就是终点。'我们面面相觑，我们自惭形秽，就像皮包骨头的骷髅。满身污秽，满身虱子。我们看上去已经死了。"

安嘉勇敢地面对那痛到浑身撕裂的宫缩。她因为又怕又痛而全身瘫痪，但她努力不让别人发现她快要分娩，她抓住车厢门，喘息了一会儿。将近九个月前，在 1944 年 8 月那个无精打采的夏天，她的所有亲人都已化作比克瑙灭绝营的一缕青烟，她与贝恩德还在泰雷津那迷人的小房间里彼此安慰。两人勇敢地决定再要一个孩子，代替四个月前夭折的、让两人伤心欲绝的达恩。怀上第二个孩子才几个星期，贝恩德·纳坦就被送去东边了。安嘉不知道贝恩德是否还活着，她尽力保存一线希望，但经历过在比克瑙的日子，她已经做好了最坏的打算。那也意味着，她所拥有的一切，只剩下这个她极力掩饰的婴儿。面对每时每刻如影随形的危险，这个婴儿依然顽强生存，就连安嘉也感到钦佩。

安嘉曾经不敢想象在弗赖贝格工厂分娩的后果。她也尽力不在露天运煤车厢里分娩。如果她知道，在同一趟列车上，已经有两位母亲及其婴儿完成了上述壮举，她肯定会感到吃惊和自卑的。现在轮到她了，她唯一能够想象的就是，她将要生下一个孩子，这个孩子很可能会被直接扔进毒气室，孩子的母亲也必将同时殉难。

安嘉捂着肚子、喘着粗气，设法从肮脏的车厢里爬下来，周围都是残忍粗暴的看守。安嘉站立不稳，跌倒在垃圾堆上。她与其他太过虚弱、无力走动的人被拖到一旁，她蜷缩着身体，依稀感觉到一架农用马车正在向前行进。她眼看着重病者和垂死者被扔上马车，马车上堆满了人的躯干和四
肢，而她被扔在最上面。安嘉说：“那些能够走动的人则向 255
着要塞行进。他们把所有重病者和垂死者拽下火车，装上马车，因为营地在毛特豪森上方的山顶。”

随着农用马车嘎嘎作响、摇摇晃晃地向前行进，安嘉浑

身发热、晕头转向地置身于满是汗臭的躯体之间，她朝山下回望，只看到摄人心魄的瑰丽景色。尽管她与那么多气味难闻的、因为斑疹伤寒而奄奄一息的妇女挤在一起，尽管她在满身污秽、满身害虫的环境中羊水破裂，她还是禁不住惊奇地张望周围的景色。“我就像一头饿狼，体重只剩下 35 公斤，我也不知道山顶有什么在等着我……我仿佛无忧无虑，我爱这乡间景色。”

大约在傍晚 8 点，太阳正在没入山谷，安嘉半躺半坐，陶醉于这迷人的景色，她已被关在不见天日的黑暗车厢里超过两个星期了。“阳光点点闪烁，寒冷开始袭来，但这春夜多么美丽啊。我们正在上山，我留意到山下的多瑙河，以及开始带有绿意的（田野）……我想我这辈子从未见过如此美丽的景色，也许这是我在世界上见到的最后一点儿美好事物了。”

尽管如此，当马车在盘山路上走了 2.5 公里后，安嘉的宫缩更加严重了，上奥地利那风景如画的景色，包括教堂、城堡以及远处白雪覆盖的阿尔卑斯山，都无法再转移她的注意力。她的可怕处境让她喘不过气来。安嘉说：“马车又臭又脏，而我就像跟一群动物待在一起，她们没有毛发，衣衫褴褛。马车上都是垂死的妇女，虱子成千上万，到处爬行。可怜的妇女们不省人事，靠在我身上，躺在我腿上。我努力坐起来，我的孩子开始降生了。我只担心一件事情，担心孩子活不下来。”

256 当她们靠近毛特豪森集中营的时候，安嘉隐约看见，前方是巨大的石头堡垒，巨石彼此堆叠，由里面那些不幸的囚犯垒砌而成。安嘉的婴儿开始从她的两腿之间破腹而出，她抬头看见高大的木门，以及那些怒目圆睁的花岗岩瞭望塔，瞭望塔如同鹰的双眼怒视远方，最远处可以看见阿尔卑斯山。在那堵高墙之内，她想必是插翼难逃了。

毛特豪森集中营的大门，安嘉的孩子就出生在这座集中营里

安嘉知道自己需要帮助，她突然发现在马车旁边缓慢行走的俄国囚犯医生，对方曾经在弗赖贝格医务室里与毛特纳洛娃医生共事。“我请求她帮助我，但她只是摆摆手、耸耸肩，然后就走开了。她甚至看都没看我，或者说句：‘对不起。一切都会好起来的。’”

安嘉努力控制自己，极力避免在那里分娩，就在大门附近，安嘉被推下马车，莫名其妙地被扔进了一辆露天的木头板车，“就像那种运煤板车”。板车里挤满从马车上下来的妇女，此外还塞进了几个明显已经发疯的妇女，安嘉被吓得 257
目瞪口呆。安嘉因为疼痛而紧闭双眼，她感觉到板车在移动，正离开那几道地狱般的大门，慢慢驶向球场边上的医务室。

随着婴儿继续破腹而出，安嘉忍不住发出尖叫，但她很快噤若寒蝉，因为党卫队员正在走近。那里至少有一名看守在板车旁边一路押送，还有另一名看守靠人力推动和刹停板车。那名最靠近安嘉的看守说："你就叫吧。"但安嘉永远不知道，这句话是同情还是挖苦。安嘉因为疼痛而全身抽搐，她也确信这是这辈子的最后几分钟，她干脆放声尖叫。

安嘉说："在此期间，我只想到我的母亲伊达，她不会为我感到遗憾，而会对我说：'你怎么敢在那样的环境里生孩子！我的意思是在板车上……在你三个星期没有洗澡之后？'……她将会极力反对！"太阳下山的时候，就在伊达·考德洛娃极力反对的地狱般的环境中，安嘉终于分娩了。新生的婴儿伴着大量血污和黏液，从安嘉的身体里滑落，与上次生下达恩时漫长的分娩过程不同，这次分娩迅速得让人意外，但这个婴儿非常非常小。"突然之间，我的婴儿就在那里了，就这样出来了！"这个小小婴儿不呼吸也不活动。"在大约七到十分钟的时间里，婴儿一动不动，甚至不会哭……我努力坐起来，还有其他妇女横躺在我身上，婴儿就在那里，那场景真是，难以形容！"

片刻之后，板车停在医务室门前，有人找来一位囚犯医生，安嘉很久后才发现，那位医生曾经是贝尔格莱德一家医院的妇产科主任。"他跑出来剪断脐带，拍打婴儿的屁股（让婴儿哭出声来并开始呼吸），一切都还好。婴儿开始哭了……医生告诉我：'是个男孩。'有人用纸包裹住婴儿，突然之间，我感到非常高兴。”

安嘉私底下曾经更想要个小女孩，但她还是把这个奇迹般降临的婴儿放在摇篮里，并且决定将他取名为马丁。她向 258
别人询问时间和日期，决心记住她的孩子正是出生于1945年4月29日晚上8点30分。安嘉被送进了医务室，她惊奇地发现自己被扶上床铺，并且可以独自享用这个床铺。尽管医务室里弥漫着粪便的恶臭，而且环境也远远说不上干净，但她知道其他囚犯甚至还没有如此的好运。

安嘉那蜷缩着的孩子长着一头黑发，平躺在她胸前，就像去年达恩出生时那样。这个婴儿如此瘦小，本来应该被放进保温箱的，但安嘉紧紧贴着孩子，成为“世界上最好的保温箱”。

安嘉说：“我很高兴，我做到了，就在那样的环境中。我是世界上最快乐的人。”

拉海尔及其婴儿马克就没有那么快乐了。她们被装在类似的满载垂死者的马车里，直接从车站驶向营地大门，那扇大门仿佛张开的血盆大口，等待着她们到来。她们刚刚穿过那扇有去无回的大门，就被拽下马车，被推进衣衫褴褛的队伍，并且被告知，到那个长方形点名广场去等待。广场用正方形大石手工铺砌而成，大石之间填塞了许多细小的花岗岩碎石。就在她们周围，整个营区明显陷入严重的混乱。空气中弥漫着令人窒息的浓烟，大量文件被扔进焚尸炉烧成灰烬，同时被焚毁的还有最近被毒死的囚犯的尸体。德军士兵挥舞纸张四处乱跑，仿佛就要发生什么大事似的。

来自弗赖贝格的妇女们并不知道，在之前的几个月，这座集中营的人口规模已经扩大了两倍，因为有大量撤回来的囚犯通过死亡行军源源不断地涌入。集中营的状况完全无法处理了。食物已经耗尽，疾病已经失控，甚至用帐篷搭建的临时营房也不够用。据估计，战争打到这个阶段，在毛特豪森及其附属集中营，每天都有800名囚犯死去，尽管有大量
259 新来者进入，但在之前那个月，囚犯总数反而减少了2万人。
德军看守不想留下任何罪证，尤其是在4月23日后，丘吉尔、斯大林、杜鲁门下令大量空投以各种语言写就的传单，上面写着“毫不留情地追踪和惩处”任何虐待囚犯的罪犯。上述事实，以及苏联红军和美国军队即将会师，意味着世人即将发现过去六年在这片奥地利风景区所发生的一切的真相。

列车上的妇女构成集中营指挥官的另一个棘手问题。不过，一旦他们做出如何处置新来者的决定，拉海尔及其可怜的同伴们就只能勉强撑起疲惫的身体，每50人一组徒步前进，她们被告知，将要进行淋浴。拉海尔把马克藏在肮脏的衣服下面，她如此虚弱，仅仅知道将要进行淋浴，但她去过奥斯维辛，记得所谓的淋浴意味着什么。毛特豪森有一间16平方米的毒气室被伪装成淋浴室，从建成之日起已为集中营里数以千计的人实行了“安乐死”。集中营的记录显示，战争最后几个星期里，有1400名囚犯在毒气室里被毒死。4月28日，也就是在来自弗赖贝格的列车抵达之前一天，就有33名奥地利共产党员作为“国家公敌”而被处决，同时被处决的还有5名波兰人、4名克罗地亚人以及1名拥有英国国籍的奥地利人。尽管集中营里的红十字会官员已在谈判中提出，要撤走数百名来自法国以及荷兰、比利

时、卢森堡三国的囚犯，但处决还是被提前执行了。

这里的毒气室与奥斯维辛的毒气室有所不同，但同样使用齐克隆 B。致命的结晶体被倾倒进一个宽大的金属箱子里面，金属箱子连着一根细小的管道。一块加热过的砖头被扔进箱子里。一旦晶体遇热反应，毒气就会被释放出来，然后通过电风扇吹进房间。

260

毛特豪森集中营的毒气室

拉海尔对此一无所知。她不知道妹妹们在哪里，甚至不知道她们是否在长途列车中幸存。她几乎已接受丈夫莫尼克被杀害的事实。她不再指望能够再次见到勇敢的弟弟莫涅克，也不太指望能够再见到落在门格勒医生及其党羽手上的父母和弟弟妹妹。她只知道，当她与儿子被推进那个连接着可怕管道的、铺砌瓷砖的大房间时，她就知道她们的死期到了。自从六年前纳粹入侵波兰，对她及其家人强加种种苦难以来，这也许是最为合适的悲惨结局了。

拉海尔后来说：“他们把我们送进毒气室，但囚犯们拆除了毒气室的设施，因此他们无法毒死我们了。”

我们再也无法弄清楚，拉海尔以及其他从列车上下来的囚犯当天是否被送进毒气室，还是被送进点名广场附近那座
261 真正的毛特豪森淋浴室。相关记载自相矛盾，而且在战争最后几天的混乱中，没有多少真实可信的记载被留存下来。来自囚犯、文书以及党卫队军官的好几份证词都说明，集中营里最后一次毒杀行动发生于 4 月 28 日，此后他们就停止继续杀人了，因为太难以掩饰了。好几位从列车上下来的囚犯都声称，她们抵达集中营当天就是要被毒杀的，但不知道这仅仅是纳粹对她们施加的精神折磨，还是一路与她们同行的党卫队军官动了杀心，决心消灭这些一路押运过来的囚犯以完成任务。

格蒂·陶西格可能与拉海尔分在同一组，她坚称囚犯们将要被毒杀，而不是被淋浴。“他们把我们送进‘淋浴室’，每 50 人一组，但那是毒气室。毒气没有冒出来，他们才又把我们赶出来。我猜想，毒气用完了。毒气设施并未被拆除，只是不再发挥作用了。”

拉海尔说过，当她们从房间里出来的时候，身上还是干的，穿着衣服，仍然活着，集中营里更加混乱了。“所有德国人都在跑来跑去、大喊大叫，其中一个人还说：‘别担心，我们把她们关进俄罗斯营，光是虱子就能把她们咬死了。’”日落时分，妇女们被重新赶回操场，天上开始下雨，她们拿到一些汤和水，这其实是红十字会分发到集中营的慈

善包裹。然后，她们被迫坐在寒冷的地面上，等待列车上第一批被认为能够行走的、衣衫褴褛的瘦弱囚犯爬上山顶。

拉海尔说："她们被迫爬山，这花了她们好几个小时。"当囚犯们最终抵达山顶后，她们又被迫拖着脚步走下山坡，走向俄罗斯营。那里距离安嘉及其婴儿躺卧的医务室不过几百米远，囚犯们被推挤着通过大门，走进带刺铁丝网环绕的栅栏里面，铁丝网带有2000伏特的高压电，囚犯们陆续被关进窝棚里。

262

通向毛特豪森要塞的爬坡路

格蒂·陶西格说："那里一无所有，只有稻草和臭虫。我得了斑疹伤寒。我不知道我是怎样活下来的。我猜那是因为我运气好吧。"其他囚犯也对那里的状况有所描述。"我们病得很重……妇女们靠在彼此的臂弯里奄奄一息……我们已经失去知觉……我们就像铁块……我们半死不活地躺在自己的粪便里……我们都在等死。"

另一批囚犯，包括佩莉斯嘉，带着小哈娜和霍尔尼－布日扎的母亲们捐献的全套婴儿用品，还在慢慢爬上山顶。在超过两个小时的爬到要塞的时间里，佩莉斯嘉每次呼吸都很
263 难受。她的婴儿穿着肮脏的罩衫和软帽，因为脓疮的疼痛而可怜地抽泣，软弱无力地躺在母亲那干瘪的胸前。

尽管佩莉斯嘉以及幸存囚犯身体虚弱、步履蹒跚，但她们还是遭到看守的推搡和殴打，这些看守从德国出发一路押运她们，而在集中营那些幸灾乐祸的党卫队看守怂恿下，这些负责押运的看守变得更加野蛮了。囚犯们每五人一排，近乎赤身裸体，在棍棒戳打下穿过风景如画的市镇，街道两旁都是美丽的窗户和半露出木框架的房子。绝大多数居民对她们视而不见，但也有些居民对她们吐口水，或者冷言冷语地告诉她们，当她们走到山顶时，所有人都将难逃一死。

有时候，她们可以停下来喘口气。她们不知所措，只是尽可能地看看这"自由的世界"，尤其是看看这难以置信的美丽景色。对佩莉斯嘉来说，多瑙河那令人刻骨铭心的景致只是徒添伤感，因为这条河流也流过她所钟爱的布拉迪斯拉发。蒂博尔曾经对她说"只去想美好的事情"，因此她竭尽全力，不去想那如同火烧的喉咙和严重的恐惧，只去想那草木茂盛的灌木

篱墙，那开满野花的青葱草地，以及那几乎忘却的小鸟鸣唱。

囚犯们抵达毛特豪森的经历可谓相去甚远，这取决于她们是被装在马车上拖运上山，还是被迫三三两两地沿着两条山路的其中一条爬行上山。那些横穿集市中心的囚犯，感到自己被当地人完全无视了，当地人向看守们挥手致意或招呼问好，邀请看守们参加社交活动，或者向看守们打听营地的电影院里有什么电影上映。有些囚犯口渴难耐，当她们发现广场里有座古老的石砌喷泉时，队伍被冲散了。丽萨·米科娃说：“我们饿个半死，拖动着疲惫的双脚穿过城镇。我们口渴至极。市镇中心有一座美妙的喷泉，我们都跑到喷泉旁边，想要喝些水，但当地人把我们赶跑了，还向我们投掷石块……街道上一片吵闹，党卫队员殴打我们，把我们拖回队伍中去。”

264

毛特豪森的喷泉，妇女们被禁止在此取水

那些走偏僻的后山小路的囚犯就没那么引人注目，她们可以走近蜿蜒山路两旁生长着的野草，吸取野草的汁液以滋润干裂的嘴唇。有些囚犯采摘树上的莓子，狼吞虎咽地大口吞下。其他囚犯则弯下脏兮兮的膝盖，跪着舔舐陡峭山崖上滴落的泉水。

佩莉斯嘉爬山的时候，紧紧抱住可怜的哈娜，她在饥饿中胡思乱想：蒂博尔能否知道自己已成为父亲了呢？女儿能否活到 5 月 12 日满月那天呢？佩莉斯嘉说："我很想拯救我的孩子。这对我来说如此重要，比世界上任何事情都更重要。"恍惚之中，在傍晚时分，佩莉斯嘉终于抵达要塞，气
265 喘吁吁地与其他妇女排成行列，这些可怜人被集合到一起。佩莉斯嘉说："在经历过可怕的饥饿后，我都认不出我的朋友们了。"但更让她惊奇的事情还在后面。"院子里面竟然有红十字会的包裹等待我们领取。红十字会竟然给我们送来了咖啡和蛋糕！"

妇女们狼吞虎咽，但由于太过口渴，她们几乎无法下咽，她们尽可能地多吃一些，因为她们确信自己将要被毒死。一座高大的砖砌烟囱正在她们头顶上冒烟，这浓烟足以摧毁人们的希望。在那简单的盛宴后，妇女们又被迫等待了两个小时，她们都感觉到无可避免的结局即将到来。她们太过疲惫，已经无力反抗或逃跑，甚至只能勉强抬起头，看清楚那些将要杀害她们的凶手的面容。

丽萨·米科娃说："我们站在或坐在院子里，等待最终的结局。那里还有几位男性囚犯帮工，他们问我们从哪里来，还说我们碰上了好运气，因为毒气室已经停止运作了。

一位帮工说：‘救兵离这里不远了。他们不会再伤害你了。他们对此不感兴趣。他们自己都忙着逃命呢。’我们无法确定这种说法是否确切。就算救兵只剩一天路程，这一天我也可能已经被杀了。”

当阿尔卑斯山的凛冽寒风直吹在她身上时，佩莉斯嘉几乎跌坐在地面上，当一名陌生的党卫队军官以“冷峻”的声音在她身边讲话时，佩莉斯嘉从迷糊状态中清醒了过来。那是佩莉斯嘉再熟悉不过的语言，她听到那名军官对同僚说，毒气已经用光了，新来者可以住在吉卜赛营，来自拉文斯布吕克集中营的囚犯最近也住进了那个地方。“这次押运行动就在那里结束了，起码暂时结束了。”接着传来熟悉的叫喊声，“快点！”妇女们感觉到看守和牢头语带威胁地把她们包围起来，她们也下意识地聚拢在一起。就在她们要被驱赶到另一处未知目的地时，婴儿哈娜开始苏醒和呜咽。一名女牢头发现佩莉斯嘉胸前这个小小的肉团，她发出尖叫：“一个婴儿！一个婴儿！”另一名牢头冲上前来，张开双臂，抓住哈娜，并大声叫喊：“这里不能有孩子！”

佩莉斯嘉不知道哪里来的力量，她把两名牢头都赶开 266
了，当时两名牢头每人抓住哈娜一条瘦弱的小腿开始致命地拔河，而佩莉斯嘉朝她们吐口水，用双手抓破她们的脸。佩莉斯嘉尖叫道：“不！不！”她像野蛮人那样英勇战斗。她非常珍惜的婴儿套装也掉落在地上，遭到踩踏，再也不能穿了。围绕哈娜的生命而展开的角力持续了好几分钟，双方势均力敌，三名妇女都在大喊大叫，婴儿则在号啕大哭。然后，就在一场打斗即将展开时，争执停止了，因为意想不到的人物介入了。一名年长的女牢头把一只手放在佩莉斯嘉的肩膀上，举起另一只手制止她的两名手下，那两人也就不再纠缠。她伸手抚摸哈娜的头部，平静地说："我已经有六年没有见过小孩子了。"她还补充道："我想花些时间跟她待在一起。"

佩莉斯嘉停止号哭，惊讶地看着年长的牢头。其他牢头默不作声地从佩莉斯嘉身边走开，她的衣服已被撕破，她也意识到这可能是拯救孩子的最后机会了。当不知名的拯救者张开双手，要从佩莉斯嘉身边抱走哈娜时，她犹豫了片刻，但还是把哈娜交给了对方。那名妇女说："跟我来。"佩莉斯嘉听出对方带有波兰口音。

接下来的事情离奇到超乎现实，对方命令佩莉斯嘉在看守营房外面等候，而那名陌生妇女却把哈娜带了进去。初为人母的佩莉斯嘉冲到挂着漂亮条纹布窗帘的窗户前面，焦虑地看着那名妇女把婴儿的衣服解开，把婴儿放在桌子上。那名妇女对着哈娜微笑，轻声细语地说着什么，似乎没有注意到哈娜的可怕状况。那名妇女走向橱柜，抽出一根细长绳子和一条巧克力棒，佩莉斯嘉几乎已经忘记巧克力棒这种奢侈品了。看守掰开一片巧克力，用绳子把巧克力吊起来，再把巧克力吊在婴儿嘴巴上方，轻轻逗弄婴儿。这是哈娜经历的第一次游戏，她那长满脓疮的双脚明显因为高兴而上下摆动，她小小的舌头因为嘴馋而舔进舔出，佩莉斯嘉站在寒冷的室外，她呼出的水汽也凝结在玻璃上。

在将近一个小时后，看守重新把哈娜包裹在肮脏的罩衫 267
里面，重新给她戴上软帽，把她抱了出来。那名妇女唐突地说："给你。"说完便把婴儿还给了还在颤抖的佩莉斯嘉。那名妇女指示另一名牢头，把这对母女护送到吉卜赛营，去与其他人会合。那名妇女转身就走，仿佛这对母女接下来的命运与她再无关系。

佩莉斯嘉的新营房以前是生产梅塞施密特战斗机的厂房（因此也叫"梅塞施密特营"），要走到那个地方，佩莉斯嘉不得不沿着通往采石场的死亡阶梯向下走，谢天谢地，那里晚上一片寂静。那条路白天就已经相当危险了，台阶陡峭崎岖，而到了晚上，怀抱着小小的婴儿，拖着疲惫颤抖的双脚，佩莉斯嘉有几次几乎滑倒。当她终于走到谷底，蹒跚地走过那座死人无数的悬崖的底部时，她与哈娜终于被带到毛特豪森30多座营房中最偏僻的一座，那只不过就是采石场边上一栋潮湿的房子。在那栋房子里面，有一群看上去好像妓女的妇女在角落里大声争吵，她们甚至懒得抬头看看佩莉斯嘉。一些稻草和几张破旧草垫散落在浸满尿液的泥地上。从列车上下来的妇女筋疲力尽，横七竖八地躺在地面上。

这可不是什么欣赏美景的地方。这是被遗弃的人等待腐烂的地方。

其他从弗赖贝格列车上下来的妇女，也是当天晚上沿着与佩莉斯嘉相同的道路走下来的，当时牢头正在逗弄哈娜。她们几乎连再迈一步的力气都没有了，许多人从阶梯上滚了下来，不得不被搬运到谷底。等她们抵达营房的时候，她们倒头就睡，“太累了，连活下去的力气都没有了”。有些比较幸运的妇女，比如丽萨·米科娃，被分配到条件稍好些的位于山顶的主营房，但在那里，她们也得四个人睡一张床板，她们得到男性囚犯的照顾，男性囚犯冒着生命危险，把自己的食物和饮水分给女性囚犯，希望
268 能够把她们救活。不过，那里的妇女并没有新生婴儿需要喂养。

安嘉与她的孩子躺在远远说不上干净的医务室，筋疲力尽的拉海尔与马克栖身于虱子横行的邻近营房，而佩莉斯嘉与哈娜则疲倦地蜷缩在肮脏棚屋的地面上，妇女们永无止境的“死亡行军”也终于走到尽头了。然而，她们仍然被掌握在杀人成性的政权手中，她们的战争也远未结束。在毛特豪森，有数不尽的死亡方式，最为常见的就是饥饿、劳累、疾病，三位母亲及其孩子们都已经历过上述所有苦难。在这样的环境中，三名婴儿随时都可能遇到低温症、低血糖、黄疸病等危险。

三位母亲都不知道明天将会等来什么，三位母亲都太过疲惫，根本无暇细想。1945 年 4 月 30 日，星期一，当阿尔卑斯山曙光初现时，三位母亲及其婴儿还不知道崭新的一天已经到来，也不知道这崭新的一天的重大意义。

当天下午，当苏联军队逼近柏林元首地堡的时候，阿道夫·希特勒偕同其新婚妻子爱娃·布劳恩（Eva Braun）肩并肩地坐在地堡书房的沙发上，双双殒命。两人服用了小瓶氰化物，希特勒还用手枪往自己右边的太阳穴打了一枪。两人的尸体被搬出地堡，淋上汽油，点火焚烧。刚好在安嘉的

婴儿出生那天，希特勒写下了遗嘱。他在遗嘱中写道：自己“宁愿选择死亡，也不愿承受辞职或投降的耻辱”。希特勒命令党徒将种族法律贯彻“到底”，要“毫不留情地对抗所有民族的毒害者，对抗犹太人的国际阴谋”。

通过摇摇欲坠的纳粹指挥系统，希特勒自杀的消息本该迅速传播开来，但在战争的最后决战阶段，这条消息并未传播到纳粹控制下垂死挣扎的男男女女耳中。就算囚犯们察觉到什么异样，也只不过是持续整天的枪击声和叫骂声而已，
这些声音只会提醒囚犯们，自己仍然身陷于最后几座仍在运 269
作的集中营里，集中营正在执行希特勒消灭“帝国的敌人”的计划。

丽萨·米科娃置身于山顶营地的正中央，她说：“德国人彻底疯了，对着每个人大喊大叫。每个人都害怕走出营房，以免被射杀。”米科娃跌坐在营房地面上一张散发恶臭的床垫上，一位捷克囚犯给她拿来一些面包，米科娃对自己说：“如今我必须活下来。”面包是用锯木屑和栗子粉做成的，外观和气味都让人毫无食欲，但这并不是米科娃吃不到面包的原因。“我太过疲倦，就连吃面包的力气都没有了。我正在发烧，周围的东西都像是梦境。然后，一名妇女走过来，掰开我的手，从我的手中抢去面包。我无动于衷地看着她。我太过虚弱了，就连活动和反抗的力气都没有。”

只有安嘉及其新生的婴儿在医务室营地里得到了有限的照顾。那里没有多少医疗设施，最多就是囚犯们等死的地方而已。尽管如此，与在列车上的待遇相比，安嘉认为这里的

德国人对她“还不算太过分”，尽管安嘉的婴儿尚未得到擦洗，还包裹在报纸里，尽管安嘉自己也是满身污秽、身体虚弱，身边尽是患上斑疹伤寒或其他重病但得不到救治的垂死病人。安嘉说：“及至我们抵达的时候，聪明的德国人已经感觉到害怕，他们开始喂养我们。”安嘉形容德国人的态度转变是“令人作呕的”，安嘉补充道：“我知道，就在前一天，他们本来还打算把我们杀掉，但现在一切都好转了，我们变成了‘上帝的选民’。”

安嘉还记得，早在达恩出生的时候，就曾得到建议，新生儿头十二个小时内不要喂食，因此在给马丁哺乳之前，安嘉休息了一下，马丁也睡了一下。让安嘉感到意外的是，当她开始哺乳的时候，乳汁如此丰富，以至于她可以“喂哺五名婴儿”。安嘉补充道：“我不知道那么多乳汁从哪里来。如果我有宗教信仰的话，我会说那是奇迹吧。”安嘉的婴儿还很小，婴儿的双臂都只有安嘉的小指那般粗细，小小的婴儿贪心地吸吮着乳汁。

270 之前好几个星期里，安嘉吃得不多，无非就是几口不新鲜的面包，这时她却能吃到一碗装满肥肉的通心粉。“我如此饥饿，我吃了个精光。我无法告诉你我有多饿！……但那时候我真的就快要饿死了。我的肠胃根本消化不了。”几乎在顷刻之间，安嘉就因为腹泻而动弹不得了，而且情况非常严重。“我没剩下多少奶水了，而且遭到感染的奶水也对婴儿不利。但当你快要饿死的时候，你如何抗拒食物的诱惑呢？”

安嘉设法熬了过来，但她仍然不知道自己能否活过第二天，说不定第二天就被纳粹谋杀了。睡在隔壁床铺的囚犯们设法安慰安嘉，让她不要再担心毒气室的事情了，因为毒气室已被“炸毁了”，但她不敢相信任何人。她不知道别人所说的话是否确切，但她当然希望这是真的。

在医务室外面的营房里，其他从弗赖贝格列车上下来的妇女就要绝望得多。她们的新营房害虫遍布、疾病横行。她们备受虱子的折磨，而且比她们已经习惯的肮脏程度还要肮脏得多。那里令人难以呼吸，因为空气中弥漫着人类粪便的味道和人体腐烂的味道。有些囚犯的尸体被拖进树林里，结果树林里到处是一堆堆烂肉覆盖的骨头。格蒂·陶西格跌跌撞撞地走出窝棚想喘口气，不料跌坐在一根木头上，结果被吓了个半死。一名男性囚犯坐在她身旁，阴阳怪气地说：“我想与你分享些好东西，上好的大腿肉。”

在她们的记忆中，这还是第一次没有人来叫她们起床。当然，也没有带有咖啡味的水可以喝。在山顶上，她们能够听到恐慌的德国人发出的枪声和越来越多的叫骂声。远处的爆炸声就像是传入她们耳中的音乐。那里还能持续听到从采石场传来的难以分辨的工作噪音，但之后就是一片死寂，妇女们都怀疑，她们是不是被留在那里等死。

就在希特勒自杀后那些日子里，毛特豪森的老囚犯们 271
自行组织了囚犯委员会和抵抗组织，她们发觉集中营里的气氛发生了明显变化。集中营里还要点名，但采石场的工作实际上已经停下来了（尽管最强壮的囚犯仍然接到指令，继续开采和搬运石头）。然后，她们意识到周围的德国人越来越少。“老前辈们”突然允许自由走动了，可以为最虚弱的囚犯领取食物和饮水，鼓励她们坚持下去。几乎一直都能听到车辆离开集中营时发出的柴油机响声，而红十字会的救护车也终于可以开进大门，按照协议接走那些来自法国以及荷兰、比利时、卢森堡三国的囚犯。但山脚下的囚犯们还不知道，解放的日子已经触手可及，而绝大多数由红十字会带来的食品包裹，都已被逃跑的纳粹党徒裹挟而去了。

好几个月以来，安嘉第一次能够熟睡，拉海尔和佩莉斯嘉也尽量休息，以便稍稍恢复体力，而她们的婴儿也吸尽了最后几滴乳汁。三位母亲都完全不知道，就在5月3日星期四的早上，时年39岁、此前六年一直在这座集中营担任党卫队指挥官的弗兰克·锡埃赖斯（Frank Ziereis），已经命令他的下属离开。装载毒气室使用的齐克隆B的箱子被拆卸，集中营已被移交给一支来自维也纳的消防队，还有一些德军老兵留在现场帮忙。然后，党卫队旗队长锡埃赖斯上校及其妻子逃往自己的狩猎小屋，但随后就被俘虏并被杀死。他手下的党卫队军官早已闻风而逃。

就在那一天，一位一周前被红十字会接走的法国军官设法向盟军当局发出信息，告诉他们，在毛特豪森及其附属集中营，还有数以万计的囚犯即将被杀害，因为集中营接到希姆莱发出的信件，信中下令毁灭任何对纳粹不利的证据。（那位军官）注明：德国人计划彻底毁灭一切证据。这条秘
272 密信息是准确的。毒气、炸药、用于集体溺毙囚犯的驳船都已收集齐备。从那位军官离开集中营那天起，大屠杀就已开始了。

七　毛特豪森

毛特豪森解放者，美军
中士艾伯特·柯西耶克

两天后，即1945年5月5日星期六的早上，美国第3集团军第11装甲师下属的“闪电部队”派出了一支侦察小分队在这个区域展开巡逻，以确保桥梁安全。一位焦急万分的红十字会代表说服了这支侦察小分队，跟随这位代表前往古森集中营，然后再前往毛特豪森集中营。这支部队由排长艾伯特·柯西耶克（Albert J. Kosiek）中士率领，他是一位会说波兰语的士官，他所属部队的中尉最近阵亡了，但他拒绝递补晋升，而是跟他的同僚留在一起。柯西耶克中士是移民美国的波兰人的儿子，他手下有23名士兵和6台车辆，包括1辆坦克和他自己所乘坐的侦察车。当他第一眼看见毛特豪森的山顶要塞时，还以为那是一座大型工厂。

273 当柯西耶克中士闻到集中营里散发出来的“恶臭气味”时，他震惊地发现了这到底是一座什么工厂——这是一处规模前所未有的杀人场。就像第二次世界大战的最后几个月间，由盟军士兵偶然发现的许许多多纳粹杀人中心一样，这是一次让柯西耶克及其部下终生难忘的经历。在高大石墙和双层电网的另一边，他们看见数以千计的两眼圆睁的囚犯，许多人患上紧张性精神病，已经到了精神崩溃的边缘。在经历过好几年赤身裸体、永无休止的点名后，许多囚犯已经习惯了泰然自若地裸露身体。在战争的最后阶段，囚犯身上的破衣烂衫要么早已掉落，要么已被更加强壮的囚犯抢去了。囚犯们承受着风吹雨打，皮肤上要么长满脓疮，要么因为疾病而皮开肉绽。

柯西耶克中士说：“我永远忘不了那情景。有些人只能盖着毛毯，有些人更是全身赤裸，男男女女混杂在一起，构成最为瘦弱憔悴的乌合之众，我从未见过如此悲伤的景象……他们几乎不成人形。有些人的体重可能还不到40磅……让我感到惊讶的是，他们到底是怎么活下来的。”囚犯们的身体状况和心理状况同样堪忧，有些囚犯发狂失控，“大喜大悲”，当美国人开车穿过大门的时候，囚犯们用各种各样的语言尖叫、怒骂、哭泣。

柯西耶克中士说服囚犯们安静下来，然后通过无线电向总部报告自己的发现，但有目击者说中士“根本说不清楚他到底看见了什么东西”。柯西耶克及其部下此前已经看到过数百具倒毙在路边的囚犯尸体，那些人要么是在纳粹逃跑时被射杀的，要么是在死亡行军时被累死的，但当柯西耶克及其部下第一次看到集中营里的景象时，他们还是毫无心理准备。在不知所措的情况下，柯西耶克中士正式接受了奥地利和德国看守的投降，看守们放弃抵抗，交出武器装备。看守们放心地把自己交给美国人，这不仅仅是因为他们不愿落入苏联士兵手中。解放者后来才意识到，德国人看见“闪 274
电部队”徽章上那道醒目的红色闪电（类似于锯齿状的党卫队“SS”标志），以为闪电部队是与党卫队大致相当的部队。

其余的德国看守要么逃之夭夭，要么企图以条纹囚服伪装自己，但看守们很快就被囚犯揪出来，其中许多人还被暴怒的囚犯当场杀死。幸存的俄国人尤其渴望复仇，他们徒手杀掉以前的德国看守。有些看守被殴打，被绞死，被扔到电网上，尸体在电网上挂了好几天。有些看守被囚犯公开砍死和肢解，有些看守被囚犯用集中营里分发的木鞋活活踩死。

在4公里外的古森附属营，柯西耶克中士及其部下已经见识过类似场景。囚犯对看守的仇恨，转化成对牢头以及其他囚犯的私刑，在2.4万名囚犯中，有超过500人被私刑处死。在毛特豪森，囚犯同样到处围攻人数甚少的美军步兵排，美军士兵根本无力制止暴怒的囚犯，囚犯洗劫了党卫队司令部，拿走一切能够拿走的东西。士兵们看见有两位妇女冲向电网，双双自杀。士兵们后来得知，那两位妇女曾经向纳粹出卖身体，她们不想被别人活捉。厨房里同样发生了骚乱，数百名囚犯冲进厨房，“就像游牧部落的野蛮人”一样到处抢掠。饿得半死的男人们从麻布袋里抓起几把面粉，直接往喉咙里面塞。骨瘦如柴的囚犯为了争抢残羹剩饭而在地面上疯狂扭打。柯西耶克中士几乎无法维持秩序，他掏出手枪，向天开了三枪，然后用波兰语对囚犯们喊话，命令他们安静下来。

在这极其混乱的状态中，囚犯们领着柯西耶克中士及其部下进行了一次“引导参观”，囚犯当中有一位教授，能说流利的英语。士兵们被领着参观了几处不同地点，包括火葬场，那里的焚尸炉曾经“全速开动”而且“浓烟滚滚”。焚尸炉能一次焚烧五具尸体，而不是通常情况下的一具尸体，
275 焚尸炉底架上叠放着新近被杀害的囚犯，许多囚犯身首异处，血流满地。士兵们还看见老鼠啃咬散落在集中营各处的尸体。绝大多数尸体只能勉强辨认出人形。集中营里到处都在谈论人吃人，士兵们还看见“就像木材那样堆积起来”的人类尸体。在邻近的毒气室里，士兵们还发现了更多穿着衣服的囚犯尸体。

柯西耶克中士知道自己以及部下不可能安全地留在营地里过夜，因此他让囚犯委员会负起责任，防止骚乱蔓延，防止针对牢头和妓女的报复性袭击，以及监督剩余食物的发放工作。柯西耶克中士警告说，如果秩序无法维持，美国人将会撤离，把囚犯留给纳粹处置。

由于毛特豪森的臭味实在是直冲鼻孔而来，美国步兵排最终还是离开了集中营，而且还带走了绝大多数看守（许多看守也乞求美军保护），美军士兵承诺，美国陆军大部队将于次日抵达。许多囚犯害怕自己被抛弃，或者害怕纳粹还会再回来，因此那些还算强壮的囚犯到处收集武器，自行组织巡逻队，誓死捍卫自己。

七　毛特豪森

克拉拉·罗伏娃说："美国人突然离开，我们再次感到害怕，这既是因为没有人喂养我们（你可以想象我们多么恐慌），也是因为德国人可能还会回来。我们也不知道为什么。据说是因为（美苏之间）的军事分界线太过接近，当局都不知道我们应该被置于谁的管辖之下。"

然而，及至 1945 年 5 月 5 日，囚犯们其实已经正式获得自由了。柯西耶克中士时年 27 岁，他的父母都是波兰人，他已经自行解放了毛特豪森集中营和古森集中营的大约 4 万名囚犯，同时接受了 1800 名德国战俘的投降。

1975 年，柯西耶克偕同妻子格罗莉亚回到毛特豪森，领着解放者的队伍再次穿过集中营大门，以铭记集中营解放 276
30 周年。柯西耶克仍然与许多位解放者保持联系，他还与少数几位幸存者保持联系，包括时年十几岁的匈牙利人蒂博尔·鲁宾（Tibor Rubin）。鲁宾后来移民美国，并且因为在朝鲜作为步兵和战俘期间的英勇表现而获得美国荣誉勋章。多年以后，还有两位波兰幸存者拜访柯西耶克中士及其家人，柯西耶克家在伊利诺伊的芝加哥，来者当面向他道谢。柯西耶克中士于 1984 年去世，享年 66 岁。

柯西耶克中士的儿子拉里说："我的父亲发觉，他很难描述自己的生平经历，但当我 13 岁那年在学校学习关于战争史的内容时，他的确把自己的私人笔记给了我。他知道集中营里有几个婴儿，这一直让他感到震惊，但他总是为步兵排的丰功伟绩而感到无比自豪。"

八　解放

277

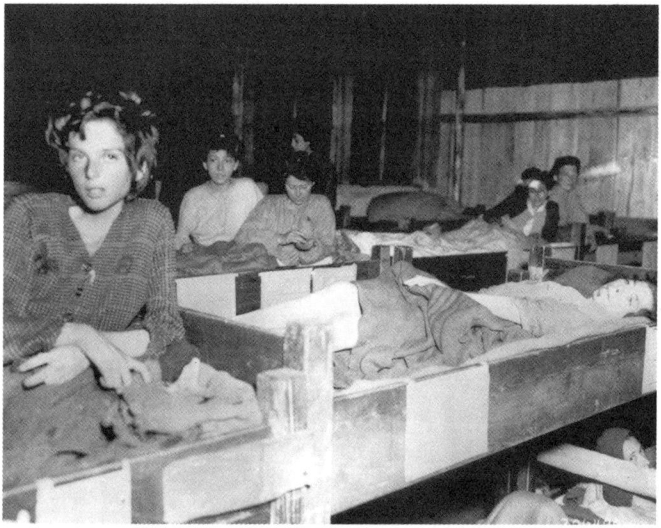

被解救后正在康复的毛特豪森集中营幸存者

佩莉斯嘉最初得知美国人抵达毛特豪森，是因为她多年以来没有听到过的爽朗笑声，那是“世界上最美好的事物”。从远处某个地方，她似乎还听到人们演奏乐器的声音。

278 佩莉斯嘉颤颤巍巍地从肮脏的稻草堆里爬起来，透过窗户朝外面窥探，正午的阳光非常刺眼，她发现外面有三辆并不熟悉的、涂抹着白色星星的军车，车上装载着年轻的士兵，但并未穿着德军制服。士兵们看上去是美国人。人们一直盼望来自盟国的解放者，但当解放者到来的时候，看上去又如梦似幻。美军与德军如此不同，从制服到头盔，从走路到谈吐，甚至用鼻子搜索气味的方式都如此不同。

美国人抵达的时候，许多囚犯欣喜若狂，用各种语言叫喊着“和平来了！欢迎欢迎!”或“我们自由了!”其他囚犯则只是就地躺下，无动于衷，漠不关心。有些囚犯喜不自胜，泪流满面，祈求这些面带笑容、身穿制服的男人不是转瞬即逝的幻觉。有些年轻妇女一直盼望美国大兵到来，但现在又突然自惭形秽起来。她们为自己的气味感到羞愧，低垂着脸，或者徒劳地梳理爬满虫虮、沾满尘埃的头发。

其中一名美军士兵是年轻的军医、五级技术士官勒罗伊·彼得松（LeRoy Petersohn）。彼得松时年22岁，原本是伊利诺伊州奥罗拉市的报社职员，此时在巴顿将军司令部直属的第2装甲战斗团服役。彼得松头盔上有显眼的红十字标志，还佩戴着红十字臂章。战友们喜欢叫他皮特，他已在战场上“修补”过无数战友，而且因为在突出部战役中英勇负伤而获得紫心勋章。当他所在的陆军师抵达毛特豪森后，他耗费了将近两个星期来救死扶伤，他首先被派到主营地下面的营房，看看谁最迫切需要救治。

彼得松后来说：“在我来到集中营之前，我已经历过许多，但当我看见几乎饿死、皮包骨头的人们，我还是深受触动。”当彼得松来到一处棚屋时，他看见五个人睡一张床，

并看着一位骨瘦如柴、脉搏微弱的囚犯死去。“那里极度混
279 乱，不知从何入手。”这位手无寸铁的军医曾经得到警告，
不要与囚犯靠得太近，不要让囚犯拥抱他，因为囚犯身上满是寄生虫和传染病，但据说囚犯“就这样簇拥”在他周围。当彼得松走过好几处棚屋去检查病患时，他也无法对试图脱身的党卫队看守施以援手，有些党卫队看守被囚犯发现，然后被群起报复的囚犯殴打致死。

勒罗伊·彼得松，救活哈娜的军医

佩莉斯嘉颤颤巍巍地斜靠在营房的窗框旁边，她听到士兵们的声音，辨认出士兵们所说的语言。这位年轻的语言教师曾经在自家花园里讲英语课，如今要用她正在发烧的脑子组织词汇大声呼救。佩莉斯嘉说：“我用英语向他们叫喊，
280 让他们到营房里来。谢天谢地，其中一名士兵是军医。他看着我手中的襁褓，小心打开，然后看见因为营养不良而满身脓疮的瘦小婴儿。”

在这蚊虫出没、疾病流行的营房里，竟然遇到一位母亲和一名新生儿，这让皮特感到震惊。母女二人都严重营养不良，严重脱水，而且婴儿身上“大面积感染”，上面还覆盖着“仿佛比婴儿还要大”的虱子。皮特详细查看后，立即向顶头上司哈罗德·斯塔西（Harold G. Stacy）少校汇报其发现。这位少校是所在陆军师的外科医生，他与皮特在进军路上临危受命，取代两位在突出部战役期间阵亡的军医。

“我说：‘医生，你能跟我来吗？我有东西要拿给你看。’他就跟我来到营房，确认这里有个小女孩，确切地说是小女婴，出生才几个星期。她是在其他集中营降生的。”皮特问了婴儿的名字，有人说：“哈娜，她的名字叫哈娜。”那人补充道：“当大家来到毛特豪森的时候，本来是要被杀害的。但刚好在那天，在大家到达那天，毒气用完了。”

哈娜严重营养不良，而且因为感染而遍体鳞伤，两位军医都知道哈娜存活下来的希望实在是非常渺茫。两位军医要面对数千名亟待治疗的囚犯，这已经让他们分身乏术了，而且他们还要面对斑疹伤寒以及其他疾病的蔓延。尽管如此，少校及其年轻的医务助手都很同情这个孩子，决定马上进行手术。

为了说服佩莉斯嘉允许他们带走孩子，皮特向这位焦虑的母亲保证，他们将会竭尽全力拯救这个孩子。这已经是一周之内第二次佩莉斯嘉不得不把婴儿交给陌生人，她非常不愿让哈娜再次离开自己的视线。佩莉斯嘉无法用英语表达自己的担忧，只能请求与婴儿一同前往，直到会说德语的斯塔西少校设法让她平静下来。皮特说：“那位母亲很想一同前

往。我的上司……向她解释，我们会把孩子送回来，我们设
281 法安抚她，最终让她平静下来。”佩莉斯嘉太过虚弱，无法继续争辩。佩莉斯嘉目送他们远去，也不知道自己能否再看见漂亮的小哈娜，还有她那蓝色的小眼睛和高挺的小鼻子。

两位军医跳上吉普车，斯塔西少校抱着襁褓中的哈娜，皮特驱车直奔古森附近的第131后方医院。那里是唯一具有外科手术设备，能够对哈娜身上的感染创口进行处理的医院。然后，斯塔西少校又把皮特派往多瑙河畔的第81医疗大队。斯塔西少校指示皮特，去医疗大队收集生死攸关的盘尼西林，这在当时是刚刚研制出来的神奇“特效药”，必须放在特制的冷却器里保存。

当皮特回到后方医院的时候，斯塔西医生已经开始为哈娜做外科手术了，他切开哈娜身上的脓疮，放出脓液。在缓慢而复杂的步骤中，斯塔西医生逐个处理脓疮，在必要的地方切除受感染的皮肤。皮特跟随斯塔西医生的步骤，清除小婴儿身上的脓液，并且在每处切口用棉签涂抹盘尼西林。哈娜的小脸因为哭闹而扭曲，在切除脓疮的地方，将会留下永久的疤痕。

佩莉斯嘉在等待婴儿的消息，好几个小时过去了，却杳无音信。第二天，当一名美军护士把缠满绷带的小婴儿送回来的时候，佩莉斯嘉泪流满面。佩莉斯嘉已被转移到一处临时诊所，那里每三位病人一间病房，每位病人都能享有自己的病床，佩莉斯嘉看着护士的脸，极度痛苦地叫喊道：“她死了吗？”

护士向佩莉斯嘉保证道：“不，不！她还活着！她很健康！”佩莉斯嘉把小哈娜抱入怀里，发誓永远都不会再让女

儿离开自己的视线了。

皮特，也就是彼得松，继续密切关注哈娜的康复进展，定期来看望这对母女。皮特的上司斯塔西少校解释道，被关在煤车里的那几个星期几乎要了这个婴儿的命。“他说感染已经蔓延到婴儿全身。”两位军医试图说服佩莉斯嘉，只要她和婴儿的身体康复到可以出门的程度，就动身前往美国。 282
皮特说：“我的上司试图说服她，把婴儿带到美国去。他会为这对母女做好安排……因为他认为她需要接受进一步的治疗，这不是我们目前能够给予她的，但她拒绝接受。她想返回捷克斯洛伐克，她想找回丈夫……她还希望丈夫会在那里等她。”佩莉斯嘉拒绝了他们的好意，她小心翼翼地叠好留给孩子的礼物，细小的白色罩衣和软帽，那是弗赖贝格的妇女们为她的婴儿缝制的，她祈求自己能够迅速恢复，以便尽快带孩子回家。

在更偏僻的几间营房里面，安嘉的婴儿还被包裹在纸张里，这种状况还要持续三个星期之久。那里没有尿布，也没有柔软的纸张可以包裹婴儿，只有许多报纸。安嘉也没有听说过佩莉斯嘉和哈娜或拉海尔和马克的消息，因此三位母亲都以为自己的孩子是绝无仅有的“奇迹般降生的婴儿”。解放者也没有向她们解释。安嘉说：“美国人来了后，看见我们就像看见世界七大奇迹似的。我被拍进了新闻片。他们对此难以置信。一个体重只有 70 磅的母亲带着一个只有 3 磅重的、活蹦乱跳的婴儿。在如此不堪的地方，他们还没有看见过这番景象。”

除了得到人们的关注，安嘉认为最美好的收获就是美军士兵给她的巧克力。“那很好，不过他们说我们可以吃巧克力，只是一次不要吃太多。这简直是太折磨人了。”最后，她们每次可以吃一小片。几天后，安嘉请一名美军护士来到她身边。“我问她，能否给我儿子洗个澡，因为我儿子从来没有洗过澡。她惊奇地看着我，仿佛我是个疯子，她说：‘你说什么？你不是有个女儿吗？’……我当时就疯了，这是我第一次发疯，怎么可能变成‘女儿’呢，他们明明告诉我是‘儿子’啊？……我不知道想什么好。这种事情我简直闻所未闻。”

安嘉引起一阵骚动，好几名医生来到她床前。在安嘉的
283 要求下，每一名医生都检查了这个被安嘉唤作马丁的孩子，他们最终确认，安嘉生了女孩而不是男孩。一名医生最终解释道，幼小的、未发育的婴儿经常被人弄错性别，因为婴儿的外阴部是突起肿胀的。安嘉说：“我很高兴！我总是想要个小女孩！……她就像个天使。我不断地用我的双手来温暖她的双脚。”

在女儿被清洗干净后，安嘉把女儿抱得更紧了。安嘉给她重新取名为爱娃，因为没有比这更简洁的名字了，而且在许多语言当中，这个名字的拼写都是相同的。这对安嘉来说非常重要，因为她经历过那个人们的姓名和母语都能成为罪名的年代。而且，尽管女儿于 4 月 29 日在货运马车后面、在集中营大门之下出生，但安嘉决定永远为她庆祝另一个生日：5 月 5 日，也就是安嘉和爱娃·纳坦诺娃（Eva Nathanová）得到解放和“重生”的日子，那天她们作为自由公民复活了。这也是其他两位母亲私下做出的决定。

在阿布拉姆丘克家的所有姐妹中，拉海尔的妹妹萨拉是第一个意识到美国人正式解放毛特豪森的，5 月 6 日那天，她听到炮声，那已是柯西耶克中士接受德国人投降的第二天了。她看见有美国大兵在营地里边走边聊。“美军吉普车载着士兵开进来，我开始呼叫，每个人都开始尖叫，而躺在手推车上的人则鼓掌欢迎美国人的到来。她们就是这样死去的，在鼓掌和感恩中死去。至少她们知道美国人来了，天啊，许多人就在那时咽了气！她们病弱不堪、疲惫不已，就在那个时候撒手人寰。”

萨拉如此兴奋，迫不及待地要与姐姐分享这一消息，她赶到姐姐的营房。“我告诉她：‘拉海尔！拉海尔！战争结束啦！’她扇了我一耳光，因为她以为我疯了！……但就在那天，我们所有人都重生了，尤其是婴儿马克。美军士兵对我们如此友善。上帝保佑美国！”

拉海尔最终相信妹妹说的是真话，但她太过虚弱，没有
力气爬起床，亲眼看看解放者。无论如何，当时营地里都沸 284
腾起来了。人们重获自由，亲眼看到大门上升起白旗，这让囚犯们欣喜若狂，但囚犯们同样对这些年来所受的待遇感到怒不可遏。成年男子大喊大叫，大肆破坏。党卫队车库上耸立的巨大木质鹰徽被拆了下来，并被急于复仇的囚犯们砸成碎片。所有滞留的看守都被殴打，甚至被打死，而衣衫褴褛的囚犯乐队用荒腔走板的乐器声激动地演奏着或演唱着爱国歌曲。

就在那个星期，营地里有一位名叫亚历山大·高茨（Alexander Gotz）的美军上尉，他是医学博士，隶属于第 41 装甲侦察特遣队医疗分队。他形容那天他看了一部“毛骨

悚然、光怪陆离的歌剧，演员都是仅存人形的骷髅。”即使在事态平息下来，美国人重新控制局面后，幸存囚犯也仍未脱离危险。囚犯们要面对意料之外的新敌人：怜悯。

美军士兵曾经收到严格指令，在医护人员正确评估幸存者的身体状况之前，不得给幸存者喂食。在解放过好几处集中营后，盟军司令部好不容易才了解到，给快要饿死的人喂食同样足以致命。但第 11 装甲师的美国年轻人缺乏经验，他们来到毛特豪森后，发现自己不可能拒绝饥饿的群众，由此造成了悲剧的结局。他们兴高采烈地把自己的补给包括糖果和香烟分给幸存者，他们意识不到这样做的严重后果。这里的男男女女只靠流质食物生存，再加上树皮或草根来果腹，此时却把香烟吞进肚子里，而不是用来吸食。那些没见过口香糖的人，也把口香糖吞进肚子里。其他人则用锋利的石头敲开豆子罐头，然后狼吞虎咽，此外还吃了过量的腌肉、奶酪和好时（Hershey）巧克力棒，根本就停不下来。

285 在经历多年极端匮乏和百病缠身的生活后，人们的身体濒临崩溃，已经无法消化固体食物了。据估计，有 1300 名虚弱脱水的囚犯死于疾病和腹泻，原因就在于他们无福消受解放后那几天获得的食物。此后又有 2000 人死于疾病，绝大多数死于斑疹伤寒和痢疾。

三位母亲及其婴儿同样面临危险。她们被带离满是寄生虫的营房，被安置到条件更好的区域，在那里，每个人都能分配到饮水和食物。然后，她们身边的妇女就开始陆续死去。拉海尔说：“美国人不知道如何应对这种局面。他们从未见过快要饿死的人。他们给了这些人所有食物。”

一名美国大兵就把自己的军粮给了拉海尔，那是用咖啡色纸张包裹的巧克力。拉海尔已经不记得自己最后一次看见巧克力是什么时候了，她坐在那里，失神地看着手中的巧克力，一言不发。过了好一会儿，拉海尔把巧克力凑到鼻子前面，闭上双眼，闻着巧克力的味道。那名士兵以为她不知道巧克力是什么，慢慢对她说："你可以咬开它，然后吞下去。"那名士兵甚至以手势对她示范，这让拉海尔潸然泪下。"他问我：'你为什么哭了？'我说不出话来，然后他就走开了。"那名士兵回来的时候，又问了相同的问题。

拉海尔回答道："因为你告诉我巧克力是什么。"

那名士兵窘迫地道歉，但又问道："你上次照镜子是什么时候了？"

拉海尔回想，那应该是一年前了，1944 年 5 月，当时她还在罗兹隔离区，还与亲爱的莫尼克和亲爱的家人待在一起。

那名士兵抱歉地解释道："当我们来到这里的时候，我们所有人都以为你们是野蛮人。我们并未意识到你们也是正常人。"

那些一度置身于荒芜阴影中的人早已忘记何谓"正常"。其中有些人早已被折磨得面目全非，因为精疲力竭而无法欣赏自由的愉悦，甚至在纳粹消失后依然如此。有一位幸存者曾说，人们最初未能理解获救意味着什么，尽管人们 286
一直翘首期盼终有一天可以获救。她说，人们"太过虚弱，太过空虚，以至于都感觉不到快乐了"。

许多人不顾一切地逃离此地，以免纳粹返回，他们就像喝醉酒一样，跌跌撞撞地奔向营地大门，大门被突然撞开。

这种逃跑的努力远远超出许多人的身体极限，许多人倒毙在围墙外。其他人则逃到城镇或邻近的农场，在那里乞讨食物和衣物，他们几乎总能如愿。某些最为迷茫的囚犯则只是跌坐在地面上，无法理解何谓自由，无法欣赏大自然的奇迹。

他们挣扎求存的斗争远未结束，在此后几个星期或几个月里，只有最健壮的人才能存活下来。甚至没有几个人知道，德国人已于1945年5月7日无条件投降，并在法国兰斯一栋红色校舍小楼里履行投降手续。也没有几个人知道，德国投降一天后，全世界都在热烈庆祝欧战胜利日，数百万人潮水般地涌上街头。在他们身心俱疲的生命中，他们挚爱的亲人几乎都已逝去，而在毛特豪森拥挤的床铺和营房中，似乎也没有什么是值得庆祝的。

纳粹投降几个星期后，盟军分区占领此前的德意志帝国领土。营地里流传着这样的说法，尽管美国陆军解放了毛特豪森，但共产主义苏联的军队将会接管奥地利的这个地区。1945年7月28日之前，美国人就要撤退到多瑙河南岸，苏联红军将会接管营地，同时接管所有滞留在营地的囚犯。对于许多犹太人来说，俄国人几乎跟纳粹一样可怕，接管之日突然变成他们自己逃往美国占领区的最后期限。

为了制止满身疾病的可怜幸存者跑出营地，美国人再次关闭营地大门，并且向人们保证，只要人们把病治好，就可以离开营地。萨拉的身体状况比绝大多数幸存者都要好，她
287 说："我们只想回家，但他们说我们还不能离开，因为当地还有党卫队残余分子。许多人并不理解，或者并不接受，于是他们又解释说，我们正被隔离检疫。"萨拉决定尽力提供

帮助，她自愿在美国人建立的临时医务室充当护士，临时医务室大约可以容纳600名病人，帐篷搭建的战地医院还能再容纳1000名病人。萨拉帮忙注射维生素或其他药物，帮忙照顾生病和垂死的人，就这样忙活了10天。“我总得做些什么，就算是给垂死的人喂最后一顿饭也好。”

然后，萨拉感染了斑疹伤寒。“我不太记得了，因为我当时神志不清，而且正在隔离。我还记得，一名意大利医生说我挺不过来了。从那天起，是我的妹妹伊斯特救活了我。她打开窗户，从窗户里爬进来给我食物。她甚至不在乎自己也可能感染斑疹伤寒。有一个星期，我几乎要死了，但她还是留在我身边，因为我走不动也看不见。有一次，我让她给我找些草莓过来，我也不知道她是怎么做到的，她找来一些草莓，但我正在发烧，又对她说：‘我不想吃草莓！’可怜的伊斯特。她救了我的命。”

拉海尔也在尽力提供帮助。在红十字会以及其他志愿者的帮助下，美国人组织了一个混合班组，负责烹饪食物、检查营养成分、小心核定分发食物。这个混合班组很快就被人数众多的幸存者压得喘不过气来，不得不由全副武装的士兵负责保护食物。不久后，他们决定为每间棚屋提供炉子，每天分配可供煮食三次到四次的食材。拉海尔很快就在营房里担当厨师，与她同住的幸存者嗷嗷待哺，她开始给她们熬汤。拉海尔说：“我有婴儿要喂哺，我的妹妹们正在生病，所以我找了一口小锅，开始煮食。”拉海尔重新承担起母亲的角色，早在她们生活在帕比亚尼采的岁月，她就开始照顾弟弟妹妹了。

288 随着斑疹伤寒蔓延全身，萨拉的情况继续恶化。在她脱离危险之前，她病了好几个星期。萨拉说：“我病得很重。我跑去浴室，但到处都被塞满了，看上去就像地狱……你能看见的就是死人，到处都是尸体。”有一天，一位医生走进我的房间，告诉我已经是 6 月了。“他说：‘我们打开窗户吧。夏天来了，我们都会好起来的。’然后我就这样好起来了。我挺过来了。”

此后几个星期，三位母亲及其婴儿逐渐恢复体力，甚至开始恢复体重，她们仍然生活在营地的不同角落，处于正式的隔离检疫中。那里有好几万名幸存者需要照顾，美国人声称那里“组织混乱”，唯一庆幸的是绝大多数人都太过虚弱，无法离开病床。

拉海尔已经听人说过营地里还有其他婴儿，不过她并没有亲眼看见，因此每一位母亲都还不知道对方的存在。她们本来可以彼此支持，彼此分享在奥斯维辛、在弗赖贝格、在火车上的经验，但她们仍然相信自己是独一无二的。怎么可能还有其他妇女及其婴儿能够熬过她们独自经历的这一切呢？除此之外，她们还有太多事情要去考虑，主要是恢复活力，尽量让自己离开营地那天好看些，她们满怀希望，希望能与蒂博尔、莫尼克、贝恩德团聚。

拉海尔说：“他们仍然不允许我们离开营地，因为他们担心我们会传染德国人，所以我们又在那里待了四个星期。但过了几天后，有些女孩下山到城镇里，人们给了她们一些衣服，我们把脸洗干净，看上去像个正常人了。”妇女当中有些裁缝，她们把毛毯剪开，做成围裙，又把男士内衣和衬

衣拿来剪裁，有些衣服是从看守宿舍拿来的，有些是从死人身上扒下来的。其他人则把颜色鲜艳的窗帘扯下来，或者把 289
党卫队看守和牢头宿舍的条纹床单扯下来，改成裙子和衬衣。最幸运的妇女洗劫了党卫队高官家属的房子，拿走了那些官太太的衣服。幸存者埃斯特·鲍尔说：“我拿到一套墨绿色的毛领羊毛套装。我高兴得不得了！”

当盟军指挥官来到营地，亲眼看到那里的恐怖情形后，指挥官们坚持认为，毛特豪森集中营必须向公众开放参观，城镇里的那些旁观者被带到山上，亲眼看看纳粹犯下的罪行。哭丧着脸的居民用手帕遮掩鼻子，发誓自己并不知情，尽管臭味和烟雾总是在他们头顶上萦绕不散。占领当局坚持，居民们必须“自愿”照顾幸存者。这种照顾包括从多瑙河抽水到山上，为幸存者擦洗身体，清洗或烧掉幸存者的衣物，在衣物上喷洒杀虫剂以消灭虱子。

那个当地人引以为豪、占地 1 英亩的运动场，也就是奥地利人为党卫队足球队欢呼喝彩的足球场，被改建为将近 1000 名死难者的坟场。这些死难者全身赤裸，几乎无法辨认，许多已经腐烂。第 56 装甲工兵大队 A 连的士兵开来推土机，借助安装在坦克上的铲斗，开挖了 30 米长、2 米深、3 米宽的壕沟。工兵当中有一位中士名叫雷伊·布赫（Ray Buch），他于 5 月 10 日来到此地。“我们挖了这些壕沟……就在那片足球场上，党卫队曾经用石头砌了一座讲坛……用推土机很难挖开。我们不得不调动人力徒手挖开比较大块的石头。我们试图炸开一些石头，但花岗岩是最坚硬的岩石……我们尽量把尸体从头到脚平放在壕沟里……但为了在墓穴里放下更多的尸体，我们只能让其彼此堆叠起来。每个尸堆足有 500 具尸体。每辆货车大概可以装载 200 具尸体。但货车上的尸体彼此叠压，很难说清楚里面到底有多少。”

290

毛特豪森坟场与医务室

德军战俘，包括以前的看守和党卫队军官，也被盟军召集来帮忙，要让死者体面地下葬。曾经因为党卫队的到来而捞到好处的毛特豪森居民，也被盟军召集来，并且要穿上“星期日的盛装”。居民们哭哭啼啼，被迫挖掘更多的墓穴，把尸体从营房搬上货车，然后每 150 具尸体肩并肩地平放在墓穴里。墓穴被沙石回填，之后又在每具尸体的安息之地上竖起白色十字架或大卫王之星。其中许多写有姓名和忌日，但更多只能写上“无名氏”。祷告者为死难者祈福，当地人则要带孩子出席集体葬礼。

解放之后，幸存者简直不敢相信自己竟然能够在死人堆里活下来，他们继续向加害者发泄怒火。除了挖掘墓穴之外，德军战俘还被迫清洗厕所，拆卸和焚烧害虫最多的营 291 房，到采石场去干活，或者从事他们曾经强迫囚犯从事的非人道工作。

尽管盟军尽力保持营地封闭，但毛特豪森周围的住家、农场、商店还是不断遭到袭击，城镇里的居民，心怀害怕、羞耻、愧疚，通常会向乞讨者交出食物、饮料、衣物，所有乞讨者看上去都可怜兮兮、疾病缠身。

随着5月过去，夏日的太阳开始驱散幸存者体内的刺骨寒意，营地状况也大为改善。带着死亡气息的苍白脸色，数百人爬下床铺，在草地上或任何空置角落就地躺下，安然入睡。阳光似乎缓解了他们周围的艰难处境，鸟儿歌唱的声音融化了他们最为痛苦的记忆。尽管绝大多数人已经迫不及待地想要离开这个曾经沦为人间地狱的地方，但更多的人却为围墙外的生活而感到担忧。盟国之间已达成协议，把各盟国各自解放的所有幸存者遣返回国，但许多人感觉到，不能回到德国、波兰或苏联这样的国家，在那里，完整的犹太社区已被屠杀殆尽，社会上还普遍弥漫着对犹太人的敌意。他们继续为亲人的下落感到担忧，渴望与任何可能还活着的亲人团聚，但如果他们回国索回自己原有的财产，会有什么危险等待他们呢？他们有“家”可归吗？

无论老幼，都因为自身经历而备受创伤，他们不知该何去何从。他们的心理创伤深入骨髓、伴随终身。无数人宁愿自杀，也不愿面对希望与现实的巨大落差。其他人在长期监禁后，则为自由感到高兴，想要开始新生活。数以千计的人

打算集体前往“应许之地”，即处于委任统治状态的巴勒斯坦，他们也称其为“以色列圣地”，或者前往美国、加拿大或
292 澳大利亚，他们希望在那些国家重建生活并确保安全。但毫无疑问，白手起家将会万分艰难，他们也痛苦地意识到，那些国家的移民政策都很严格，不可能欢迎大批赤贫的难民。

遣返难民的方向与方式悬而未决，由此造成大规模难民危机，这些难民最初由盟国军人进行管理。当时有800万~900万战争幸存者，要么被安置在军队管理的难民营，要么被安置在志愿机构管理的难民营，比如教友派救援队、联合国善后救济总署、红十字会以及国际难民组织等志愿机构。尽管某些小规模难民营设在学校、旅馆、医院里，但考虑到难民人数众多，显然只有废弃的要塞、劳动营甚至幸存者曾经被监禁的营房才是合适的场所。在1945年7月底之前的好几个星期里，毛特豪森集中营就被改造为难民营，而这只是遍布德国、意大利、法国、瑞士、英格兰和奥地利的2500处难民营之一。在曾经通电的围栏内，无家可归者得到衣食和住处，接受登记、处置、甄别，准备遣返回国。他们要等待某个国家同意收留，或者等待某个外国亲戚愿意接济。对于某些人来说，这个过程可以持续好几年，那些无家可归者需要长期等待，还要面对不确定的未来，而失去家园的补偿通常远低于实际的损失。

为了加快遣返进度，红十字会已竭尽全力，联合国善后救济总署则建立了中央寻人局（Central Tracing Bureau），帮助幸存者通过报纸刊登名单和每日电台广播来寻找亲人。志愿者询问每位难民，并为每位难民填写表格。他们最终遣返

了 600 万 ~ 700 万人，帮助 150 万人移居外国，但这将会是艰巨、漫长甚至争议不断的事业。

毛特豪森有来自 24 个国家的超过 4 万名难民，他们想 293
要回到他们安身立命的地方，或者他们曾经视为家园的地方，但这个任务无异于后勤运输的噩梦。这不仅是由于多数难民曾经承受身心创伤，而且还因为难民几乎没有衣物、现金、文件。欧洲是个大熔炉。当地绝大多数火车、船舶以及机动车辆都已被征用，用于运送补给、部队、机器回国，并没有足够的交通工具运送如此众多想要前往世界各地的难民。难民被遣返回国是不收任何费用的，但必须确定谁来资助他们的路费，盟国或当地政府已经首先垫付了遣返费用。最终，这些开支也只能由相关各方来分摊了。

另一个主要问题是，没有人能够证明自己的身份。在集中营、灭绝营、劳动营里幸存下来的男女老幼，都被要求出示某种身份证明文件，但除了刺在手臂上的囚犯编号，或者每日点名时叫到的编号，绝大多数人一无所有。许多纳粹记录已被焚毁或被带走，无法确知这些人属于哪个国家。

就算最终领到重新签发的新证件，对于那些原本归属的社区已被完全抹去人来说，未来的命运仍然变数极大。到处都流传着返回家园的人们被流放、被杀害的新闻报道。孤儿寡妇尤其脆弱，许多士兵极力劝说她们，去美国碰运气可能还好些。

幸存者克拉拉·罗伏娃结识了一名 19 岁的美国大兵麦克斯，麦克斯来自纽约布鲁克林，而克拉拉也怦然心动。麦克斯对克拉拉很好，总是为她带来额外的食物，还有最值钱

的美国香烟，在营地里这就是硬通货。当克拉拉最终要对麦
294 克斯说再见时，麦克斯“正式地”做了自我介绍，并且伸出了手。克拉拉开始时也伸出了手，但又因为害羞而把手抽了回来，因为她身上有虱子，而且身上还很脏。麦克斯还是握住并亲吻了克拉拉的手。克拉拉永远忘不了麦克斯的善良，她最终生活在美国，善良的士兵也成了她的家庭成员，克拉拉的孙子也叫麦克斯，以纪念祖父的英名。

佩莉斯嘉满怀心事地凝望营地下方的多瑙河，她非常想念布拉迪斯拉发，想要带着哈娜尽快回到家乡。佩莉斯嘉坚信蒂博尔会在家里等她们，家里都是他的笔记和烟斗。距离佩莉斯嘉最后一次见到蒂博尔已经过去好几个月了，当时两人隔着奥斯维辛的铁丝网，但她“只去想美好的事情”，她绝不允许自己猜想蒂博尔是否未能幸免。

拉海尔及其妹妹都才 20 多岁，她们只有一个地方想去。萨拉说：“父亲总是说，如果我们分开了，那么等到战争结束后，我们都应该回到帕比亚尼采，并在那里重逢。所以，只要我们身体恢复了，我们就去那里。”拉海尔希望莫尼克还活着，希望莫尼克还会去帕比亚尼采找她，最终能够见到这个尚未见过父亲的儿子。拉海尔并不知道他们是否还拥有那些家族工厂，反正他们都得从头再来，努力为自己重建新生活。

安嘉带着小爱娃无处可去，只能回到捷克斯洛伐克，但她同样感到“茫然”，因为她不知道回去后还能找到什么。“我知道我的父母和姐妹已经不在人世，他们都不在了，但我仍然不知道我丈夫贝恩德的下落。”他们在特雷贝克绍夫采－普德奥雷宾还剩下什么东西吗？父亲的皮革工厂和姐姐

鲁热娜的别墅仍然属于他们吗？还是被占据或被焚毁了呢？如果那里没有故园、没有故人，她还想留在欧洲吗？

她们身边有太多变数和困惑。在欧洲，每个国家都被战 295
火波及，整个大陆都陷入动乱。随着盟军继续追捕纳粹，盟军也发现越来越多关于纳粹暴行的证据。数以千计的德国人逃离家园或被迫流亡。数以百计的党卫队军官和最高统帅部成员被逮捕，并被审判和处决，但更多人成为漏网之鱼，当中就有弗赖贝格党卫队四级小队长理查德·“扎拉”·贝克，他从未受到审判。

海因里希·希姆莱，既是希特勒信任的代理人，也被认为是大屠杀的元凶之一，于1945年5月23日被逮捕。这位党卫队国家领袖，控制着集中营系统，曾经视察奥斯维辛和毛特豪森，以便亲眼验证最终解决方案的执行情况，他后来咬破藏在嘴里的氰化物胶囊，因为服毒自尽而逃脱审判。

1945年6月，“死亡天使”约瑟夫·门格勒医生被美国人逮捕，但在一个月后被错误地释放。他把自己乔装打扮成农场工人，隐姓埋名并不断逃亡，直到1979年溺死于巴西。他的妻子与他离婚，他的儿子在战后与他断绝了关系。门格勒死不悔改，始终声称自己只不过是服从命令。门格勒再也没有听说过佩莉斯嘉、拉海尔、安嘉及其婴儿的消息，她们在奥斯维辛逃脱了门格勒的魔掌。

幸运、勇气和决心支撑着三位妇女熬过战争，当她们设想“战后”生活时，她们同样需要这些品质。一切都已改变。她们一无所有，只有无法回答的问题。她们的亲人在哪里？她们的亲人生活得怎样？正如一位囚犯所说的：“身体上，情感上，我都只是一个问号。”

在考虑以何种交通工具返回家园之前，每一位母亲都必
296 须履行一道法律手续：为她们的婴儿领取出生证明。每个孩子都必须在毛特豪森市政厅登记，这道手续在 1945 年 5 月 14～17 日陆续完成。当身体条件允许时，拉海尔和安嘉就下山到城镇里，在缴纳了象征性的费用后，填写了相关表格。佩莉斯嘉不愿面对城镇居民，她委托朋友玛格达·格雷戈洛娃的丈夫、演员马丁·格雷戈尔（他与妻子在营地里团聚）替她履行手续。

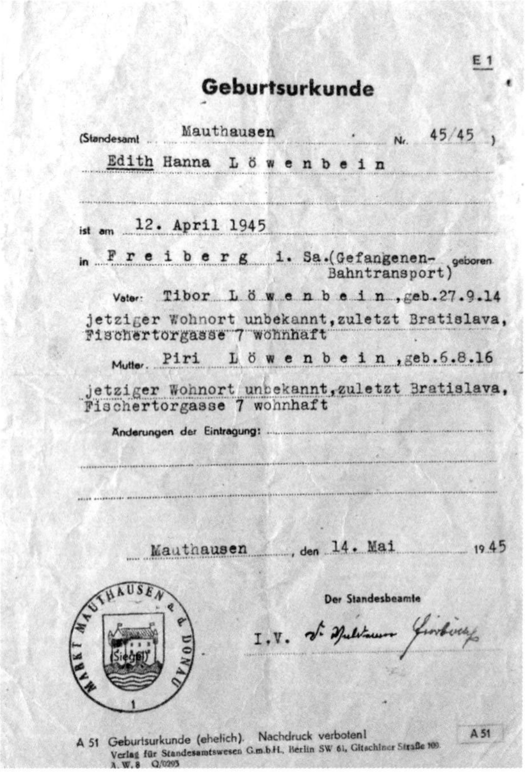

E 1

Geburtsurkunde

(Standesamt Mauthausen Nr. 45/45)

Edith Hanna Löwenbein

ist am 12. April 1945

in Freiberg i. Sa.(Gefangenen-Bahntransport) geboren.

Vater: Tibor Löwenbein, geb.27.9.14
jetziger Wohnort unbekannt, zuletzt Bratislava, Fischertorgasse 7 wohnhaft

Mutter: Piri Löwenbein, geb.6.8.16
jetziger Wohnort unbekannt, zuletzt Bratislava, Fischertorgasse 7 wohnhaft

Änderungen der Eintragung:

Mauthausen, den 14. Mai 1945

MARKT MAUTHAUSEN a. d. DONAU
(Siegel)
1

Der Standesbeamte
I.V.

A 51 Geburtsurkunde (ehelich). Nachdruck verboten!
Verlag für Standesamtswesen G.m.b.H., Berlin SW 61, Gitschiner Straße 109.
A.W.8 Q/0293
A 51

哈娜的出生证明

然后，每位母亲都收到一张正式的奥地利出生证明。哈 297
娜被错误地写成伊迪丝·汉娜·勒文拜恩（Edith Hanna Löwenbein），1945 年 4 月 12 日出生于弗赖贝格，并被加上

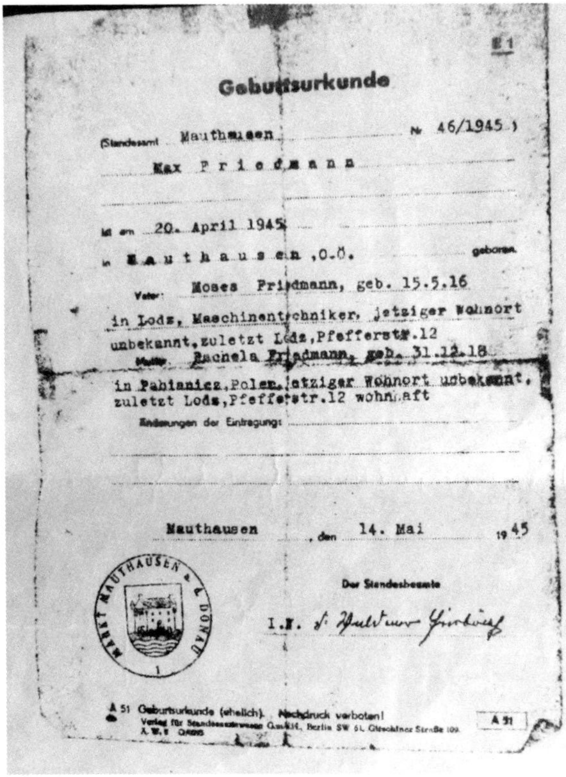

Geburtsurkunde

(Standesamt Mauthausen Nr. 46/1945)

Max Friedmann

ist am 20. April 1945

in Mauthausen, O.Ö. geboren.

Vater: Moses Friedmann, geb. 15.5.16 in Lodz, Maschinentechniker, jetziger Wohnort unbekannt, zuletzt Lodz, Pfefferstr.12

Mutter: Rachela Friedmann, geb. 31.12.18 in Pabianicz, Polen, jetziger Wohnort unbekannt, zuletzt Lodz, Pfefferstr.12 wohnhaft

Änderungen der Eintragung:

Mauthausen, den 14. Mai 1945

Der Standesbeamte

I.V.

MARKT MAUTHAUSEN a. d. DONAU

A 51 Geburtsurkunde (ehelich). Nachdruck verboten!

A 51

马克的出生证明

附注“在火车上降生”。出生证明并未提到她出生于德国奴隶工厂的木制车厢中，车上没有医疗护理条件，她与母亲被强行赶上疏散列车。父亲一栏写着蒂博尔，母亲一栏写着 298
“佩莉”，两人的栏目都写着“现住址不明”，原住址则是布拉迪斯拉发。

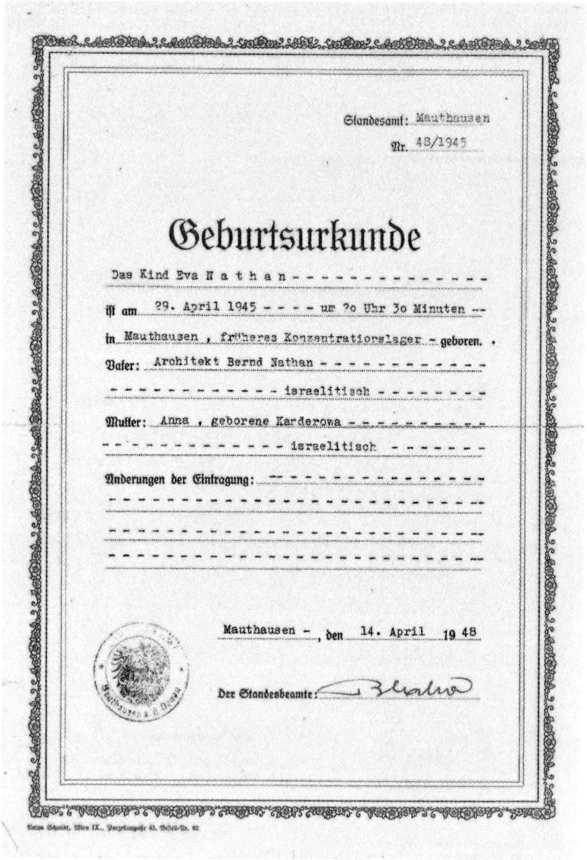

Standesamt: Mauthausen

Nr. 48/1945

Geburtsurkunde

Das Kind Eva N a t h a n

ist am 29. April 1945 um 20 Uhr 30 Minuten

in Mauthausen, früheres Konzentrationslager geboren.

Vater: Architekt Bernd Nathan

israelitisch

Mutter: Anna, geborene Karderowa

israelitisch

Änderungen der Eintragung:

Mauthausen, den 14. April 1948

Der Standesbeamte:

爱娃的出生证明

299 马克和爱娃的出生地则是“毛特豪森”或“毛特豪森前集中营”，出生日期分别是 4 月 20 日和 4 月 29 日。两人都没有固定住址。为马克填写出生证明的登记员不可能想象到，马克是在一个雨天，在莫斯特附近的露天运煤车厢里降生的。至于小爱娃，则是在集中营大门阴影下一辆肮脏的货运马车上降生的，出生证明虽写着她的出生时间是晚上 8 点

30 分，但并未说明那令人毛骨悚然的出生环境。

在拿到这些重要文件后，加上写着姓名和出生日期的临时身份证，以及由国际红十字会签发的证明她们曾经在集中营里监禁的文件，三位母亲终于可以宣布上路了。每位母亲还拿到由毛特豪森新任指挥官代表签发的日程表，说明她们已经治愈了所有传染病。红十字会尽可能地给幸存者分发衣服和帽子，有些幸存者还穿着几年前拿到的破衣烂衫。幸存者会争抢任何印有“美国制造”标志的毛衣。然后，与其他难民一道，她们必须等待交通工具，以便回到她们选择的目的地。

妇女们曾经在纳粹监视下生活了八个月到几乎四年之久。对于所有妇女来说，这就像是一辈子那样漫长。年纪介乎 26 岁至 29 岁的年轻妇女，比绝大多数人的犹太认同更为淡薄，她们早已面目全非、身心俱疲。她们几乎已不记得过去的生活，那时候有自由，有年轻人充满爱的无忧无虑的快乐。正如拉海尔所说的：“我 26 岁离开集中营的时候，我已经是个老妇人了。”

在毛特豪森极端残酷的环境中设法幸存的俄国战俘是最早离开营地的，那是 1945 年 5 月 16 日，人们为俄国战俘举行了感人的送行仪式。人们簇拥到点名广场去挥手送别，这 300
些苏联军人举行了“毛特豪森宣誓”，誓言追随共同的自由道路，继续反对各民族之间的仇恨，争取社会和国家的公平正义。他们宣布：“通向最血腥集中营的大门已被打开。我们将要返回自己的国家……被解放的囚犯……发自内心地感谢让解放成为可能的胜利的同盟国……自由万岁！”

美国人和红十字会负责分发小心包装的香烟、洗漱用品以及基本食物，以便他们在归途中使用。当其余幸存者目送俄国人离开时，他们也在思考即将来临的归程。在花岗岩围墙外遥远的地方，有他们惦念已久的生活。那些成功逃避纳粹诱捕的人正准备重拾业务、重建家园，修复城镇的基础设施，养育孩子并继续生育孩子。普通人将会回到原来的工作岗位，尝试忘记战争，这些幸存者也希望自己能够做到。

虽然许多亲友再也无法回家，但人们还是希望能有亲友可以投靠。佩莉斯嘉时年 29 岁，她想知道儿时伙伴吉兹卡是否还在兹拉特莫拉夫采，是否还能确保她家族财产的安全。当时欧洲的电力和通信系统都已被破坏殆尽，因此佩莉斯嘉无法打电话给对方，何况她也不知道对方的电话号码。佩莉斯嘉准备动身的时候，她答应与长期以来一直保护她的埃迪塔保持联系，尽量分享回家后所要面对的一切。

无论在恐怖的奥斯维辛失去了多少亲人，拉海尔庆幸自己还有三个妹妹在身边。周围有许多人已经失去了所有的亲人，而她至少还有萨拉、伊斯特和芭拉。

301 安嘉时年 28 岁，在她身边有忠实的米茨卡。她们同生共死度过了四年，她们的友谊也将终生不渝。那里还有那么多好朋友，当她失去达恩时，妇女们与她一起悲伤，当她生下爱娃时，妇女们则围拢在她身边。

但三位年轻母亲都不知道丈夫的下落，蒂博尔、莫尼克、贝恩德仍然不知所终。他们是聪明的记者、忠诚的工厂主、英俊的建筑师：三位充满希望和梦想的年轻绅士，曾经抱起三位年轻女士步入婚姻殿堂，这一切就发生在足以毁掉他们余生的巨变前夕。他们是否还活着呢？年轻的母亲和年幼的孩子，还有与丈夫和父亲团圆的机会，拥有童话故事般的结局，战胜纳粹将其全家灭绝的企图吗？还是说她们的梦想已经灰飞烟灭了呢？只有一种方法可以求证。她们要亲眼看看生养她们的祖国还剩下什么，她们的祖国都经历了不同的痛苦命运。

1945 年 4 月，苏联军队解放斯洛伐克。在斯洛伐克 9 万名犹太人当中，只有 2 万人幸存。苏联红军的到来，也预示着这个国家将会在三年后被共产党接收，成为东方阵营的一部分，这一地位将会维持超过四十年之久。尽管如此，斯洛伐克人首先驱逐了所有德国后裔，然后欢迎所有公民回国。他们派出渡轮，前往附近的奥地利港口恩斯（Enns），以接回毛特豪森的斯洛伐克囚犯，渡轮途经水流相对平缓的多瑙河。在不到一周的旅程中，佩莉斯嘉带着哈娜向东航行了大约 270 公里，最终抵达布拉迪斯拉发市中心，这也是她所钟爱的城市。她在码头下了船，只需要走一小段路，就能抵达 1944 年 9 月赎罪日过后她和蒂博尔被逮捕的公寓。大龄单身的埃迪塔则会回到满目疮痍的匈牙利，去看看还剩下多少她认识和熟悉的故人。这两位妇女从未中断联系。

波兰早已面目全非。波兰曾拥有欧洲大陆最多的犹太人 302
口，因此也成为大屠杀的核心灾区。波兰不仅遭到毁灭性轰炸的破坏，而且失去了数百万公民。在苏联红军进驻波兰、苏联当局控制波兰后，波兰少数民族都已销声匿迹，波兰德裔公民更是被迫逃离。许多波兰人拒绝回国，而是逃到德国境内的美国控制区。拉海尔及其妹妹们也想去美国控制区，但她们对父亲的承诺如此重要，她们不想违背对父亲的承诺。

波兰政府和盟军当局安排了运牛卡车，接回那些想要回国的毛特豪森幸存者。车厢被清理干净，车门从来不关，以免让幸存者想起前往集中营的恐怖旅程。拉海尔、小马克以及她那幸存的三个妹妹将会领到食物和饮水，并且可以安坐在舒适的长凳上。然后，她们将会经历800公里的旅程，回到那个失去了几乎所有犹太公民的国家，回到那个无意中成为最恐怖死亡营所在地的国家。

安嘉的旅程最短，但这不仅仅是回到她曾经熟悉的国家那么简单。她的目的地是布拉格，就在200公里外，但从5月5日起，那座城市经历了血腥的三天革命，而5月5日正是毛特豪森集中营被解放那天。就在德国正式宣布投降之前两天，革命卫队的捷克和苏联士兵推翻了纳粹统治，捷克电台广播上出现了“德国人都去死!”的声浪。急于复仇的捷克公民拥上街头，数以百计的德军士兵和德国平民被杀死，且通常是以残忍的方式被杀死。民兵把好几名党卫队和国防军成员变成“人体火炬”，暴徒到处追捕男人、女人和孩子，且不论他们在战争期间立场如何。就连杰出的教授和医生都被殴打致残、就地枪决、私刑处死。

303 起义在5月9日苏联红军抵达布拉格之前一天结束，苏联红军宣布其对捷克斯洛伐克领土的占领，并且开始从捷克斯洛伐克境内驱逐300万德国后裔，同时也杀死了好几千人。安嘉曾经与德国后裔成婚，这也让她前途未卜。作为犹太人，贝恩德按照《纽伦堡法》失去了德国公民身份，而且贝恩德的新婚妻子也不可能成为德国公民。然而，由于安嘉曾经与德国人结婚，在当局看来安嘉也就成了德国人。尽管安嘉从未与祖国断绝关系，但婚姻就意味着她失去捷克公民身份。结果，战争结束后，她无家可归，也无国可回，同时可能成为怀抱病弱婴儿的寡妇，这可不是什么令人羡慕的处境。随着5月过去，安嘉所知道的是——在隔离区和集中营经历了四年牢狱生涯后——她只想回家。

由于长期受到燃料短缺的困扰，捷克当局最初没有火车可以派到奥地利去，因此好几百名捷克同胞只能滞留在营地。为了推动事情取得进展，囚犯们向布拉格派出了最为杰出的代表，来自查理大学的法学教授弗拉迪斯拉夫·布斯克（Vratislav Busek），他在五年前由于政治原因而被监禁。一周之内，教授就返回奥地利，带来关于火车的消息。火车会在捷克布杰约维采车站等待他们，捷克人用鲜花把火车装饰一新，火车上还竖起一面大旗，上面写着“从毛特豪森地狱回家”。安嘉及其婴儿，以及来自泰雷津的朋友们，搭乘客车或卡车前往火车站，然后坐火车回到布拉格，尝试发现丈夫和家人的下落。

1945年夏天，三位母亲穿着破旧而不称身的衣服，带着幼小的婴儿，与无数踏上归程的人一起，准备离开毛特豪森。美军士兵拍下充满颗粒感的黑白照片，照片中能看到排成长队、没有尽头的人潮，这些孤苦无依的人就像河流一样
涌出营地，流向山下，流向市镇。人们耐心地排成长队，等 304
待军队或红十字会的卡车把他们送去火车站、集合点或码

头，那些在被捕前拥有远大前程的人，如今只是身无分文的难民。

离开毛特豪森集中营的幸存者

没有多少机会最后欣赏这壮丽的景色了，毕竟这个地方曾经充满恶意。有人可能会最后回望这座监狱的围墙，并且反思，如果他们没有犯下纳粹眼中的原罪，如果他们身上没有犹太母亲赋予的血脉，一切又会如何呢？没有时间回想过去，却有时间展望将来。正如一位囚犯所说的：“如今，我们终于开始活着了。”

305 从这三个婴儿的小心脏开始跳动以来，他们就与母亲同呼吸共命运了，他们实在是太容易被扼杀了。

在第二次世界大战期间，有成千上万的婴儿出生，但他们都没能坚持下来。

还有数百万婴儿甚至连出生的机会都没有。

在六年时间里，纳粹屠杀了欧洲950万犹太人口中的大约三分之二，此外还屠杀了数百万非犹太人。在弗赖贝格被赶上火车的将近1000名妇女，以及其他中途加入的妇女中，最终活到战争结束时的还不到一半。

但在一系列奇迹般的事件中，这三位年轻妇女在好几年里被纳粹反复点名，最终却出现在幸存者名单里。

多亏了勇气、希望和幸运，这三位年轻妇女的婴儿，成为集中营里第一批拥有名字而非只有号码的囚犯。母亲和婴儿与最黑暗的时代奋勇抗争，她们也注定成为大屠杀的最终幸存者。

对她们所有人来说，1945年既是终结之年，铭记着某些需要此后许多年去抚平的事情，但1945年也是起始之年，铭记着某些此后许多世代都不会再经历的事情：重新开始，重新生活，重新去爱。

九　回家

佩莉斯嘉

306 1945 年 5 月 19 日，战争结束后第一艘被允许在多瑙河上航行的客轮驶离恩斯港，向东方驶去，这已是毛特豪森集中营被解放近半个月后了。客轮吃水很深，因为客轮的下层甲板塞满了归家心切的难民。在难民当中，就有佩莉斯嘉·勒文拜诺娃。

航程道阻且长，甚至充满危险，当客轮向着维也纳缓缓航行的时候，船首的扫雷器警觉地探测着未爆的炸弹。希特勒曾经宣布将多瑙河置于德国管辖下，之后纳粹就控制了多瑙河水域。从黑海舰队划拨出来的分舰队在这条欧洲主要水道上巡逻，保护着至关重要的港口，并且向盟军飞机发射防空炮火。战争临近尾声的时候，数百艘装满高爆弹药的炮舰被故意横向凿沉在多瑙河上，以迟滞苏联军队的前进步伐。这些危机四伏的水下沉船，将会在此后数十年内对途经的船只造成巨大危险。

307 在距离毛特豪森 150 公里的地方，佩莉斯嘉乘坐的客轮被迫停泊在古老城镇图尔恩（Tulln），这座城镇曾遭到猛烈轰炸，因为城镇周围有空军基地、冶炼厂和铁路桥。铁路桥垮塌的残骸让河流暂时无法通行，必须等待清理。在长达两天的时间里，客轮装载着衣衫褴褛、委身草垫的乘客，被迫滞留在图尔恩西岸。这意外的滞留挑动着幸存者的神经，因为他们正置身于希特勒的母国。有些人不想再等下去，坚持要下船。他们徒步东行、轻装前进，步履蹒跚地进入城镇，试图赶上前往维也纳甚至更远地方的火车。他们用美国人给的香烟买票，这在当时可是价比黄金的硬通货。

佩莉斯嘉要照顾婴儿，自然不那么方便，因此她留在甲板上，等待河床被清理完毕，然后客轮送她们回家。5 月 22 日，当她最终在布拉迪斯拉发的齐莫尼－普里斯塔夫（冬季港口）下船时，她发现尽管城镇遭到轰炸，但古老的市中心大致未受波及。她很想直奔公寓，看看蒂博尔是否在等待她们，但她首先要照顾哈娜，哈娜又要看急诊了。哈娜的伤口在旅途中裂开，绷带上浸满血水。

佩莉斯嘉后悔自己没有听从斯塔西少校的建议，因此她抱着女儿直奔位于杜克连斯卡街的儿童医院，儿科医生舒拉（Chura）教授看了看这个严重营养不良、浑身布满脓疮的婴儿，宣布要立即进行手术。在几个星期内，哈娜已经是第二次接受紧急外科手术了，医生用柳叶刀切开和清理由于严重缺乏维生素而形成的脓包，然后再次缝合伤口，再把哈娜送进特护病房。

佩莉斯嘉焦急地等待情况好转的消息，祈求哈娜能够活下来。佩莉斯嘉后来说："我有好的预感，因为她想活下来，她真的想活下来。"舒拉教授走出手术室的时候，也对佩莉斯嘉说了同样的话。

308 手术再次取得成功，哈娜脱离了危险，而饿得半死的母亲也被两位负责医院运作的护士领到厨房。佩莉斯嘉饥肠辘辘地环顾四周，留意到炉子上有个锅，盛着一些炖豆子。在别人说话之前，她一把抓起锅，把整锅炖豆子吃了个底朝天，人们看得"目瞪口呆"。

佩莉斯嘉说："没有人制止我，也没有人说什么。我那时候太饿了。"

护士们意识到佩莉斯嘉也需要照顾，就为她提供了住处，直到哈娜身体恢复、能够出院为止。佩莉斯嘉满怀感激地接受了帮助，在此后两个星期里一直受到护士们的照顾。在稍事休息并安顿哈娜睡下以后，佩莉斯嘉终于能够前往蒂博尔可能会去的地方——位于渔夫城门的旧公寓。佩莉斯嘉心烦意乱地发现，那里是老城区少数被炸弹直接命中的建筑物之一。她只找到碎石瓦砾。在满目疮痍中，她在废墟里四处翻弄，她简直不敢相信，自己竟然碰巧发现了蒂博尔一本珍贵的笔记。笔记本上虽然布满灰尘，但上面有蒂博尔与众不同的字迹。佩莉斯嘉无比珍惜地保存着这本笔记，直到她离开人世。

在布拉迪斯拉发市中心，犹太社区以及其他人士竖立起巨大的布告板，让人们为亲人留言，因此佩莉斯嘉在布告板上写自己和婴儿还活着，并且留下了医院的地址。然后，她又回到布告板那里，等待蒂博尔，或者任何能够帮她找到蒂博尔的人。好几天过去了，好几周过去了，亲友们开始陆续返回城市，包括佩莉斯嘉的姐姐阿尼奇卡（小安娜）和舅舅盖扎·弗里德曼医生，安娜和舅舅曾经躲在塔特拉山区。外公也在纳粹的种族清洗中幸存，但由于伤心欲绝，意外地从窗户摔下身亡。盖扎建议大家找个地方住在一起。后来，哈娜也喜欢佩莉斯嘉的舅舅，亲昵地称他为“阿布”（Apu）舅公，这是哈娜生命中仅有的类似于父亲的角色，佩莉斯嘉也把盖扎舅舅视若父亲，因为佩莉斯嘉已经父母双亡了。

佩莉斯嘉的哥哥邦迪从英国托管地巴勒斯坦传来消息，他在那边一切安好，已经结婚了，还收养了一个女儿。令人惊奇的是，佩莉斯嘉的弟弟扬科也回来了，他曾经与游击队 309
的战友英勇战斗。扬科的头发长及肩膀，当年离家的男孩回家时已是壮实的汉子。多亏了扬科的战争经历，他被授予各种待遇，包括在城市里面选择居所的特权，他所做的第一件事情就是给佩莉斯嘉拿来四套大公寓的钥匙，他和家人可以从中选择一套。这些公寓几乎肯定属于那些永远也回不来的犹太家庭。佩莉斯嘉拒绝“占死人的便宜”，她决定绝不搬到远离旧居的地方，以便蒂博尔能够找到她。

好几个星期过去了，佩莉斯嘉一直没收到父母埃马努埃尔·罗纳和保拉·罗诺娃的任何音讯，这对来自兹拉特莫拉夫采的、满心自豪的咖啡馆老板和老板娘，于 1942 年 7 月被送进奥斯维辛。佩莉斯嘉很久以后才通过家族故交得知，父母抵达比克瑙才一个月就被毒死了。佩莉斯嘉 34 岁的姐姐博埃日卡也未能回来，在同年 3 月的一次遣送行动中，佩莉斯嘉曾经尽力营救这位尚未出嫁的姐姐。多年以后，佩莉斯嘉才知道，由于博埃日卡作为女裁缝的天赋，她未被送进毒气室，而是负责奥斯维辛的缝纫部。在长达三年的时间里，她为党卫队制作和修补制服以及其他服装。博埃日卡冒着生命危险，对在她手下工作的女孩很好，也对她们私下缝补自己和别人穿的衣服视而不见。在一份不太可靠的报告中，佩莉斯嘉伤心地听说，就在1944年12月，也就是集中营被解放之前一个月，博埃日卡冲向电网自杀身亡。再后来，通过一位熟悉博埃日卡的妇女，佩莉斯嘉又听说博埃日卡死于斑疹伤寒。佩莉斯嘉宁愿相信第二种说法。

好几个星期变成了好几个月，还是没有蒂博尔的消息和身影，佩莉斯嘉总是想象蒂博尔会出现在街角。佩莉斯嘉感觉自己如同坠入地狱，无法挣脱，甚至无法回到兹拉特莫拉夫采，去看看那里还剩下些什么，她害怕与蒂博尔错过。由于有生病的婴儿需要照顾，佩莉斯嘉无法工作，
310 也没有钱。她甚至不知道祖国将会发生什么事情。尽管捷克斯洛伐克已经重新统一，原本的斯洛伐克国总统约瑟夫·蒂索也已因为与纳粹合作而被绞死，但国内80%的犹太人都被灭绝，这个国家在共产党人统治下的未来仍然充满了不确定性。

在医院里住了两个星期后，红十字会给佩莉斯嘉发了一些钱，舅舅也给了她一些钱，她就在旧居附近租了几个房间，这样她起码能每天到附近走走，看看丈夫是否在等她。新房间在二楼，过去是仆人住的房间，位于赫维兹多斯拉夫

广场边上一栋三层大楼的背面。那里低矮潮湿、老鼠横行，她们就栖身于一间小卧室、一间起居室以及一间厨房里，佩莉斯嘉还在厨房里架起了浴盆。

1946 年，哈娜与母亲佩莉斯嘉

有一天，佩莉斯嘉用童车推着哈娜走在大街上，走到公共布告板前面，想看看有没有什么新消息，她碰见了苏兹（Szüsz）先生，她在战争爆发前就已认识对方。对方热情地向她致意，并且告诉她，自己曾经与蒂博尔一起待在集中营。苏兹先生说，在奥斯维辛，他们与 1300 名男子被转移到位于格利维采（Gliwice，德国人称格利维辛）的附属奴工营，距离奥斯维辛大约 20 公里。在那里，囚犯们被迫制砖、砌砖，或者为纳粹铁路车间维修车辆。然后，苏兹先生告诉佩莉斯嘉，她的丈夫没能回来。佩莉斯嘉心里 311

一沉，对方告诉她："他不相信你和婴儿能够幸存。他停止进食，身体变得非常虚弱，以至于无法自理。他总是说：'我不想活下去了。没有妻子和孩子，生命还有什么意义？'"

佩莉斯嘉尽力筛选对方所说的话，想要寻找字里行间的意义，她从苏兹先生面前走开，独自面对悲痛。她痛彻心扉，她再也无法找出蒂博尔之死的确切细节了。最终，通过其他幸存者，以及蒂博尔的老相识，她终于发现了自己所需要知道的一切。在 1945 年 1 月的严寒中，气温低至零下 20 摄氏度，大约 1300 名饿得半死的格利维采囚犯，穿着条纹囚服和木鞋，被迫进行死亡行军，前往位于比利什哈默（Blechhammer）的大型人造燃油企业，行程为 40 公里。囚犯们被编成紧密的队形开始行进，他们遭到警告，如果有人掉队，将会被就地枪决。囚犯们冒着冰雪徒步行进，最终汇入由 4000 人组成的一字长蛇阵，改为前往格罗斯－罗森（Gross-Rosen），它即是最后仅存的集中营之一，此去行程将近 200 公里。这一次将会是最臭名昭著的死亡行军。数百名穿着破旧条纹囚服、瘦得皮包骨头的囚犯，因为无力前行而被就地枪决。他们的尸体被拖出道路，扔进壕沟，消失在人们的视线当中。

一位从死亡行军中熬过来的幸存者告诉佩莉斯嘉："蒂
312 博尔就那样放弃了。1945 年 1 月底，他死于饥饿……他倒在路边，就倒在路边……他很可能被枪杀了。"

蒂博尔·勒文拜恩，那位面带笑容、爱抽烟斗的新闻记者、银行职员，那位丈夫和父亲，就这样死在位置不明的冰封道旁，就这样死在波兰的西里西亚，就在战争结束前几个月，卒年 29 岁。没有尸体可供佩莉斯嘉哭泣或哀悼。没有葬礼，没有墓地可为他立碑，以供忌日燃点蜡烛之用。实际上，根本就没有告别仪式，且不论是犹太告别式还是其他告别式。

他的遗孀再也无法从他的死亡中恢复过来。在佩莉斯嘉的余生中，她拒绝再嫁。佩莉斯嘉说："我曾经与我的丈夫举行过盛大的婚礼。我会一个人过下去，因为我无法与其他人生活，也无法找到像他那样好的人。"

让佩莉斯嘉感到安慰的是，儿时好友吉兹卡以及其他人把她最宝贵的财产归还给了她。在这些财产中，包括她珍贵的结婚照片、几封蒂博尔写给她的书信、她去世家人的画像，还有母亲保拉·罗诺娃最喜欢的耳环、母亲挂在漂亮金项链上的圆形雕饰、外公的怀表和表链。

佩莉斯嘉决心投入学业当中，她雇用了一位本地女孩来照顾哈娜，然后回到学校，继续攻读英法语言学硕士。一如过去的计划，她在布拉迪斯拉发成为教师，任教于卡尔帕特斯卡街的一所小学。1947 年，学校巡视员抱怨勒文拜诺娃这个姓氏"太过拗口"，佩莉斯嘉便更改了姓氏。"我的一位女同事自作主张地告诉巡视员，我会把姓氏改得听起来更加'斯洛伐克'，于是我就照做了。"佩莉斯嘉喜欢用法语单词"l'homme"指代男人，并且认为"Lom"加上后缀"ová"会是个简单的姓氏。一位同事告诉她，出生于捷克的男演员赫伯特·罗莫（Herbert Lom）是著名的电影明星，佩莉斯嘉更加觉得自己做出了很好的选择。

313

1949 年，哈娜与佩莉斯嘉

佩莉斯嘉为孩子取名为哈娜·罗莫娃（Hana Lomová），并且在一处福音派教堂为其举行了命名仪式。佩莉斯嘉说，她首先要给哈娜最好的教育。佩莉斯嘉说："我是她的母亲、顾问和朋友。我们为彼此而生活。她是不会让我失望的。"

佩莉斯嘉在布拉迪斯拉发生活了五年，终于接受蒂博尔再也回不来的事实。姐姐阿尼奇卡再次结婚，一直在这座城市生活直到去世。弟弟扬科于 1948 年去了以色列，就生活在哥哥邦迪附近。1950 年，盖扎舅舅说服佩莉斯嘉，随同搬迁到捷克斯洛伐克东部普雷绍夫（Prešov）一家新建的医疗机构里，舅舅在那里担任呼吸科主任。由于哈娜是个"多病的孩子"，长期受困于严重的鼻出血、淋巴结肿大以及肠道问题，舅舅觉得哈娜最好住在空气清新的山区，同时又要靠近医疗护理机构。

佩莉斯嘉在普雷绍夫成为语言教师，在当地高中教了好几年英语、德语、法语，又在当地大学里建立了英语文学与 314
语言系，并且成为哲学院资深助教。1965 年，当哈娜前往布拉迪斯拉发读大学的时候，盖扎——哈娜亲爱的阿布舅公——因为确信自己患上了肺癌而自杀。盖扎卒年 65 岁。正是佩莉斯嘉发现盖扎倒毙在家中，这一发现几乎让她精神崩溃。突然之间，她又变成孤身一人了，她于是搬回 400 公里外的布拉迪斯拉发，搬到自己唯一的孩子附近。

哈娜是在 6 岁的时候初次发现自己真正的宗教身份的，当时有人叫她“肮脏的犹太人”。哈娜跑回家告诉母亲，母亲说：“让我给你看看我父母的照片，他们都是犹太人。”哈娜看着外公外婆的照片说：“好吧。我也想成为犹太人。我可以去玩了吗？”哈娜说她不再为此事感到困扰。她也不会告诉别人自己出生在集中营。“从未真正提起。”

随着哈娜长大，佩莉斯嘉要确保哈娜知道自己的传奇身世，她经常向女儿展示蒂博尔的照片，分享蒂博尔的传奇经历和书信。佩莉斯嘉还拥有蒂博尔的笔记本和邮票藏品，蒂博尔曾经把这些藏品委托给朋友。佩莉斯嘉说：“我想让她知道父亲的生平和我们的经历，但我只想她保留美好的记忆，不要想起任何不好的事情。我想她亲近父亲，并且了解生命的意义……我还记得一切，我告诉了她一切。”

哈娜形容母亲是“无比坚强的烈性子”，竟然能把孩子生下来。在许多年里，哈娜私下认为父亲也许能在集中营里幸存，她总是满怀希望地留意所有身材高大、金发碧眼、蓄小胡子的男人。只有在她 20 多岁以后，她才终于接受父亲已经去世的事实。

哈娜和母亲仍然与佩莉斯嘉在集中营里的守护者埃迪塔保持联系，哈娜 19 岁那年，埃迪塔从位于维也纳的家前来看望她们。哈娜说：“我情不自禁地多次拥抱她!”时间
315 回到 1944 年，仿佛谨守犹太戒律或道德责任那样，埃迪塔在火车上答应蒂博尔，将会照顾蒂博尔怀孕的妻子。埃迪塔希望，自己可能也会得救，终有一日也能找到一位丈夫。她的祈祷终于应验了，战争结束后，她嫁给了一位犹太拉比。哈娜回想起他们的到访：“她的丈夫非常沉默寡言，他们有两个年轻的儿子。她不停地说我的母亲是多么勇敢。”

佩莉斯嘉也尝试寻找她生命中的另一位埃迪塔，埃迪塔·毛特纳洛娃医生，医生曾经在弗赖贝格工厂为她接生，而且成功从火车上逃离。哈娜说：“我们遗憾地得知，她在战争结束后就去世了。因此，我们永远无法向她道谢了。”佩莉斯嘉的确为与她有共同经历的几位妇女安排过一次聚会，来宾包括查夫纳·利夫尼和佩莉斯嘉的朋友玛格达，这样哈娜也能见到她们。哈娜也见过玛格达的丈夫马丁·格雷戈尔，就是那位在毛特豪森为她履行出生登记手续的演员。马丁告诉哈娜：“你现在看上去好多了!”哈娜后来还见到某些战前在报社与父亲共事的人。对方说：“你就是蒂博尔的女儿吗?”然后对方开始哭泣，因为对方与父亲有许多快乐的回忆。

1960 年，佩莉斯嘉向哈娜指出火车停靠在霍尔尼－布日扎的地点

1960 年，在哈娜出生十五年后，佩莉斯嘉带着哈娜回到霍尔尼－布日扎，向那些帮助过车上囚犯的当地居民当面道谢。帕夫利切克先生已经去世了，但母女俩向许多人回忆他的慈悲。母女俩在铁轨附近垒起石块，那里是火车上 38 名死难者首次下葬的地方，然后又瞻仰了市镇公墓，那里是死难者最后改葬的地方。母女俩得知，1945 年 11 月，苏联军人把几名党卫队军官带到市镇，迫使他们徒手挖掘已经腐烂的尸体。当时才十几岁的雅罗斯拉夫·朗格和瓦茨拉夫·斯特帕内克以及许多市镇居民也目睹了这一情形。朗格先生平静地说：“我看这很好，这是德国人应得的报应。” 316

死难者的尸体在隆重的葬礼中体面地下葬，在安葬地点还竖立起令人印象深刻的纪念碑，那是一座巨大的青铜雕像，刻画了悬挂在带刺铁丝网上的垂死挣扎的人物形象。雕塑由杰出的捷克艺术家马特尤（Matějů）制作，并由市镇居民捐建。在1949年一封致地方当局请求募捐的信函中，几位当地居民写道：我们并不知道他们的名字，甚至不知道他们的国籍，我们只知道他们牺牲在纳粹铁蹄之下，却换得了我们的幸存。

佩莉斯嘉和哈娜的到访在市镇里留下了美好的记录和照片，这些记录和照片至今陈列在当地博物馆，以及火车站外面的特别公告栏里，那座火车站就是帕夫利切克先生的故居。在此之后，佩莉斯嘉写信给市镇居民，再次表示感谢：

> 无论是当时还是如今，我都确信，如果没有勇敢的波希米亚西部民众的帮助，我们不可能幸存，我的女儿也不可能幸存。我们如此感激霍尔尼－布日扎……感激我们在那里的难以忘怀的时刻。我们从未忘记，在我们身陷囹圄期间，当地居民为我们所做的一切。

317 在一次反法西斯团体组织的旅行中，佩莉斯嘉也把十几岁的哈娜带回毛特豪森。但女儿被那段经历吓怕了，尤其是当女儿看见母亲抵达前一天在毒气室被杀害的人们的照片时，更加感到害怕。哈娜说：“对我来说，这段经历太可怕了，但我母亲似乎还很平静。她会与别人提及并分享这段经历。”哈娜又花了超过四十年的时间才敢回到集中营遗址，而佩莉斯嘉再也没有回去过。

1965年，佩莉斯嘉与哈娜在斯洛伐克度假

1965年，佩莉斯嘉也写信给德国弗赖贝格的市民，因为当地人邀请她作为荣誉嘉宾前往纪念曾经在工厂里工作的妇女。佩莉斯嘉接受并感谢对方的“盛情邀请”，并且出席了纪念仪式，佩莉斯嘉告诉当地人：“哈娜是我见过的最漂亮的孩子……脑袋圆圆、金发碧眼，这是我从漂亮的弗赖贝 318
格孩子的脸上复制下来的，当我每天被押送上下班的时候，我都会被孩子们的大眼睛所吸引。”佩莉斯嘉还说，她看不出20岁的弗赖贝格女孩与她的女儿有太大差别，“对我来说，她是我最亲切的女伴、我的女儿、我的生命”。她们参观了工厂，但并未参观市镇公墓里阴沉忧郁的纪念碑，上面刻着“弗赖贝格集中营”，还刻着短短的颂词“法西斯主义死难者”。

除了在孩提时期几乎致命的30多处脓疮留下的小小伤疤，哈娜后来很少遇到严重的健康问题。由于出生时浑身爬满虱子，哈娜的确会对蚊虫叮咬感到过敏，但这不同寻常的降生过程留下的主要“遗产”，却是她对大喊大叫或惊声尖叫的“近乎病态的厌恶”，这是因为，她在子宫里面以及出生数周之内听到的尽是这种声音。哈娜说：“如果有人咄咄逼人地对我说话，我就只想跑开，找个地方躲起来。我更加忘不了，当我出生的时候，我的双手捏成拳头，捂在耳朵两边。”

哈娜 23 岁时第一次结婚，并且怀上她唯一的孩子。那是 1968 年。当胎儿在哈娜体内孕育的时候，她焦虑地目睹“布拉格之春”期间学生抗议者开始反抗当局的统治。1968 年 8 月，当 50 万华沙条约组织的士兵入侵捷克斯洛伐克以恢复秩序的时候，哈娜决定永远离开祖国。哈娜说：“很可能是由于我的出生经历，当我看见坦克、听见枪声时，我就不知道如何把孩子带到这个世界上来。”哈娜移居以色列，在那里，她生下儿子托马斯，昵称为“汤米”，那是 1968 年 12 月。1972 年，哈娜开始攻读有机化学博士，十一年后，她移居芝加哥，到了她的解放者的国家。其间哈娜结过两次婚（结婚对象都是犹太人），有两个孙辈，杰克和萨沙。马克是哈娜的第三任丈夫，两人一起生活了二十四年，马克是一位非犹太裔内科医生和肾病学家，两人都在制药企业工作，住在加利福尼亚的旧金山附近。

319 佩莉斯嘉最主要的集中营后遗症，是极度担忧食物短缺和极度害怕寒冷天气。哈娜说：“她总是检查冰箱和食橱，总是在问：‘食物还够吗？会被吃光吗？’幸运的是，我们家很小，她也储存不了太多食物。”佩莉斯嘉很喜欢睡大觉，床铺和寝具成为她生活的焦点，晚年更是如此。

哈娜与儿子汤米、儿媳朱莉以及孙女萨沙、孙子杰克

在临近生命终点的时刻，佩莉斯嘉说：“我与我的孩子拥有美好的人生……那是从我在集中营里生下她开始的……我的女儿如此宝贵……我感谢亲切的上帝，是他送给了我这个孩子。我衷心祝愿，所有母亲都像我深爱自己的女儿那样，深爱自己的孩子。我的女儿既是好女儿，也是好母亲。她也深爱自己的儿子，她是一个好人。”佩莉斯嘉是个乐观主义者，只去想美好的事情，她补充道：“我活下来了。我们都在这里。我带着婴儿回家了。这是最重要的事情。”

哈娜说：“我的母亲总是非常刻苦、非常坚强。她最喜 320
爱的斯洛伐克单词是 presadit'，意思是向前走，或者实现某事。我相信她在集中营期间，就已决心熬过去、活下来，而且让我也活下来。”

佩莉斯嘉晚年患上了阿尔茨海默病（即老年痴呆症），但她足够长寿，能够看见和关爱她唯一的孙子汤米。随着佩莉斯嘉健康状况恶化，她总是反复恳求女儿，“请原谅我”，但哈娜并不知道母亲需要自己原谅什么。哈娜只知道，在母亲的心坎中，往事突然涌上了心头。

年逾八旬的佩莉斯嘉，在布拉迪斯拉发

2006 年 8 月，在庆祝完 90 岁生日后，佩莉斯嘉·勒文拜诺娃住进了看护中心。在那里，佩莉斯嘉有专人看护，护士每天都会向哈娜报告母亲的健康状况。三周后，佩莉斯嘉
321 因为脱水以及其他健康问题而被送进医院抢救。哈娜从加利福尼亚飞回母亲身边，陪伴了母亲几个星期，直到因为工作关系而不得不飞回美国。在回到看护中心后，佩莉斯嘉在病床上又躺了两个星期，最终于 2006 年 10 月 12 日安详地离去。

这位妇女在战争中失去了三个婴儿，失去了丈夫蒂博尔，失去了许许多多的亲人，她把余生都奉献给她“完美的”婴儿，这个婴儿在盟军空袭期间出生在党卫队工厂的木板上。1996 年，也就是佩莉斯嘉去世之前十年，女儿哈娜把弗赖贝格的幸存妇女们为她缝制的罩衫和软帽捐赠给位于华盛顿的美国大屠杀纪念馆（United States Holocaust Memorial Museum）。母亲曾经小心翼翼地把这些物品保存了超过五十年。

佩莉斯嘉的骨灰安葬于布拉迪斯拉发的一处公墓，公墓名称是云雀山谷。该公墓位于丛林密布的山峦中，距离多瑙河不到 1 公里。佩莉斯嘉就长眠在这永恒的美景之中。

埋葬着佩莉斯嘉骨灰的家族墓穴，位于布拉迪斯拉发

322 拉海尔

尽管阿布拉姆丘克姐妹曾经答应父亲沙伊阿，战争结束后就直接回波兰，但她们不得不等待萨拉的身体恢复到可以出门为止，这让她们耽搁到了 1945 年 6 月中旬。萨拉说：“当我看上去可以动身时，我们就决定趁我健康尚可尽快回家。”

尽管她们已经感觉到危机四伏，但这四位年轻妇女的未来仍然充满不确定性。在波兰的 330 万犹太人当中，只有 30 万人在战争中幸存，而且他们回到家园后，据估计仍有 1500 人死于谋杀，而许多谋杀案的动机正是出于反犹。这类暴力行径初现端倪，让拉海尔及其妹妹们感到害怕，而且让她们处于进退两难的境地。她们的选择余地并不大。如此众多的难民想要出国寻求庇护，但许多可能的目的地都已向难民关上了大门。英国、法国、加拿大接纳了数以千计的难民，但英国也开始限制前往巴勒斯坦的难民配额，那里正是许多难民梦寐以求之地。美国最终接纳了大约 40 万难民，但拒绝更多难民进入国境。由于在世界其他地方都不受欢迎，许多波兰犹太人别无选择，只能返回那个已经沦为苏联附庸国的国家。

当时身为长姐的拉海尔已经 26 岁，并且再次承担起长姐如母的角色，拉海尔不仅要为自己和婴儿考虑，而且要为三位妹妹考虑。战争结束时，萨拉 23 岁，伊斯特 20 岁，芭拉 19 岁。她们年轻生命中本该最美好的六年，却是在隔离区和集中营里面度过的，除了帕比亚尼采或罗兹，她们也别无去处。唯一令人感到鼓舞的消息来自两位在毛特豪森偶遇的波兰朋友，对方向她们保证，两周前最后一次见到她们的父亲以及弟弟贝雷克时，两人都还活着。当时大家都在贝尔根－贝尔森（Bergen-Belsen）集中营，但之后就失散了。如果这个消息是真的，那么她们家的男人也会尽快前往帕比亚尼采，也许已经在家里等待她们了。

四位年轻妇女看上去“蓬头垢面”，她们爬上公共汽 323
车，然后转乘运牛卡车，开始了另一段漫长旅程，一路上因为轰炸毁坏、燃料短缺、道路阻断等状况而走走停停。在纳粹残酷镇压华沙起义后，华沙早已面目全非，她们没有停留太久，之后她们搭乘另一班拥挤的火车，然后转乘有轨电车，最终抵达了帕比亚尼采。

回到家乡后，她们发现一切都变了。她们这辈子所认识的绝大多数犹太人都已经被从历史上抹去。父母那座漂亮的公寓以及所有珍贵的财产已被盗窃一空。一名曾经的雇员占据了她们的房子，而且拒绝腾退，声称那座房子已经不再属于她们了。那人声称自己被党“选中”，代表当局照看这些财产。

曾经一起长大的朋友和邻居也都不问自取、顺手牵羊，所以她们孩提时代那座优美雅致、繁花似锦的家园，那座母亲法伊加称为“城堡”的家园，早已不复存在。母亲精心选购的艺术品和陶瓷器皿也都不翼而飞，伴随她们度过早年生活的动人音乐和欢声笑语也都只剩回忆了。姐妹们所得到的仅有的宝贵财产，是父母委托最忠诚的雇员代为保管的，这些雇员好心地把财产归还给了她们。姐妹们饱受创伤、无家可归，她们请求负责安置返家难民的地方当局给予帮助。她们被分配到一处小公寓，之后就在那里等待，满怀希望地等待与父亲和弟弟“终有一日”能够团聚。好几个星期过去了，她们被迫变卖宝贵的财产以换取金钱，否则她们都要活不下去了，而她们的希望也都落空了。萨拉缝补衣服以帮补家用，但这个小小的家庭已经开始意识到深深的失落，她们曾经拥有的亲人，她们曾经拥有的事物，几乎全部都失去了。

324 在战争期间被逐出帕比亚尼采的1.2万名犹太人当中，只有500人幸存，马克是唯一的新生儿。每次姐妹们前往曾经留下许多快乐回忆的市镇，她们不仅仅能看到满目疮痍，她们在那里也并不受欢迎，拉海尔甚至听到一名妇女抱怨道：“他们烧了又烧，但还是有那么多人活着！”

萨拉说：“我们的家园已经不再是我们的家园。整座城市都敌视我们。这座城市就像一座公墓，我们在这里谁都不认识。”金发碧眼的萨拉曾经在学校里广受欢迎，但现在却找不到熟悉的面孔。她心烦意乱，迫不及待地想要拜访以前的美术老师，让对方知道自己还活着。“我的老师曾经多么喜欢我，她曾经为我画了一幅画。我告诉家人：‘她会很高兴见到我的！我会告诉她我们所经历的一切。’但她打开门时却说：‘你的意思是你还活着？’然后她说：‘我没有什么东西可以给你的。’她甚至都没有问我发生了什么事情。她就那样关上了大门，如同狠狠地扇了我一耳光。”

大约在返家一个月后，姐妹们收到一封信，是一位身处纽约并且与波兰当局有所联系的叔父转来的。叔父在信中提到，她们的弟弟贝雷克正在瑞典一家医院养伤，他是被红十字会送到瑞典的，他失去了一只眼睛，还在集中营里受了其他创伤。姐妹们欣喜若狂，她们联系到贝雷克，贝雷克给她们寄来一张自拍照，头上缠着厚厚的绷带。萨拉说：“他没有提及父亲，我们便都知道，父亲没能挺过来。”

她们十几岁的弟弟莫涅克下落不明，在帕比亚尼采隔离区被清空的时候，他曾经如此勇敢，自告奋勇去陪伴那些年幼的孩子。姐妹们后来听说了海乌姆诺灭绝营的故事。母亲法伊加杳无音信，还有脆弱的弟弟妹妹多拉及其孪生兄弟赫涅克，两人时年 14 岁，以及家里最受宠爱的“宝宝”马纽西亚，她时年 12 岁，同样杳无音信。姐妹们当时都已知道奥斯维辛的惨况，不得不接受母亲、弟弟、妹妹的笑声已经 325
永远沉寂的事实。姐妹们只能祈求失去的家人在生命的最后时刻聚拢在一起，没有承受太多痛苦便已离去。萨拉说：“弟弟妹妹们年轻漂亮，本该过上美好的生活。”

面对父母双亡、姊妹失散的现实，与贝雷克始终最为亲密的芭拉突然宣布，自己将前往瑞典照顾贝雷克。芭拉说：“他需要我。”芭拉想方设法去了瑞典，并且在那里照顾贝雷克许多年。从芭拉那里，姐妹们得知，贝雷克在贝尔根－贝尔森集中营拼死保护父亲，因此被看守打翻在地，最终失去了一只眼睛。“他设法保护父亲，因为父亲已经太过老弱，不可能从事任何工作，但贝雷克被勒令禁止帮助父亲。他拒绝服从命令，被看守一脚踢在脸上，就这样失去了一只眼睛。”就在集中营解放之前三天，父亲沙伊阿惨遭射杀。

当时，莫尼克仍然音讯全无。拉海尔猜想，丈夫可能在罗兹等她，同时正在让工厂恢复正常。拉海尔克服了巨大困难，穿越这个实际上已经没有公共交通或基础设施的国家，她在几位男性旅伴的保护下抵达罗兹，却只发现工厂也被占据了。战争爆发前，罗兹的犹太人口曾经超过 20 万，此时锐减到不足 4 万，绝大多数人准备迁居或移民。她的家族已经举目无亲、一无所有。

萨拉说：“我们那时候知道，我们不想留在波兰。我们在那里一无所有。”在战后欧洲的混乱局面中，姐妹们想要前往慕尼黑的美国占领区，因为她们确信，从那里出发，她们可以重新安置在任何地方。姐妹们抵达饱受轰炸的城市，只带
326 着随身衣物和一两件行李。由于有传言说来自波兰罗兹地区的幸存者被安置在慕尼黑，因此有更多的朋友和邻居前往慕尼黑，迅速组成一个相互扶持的新社区。拉海尔继续询问任何从集中营归来的人，是否知道她丈夫的下落，但听到的多半是坏消息，且始终没有可靠的消息，而莫尼克也没有再出现。

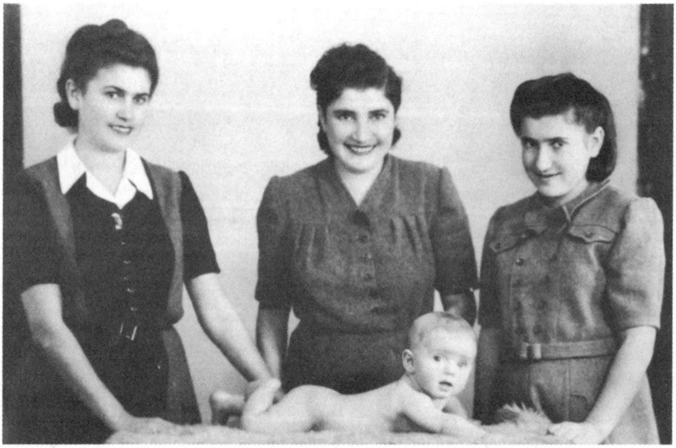

1946 年，婴儿马克与萨拉、拉海尔和芭拉

几个月后，拉海尔终于接受莫尼克肯定已经死了的事实，尽管她从未得知具体细节，也不知道丈夫的遗骸散落何处。在很长一段时间里，拉海尔相信莫尼克很可能是被送进奥斯维辛，并且被毒死了，但有来自罗兹并且认识弟弟贝雷克的人向她保证，莫尼克设法脱逃了清空隔离区的最后一次遣送行动，并且设法留在了隔离区。莫尼克最终在罗兹的大街上被“手持左轮手枪的德国人”射杀。无论莫尼克是怎么死的，他永远都不会知道他忠诚的年轻妻子得以幸存，并且为他生下了一个儿子。他将永远长眠在不知名的墓地里，妻子将永远无法为他竖立墓碑，也永远无法带儿子到父亲的墓碑前面凭吊。

拉海尔已经习惯了悲痛，并且决心继续生活下去，为孩 327
子创造更美好的未来，于是她在慕尼黑又停留了四年。儿子马克在慕尼黑上学，他的第一语言变成德语。母亲和姨妈们只有在不想马克听懂的时候才说波兰语。1946 年 3 月 19 日，拉海尔再婚了。索尔·奥尔维斯基（Sol Orviesky，后来缩写成奥尔斯基）是一位擅长经营的犹太珠宝商，拉海尔早在战前就已认识对方。拉海尔知道，索尔会成为她儿子的好父亲，尽管在此后许多年里拉海尔都为自己太早再婚而感到愧疚，甚至有时会想，如果莫尼克突然出现在她家门前，又会如何呢？拉海尔说：“我再婚了，因为对于孤儿寡母来说，生活太艰难了。”

索尔时年 40 岁，出身于帕比亚尼采一个严格的正统犹太教家庭，战前有过家庭和一个儿子。在一次围捕行动中，一名德军士兵从他怀里一把夺过了婴儿，他在余生中一直自

1949 年，拉海尔与马克

责，自己为什么就不能奋起抵抗呢？除了侄子亨里克
328 (Henrike)，以及两个逃到美国的兄弟，他已失去所有亲人，
包括妻子和孩子。战争期间，他在一座处理死人财产的劳动
营里度过。等到解放时，他的体重只剩下不到 70 磅，在 40
出头的年纪便已掉光所有牙齿，并且身受严重病痛的折磨。

正是索尔帮助阿布拉姆丘克姐妹以及他自己的家庭在战后维持生计。索尔与一位德国化学家合作，后者发明了一种化学步骤，能够把欧洲标准黄金转化为成色比较低的美国标准黄金，索尔赢得了一份合约，帮助德国各大银行在海外从事黄金转化业务。拉海尔和妹妹们帮忙跟进这项业务，美国人似乎更乐意与大屠杀幸存者谈生意，而不太乐意与德国人打交道。她们总是使用美元交收，因为德国马克已经形同废纸，于是她们找到了合适的谋生手段，整座城市也围绕她们开始了艰难的重建。她们甚至开始接纳和接济来自帕比亚尼采的幸存者。

在拉海尔和索尔结婚三年后，两人就有了合法移居新成立的以色列国的移民资格，拉海尔早在十几岁时就已经是犹太复国主义者，她说服丈夫，他们应该生活在以色列。一家人搭上从法国马赛开出的第一班轮船，定居在特拉维夫附近的佩塔提夫卡（Petach Tivka），他们在那里居住了十年。索尔在那里无法作为珠宝黄金商人而谋生，他放弃了自己的业务，在一家钢铁厂成为一名体力劳动者。

战争期间，拉海尔失去了与亡夫莫尼克的所有结婚照片。但在以色列，拉海尔遇到莫尼克的前女友，对方拥有一张莫尼克学生时代的小幅照片，拉海尔说服那位妇女把照片让给她。那张照片一直陪伴着拉海尔，最后传给她的儿子。

拉海尔曾经发誓终生保护马克，她拒绝与索尔再要一个孩子，以免索尔钟爱自己的孩子多于拉海尔那奇迹般幸存的孩子。然后，尽管一家人并不说英语，拉海尔还是于 1958 年举家迁往美国，以免马克被以色列军队征召入伍。索尔重新 329
成为珠宝钟表商人，但他有好几次心脏病发作，最终于 1967 年去世，享年 61 岁。为了确保索尔留下的生意能够继续运转，拉海尔“累得像条狗”，但她终于能够保证儿子不虞匮乏。

在慕尼黑，拉海尔的妹妹伊斯特嫁给了亚伯·弗里曼（Abe Freeman）。亚伯来自帕比亚尼采，曾经是她们的弟弟贝雷克的朋友。亚伯在奥斯维辛度过了四年，身上被打上了刺青。这对夫妇后来搬到美国田纳西州的纳什维尔，两人当时在慕尼黑一个交易会上听信了某犹太援助组织的宣传，对方保证纳什维尔距离纽约“并不遥远”。但当他们抵达的时候，他们才发现纳什维尔“在地图上都找不到”，但他们在那里生活得快乐又成功，他们就在解放者的祖国度过了余生。他们有两个女儿，雪莉（Shirley）和法耶（Faye），还有五个孙辈。伊斯特于2003年去世。

萨拉生活在帕比亚尼采隔离区的时候就已认识后来的丈夫亨里克（也叫亨利）。亨利是拉海尔的第二任丈夫索尔·奥尔斯基的侄子。萨拉和亨利也曾经生活在罗兹，但后来亨利被从奥斯维辛转送到毛特豪森，然后又被转送到埃本塞（Ebensee）附属集中营去挖隧道，那是死亡率最高的集中营之一。战争结束后，萨拉到处寻找亨利。“我总是相信，我们会在一起……他回来了，八个星期后，他说：‘你愿意嫁给我吗？’我说：‘我愿意。’我们就这样愉快地度过了六十四年。”亨利曾经因为斑疹伤寒而几乎送命，他有一位叔父在美国，承诺为这对夫妇提供担保，因此他俩在慕尼黑的夜校学习英语，学成之后便移居纽约，然后又移居芝加哥。后来，他们又在纳什维尔重新安家落户，就生活在伊斯特和亚伯附近。萨拉把名字改为更加美国化的莎莉（Sally），她与亨利有两个女儿，露丝（Ruth）和黛博拉（Deborah），还有三个孙辈。

芭拉留在瑞典，嫁给一位名叫雅各布·菲德尔（Jakob Feder）的波兰犹太人，他们有两个儿子，大卫（David）和迈克尔（Mikael），还有四个孙辈。1986年，芭拉因为乳腺癌而去世，她从未跟儿子们提起战争时期的经历，儿子们则在芭拉去世后移居以色列。

1956年，贝雷克离开瑞典，移居美国，他在旧金山一家 330
餐饮服务公司工作并一直留在那里，直到最终去世。贝雷克娶了一位名叫保拉·尼伦贝格（Pola Nirenberg）的大屠杀幸存者，他们有两个孩子，里夫（Leif）和斯蒂芬（Steven），斯蒂芬后来成为纳什维尔的神经外科医生，斯蒂芬有四个孩子。贝雷克第一次见到拉海尔那“奇迹般的”孩子，是在马克16岁的时候，两人成为最好的朋友。仔细算来，阿布拉姆丘克家族在战争中幸存的兄弟姐妹们，总共有9个孩子和20个孙辈。正如他们所说的，他们拥有“大团圆结局”。

与许多幸存者一样，这几位兄弟姐妹试图抹去所有残酷的记忆，很少对他人提起往事，因为那“太残酷了”。当时，谈话疗法还相当新奇，有些经历过大屠杀的幸存者陷入深深的愧疚感当中，因为许多人都不幸罹难，而他们却得以幸存。其他幸存者通过投入工作或沉迷酒精来忘却，有些人通过家人得到慰藉，有些人则干脆愤而自杀。正如幸存者埃斯特·鲍尔所说的：“最初二十年，我们不想提起。此后二十年，别人不想了解。最近二十年，人们开始发问。”

于是，每个人都只好独自面对那段如同梦魇的经历。人们尽可能克服这段经历，但又总是因为某些突如其来的事物而触景生情。触发回忆的可能是一把手提的风钻、一辆死火的汽车、一堵高耸的石墙、一列飞驰的火车、一个说德语的人、一股烧焦头发的气味、一堆胡乱叠放的衣服，或者几声狗的吠叫。一位幸存者可能会因为理发师使用电动理发剪为其修剪头发而精神崩溃；有些幸存者会对昆虫和绿头苍蝇产生偏执妄想；有些幸存者会在拥挤的地铁里惊慌失措。所有试图摆脱恐惧的幸存者都会发生知觉扭曲。

但无论如何，他们还得坚持下去，就像当年在集中营里那样。萨拉说：“我们都知道，我们都受够了，是时候抛诸脑后了。”也许确实如此，但在2010年8月，萨拉还是陪伴
331 外甥马克以及其他家庭成员前往肯塔基的路易斯维尔，参加第11装甲师联谊会，即“闪电部队”健在老兵的最后一次聚会，“闪电部队”曾经解放毛特豪森集中营，而此时其成员早已各散东西。在超过400名出席者当中，有81位退伍老兵，以及好几位幸存者。巴顿博物馆（Patton Museum）举行了一场动人的仪式，来自诺克斯堡的年轻士兵亲手为老兵颁发纪念品，之后举行了晚餐舞会，40人的大乐队现场演奏音乐。马克说这情景非常令人感动，马克的姨妈此前从未出席过任何纪念仪式，她同样“深受感动”。在与几位老兵交谈后，萨拉说：“从地狱当中死里逃生是幸运的。我们都是幸运儿。我们做到了。一切尽在不言中。”

20世纪80年代，拉海尔（左）与兄弟姐妹萨拉、贝雷克、伊斯特和芭拉在以色列

姐姐拉海尔也表示同意。拉海尔曾经告诉儿子："就像买彩票一样，我们的生死就掌握在喜怒无常的人手中。有些幸存者为自己的聪明或者坚强而感到自豪，以为自己就是这样活下来的，但还有许多更加聪明、更加坚强的人却死了。生死之间，其实取决于运气。"

尽管声称自己已经把那段经历抛诸脑后，但拉海尔才 332
30岁出头就已满头白发，而且几乎所有的牙齿都已掉光。牙医告诉拉海尔，在她怀孕的时候，胎儿几乎吸收了她体内所有的钙质，然后在她哺乳的时候，婴儿又吸收了她仅存的钙质。多少年过去了，拉海尔的记忆始终未能磨灭，失眠症几乎伴随她终生，而且索尔也有同样的症状。马克会听到他们在夜里尖叫，或者在屋里走来走去，对于他们来说，黑夜是扎根在脑海里的。

从"我会说话"的时候起，马克就知道自己是在集中营里出生的，尽管在以色列他身边都是其他大屠杀幸存者的孩子，但他所生活的世界似乎还相对正常。他的父母拒绝使用德国货，拒绝驾驶德国车。或许毫不令人意外的是，每当人们问马克长大之后要做什么的时候，马克总是回答："尽我所能杀死尽可能多的德国人！"然后拉海尔会教训马克："我们失去了所有财产和所有亲人。但如果我们因此而失去人性，那就连我们仅有的东西也都失去了。"直到生命的最后几年，拉海尔才承认，需要为欧洲发生的惨剧负上责任的那代人已经不在人世了。

每当马克问起拉海尔的经历，她总是说："那段经历学不到什么东西。那段经历太恐怖了。如果说还能学到什么东西的话，主要就是你要学会保护自己。如果看上去是时候离开，那就果断地离开。”然后，拉海尔会陷入沮丧中，她会告诉马克：“你简直无法想象那种状况有多么恶劣，所以千万不要心存侥幸。”几个星期之后，拉海尔又责怪马克：“为什么你从不问我战争期间发生了什么事情呢?”拉海尔再也没有回去参观任何隔离区和集中营，再也没有回过弗赖贝格集中营，从不观看或阅读任何关于大屠杀的电影或书籍，除了《辛德勒的名单》（*Schindler's List*），她认为这部电影“还不错”。

马克受到多种过敏症状的困扰，包括哮喘和枯草热（又叫花粉症），他 14 岁那年看到了自己的出生证，而在此之前，他并不知道索尔并非自己的亲生父亲，但母亲与马克从未真正谈论此事。“当我出生的时候，母亲处境
333 艰难，她决心无论如何都要保护我……我只能猜想，父亲已经在战争中去世了。”尽管母亲非常“刻苦”，是个“工作狂”，而且总是督促马克勤奋读书、自食其力，但索尔却是个“极为出色的父亲”，当马克成为受人尊敬的急诊科医生时，父母都为他感到非常自豪。马克的妻子玛丽并非犹太人，两人于 1969 年结婚。马克和玛丽有四个孩子和四个孙辈，两人轮流生活在威斯康星和亚利桑那。

与安嘉以及许多同时代的妇女一样，拉海尔也非常喜欢小说《乱世佳人》（这本书在她于波兰生活的时候就已经喜欢上了）。战争结束后，拉海尔经常引用郝思嘉的呐喊：上帝为我作证，他们不会再鞭打我了；我会坚持下去的，当这

2002 年，拉海尔（右坐者）与（由左至右）孙子大卫、儿媳玛丽、儿子马克、孙子查理和孙女玛格丽特

一切全部结束，我再也不会挨饿了。拉海尔决心不再陷入自己无法控制的处境，不再让家人挨饿。她尤其要确保她生命 334
中的两个男人不再挨饿，她坚持亲自下厨，亲自料理各种家务，甚至有一次连续工作十四个小时后，她也绝不假手于人，因为这是她的“特权”。

当拉海尔与孙子查理观看电影《乱世佳人》时，尤其是看到剧中人物在美国内战期间蒙受苦难时，拉海尔问查理：“他们认为这很糟糕吗?”后来，拉海尔也会带查理以及其他孙辈前往耶路撒冷的以色列大屠杀纪念馆（Yad Vashem Museum）。在那里，她会详细回答孙辈们提出的问题，会比她对儿子说得更多。

在垂暮之年，拉海尔受到许多病痛的折磨，包括糖尿病、高血压、心脏病。她还患上双脚神经麻痹、耳聋以及骨质疏松症，还因为骨质疏松而多次骨折。拉海尔如此描述自己的行动不便：“我告诉我的双脚去哪里，但它们听不见！”马克说过，母亲年过 80 后，已经“虚弱和疲倦，不复硬朗和健康……她发觉自己难以享受生活，希望生命走到尽头。”尽管如此，2002 年新年前夜，拉海尔还是在亲人的陪伴下于纽约庆祝了 84 岁生日，当时她刚刚卸下在当地一家医院充当志愿者的重担。两个月后，拉海尔接受了常规的膀胱手术，她坚持把手术安排在妹妹伊斯特和萨拉前往夏威夷旅游期间进行，以免她们“担惊受怕”。

马克从位于威斯康星的家飞到纳什维尔陪伴母亲，并且当母亲手术后心脏病发作时始终守候在母亲身边。这位出生在煤车里的孩子说：“母亲微微张开双眼，看着我一路走来的路。”拉海尔·奥尔斯基病逝于 2003 年 2 月 19 日。

在 57 岁那年，在为了不辜负自己非凡的出生经历而奋斗大半生后，马克的双亲彻底辞世。他那不屈不挠的母亲，几乎在六十年前就已经命悬一线，却克服了生命中的种种考验——包括两位丈夫的先后故去——她始终乐观面对自己和
335 马克所经历的一切。她曾经告诉儿子：“你用如此简单的素材，谱写了如此伟大的故事！”

拉海尔安息在田纳西州纳什维尔市一处犹太公墓的一个安静角落，周围满是美丽的山茱萸树。

拉海尔之墓，位于美国田纳西州纳什维尔市

安嘉

在毛特豪森的医务室休息和恢复了近三个星期后，安嘉和爱娃终于准备动身回家。当她振作身体准备返回布拉格的时候，她和女儿收到士兵们和好心人赠送的许多童装和礼物，直到爱娃“应有尽有”。

带着爱娃最重要的出生证明，以及安嘉自己那全新的、不再打上“J”字样的身份证明，母女俩搭乘公共汽车前往 336

捷克布杰约维采，最终在1945年5月20日前后转乘鲜花装饰的捷克斯洛伐克专线列车，依依不舍地告别了母女俩的救命恩人。

与另外两位母亲一样，安嘉的旅程颇为曲折，而且几经延误。绝大多数火车站都缺少站务员，却挤满了渴望回家的人，人们试图爬上火车，甚至坐在车厢顶上。来自毛特豪森的形容枯槁的囚犯们，最终在一个凄凉的深夜抵达布拉格的威尔逊车站。安嘉对这个地方再熟悉不过了，当年她就是从特雷贝克绍夫采来到这里再去拜访姑妈的，也是从这个地方开始去往该城市学习法律的。如今这一切看起来恍如隔世。

尽管如此，来到历经战争和革命的布拉格，也是安嘉在战争期间最为压抑的时刻之一。安嘉说："多少年来，你被迫不断前行、不断奋斗，试图不去担忧太多、考虑太多。过去我完全不是这样的，直到我举目无亲……我的父母和姐姐们……都已经不在了，回家也毫无意义。"安嘉又补充道，这是"可怕的现实……这是我在整个战争期间最为糟糕的时刻"。

除了在革命期间遭受的破坏，这座城市的部分城区还意外遭受了美军飞行员发动的地毯式轰炸，因为他们在2月轰炸期间把布拉格当成德累斯顿，此举导致电力系统和交通系统陷入混乱。大片地区仍然漆黑一片。安嘉的情感和身体同样脆弱，她身无分文，唯一的打算是在天亮后前往表亲奥尔加的公寓。违反常理地，安嘉始终坚信奥尔加能够幸存，因为她嫁给了非犹太人。与此同时，安嘉及其朋友又不得不在黑暗中等待，等待红十字会官员抵达，并且把她们安置到车站附近的格拉夫旅馆。

第二天早上，安嘉带着爱娃离开旅馆，并且找到有轨电
车车站。作为战后返回布拉格的第一批幸存者之一，安嘉的 337
出现吸引了人们好奇的目光。尽管人们已经在世界各地的新
闻影片和报纸上看到集中营及其幸存者的惨状，但当人们看
见骨瘦如柴、蓬头垢面的母亲穿着从毛特豪森领到的捉襟见
肘的破旧衣服时，人们还是大吃一惊。许多人对她报以同
情，并且给了她许多捷克克朗。

安嘉坚持“我只需要有轨电车票”，她只拿了她所需要的东西。在阳光下，这座城市似乎未被改变，但对于茫然不知所措的安嘉来说，这座城市似乎已经面目全非难以辨认了。安嘉来到施尼尔绍娃街的两层公寓，就在新艺术展览馆附近，她爬上楼梯，惊奇地发现门外放着面包和盐，这都是生活必需品，这是传统的捷克欢迎仪式。上午 10 点刚过，安嘉敲响大门，迎面而来的正是表亲奥尔加·什罗科娃，还有她的丈夫奥尔达以及两个孩子。夫妻俩听说她还活着，就在家里等她回来。安嘉说：“我身上已经没有虱子了！”安嘉说完就投入了家人的怀抱，多少年来第一次泣不成声。实际上，安嘉和爱娃身上还是有虱子，但大家都不介意，只为能够再次相见而感到宽慰。

安嘉问道：“我能否在这里停留些日子以便恢复身体呢？”实际上，安嘉母女将会在这里停留三年半，奥尔加及其家人热情地欢迎她们，并且为她们开启了新生活。“他们如同天使。在那套小小的公寓里已经住了两个十几岁的孩子，但他们还是接纳了我们，而且始终善待我们。”

在刚刚抵达的日子里，安嘉主要就是吃饭和睡觉。她无法克服尽可能吃饱的念头，她会在半夜里偷偷爬起来大口大口地喝水，或者在食橱里翻箱倒柜。她似乎一吃面包就停不下来，如果电力供应正常，她甚至会在半夜里跟奥尔加一起烘烤新鲜面包。

安嘉和爱娃明显是把虱子带进家门了，而且母女俩都得
338 了疥疮，这是由于寄生螨虫而导致的，母女俩都在医院里住了好几天，接受杀虫洗液和抗生素的治疗。奥尔加比安嘉年长 20 岁，经常来看安嘉，而且非常耐心。慢慢地，奥尔加开始回答安嘉的问题，开始讲述安嘉离开布拉格期间发生的事情。奥尔加及其姐妹哈娜都嫁给了非犹太人，因此一度逃脱了抓捕，直到战争最后六个月，姐妹俩都被关押进了泰雷津。她们的丈夫都被送到捷克斯洛伐克境内的非犹太人隔离营。幸好所有人都活了下来。

奥尔加同时告诉安嘉，仍然没有安嘉其他家人的音讯。既没有安嘉那自豪的父母斯坦尼斯拉夫和伊达的音讯，也没有忧伤的鲁热娜及其漂亮的金发儿子彼得的音讯，也没有她有趣的姐姐热德娜及其丈夫赫伯特的音讯。奥尔加给安嘉展示了热德娜被迫从比克瑙写来的明信片，当中包括要面包的代号“lechem”，这是热德娜最后一次勇敢尝试，想让亲人知道自己正在挨饿。热德娜是充满活力的漂亮女性，她如此深爱丈夫、热爱生活，最终却像蜡烛一样灰飞烟灭。

奥尔加完全没有听说过安嘉父母的消息，而安嘉最后一次看见父母就是离开泰雷津的时候。奥尔加也没有贝恩德的消息，奥尔加及其家人已经在有关当局那里登记过所有失散

亲人的名字。好几天过去了，好几周过去了，仍然没有新的消息，她们越来越感觉到，自己是这个大家族里仅有的幸存者了。

更加让安嘉感到伤心的是，她那原本丰沛的母乳也在母女俩抵达布拉格的时候最终枯竭。爱娃说："仿佛她的身体说：'够了！'仿佛她的身体决定，该给我吃配方奶粉或其他食物了。讽刺的是，彼得的父亲从英格兰寄来一整箱奥斯特奶粉，但我的母亲送我去儿科医生那里做检查时，医生告诉她，那都是垃圾，应该被扔掉，她竟然照做了。"

在那以后，安嘉每次喂哺爱娃的尝试都以充满痛苦和挫败的哭泣而告终。安嘉再也没有母乳了，而且乳房变得非常
干瘪。当儿科专家告诉安嘉，爱娃需要"多多进食"时，安 339
嘉别无选择，只能硬塞。可怜兮兮的爱娃只会吸吮，她倒栽葱似地趴在沙发上，母亲拍打着她，用勺子给她喂汤，直到她呛气或者吞咽。对于母女俩来说，这都是一段痛苦的经历。

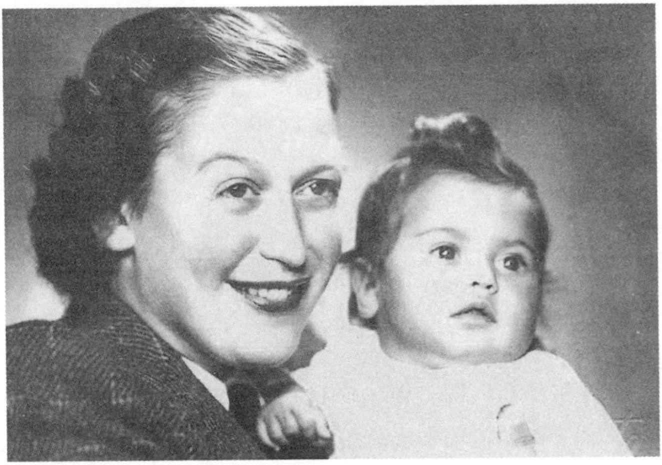

1945 年，安嘉与爱娃在布拉格

安嘉还有其他担忧。由于嫁给德国人的安嘉已被剥夺捷克斯洛伐克国籍，而且捷克斯洛伐克正在驱逐所有德国人，安嘉担心自己也许会有危险，就算她自己是犹太人也无济于事。安嘉每天都用婴儿车推着爱娃，前往各个政府部门去填写表格，劝说政府官员恢复她的国籍。

仍然没有贝恩德以及其他家人的消息，尽管安嘉早已询问过所有可能见过他们的人。安嘉拒绝放弃希望，她告诉自己，贝恩德正在回家的路上。然后，渐渐地，通过与其家人
340 认识的人们，安嘉终于得知了至亲的命运。安嘉的父母和姐姐们，以及彼得和安嘉的姐夫，都被关押在比克瑙的捷克家庭营，用以迷惑红十字会。安嘉那自豪的父亲斯坦尼斯拉夫，他的眼镜和精神早在泰雷津时就已被碾碎，几周之内便死于肺炎。爱笑的热德娜及其丈夫赫伯特，与鲁热娜一起，在家庭营被清空后就被毒死了。安嘉的外甥彼得只有 8 岁，在被毒死之前还遭到看守的性虐待。安嘉的母亲伊达，那位乐天快活、体态丰盈的女家长，那位掌管皮革厂资金往来并且深受女顾客欢迎的女老板，在所有亲人都被送走并且几乎肯定是被送进毒气室后，终于发疯了。“别人告诉我有关母亲（发疯）的时候，也许还感到抱歉，我并不知道此事的真假，但如果这是真的，那也许是件好事。”

就在安嘉努力接受上述信息的时候，她在大街上遇到了一个人。“我是在一条非常狭窄的街道上偶然遇见他的，那条街道叫那普利科佩克街……我甚至不记得我去那里干什么了。那个人就在那里。我在战争爆发前就认识他了，但我从未意识到他与贝恩德就在同一座集中营……他看见我的时候

很高兴，然后他说：‘你知道吗？不要再等你的丈夫了。他就在解放之前被杀害了。他被射杀的时候我就在现场。’我永远感激他，他没有拐弯抹角，而是直接告诉我。他让我不再等待了。”

安嘉终于知道，就在贝恩德于 1944 年 9 月抵达奥斯维辛二号营 - 比克瑙灭绝营后不久，他就被选派到俾斯麦胡特（Bismarckhütte）附属集中营里的制造厂和军需厂去工作，这座附属集中营位于西里西亚地区的霍茹夫 - 巴托里（Chorzów Batory）。集中营邻近贝格胡特（Berghütte）公司经营的俾斯麦钢铁厂，它控制着大约 200 名犹太囚犯，强迫他们从事体力劳动或制造武器零件。贝恩德熬过了严寒的冬天，但在 1945 年 1 月 18 日，所有囚犯都被疏散到 30 公里外的格利维采，他们在厚厚的积雪里“死亡行军”。贝恩德 341
甚至可能加入了佩莉斯嘉的丈夫蒂博尔那茫然无助的队伍，但我们永远无法知道两人是否见过面。

任何掉队或跌倒的人，都会在后脑勺挨上一枪，然后被丢弃在道路两旁，瞬间冻成僵硬的尸体。这就是蒂博尔遭受的命运。那些留在队伍中的人，其实早已无异于“行尸走肉”了，他们被塞进运牛卡车，然后再转乘火车，最终抵达诺德豪森 - 多拉（Nordhausen-Dora）集中营或布痕瓦尔德集中营。就是在最后这段旅程中，贝恩德被一名党卫队看守射杀在火车前面。几个月后，没有人能够告诉贝恩德的遗孀，他的尸体是被如何处理的，可能就是被丢弃在某处冰天雪地里。安嘉也不知道贝恩德下葬的地点，她甚至无处寄托哀思。

安嘉也无法知道为何贝恩德会在如此临近战争结束的时候被杀害，尽管在集中营里生活了五年后她几乎可以确定地感知到，杀戮不需要理由。在贝恩德被杀害几天后，苏联红军进抵格利维采周边地区，这本来是可以解救贝恩德，而且让他与怀孕的妻子团聚的。

贝恩德永远无法回家的消息几乎击垮了安嘉，就算经历过种种苦难，她还是难以接受这一噩耗。安嘉心如死灰，但她拒绝向绝望屈服。她还有许多亲人需要哀悼，还有许多事情需要考虑，而爱娃是她首先要考虑的。安嘉想方设法收拾心情，迈开步伐继续走下去。“我没有时间哀伤。有人问我：‘你如何应对？’我说：‘我没有时间应对。我必须为了维持生活而做必须做的事情。’钱永远不够，因为我不知道，我的下一枚硬币得从什么地方挣回来。”

安嘉还接到更加沮丧的消息。安嘉曾经把最珍贵的财产托付给最信任的女仆，后来女仆羞怯地交还了贝恩德的钟表以及其他遗物。但女仆承认，自己已经把那些绿色丝绸窗帘
342 卖掉了，还把安嘉所有的珍贵照片烧掉了，因为女仆害怕这些照片会连累自己惹上官司。“我真想杀了她！在我所有需要寻回的东西当中，最宝贵的就是那些照片了。”对于从集中营回来的人来说，失去的已经够多了，财产只不过是微不足道的身外之物，但最为宝贵的是回忆。对于这些人来说，对亲人的回忆突然意味着整个世界，安嘉也是如此，但女仆却告诉她这些都丢失了。安嘉并没有放弃，她前往摄影师的工作室，那位摄影师也是犹太人，曾经为安嘉和贝恩德拍摄婚纱照。尽管摄影师已经身亡，但底片仍然留在他的文件夹

里，因此安嘉能够重新冲晒照片。

安嘉首先要考虑的始终是爱娃。“我必须为她考虑，也正是她让我继续前行……她是我所真正拥有的一切，永远都是我的。我们都爱自己的女儿，但我感觉到这根脐带是永远无法剪断的……如果我要让她活下来，我就必须守护在她身边。我必须满足她的生活所需，满足她的精神需要和物质需要。”

战争结束后的第一个夏天，奥尔加及其家人外出度假了，安嘉决定前往特雷贝克绍夫采－普德奥雷宾，去看看家族的房产和生意是否还在。安嘉只知道，所有这些产业都被征收了。安嘉带着年幼的女儿，前往威尔逊车站，登上回家的列车，回到那个承载她快乐童年的地方。“我没有钱，我也无法工作，因为爱娃需要我。我下定决心，既然我是整个家族唯一的继承人，如果工厂仍然运转，就算已被当局征收，我也会告诉他们，我有个小孩需要抚养，我需要拿回某些东西。”

安嘉抵达工厂的时候，儿时夏天的深刻记忆涌上心头，她曾经与家人在露台上吃饭，她曾经带着枕头躺在花园的角落里看书。她曾经害怕那座高耸的砖砌烟囱会塌下来，压死全家，如今这烟囱只会让她想起其他更为邪恶的烟囱，她几乎不敢走进那座烟囱的阴影中。

安嘉跟公司的党委领导们谈话，出乎意料的是，对方 343
同意每月向她支付一笔微薄的津贴。“虽然非常微薄，但也比什么都没有要好些。”安嘉姐姐的包豪斯别墅同样被征收了，已经成为其中一名工人——也是一名模范党员——的起居室，因此安嘉和爱娃只能分配到一个角落里的小房间，没有厨房和浴室，也几乎没有任何家具。“他们对待我就像对待妓女一样。”

尽管安嘉最初喜欢这种久违的、不再几百人生活在一起的自在，喜欢这里无污染的新鲜空气，但她很快就被孤独所压倒。她那些已寂然无声的家人发出的声音充斥着她的脑海。她会在睡梦中回到那个充满欢声笑语、温暖而美丽的家，那里有家人慈爱的怀抱，但这些都已成为她挥之不去的梦魇。过去的已经过去了，但她仿佛置身于另一座集中营，与她经历过的集中营同样残酷。

置身于这座小小监牢里，安嘉甚至不能从她小时候游乐嬉戏的大花园里摘一个西红柿。更为糟糕的是，有一天，当安嘉推着别人给她的婴儿车带着爱娃外出时，一名她早已认识的捷克老妇人拦住了她，冷冷地说：“那肯定是纳粹的孩子!”老妇人的冷言冷语撕开了安嘉内心的伤口，安嘉泪如雨下、匆匆离开。“捷克人对我非常恶劣，这非常伤人。这些都是看着我长大的人。我并不期待德国人给我什么补偿，但捷克人和党员们让我觉得我早就该死了。这真是太可怕了。”

尽管如此，在那里也有意想不到的善举。当安嘉父母的朋友听说安嘉还活着，他们就陆续前来探访，并且致以慰问。安嘉此前并不知道，斯坦尼斯拉夫和伊达曾经把最精美的银器、瓷器、地毯和珠宝交托给这些朋友，他们在战争期间勇敢地保存着这些财产。安嘉非常感动，因为父母的朋友把这些宝贵的财产交还给了她，安嘉感谢他们的诚实守信。

“实际上，我得到了一切。”尽管如此，这些细微的善举也并不能改变“家不成家”的事实。当表亲奥尔加发现安嘉在那里的生活状况后，她便坚持安嘉和爱娃应该回布拉格。 344
此后不久，安嘉的姐夫汤姆·毛特纳的朋友前来拜访，来访者从英格兰带来了食物和衣物。来访者名叫卡雷尔·贝格曼(Karel Bergman)，是一位制作假发和发网的犹太工匠，他的父亲曾经拥有一家工厂，安嘉在战前就认识卡雷尔了，但他与汤姆一样，早就逃到了英格兰，他在那里在战斗机司令部当翻译。

安嘉没有自己的住处，也没有多少可维持生活的收入，处境并不安稳。安嘉不可能永远跟奥尔加住在一起，她必须走自己的路。卡雷尔开始对安嘉表示好感，这让安嘉感到宽慰，但她又花了三年时间，才说服卡雷尔与她结婚。“我知道，他作为一个男人，不仅对我来说是个依靠，但这并不是最重要的，最重要的是爱娃需要一个父亲。如果我的想法是正确的，那么我的做法就是正确的。”这对情侣终于订婚了，但还不能立刻结婚，因为安嘉还要等待自己恢复捷克斯洛伐克国籍。

几乎每天安嘉都会带着爱娃前往政府部门，去跟进自己的个案。安嘉会把爱娃连同婴儿车停在外面，自己进去与民政官员交涉，出来的时候总会看见成年人逗弄她那漂亮的婴儿。然而，安嘉很快发现，正是当局在为她的申请设置障碍，因为如果她不是捷克斯洛伐克公民，当局就永远无须交还工厂或给予补偿了。在长达三年时间里，有一名跟安嘉打交道的官员几乎每天都问她：“你真的会说捷克语吗？”尽管官员们每天都在用安嘉的母语与她交谈。

1948 年 2 月 20 日，安嘉终于说服当局再次承认她是捷克斯洛伐克的合法公民，那年她 30 岁，并且正式成为卡雷尔・贝格马诺娃太太。安嘉的新丈夫比安嘉大十五岁，当时已经 45 岁了。1939 年，卡雷尔逃离保护国，前往英国并加入皇家空军，但他年纪太大，不适合作为飞行员，因此他成了翻译。两人的婚礼正值共产党员发起政变（即二月事件）的那一天，从此捷克斯洛伐克建立起全新的政治秩序。

345

1948 年，安嘉与卡雷尔・贝格曼的婚礼

当这对新婚夫妇能够合法离开这个国家的时候，两人就带上爱娃以及少量财产，搭乘穿越德国前往荷兰的火车，打算在那里与其他捷克难民会合，前往加拿大的蒙特利尔。但到了荷兰（他们在那里与贝恩德失明的父亲路易斯短暂团聚，路易斯在战争中幸存下来了）后，他们转道前往威尔士，因为卡雷尔找到一份临时工作，负责管理一家手套工厂。五年之内，卡雷尔买下了这家工厂，这对夫妇就再也没有离开过了。开始的时候，他们生活在一套家具齐全的一层小公寓里，公寓位于加的夫城的大教堂街，安嘉喜欢这个家，喜欢在这个国家过上自由和安全的新生活。“这只是一套非常普通的公寓，与其他难民家庭比邻而居，但我从未如此快乐过。我身无分文。我不知道我能做什么。我会想起我的母亲，只要保持乐观，一切都会好起来的。”

安嘉尤其喜欢的一件事情是，她终于能够重拾对电影的热爱了。每当爱娃上幼儿园和上学的时候，安嘉就自己前往 346
电影院，几乎每天都去。安嘉说：“放映什么电影都无所谓。这是我仅有的娱乐。”

爱娃身体瘦小、营养不良、身世凄凉，明显发育得相当缓慢，22 个月大的时候还不会走路。安嘉带着爱娃看了一位又一位儿科医生，害怕发育迟缓会造成什么持久伤害。安嘉看见朋友女儿的进步，尤其觉得苦恼，别人的孩子至少 6 个月之前就学会走路了。尽管如此，安嘉坚强的女儿也在慢慢地积攒着力气，迅速“迎头赶上”。爱娃刚上学的时候，就连一个英文单词也不认识，但到她 5 岁的时候，她的英语已经非常流利，而且开始赢得奖学金了。爱娃健康又聪明，看来也没有什么后遗症，而且食欲也很正常，尤其喜欢母亲制作的捷克菜，许多菜式是母亲在营房里用想象的材料学会制作的。

安嘉在集中营时期留下的主要后遗症，是爱娃每当听到风钻的声音就会变得歇斯底里。安嘉不得不请求工人停下来，或者捂住女儿的耳朵，让她平静下来。安嘉最终猜想，爱娃肯定是在弗赖贝格集中营听到过气动铆接机的声音，当时爱娃还在安嘉的肚子里。

爱娃从小就听说了家族的历史，但一直到4岁，她才发现卡雷尔并非自己的亲生父亲。挂在厨房门后面的购物袋是布拉格的故人为母亲缝制的，上面绣着字幕“AN”：安嘉·纳坦诺娃。

母亲解释道：“我们在厨房的时候，她问我：‘妈妈，为什么是A. N. 呢，难道不是A. B. 吗？’我想是时候告诉她了，然后我说：‘你听说过战争吗？’她点点头，然后我说：‘好吧，你的父亲在战争中被杀害了，他的姓氏是纳坦……后来我嫁给了你的养父，从那时起，我就叫贝格曼太太了，所以你有两个爸爸！’爱娃下楼跟其他孩子
347 玩耍，一分钟后，我听到她说：‘我有两个爸爸，而你们只有一个爸爸！’从那时起，我就知道，没有人能够伤害她了。”

后来，当爱娃知道得更多后，她就经常告诉别人，自己是在集中营里出生的，尽管她并未意识到这样说的真正意义。直到十几岁的时候，当爱娃读到安妮·弗兰克（Anne Frank）的《少女日记》（*Diary of a Young Girl*，又译为《安妮日记》）时，她才意识到自己说过的事情有多么恐怖。有时候，爱娃会想象自己的第一位爸爸在战争中幸存，将会回到她们身边，但她同样深爱自己的第二位爸爸，因此这种想象并不常见。

1952 年，安嘉与爱娃在加的夫

安嘉曾经提出，要为新丈夫再生一个孩子，但他拒绝 348
了，他宁愿收养爱娃，而且总是把爱娃视若己出。爱娃说："母亲只想为我营造一个充满爱的家。所以卡雷尔收养了我，他是我见过的唯一的父亲。"

卡雷尔在战争中失去了母亲、孪生姐妹、外甥以及其他家庭成员，但他很少提及自己的往事。然而，安嘉仿佛无法摆脱过去，她会去看关于大屠杀的每一部电影、每一份档案。她在《辛德勒的名单》刚刚上映的时候就去看了，并且形容集中营的场景"或多或少是逼真的"。其中一幕尤其感动了她。当时犹太人拥挤在锁上车门的运牛卡车里面。囚犯们从车厢裂缝里伸出手来讨水喝，纳粹党徒无动于衷、狰狞大笑，此时辛德勒一把夺过水龙软管，朝着车厢喷射，这似乎是残忍的行为，但实际上是为了缓解囚犯们的口渴。

安嘉拥有摆满整个书架的关于大屠杀的书籍，还有几幅约瑟夫·门格勒的照片，与拉海尔和佩莉斯嘉一样，安嘉一眼就能认出这个异常礼貌、面带笑容、拿着手套、露出牙缝的医生，在1944年下半年那几个生死攸关的星期里，他在奥斯维辛负责筛选囚犯。安嘉的书架上还有其他纳粹高官的个人传记，这经常让来访者感到惊奇。每当别人问起为什么她会有这些书时，她总是说："因为我也想知道为什么。"安嘉也研究泰雷津和奥斯维辛的死难者名单，用手指翻过书页，看看她所认识的人在什么时候、以什么方式生存和死去。

1989年，共产党在东欧的统治结束后，安嘉终于收回了位于特雷贝克绍夫采的家族工厂。"我很快就把工厂卖掉了，这很糟糕，因为我根本不知道如何经营工厂，也不想与这间工厂发生任何关系。"安嘉不禁感到愧疚，每当想起父亲时，她都在想父亲可能会向她问道："首先是德国人拿去，然后是共产党拿去。如今，你竟然自作主张把它卖掉？你怎么能这样？"这是一个让她愧疚终身的决定。

349 安嘉再也没有回过奥斯维辛，而且再也不想与德国人扯上关系。就像拉海尔那样，安嘉的家里没有任何德国货，安嘉激烈反对修建海峡隧道，因为她认为："德国人会过来！"战争结束许多年后，丈夫的工厂添置了新机器，一位工程师来向工厂员工展示如何操作。卡雷尔把工程师请到家中吃晚饭，而那位工程师是德国人。安嘉准备好晚饭，但当丈夫问工程师来自何处时，对方回答“弗赖贝格，在萨克森”，安嘉就径直走出房间，再也没有跟对方说过一句话。

每当安嘉带着爱娃坐火车从加的夫前往伦敦，她们总要经过位于纽波特的大型钢铁厂，那里有喷涌着浓烟和火焰的工业烟囱。每一次，安嘉都不得不背过脸去。后来，安嘉经常出现内耳性眩晕病，又称为梅尼埃尔氏病。一位专科医生告诉她，这种病症通常出现于钢铁工人、煤矿工人以及流行歌手当中，因为这些人经常置身于严重的噪音环境中。医生无法想象安嘉是在何处患上这种疾病的，直到安嘉亲口告诉医生为止。

1968 年，即爱娃 22 岁（也可算 23 岁）那年，她嫁给了马尔科姆·克拉克（Malcolm Clarke），一位非犹太人，后来他成为剑桥大学的法学教授。这对夫妇有两个儿子，蒂姆（Tim）和尼克（Nick），还有三个孙辈，玛蒂尔达（Matilda）、伊摩根（Imogen）和提奥（Theo）。安嘉了解和深爱他们。爱娃说：“这对我母亲来说是个奇迹。她不敢相信她能够活下来或者我能够活下来，然后我还有两个孩子，我的孩子又为她添了曾孙。这是个奇迹。”

当安嘉第一次见到爱娃的家翁肯尼思·克拉克（Kenneth Clarke）时，安嘉发现肯尼思在战争期间是皇家空军轰炸机司令部的领航员。肯尼思给安嘉看航空日志，上面记录着 1945 年 2 月 13 日 17 点 40 分，也就是安嘉及其他囚犯被锁在弗赖贝格工厂时，肯尼思从天上飞过，在一架兰开斯特轰炸机上面指引轰炸德累斯顿，返回英国基地的时间是次日上午 10 点 10 分。肯尼思流着眼泪告诉安嘉：“我差点把你们母女俩都害死呢！”安嘉笑着安慰道：“但是，肯尼思，你不是没有害死我们么！”

350 爱娃与丈夫在 60 多岁的时候移居新加坡，爱娃在信中请求母亲，为了子孙后代，请把亲身经历写下来。安嘉同意了。安嘉的丈夫卡雷尔偶然看到了这份记录，终于明白妻子在战争期间的全部经历，这深深地感动了他。

再后来，安嘉心血来潮地带着爱娃回到泰雷津，向女儿指出自己居住的地方和几乎丧命的地方。多年以后，当爱娃独自回到隔离区时，爱娃因为发现纪念墙上铭刻着哥哥达恩的名字而深受触动，这是那个婴儿留下的仅有的痕迹，正是那个婴儿的死亡，保证了爱娃的生存。

安嘉与爱娃、孙子蒂姆和尼克以及曾孙玛蒂尔达、
伊摩根和提奥在英格兰

安嘉的表亲哈娜，可能仅仅是因为嫁给了非犹太人才能
在战争中幸存，她后来编了一本儿童诗画集，就取材于泰雷
津，书名叫作《我再也没有见过蝴蝶》（*I Never Saw Another*
Butterfly），书名引自年轻的帕维尔·弗里德曼（Pavel 351
Friedman）的诗句，帕维尔也是泰雷津的死难者之一。哈娜
后来又成为布拉格犹太博物馆的馆长，也协助人们把死难者
的名字铭刻在平卡斯犹太会堂的墙上，其中就有贝恩德以及
安嘉 15 位家人的名字。

爱娃毕生都在教育行业从事后勤工作，退休之后，她决定讲述母亲的故事，首先就在学校开讲，在大屠杀教育基金的资助下，她走遍了英国。爱娃的努力甚至催生了一部名为《安嘉的故事》（*Anka's Story*）的芭蕾舞剧，由剑桥的舞蹈团体排演，在爱丁堡边缘艺术节期间上演。爱娃曾几次带领师生团体前往奥斯维辛，每当她走近比克瑙的“淋浴室”，她都忍不住在地面上搜索，想要找到母亲的结婚戒指和紫水晶订婚戒指，但这肯定是找不回来了。

1985 年，爱娃 40 岁生日时带着两个儿子以及马尔科姆前往毛特豪森。从前的营房如今已经变成漂亮的纪念馆，世界各地的来访者都能免费入内参观。但在 1985 年时，只有幸存者才能免费入内，当爱娃试图向大门口的守门人解释自己符合资格时，守门人当着爱娃的面哈哈大笑，爱娃当场就哭了。守门人拒绝相信爱娃是幸存者，因为爱娃还太年轻了。

安嘉是坚定的无神论者，她对待宗教的观点从未改变。安嘉说：“没有人能够告诉我，上帝在哪儿？没有人能够回

答这个问题，也没人能说明白为什么我们会遭受这样的待遇。”安嘉是个乐观主义者，她补充道：“如果这段经历必须发生在我身上，那么我只能庆幸这发生在我身心状况合适的年纪，因为我那时候还年轻和硬朗……正如我很早就向女儿讲述这段经历，这样我就能够跨过去……我似乎活得还挺好，我的孩子也挺健康，心智也很健全，但这只是对我个人而言的（只有我如此幸运，而我的家人都未能幸免），最终的结果似乎也还好……爱娃就是我的生存信念。她让我奋力前行，她让我保持理智。”

352 1983 年，安嘉的丈夫卡雷尔死于心脏病发，享年 81 岁。在卡雷尔火化那天，安嘉看见黑烟从烟囱里冒出，她满身颤抖并放声大哭道：“为什么我要看见此情此景呢?”卡雷尔的骨灰撒在现捷克共和国偏僻故乡附近的犹太公墓里。犹太公墓不远处有一座令人印象深刻的纪念碑，用以纪念卡雷尔以及其他当地民众，他们要么背井离乡在国外与纳粹继续战斗，要么在集中营里死于非命。安嘉在把丈夫的骨灰撒落后，建议爱娃在安嘉死后，也把她火化，尽管这并不符合犹太传统。安嘉打趣道：“这样也好，这也是我的家人的结局!”

在生命的最后三年，安嘉与爱娃及其丈夫生活在剑桥。在 96 岁时，安嘉知道自己阳寿将尽，她总是很注重形象。就算在最后的日子里，安嘉也还是按照惯例卷眼睫毛，一如当年在隔离区内化妆取悦丈夫那样，这也是为了向年纪渐长的孙辈致意。安嘉为女儿向学生讲述大屠杀的往事而感到非常自豪，也为自己能够被书本记载而感到高兴。安嘉说：“我希望，越多的人知道往事，往事就越不可能重演。这是一段应该向人们讲述的往事，而这段往事千万不要重演。”

2013 年，安嘉 95 岁生日时与曾孙玛蒂尔达在一起

爱娃对此表示同意。“我们要缅怀数百万被杀害的人， 353
这非常重要。尤其是那些从未被人们记住的人，因为他们整个家族、整个社区都已被摧毁。我们要讲述往事，力求避免这类暴行反复重演，这是我们的责任。”

2013 年 7 月 17 日，安嘉·纳坦－贝格曼在家中去世，爱娃陪伴在她身旁。按照安嘉的遗愿，她的骨灰被撒落在第二任丈夫卡雷尔身旁，在树林中一处安静的犹太墓地，那里位于捷克共和国的德雷韦科夫（Drevikov）附近。

安嘉在英国生活了六十五年，她喜欢这个国家，但总觉得自己是个局外人和流亡者，她死后终于回到了她如此热爱的祖国。

安嘉之墓，位于今捷克共和国境内

十　团圆

354

当年的孩子与解放者闪电部队成员重聚

哈娜·贝格尔·莫兰说：“是闪电部队解放了我们，也是闪电部队凝聚起我们。”哈娜就生活在解放者的祖国，她想要寻访他们。正是哈娜自己，正是佩莉斯嘉的女儿，在2003年夏天，决心找到那位五十八年前在毛特豪森拯救她生命的医生。

“我的母亲依然健在，就生活在布拉迪斯拉发，我想找
355 到皮特，如果他也健在的话，我们希望当面向他道谢。”哈娜在网络上搜索，找到美军老兵第11装甲师联谊会的网站，得知老兵们准备在伊利诺伊州举行聚会。哈娜给联谊会发去信件，后来被联谊会网站转载，并被登载于联谊会季刊《闪电部队》（*Thunderbolt*）上。

在解释了自己的出生环境后，哈娜写道：

> 当毛特豪森集中营被解放的时候，我还只是三周大的婴儿。正如我母亲所说，坦克上刷着白色五角星，而且士兵们都非常年轻。母亲还记得他们唱着那首“碾压汽油桶”的歌……为我动手术的几位外科医生认为，如果我得不到合适的治疗，我将无法存活，医生请求我母亲跟随他们返回美国。母亲拒绝听从他们的建议，因为母亲必须返回布拉迪斯拉发，去等待自己的丈夫，也就是我的父亲……我很想找到那几位外科医生，就算找到其中一位也好，我很想知道如何联系任何一位在集中营解放后帮助过囚犯的好心人……我想向所有毛特豪森集中营的解放者表达深深的谢意。

哈娜形容自己出生时只是个“重量不足的小蠕虫”，声称自己绝非故事当中的女英雄，“真正令人难以置信的是我母亲”。寻找恩人耗费了一些时间，但在2005年年初，哈娜接到一位男士传来的消息，对方19岁那年从毛特豪森的埃本塞附属集中营被拯救出来，此后成为国际毛特豪森委员会

的美方代表。那位男士名叫麦克斯·罗德里格斯·加西亚（Max Rodrigues Garcia），住在离哈娜不远的旧金山。麦克斯看到了哈娜的信件，邀请哈娜前往毛特豪森纪念集中营解放六十周年，他希望82岁高龄的勒罗伊·彼得松也能够出席纪念活动。

2005年5月，哈娜偕同丈夫马克从旧金山飞往奥地利， 356
而皮特携同儿子布莱恩从芝加哥飞往奥地利。在林茨大广场的沃尔芬格酒店，解放者、解放者的家人以及好几位幸存者共聚一堂，向多年未见的故旧友人分享当年的故事。哈娜站在拥挤的餐厅里，看见一群戴着黄白色闪电部队棒球帽的老人入场，其中一位老人似乎更为苍老也更为疲惫。哈娜突然感觉到那位老人就是皮特。当那位老人在角落的桌子旁就座时，哈娜也安静地在老人身边坐下，老人谈兴正浓，哈娜只是静静等待。房间里突然安静下来，原来麦克斯·加西亚就坐在旁边，麦克斯如此兴奋，以至于捂住嘴巴，以免自己喊出声来。

几分钟过去了，皮特似乎也感觉到哈娜的存在。皮特停止交谈，转向身边的陌生女士，热泪盈眶，平静地叫唤道："哈娜。"

两人拥抱在一起，好几分钟都无法言语。

皮特说："我都快要喘不过气来了，她抱得我真紧啊！"

自从上次见面，已经过去六十年了，哈娜对此全无记忆，但她紧紧握住皮特医师的手，正是皮特医师说服自己的上级医官，竭尽全力拯救她的生命，而当时还有许多人同样急需救治，此事对于救人者和被救者都是终生难忘的最为感动的经历。哈娜泪流满面，向皮特表达敬爱之情，感谢皮特拯救了自己的生命。哈娜向皮特展示自己手臂和胸口的伤疤，那都是当年在战地医院里动手术留下的纪念。

皮特同样体会到久别重逢的那种深深感动。在解放毛特豪森几周后，皮特就曾坐在打字机前面，开始叙述自己的经历，还附上了亲手拍摄的照片。尽管当年皮特还很年轻，但他早已意识到目击者证言的重要性。

357

2009 年，哈娜与当年在毛特豪森救活她的美国医师相聚

叙述经历的过程也让他付出了代价。2008 年，在历史学家迈克尔·赫什（Michael Hirsch）对他的访谈中，皮特说："我（在毛特豪森）吓坏了……我好几个小时缓不过来……我需要休息……我鼻孔出血，我内耳出血，我无法入眠……整整两天，我的上司命令我去休息。我今天仍然在战斗……因为我有精神问题需要面对……当我晚上睡觉的时候，问题更为严重。我以为我晚上能够睡个好觉，但后来就开始看见尸体……堆积如山的死难者尸体，老鼠正在啃食尸体……我去求医问药……看精神科医生，但我不知道他们还能为我做些什么……这么多年过去了，情况越发严重……我估计我只能把这疾病带进坟墓了。”

哈娜问及斯塔西少校的情况，但遗憾地发现，斯塔西少校已经去世了。通过询问少校的家人才知道，正如许多老兵一样，少校从不谈及自己的战争经历。他也从未提及自己亲手救活的婴儿。

随着皮特与哈娜的交谈逐渐深入，皮特终于能够向哈娜 358
解释为什么她母亲总是问起那个让她感到困惑的问题：“你会原谅我吗？”皮特认为，那也许是因为佩莉斯嘉曾经两次“交出”自己的婴儿，首先是在抵达集中营的时候交给牢头，然后是交给医生，但每次都不知道结果如何。“皮特告诉我，我的母亲如此‘宽容’，知道他们会尽力提供帮助，但皮特还补充道：‘让我感到惊讶的是，她就这样把你交给了我。她并不知道自己是否还会再见到你。她信任我，相信我会把你救活，把你带回她的身边。’我想那就是母亲感到愧疚的原因。”

哈娜亲切地称呼皮特为“爸爸”或“皮特爸爸”，此后几年，两人通过电邮和电话保持联系。2005 年，在聚会后不久写给哈娜的信件中，皮特提到自己的欧洲之行：

> 总而言之，这是伟大而美好的经历，你我在时隔六

> 十年后再次相见，快乐的时刻仿佛昨日重现，我过去经常问自己，我的努力有意义吗？如今我找到了答案。祝愿你一切顺利。我在战场上承担的使命已经结束了。我祈求所有被我治疗过的病人都能够存活，我祈求我的治疗方法都正确无误。然后我就会想到毛特豪森的婴儿，有许多令人惊讶的事情都已被我遗忘，但我必须承认，那个婴儿一次又一次浮现在我的脑海中。

遗憾的是，佩莉斯嘉身体状况太差了，无法向皮特当面道谢。佩莉斯嘉一年之后就去世了。然而，哈娜与皮特继续保持联系，并于2010年亲自前往皮特家中探望，就在这一年，哈娜被接纳为第11装甲师联谊会的终身荣誉会员，也就在这一年，皮特去世了，享年88岁。皮特有4个儿子、
359 13个孙子和10个曾孙。尽管在战争结束后身心饱受创伤，但勒罗伊·彼得松总是说，他曾经救活一个婴儿，这是他一生中最正面的经历。

当一扇门向哈娜关上的时候，还有另一扇门向她打开。2008年，爱娃·克拉克，即安嘉的女儿，已年届63岁（安嘉也还活着，已经90岁了），碰巧看到第11装甲师的网站，决定表达谢意。在一封5月20日星期二发出的邮件中，爱娃感谢美军士兵解放了她们母女俩。爱娃补充道：

> 1945年4月29日，我出生于毛特豪森。我的母亲，安嘉·贝格曼说过，美军士兵为我们拍了好几百张照片，但我们手上一张也没有。当我们听说有我们母女

> 俩的照片时，我们都非常感激。我们的故事被闪电部队记录下来了。

在大西洋的另一边，哈娜无意中读到了这篇文章，几乎无法相信她所读到的情节。另一个婴儿？出生在毛特豪森？就在集中营解放前夕？由于有一部德文著作整理并出版了当年遗留在弗赖贝格集中营的囚犯记录，哈娜早已意识到——虽然难以相信——在弗赖贝格以及死亡列车上还有其他孕妇，包括一名波兰牢头，但在哈娜的理解中，没有其他婴儿能够幸存，也并非所有母亲都能幸存。（多年以后，哈娜还发现有一个婴儿于解放后出生在毛特豪森，那个婴儿名叫罗伯特，由来自贝尔格莱德的产科医生接生。不过那个婴儿只活了几个星期，婴儿的母亲名叫格蒂·坎佩尔，是幸存者丽萨·米科娃的表亲，格蒂·坎佩尔后来也死了。）

通过闪电部队的网站，哈娜回复了爱娃的邮件，这两个“婴儿”，生活在相隔 6000 公里的两个地方，如今终于联系上了。爱娃也感到非常震惊，因为世界上还有其他人的母亲经受了同样严酷的考验。爱娃在旧版的闪电部队网站上找到了哈娜最初的信件，不敢相信两人的母亲竟然有着如此类似
的经历。佩莉斯嘉和安嘉只是数千名囚犯当中的两个人，两 360
人从未见面，也意识不到对方的存在，但两人都奇迹般地诞下婴儿，更加非同寻常的是，两个婴儿都得以幸存。

在两人几次互通电邮后，考虑到早在 20 世纪 60 年代奥地利当局（也是在闪电部队的促成下）就已经把毛特豪森集中营改建为令人印象深刻的纪念遗址，哈娜和爱娃都同意

出席2010年5月8日举行的集中营解放六十五周年纪念活动。那将会是仍然健在的美军老兵最后一次正式到访，因为老兵们已陆续凋零，仅存的老兵也年事已高、病弱体衰。被解放者也陆续离去，因此在维也纳办公的奥地利内政部官员们计划举行一场有好几位国家元首出席的大型纪念活动。当老兵网站公布纪念活动的细节时，除了爱娃和哈娜会出席，还传来了更令人兴奋的消息，又有一扇门打开了。

在美国的另一边，纽约一名年轻男子正在网站上搜索，想在公告上找到更多关于他父亲的解放者的细节。32岁的查理·奥尔斯基（Charlie Olsky）是马克和玛丽最小的儿子。查理在曼哈顿一家电影发行公司担任广告主管，也是奥尔斯基家族非正式的历史学家，他能够从祖母拉海尔那里听到比其他任何人更多的信息。正是查理陪伴拉海尔走遍以色列大屠杀纪念馆的每一个展厅，那时候查理还是个小男孩，也正是查理决定为父亲组织一次意料之外的生日派对。

马克说："查理告诉我：'我想前往毛特豪森，为您庆祝65岁生日，您也跟我同去吧。'自从1945年以来，我就没有回去过，甚至在我参观达豪集中营的时候，那里距离毛特豪森不过30英里，我也没有回去过。我曾经好几次问母亲，是否愿意回去看看，但她总是说，这是她最不愿意去做的事情了。母亲告诉我道：'那是一座邪恶、恐怖、丑陋的集中营。比那座集中营更加令人感到压抑的是，高墙之外就是世界上最美的风景之一。'"

361 在并未知会马克的情况下，查理已经计划好了整个行程，包括与哈娜和爱娃的"团聚"，详细到每一个细节。然后，就在动身出发之前几天（也是在母亲玛丽的建议下，玛丽最为关注马克对这一惊喜的反应），查理让父亲知道了这个秘密。

“查理说：‘我有些事情要告诉您。’然后他就告诉我关于另外两个‘婴儿’在集中营里降生的故事，而且说他已经跟对方联系好，我将能够在毛特豪森见到对方。我当时很惊讶。尽管我的母亲早就听说集中营里还有其他婴儿，但她从未见过，也不知道她是否确信。作为医生，我甚至没有考虑过，在我小时候经历的运送过程中，是否可能还有其他孩子存活下来。在我们登上飞机之前，我甚至没有机会消化相关的信息。”

在跟随查理从纽约飞往欧洲的航班上，马克才有时间考虑即将到来的见面，而且对另外两个“婴儿”也十分好奇。“我最初的想法是，那可能就是两个普通人，除了年纪相仿、出生地相近，与我就没有什么共同点了。我告诉自己，不要抱有太多期待。我让自己平静下来，告诉自己这很好，但对方也许不是能与你成为好邻居的那种人。”

毛特豪森当地官员和组织者热烈欢迎几位“婴儿”，在他们抵达后，安排他们入住林茨的酒店，持续一整天的纪念活动将从第二天早晨开始。在安顿下来几个小时后，他们在历史悠久的主广场边上的咖啡馆会面，希特勒曾在此地有过宏大的建筑计划，他们对于会面都感到出乎意料的紧张。

爱娃和丈夫马尔科姆到得最早，他们找到位置坐下等待。哈娜和丈夫接着走进来，随后马克和查理也到了。

爱娃说："我们互相问好，突然之间，我们喜极而泣。362 那太让人惊奇了。我们发现对方，然后我们初次相见，那真是不可思议的团聚。完全自然而然地，我们建立起情感的纽带。"

三位幸存者在咖啡馆里聊了一整个下午，而查理把此情此景全部拍了下来。细致体贴地，哈娜的丈夫和爱娃的丈夫抽身离开，好让佩莉斯嘉、拉海尔、安嘉的孩子谈及彼此的母亲，以及彼此出生时的情景。他们都舍不得离开，几小时后又相约在当地的餐厅共进晚餐，在那里，他们就像老朋友那样继续攀谈。

2010 年，爱娃、马克与哈娜在毛特豪森相聚

马克说："我们见面了，她们都友善亲切、和蔼可亲。然后我们开始攀谈，当时我就想：'嘿，她们真是有趣的好人！这绝不仅仅是巧合。她们经历了有趣的人生，是的，她们就像我的家人！’她们是我愿意与之交朋友的人。我无法解释，但我感觉到，这次团聚立即让我们建立起温暖的友谊。就像去看望家人一样。遗憾的是，由于战争结束后大家 363
天各一方，我们真是相见恨晚。”

三位幸存者都是作为独生子女被养育长大的，他们感觉到意料之外的手足之情，就此建立起了亲密的纽带。马克说：“真是令人惊奇，竟然有人与我分享同样的故事。有许多人未能活下来，有许多人惨遭杀戮、备受折磨。我们做到了。我感觉到，我们仿佛被带离原本的家庭，如今我们又突然重聚了！”

哈娜说：“我们因为机缘巧合而聚在一起，但如今我们有了永恒的纽带，感觉我们始终就在一起。我绝对乐意称呼她们为弟弟妹妹。”哈娜喜欢与重新认识的“兄弟姐妹”说笑，因为哈娜是最年长的（生于 1945 年 4 月 12 日），她也最受礼遇。马克（生于 4 月 20 日）是唯一的男孩，也最爱逞强。爱娃（生于 4 月 29 日）是最年幼的，乐于提醒哥哥姐姐自己最年轻。爱娃补充道：“我们的母亲都是坚强的女性，我们对此深怀感激。”

第二天，他们一起出席毛特豪森纪念活动，在那里，他们都感觉到历史对于他们的厚重感。尽管爱娃是三人当中唯一寻访过这座集中营的，但她仍然深情凝望着大门阴影下门禁森严的入口，她就是在那里降生的。山脚下的营房让哈娜和马克感到恶心，两人的母亲曾经被遗弃在那里等死，但在奥地利山岗的另一侧，阿尔卑斯山的风景就像母亲后来所描述的那样。

那些曾经被掩埋在足球场土坡下万人坑里的尸骨，后来也被迁葬到集中营正中央洁净墙壁围绕的墓园里。曾经排列成梯田状的囚犯营房，如今已变成精心打理的花园，里面竖立着许多令人印象深刻、触景生情的石头或金属纪念碑，这是献给集中营里死难的欧洲各国囚犯的。

364

捷克斯洛伐克死难者纪念碑以及
集中营大门，爱娃就出生在这座集中营里

三位“婴儿”一起走到毒气室门前，毒气室墙上贴着白瓷片，环绕着邪恶的黑色管道，默然无声。在纳粹的意识形态中，他们三个都应该在这令人窒息的地方、在奄奄一息的母亲怀里迎来结局。但是，命运为他们安排了另一段旅程。他们在战争结束后回家，再也没有见过父亲，他们各自成长，都以为在那绝望的环境中降生，意味着自己是从那人间地狱中幸存的唯一婴儿。他们都错了。

在这三位“心灵上的兄弟姐妹”寻访毛特豪森一年后，他们又在英格兰相聚。2011 年 1 月，他们前往爱娃位于剑桥的家园，在剑桥市政厅参加大屠杀纪念日的特别纪念活
动。在那里，哈娜和马克第一次见到安嘉。安嘉已经 93 岁 365
了，虽然身体极度衰弱，但神智依然清醒，爱娃的母亲明显为见到其他同样幸存的婴儿而感动，并且给予了热情的拥抱。哈娜说：“见到安嘉是如此令人动容。我只希望她能够见到我的母亲。安嘉告诉我道：‘你也是我的女儿。’我真切地感受到的确如此。”

马克表示同意。“那种感觉如此特别。安嘉是如此奇特的女性，如此快乐、如此阳光、如此健谈，非常富有幽默感，记忆完整无缺。”

不久后，三位“婴儿”再次重聚。2013 年 5 月 8 日，他们回到毛特豪森，在那里举行新的展览，部分展品包括哈娜小时候穿过的罩衣和软帽的精确复制品，这是按照收藏于首府华盛顿的美国大屠杀纪念馆的原件复制过来的。安嘉刚刚庆祝完 96 岁生日，身体条件不适宜跟随他们前往奥地利，而且两个月后就去世了。安嘉在剑桥的葬礼通过网络进行转播，因此她的外孙及其在澳大利亚的家人也都能感受到葬礼的氛围。哈娜和马克也被视为安嘉的孩子，他们同样在线瞻仰了葬礼，并且向这位最后离世的母

亲致以安详的告别。

凭借着幸福的回忆，那三位非凡卓越的女性不仅找到了活下去的意志，而且在几乎无法生存的战争年代里活了下来，但正是凭借她们的刚毅勇气和果断决心，才确保了她们的孩子得以幸存。她们的孩子又有了自己的孩子，孕育了第二代、第三代，所有后人继续过着幸福美满的生活，这是对希特勒的英勇反抗，因为希特勒曾计划把他们从历史和记忆中抹去。

三位母亲的英灵，以及数百万在战争期间死去的冤魂，要求人们反复讲述他们的故事，永远不要遗忘。正如哈娜所说的：“我们所有人都努力去生活，踏足前人未能前行的脚步。我们缅怀他们的记忆，每一天都在兑现承诺。”

佩莉斯嘉、拉海尔、安嘉那三个奇迹般的孩子，也都是
366 天生幸存者，他们心意如此相近，都遗憾地缺席了 2015 年弗赖贝格的纪念计划。那个计划被命名为“我们还在这里”，参与者有三代城镇居民，还有集中营幸存者的亲属。那是一个文化节日，内容包括与集中营有关的文学、音乐、诗歌、艺术等活动，由当地学生以及来自弗赖贝格的姐妹城市、以色列的耐斯兹敖那（Ness Ziona）的交换生共同参与。

2015 年 5 月，就在弗赖贝格以南 300 英里外，三位“婴儿”回到让人心旷神怡的美丽山顶，来到毛特豪森纪念馆，纪念集中营解放七十周年。

在纳粹暴政垂死挣扎的时刻，这里本来会成为三位“婴儿”的葬身之地；就在这里，三位年满 70 岁的“孩子”

把手紧紧握在一起，他们一起走过集中营的大门。他们的母亲曾经在那里留下足迹，三位母亲不仅战胜了常人难以想象的恐怖，而且战胜了死亡，赋予了孩子宝贵的生命。

马克、爱娃与哈娜在毛特豪森参加纪念游行

人　物

367　本书的三位女主角，有超过二十名亲密的家庭成员命丧希特勒及其爪牙之手。以这几个紧密结合的家庭为圆心，死亡的涟漪逐渐波及祖父母、姑嫂、叔伯、表亲与姻亲，直至几代人、几个社群都被彻底抹去。

这些亲爱的家庭成员，其姓名与容貌，只是数百万罹难者的小小缩影，他们被手握生杀大权的人物剥夺了生命。

在这数百万人中，有许多名字也许永远湮没无闻。

这些曾经被爱过的人们，没有墓地，也没有墓碑。

没有最后安息地，昭示他们惨绝人寰的死亡经历。

没有任何纪念地，缅怀他们一度残存希望的面容。

只有在这里……

丈夫与父亲

蒂博尔·勒文拜恩（Tibor Löwenbein，1914～1945年）

莫尼克·弗里德曼（Monik Friedman，1916～1945年）

贝恩德·纳坦（Bernd Nathan，1904～1945年）

父母 368

埃马努埃尔·罗纳（Emanuel Rona，1884～1944年）

保拉·罗诺娃（Paula Ronová，1889～1944年）

沙伊阿·阿布拉姆丘克（Shaiah Abramczyk，1870～1944年）

法伊加·阿布拉姆丘克（Fajga Abramczyk，1898～1944年）

斯坦尼斯拉夫·考德尔（Stanislav Kauder，1870～1944年）

伊达·考德洛娃（Ida Kauderová，1882～1944年）

塞尔玛·纳坦诺娃（Selma Nathanová，1880～1944年）

伊塔·弗里德曼（Ita Friedmann，1899～1944年）

兄弟姐妹

博埃日卡·罗诺娃（Boežka Ronová，1910～1944年）

莫涅克·阿布拉姆丘克（Moniek Abramczyk，1923～1943年）

赫涅克·阿布拉姆丘克（Heniek Abramczyk，1931～1944年）

多尔卡·阿布拉姆丘克（Dorcka Abramczyk，1931～1944年）

大卫·弗里德曼（David Friedman，生卒年月不详）

阿夫纳·弗里德曼（Avner Friedman，生卒年月不详）

阿尼奇卡·“马纽西亚”·阿布拉姆丘克（Anička

'Maniusia' Abramczyk，1933～1944年）

热德娜·伊西多洛娃（Zdena Isidorová，1904～1944年）

赫伯特·伊西多尔（Herbert Isidor，1916～1944年）

鲁热娜·毛特纳洛娃（Ruzena Mautnerová，1906～1944年）

孩子

彼得·毛特纳（Peter Mautner，1935～1944年）

达恩·纳坦（Dan Nathan，1944年2～4月）

无数日夜都不能把你从时间的记忆中抹去。

（No day shall erase you from the memory of Time.）

——维吉尔（Virgil）

参考文献及来源

作者的研究及未出版文献 369

Author interviews with Holocaust survivors Hana Berger Moran, Mark Olsky, Eva Clarke, Sally Wolkoff, Gerty Meltzer, Esther Bauer, Lisa Miková, Esther Bauer, Werner Reich, Max R. Garcia, and Bronia Snow.

Author interviews with survivors' families Charlie Olsky, Shirley Speyer, Jana Zimmer, Brian K. Petersohn, Jean Gore, Larry Kosiek, Stephanie Sullivan, Julie K. Rosenberg, David Feder, Miki Feder, and John Tygier.

Author research visits to Krakow, Auschwitz I and II, Łódź, Pabianice, Chełmno, Prague, Terezín, Horní Bříza, Trebechovice pod Orebem, Zlaty Moravce, Hradec Králové, Drevikov, Bratislava, Sereď, Freiberg, Linz, Most, Plzeň, České Budějovice, and KZ Mauthausen.

Documents and photographs from historian Dr Michael Düsing, and author interviews with him and with Cornelia Hünert of Freiberg's City Cultural Department, Germany.

Author interviews with Pascal Cziborra of the Faculty of History, Philosophy and Theology at the University of Bielefeld, Germany.

Author interviews with the Horní Bříza Deputy Mayor Zdeněk Procházka, his daughter Michaela, the late historian Mrs

370 Bozena Royová, and locals Jaroslav Lang and Vaclav Stepanek, Czech Republic.

Author interview with Dita Valentová in Třebechovice pod Orebem, Czech Republic.

Author interview with Martin Winstone of the UK National Holocaust Centre and Museum, Nottinghamshire, UK.

Author interview with midwife Abby Davidson, Bsc (Hons), London.

Unpublished personal account of Anka Bergman's experiences written for her daughter Eva Clarke, 2009.

Unpublished personal account of Klara Löffová's experiences written for her daughter Jana Zimmer, 2000.

Unpublished letter detailing her experiences from Priska Lomová to the Union of Anti-Fascist Fighters, 1990.

Unpublished letters between Tibor Löwenbein and his wife Priska, 1941.

Interviews with Anka Bergman by Frances Rapport, Professor of Qualitative Health Research Interview, Swansea University, Wales, 2007.

Unpublished survivors' letters, railway and official documents, and photographs with permission from the Museum of Horní Bříza, Czech Republic.

Documents and photographs with permission from the Auschwitz Memorial Museum, Poland and author interviews with Wojciech Płosa, Ph.D., Head of the Archives, Dr Piotr Setkiewicz, Ph.D., Head of the Research Department, and memorial guide Anna Ren.

Documents and photographs with permission from the Jewish Museum of Prague, Czech Republic, and author interviews with archivists Julie Jenšovská and Radana Rutová.

档案证人陈述

Lomová, Priska, Interview 15134. Web 2014. *Visual History Archive*. USC Shoah Foundation (sfi.usc.edu)

Olsky, Rachel, Interview 15161. Web 2014. *Visual History Archive*. USC Shoah Foundation (sfi.usc.edu) 371
Bergman, Anna, Interview 28239. Web 2013 *Visual History Archive*. USC Shoah Foundation (sfi.usc.edu)
Wolkoff, Sally, Interview 12886. Web 2014. *Visual History Archive*. USC Shoah Foundation (sfi.usc.edu)
Meltzer, Gerty, Interview 1686. Web 2014. *Visual History Archive*. USC Shoah Foundation (sfi.usc.edu)
Freeman, Abraham, Interview 16384. Web 2014. *Visual History Archive*. USC Shoah Foundation (sfi.usc.edu)
Filmed interview with Anka Bergman by Jean Laurent Grey and Solomon J. Salat for the Mauthausen Memorial
The Baby Born in a Concentration Camp, BBC documentary, producer Emily Davis, 2011
Defiant Requiem: Voices of Resistance, PBS documentary director Doug Schultz, 2012
Nazi Propaganda Film About Theresienstadt/Terezin. Film ID 2310, Steven Spielberg Film & Video Archive
Liberation of Mauthausen (and KZ Gusen I, II & III) by Former Staff Sgt. Albert J. Kosiek. Published in: *Thunderbolt*, the 11th Armored Division Association, Vol. 8, No. 7, May–June 1955, with permission of his son Larry Kosiek
Interview with Priska Lomová by editor Eva Richterová in *Bojovník* newspaper, part of the Sväz Protifašistických Bojovníkov, 1980
Interview with Anka Bergman by Helga Amesberger for the Mauthausen Survivors Documentation Project, 2003.

参考书目

A Time to Speak, Helen Lewis, The Blackstaff Press, 1992
After the Holocaust, Marek Jan Chodakiewiczs, Columbia University Press, 2003
Against All Hope: *Resistance in the Nazi Concentration Camps 1938–1945*, Hermann Langbein

372 *All Hell Let Loose, The World at War 1939–45*, Max Hastings, Harper Press, 2011

Anus Mundi, 1500 Days in Auschwitz/Birkenau, Wieslaw Kielar, Times Books, 1972

Beyond Violence: Jewish Survivors in Poland and Slovakia, 1944-48, Prof Anna Cichopek-Gajraj, Cambridge University Press, 2014

Bomber Command, Max Hastings, Pan, 1979

Defying Hitler, Sebastian Haffner, Weidenfeld & Nicholson, 2002

Doctor 117641, A Holocaust Memoir, Louis J. Michels MD, Yale University, 1989

Dresden, Frederick Taylor, Bloomsbury, 2004

Five Chimneys, Olga Lengyel, Academy Chicago, 1947

Forgotten Voices of the Holocaust, Lyn Smith, Avebury Press, 2005

Fragments, Transcribing the Holocaust, Francis Rapport with Anka Bergman, Terry Farago and Edith Salter, Hafan Books, 2013

Helga's Diary, Helga Weiss, Penguin, 2013

Holocaust Poetry, Hilda Schiff, St. Martin's Griffin, 1995

Holocaust, The Nazi persecution and murder of the Jews, Peter Longerich, Oxford University Press, 2010

I Escaped from Auschwitz, Rudolf Vrba, Robson Books Ltd, 2006

I Never Saw Another Butterfly, Shocken Books, 1993

In the Shadow of Death: Living Outside the Gates of Mauthausen, Gordon J. Horwitz, The Free Press, 1990

Jews are Coming Back, David Bankier, Berghahn Books, 2005

KZ Freiberg, Pascal Cziborra, Lorbeer Verlag, 2008

Kunst und Kultur im Konzentrationslager Mauthausen 1938–1945, Die Austeller, 2013

Landscapes of Memory, Ruth Kluger, Bloomsbury, 2003

Landscapes of the Metropolis of Death, Otto Dov Kulka, Penguin, 2014

L'homme barbelé, Beatrice Fontanel, Grasset & Fasquelle, 2009

Łódź Ghetto Album, by Thomas Weber, Martin Parr, Timothy Prus, Chris Boot, 2005

Mauthausen, The History of a Death Camp, Evelyn Le Chêne, Methuen, 1971 373

Mengele, Gerald L. Posner & John Ware, First Cooper Square Press, 2000

Never Again, A History of the Holocaust, Martin Gilbert, Harper Collins, 2000

On the Edge of Destruction: Jews of Poland between the Two World Wars, Celia S. Heller, Wayne State University Press, 1993

Pearls of Childhood, Vera Gissing, Pan Books, 1988

People in Auschwitz, Hermann Langbein, The University of North Carolina Press, 2004

Poetry of the Second World War, An International Anthology, edited by Desmond Graham, Pimlico, 1998

Prague in Danger: The Years of German Occupation, 1939–45, Peter Demetz, Farrar, Straus and Giroux, 2009

Railways and the Holocaust: The Trains that Shamed the World, Robin Jones, Mortons Media, 2013

Shoah, Claude Lanzmann, Da Capo Press, 1995

Singing for Survival: Songs of the Łódź Ghetto, 1940–45, Gila Flam 1992

St. Georgen-Gusen-Mauthausen. Concentration Camp Mauthausen Reconsidered, BoD, 2008

Survival, Holocaust Survivors Tell Their Story, Quill, 2003

Survival, produced by the Holocaust Centre

Survival in Auschwitz, Primo Levi, Touchstone, 1996

The Cap or the Price of a Life, Roman Frister, Weidenfeld & Nicholson, 1999

The Chronicle of the Łódź Ghetto, 1941–44, edited by Lucjan Dobroszycki, Yale University Press, 1987

The Concentration Camp Mauthausen 1938–1945, New Academic Press, 2013

The Diary of Dawid Sierakowiak: Five Notebooks from the Łódź Ghetto, edited by Alan Adelson, Bloomsbury, 1997

374 *The Emperor of Lies*, Steve Sem-Sandberg, Farrar, Straus and Giroux, 2011

The German Trauma, Experiences and Reflections 1938–2000, Gitta Sereny, Penguin, 2000

The Holocaust: A History of the Jews of Europe During the Second World War, Martin Gilbert, Holt Paperbacks, 1987

The Holocaust Sites of Europe: An Historical Guide, Martin Winstone, I.B. Tauris, 2014

The Last Album: Eyes from the Ashes of Auschwitz-Birkenau, Ann Weiss, W.W. Norton & Co, 2001

The Last Goodbye, Edith Hofman, Memoirs Publishing, 2012

The Liberators, America's Witnesses to the Holocaust, Michael Hirsh, Bantam Books 2010

The Righteous, Martin Gilbert, Doubleday, 2002

The Terezín Diary of Gonda Redlich, edited by Saul. S. Friedman, University Press of Kentucky, 2008

The Terezín Ghetto, Ludmilla Chladková, Pamatnik Terezín, 2005

The Tin Ring, Zdenka Fantlová, Northumbria Press, 2010

The Trains of the Holocaust, Hedi Enghelberg, Engpublishing, 2014

The Visible Part, Photographs of Mauthausen concentration camp, Mandelbaum, Vienna, 2005

To the Bitter End, The Diaries of Victor Klemperer, Trafalgar Square, 1999

Triumph of Hope, Ruth Elias, Wiley & Sons, 1998

Wir Waren zum Tode Bestimmt, Michael Düsing, Forum Verlag Leipzig, 2002

Witnesses to the Holocaust, Martin Berenbaum, Harper Collins, 1997

其他档案来源

Memorial and Museum Auschwitz-Birkenau – (http://en.auschwitz.org)

Terezín Memorial (http://www.pamatnik-terezin.cz)

KZ-Memorial Flossenbürg – (www.gedenkstaette-flossenbuerg.de)

Mauthausen Memorial Museum – (http://www.mauthausen-memorial.at/) 375

United States Holocaust Memorial Museum (http://www.ushmm.org)

Yad Vashem (http://www.yadvashem.org)

Jewish Virtual Library – (www.jewishvirtuallibrary.org)

The Foundation for Commemorating the Victims of Slave Labour in Auschwitz – (www.fcsla.org)

Janusz Korczak Communication Centre (www.korczak.com)

The Museum of Jewish Heritage (www.jewishgen.org)

Information Portal to European Sites of Remembrance (www.memorialmuseums.com)

The 11th Armored Division (www.11tharmoreddivision.com)

The Jewish Museum in Prague (www.jewishmuseum.cz)

Holocaust Educational Trust (www.het.org.uk)

The National Holocaust Centre and Museum (www.holocaustcentre.net)

The Educational Website Holocaust CZ (http://www2.holocaust.cz/en/main)

The Imperial War Museum (www.iwm.org.uk)

致　谢

377 在追寻远去的往事，而亲历者又多已不在人世时，我们作为撰述者，应该感谢那些把亲身经历记录下来的人，以及那些想要讲述自身故事以免为时太晚的人。我也毫不例外，如果没有熬过那段非常时期的幸存者们的无私讲述，如果没有勤勉的历史学家们的协力搜寻，这部著作是永远不可能写就的。

怀着谦卑与感激的心情，我尤其感谢佩莉斯嘉、拉海尔、安嘉的勇气和坚毅——三位母亲有着百折不挠的求生意志，构成了这部著作的核心叙事。遗憾的是，我从未能够亲自拜访她们，但与她们的故事相伴而行如此之久后，我仿佛已经见过她们了。更加庆幸的是，我能够不受限制地接触到她们与家人分享的证言，通过口述，通过笔录，以及通过多年以来她们对无数研究者提供的影像、记录和文件证据。自始至终，她们身上都散发着希望的光芒。

如果没有她们的三个“婴儿”——哈娜、马克、爱
378 娃——的无私协助，我的绝大部分研究将永远不可能完成，

我非常荣幸地成为他们的荣誉姐妹。他们的友善、耐心、亲切以及通力合作，填补了史实的缺口，使得这部原本可能较为单薄的著作变得极为丰厚。我只希望，我能够恰如其分地讲述他们那不可思议的故事。我同样感谢他们的家庭成员，他们对我同样友善，包括玛丽·奥尔斯基和查理·奥尔斯基、雪莉·施派尔、马克·莫兰、汤米·贝尔根、朱莉·罗森贝格、大卫·菲德尔和米基·菲德尔，以及马尔科姆·克拉克教授。

2013 年，当我偶然关注大屠杀中出生的婴儿的故事时，爱娃·克拉克是我的第一位访谈对象。及至那时，我仍然以为，爱娃也许是在她母亲所经历的大屠杀中唯一幸存下来的婴儿。当爱娃告诉我哈娜和马克的情况，以及他们如何成为“心灵上的兄弟姐妹”时，我知道我必须把他们三个人的故事整合到长达一个世纪的史诗长卷中。我由此开始构思《天生幸存者》。

在酝酿此书的漫长周期内，我得到来自八个国家的无数个人和组织的帮助，包括幸存者本人、家族成员、作家同行、政府官员以及无数皓首穷经的历史档案研究者的帮助。令人印象深刻的是，他们对于自己熟悉的时段和领域都采取开放和大方的态度。我尤其感谢以下幸存者：田纳西的萨莉·沃尔科夫；亚利桑那的格蒂·梅尔策（原姓陶西格）；布拉格的丽萨·米科娃；扬克斯的埃斯特·鲍尔；旧金山的麦克斯·加西亚；纽约的维尔纳·赖希；萨里的布隆尼亚·斯诺。上述幸存者都把他们神圣的记忆交托给我。我同样感谢以下各位：加利福尼亚的雅娜·齐默尔，感谢她复述继母克拉拉·罗伏娃的经历；芝加哥的布莱恩·彼得松，感谢他回忆父亲勒罗伊·“皮特”·彼得松的生平；伊利诺伊的拉里·柯西耶克，感谢他回忆父亲艾伯特·柯西耶克中士的生平；琼·戈尔，感谢她回忆父亲哈罗德·斯塔西少校的生平。我要感谢斯蒂芬妮·沙利文，让我浏览她父亲保罗·索尔德纳拍摄的照片，保罗也是毛特豪森的解放者之一；我还
379 要感谢我的朋友、伦敦的约翰·泰吉尔，他与我分享了他的家族在罗兹、特雷布林卡以及俄国的部分经历。

毛特豪森纪念馆隶属于维也纳的奥地利内政部，热诚的纪念馆团队为我提供了额外的协助和接待。我感谢内政部同意我在毛特豪森举行此书的首发式，那里正是 1945 年 5 月三位母亲及其婴儿得到解放的地方，因此这也意味着“重生”。纪念馆团队是在芭芭拉·格吕克博士的领导之下，在纪念计划中特别值得提及的成员包括托马斯·扎格尔迈耶，他不仅是我第一次寻访集中营时的私人向导，而且在他持之以恒的默默奉献中，他让幸存者的记忆依旧鲜活生动。

托马斯及纪念馆的教育团队还得到了毛特豪森幸存者文献计划的鼎力协助，来自该计划的克里斯蒂安·安格勒、彼得·埃格以及海尔格·阿姆斯贝格投入了大量时间和精力。我同样感谢萨尔茨堡大学艾伯特·里希特布劳教授的鼓励和协助。在纪念馆位于维也纳的总办事处，我必须感谢斯蒂芬·马特尤斯、约亨·沃尔纳、多丽丝·瓦尔里希以及雷纳特·帕辛格。罗伯特·沃尔贝格不仅是与我合作并为我提供最多帮助的历史学家和档案学家，而且他如此热心——他与同事克里斯蒂安·杜尔一起——为我校勘核对此书中与毛特

豪森有关的史实。在慕尼黑，我要感谢巴伐利亚纪念基金会、巴伐利亚集中营及附属集中营纪念计划的乌尔里希·弗里茨。

在德国的弗赖贝格，有一个人不知疲倦地工作，让女性囚犯的故事依旧鲜活生动。迈克尔·杜辛格博士追踪幸存者的足迹，以此为主题写作了好几本书，他还参与当地儿童的纪念计划，为纳粹统治下的受难者和死难者竖立铭牌、致以哀荣。迈克尔的坚毅决心，确保了他的家乡对位于当地的奴工营永志不忘，迈克尔得到弗赖贝格城市文化局的科妮莉
亚·亨纳特的勤勉协助。迈克尔和科妮莉亚都放下手头的工 380
作，帮助我从事研究，而且放弃了周末的闲暇，带领我寻访史迹。

为了深入研究在弗赖贝格发生的往事，弗洛森堡集中营纪念馆历史部门主管约翰尼斯·伊贝尔对我非常耐心。同样耐心的还有比勒费尔德大学历史、哲学、神学部门的帕斯卡·捷波拉，他友善地回答了我提出的永无止境的问题。我还要感谢汉诺威的彼得·舒尔茨博士，他代表我在当地进行研究。

我第一次前往奥斯维辛时始终心绪不宁，但优秀的向导安娜·雷恩做得很好，她用沉着的语气讲述恐怖的事实，让我比较能够承受。我同样感谢档案部门主管沃伊切赫·普沃萨博士和研究部门主管彼得·塞特基维奇博士为我付出的时间和耐心，他们与我在集中营里见面，实地回答我提出的问题，帮我搜寻关键照片、搜索数据资源。阿莉恰·比亚利卡同样提供了关键的线索。在我的波兰之行中，我得到了不起

的司机、译员、向导乌卡兹·雅罗斯的种种协助。

在捷克共和国，我尤其要感谢布拉格犹太博物馆的朱莉·扬索夫斯卡和拉达娜·鲁托娃。在泰雷津，我要感谢泰雷津托马什·费多罗维奇创始学会的历史研究编辑阿尼塔·普拉扎科娃，以及文献部门的爱娃·涅姆科娃。

在此书中，霍尔尼－布日扎的人们值得被特别提起。在城镇里，我受到代理镇长兹德涅克·普罗查兹卡及其女儿米哈拉的欢迎，他们让我感觉到了他们的先辈对待囚犯们的伟大善意。我同样感谢当地历史学家波泽娜·罗约娃夫人，以及雅罗斯拉夫·朗格和瓦茨拉夫·斯特帕内克，感谢他们与我分享从未对人提及的令人感动的证言。

我要感谢蒂塔·瓦伦托娃，她是安嘉家族在特雷贝克绍夫采－普德奥雷宾曾经拥有的工厂的现任厂主，她友善地向我展示安嘉成长的地方。在斯洛伐克，我要感谢爱娃·里希
381 特洛娃，因为她对佩莉斯嘉进行了触及内心的采访。在威尔士的斯旺西大学，弗朗西斯·拉波特教授慷慨地让我接触到安嘉·贝格曼的健康报告副本。我同样感谢 BBC 的制作人埃米莉·戴维斯及其制作团队，他们制作了出色的纪录片《生于集中营的婴儿》（*The Baby Born in a Concentration Camp*），让我能够见证安嘉生前的音容笑貌。剑桥的高地青年舞蹈公司付出了巨大努力，排演了芭蕾舞剧《安嘉的故事》，爱娃和我有幸在爱丁堡边缘艺术节期间观看了这场演出——尽管这让我们两个都泪流满面。

我要对美国国会大屠杀基金会的深入工作致以崇高敬意，他们收集的档案证言，让我听到了许多过去从未听说过

的故事。我还要对所有书写记忆的人们致以崇高敬意，正是他们的勇敢坚毅，让我们能够重温这些记忆，而不是让其湮没无闻。我尤其要感谢档案馆长克里斯宾·布鲁克斯以及在线档案外联部主管道格·波尔曼的帮助，以及南卡罗来纳大学可视历史和教育研究所的档案查阅总监乔治亚娜·戈麦斯的帮助。在英国，我得到了能力出众的拉塞尔·伯克的帮助，他是伦敦大学国王学院贝德福德图书馆的信息顾问，他允许我接触大屠杀基金会的非公开档案。

在英格兰诺丁汉郡有杰出的国立大屠杀研究中心和博物馆，我要感谢其公共事务主管詹姆斯·考克斯，但尤其要感谢作家同行马丁·温斯顿，他友善地为我通读此书的早期手稿。在以色列大屠杀纪念馆，我要感谢马蒂·弗伦克尔松，他为我提供了图片档案。在加泰罗尼亚历史博物馆，我还要感谢弗朗西斯卡·罗塞斯，她也为我分享了图片信息。

在肯塔基大学出版社，我要感谢出版与版权经理弗雷德·麦考密克，他允许我摘引贡达·雷德利赫的日记。在美国，我要感谢第 11 装甲师的网站编辑丹·奥布莱恩，以及所有“闪电部队”的幸存官兵及其家属，其中许多人曾经 382
与我联系。好几位作家同行尤为慷慨地为我提供时间和信息，包括迈克尔·赫什和肯·布雷克，他们友善地为我打开了解放者的通讯录。

卓越的助产士艾比·戴维森是医学学士，她为我提供了关于分娩步骤和营养不良母婴所需的医疗条件等宝贵信息。我应该请我的朋友迈克尔·布罗洛赫喝几杯啤酒，感谢他为我提供宝贵的德语翻译服务，我也应该请安妮·格雷喝一瓶蒙特拉谢白葡萄酒，感谢她为我提供法语翻译服务。

我如此幸运，能够在伦敦与杰出的亚当·斯特兰奇领导的卓越的科特尔 & 布朗出版团队合作，从我向亚当诵读此书的开篇几乎让他落泪时起，他对这个出版计划的热情就从未消退。我相信我们写就了他所希望的能够流传后世的著作。我同样感谢科特尔 & 布朗的执行主编、特立独行的乌苏拉·麦肯齐，我与她的合作总是如此成功，我也同样感谢责任编辑里安农·史密斯和文字编辑斯蒂夫·戈夫。最后要感谢的是广告宣传主管、图片校勘主管、市场推广主管维多利亚·基尔德、克里斯蒂恩·阿斯托、索伊·胡德、琳达·西尔弗曼以及查理·金，感谢他们的鼓励，此外还要感谢索菲·伯顿，她设计了英国版的封面。

不知疲倦的版权部门同人安迪·海恩、凯特·希伯特以及海伦娜·多雷与我携手，处理了复杂微妙的国际谈判和投标程序。在伦敦作家协会，帮助我规避合约中的法律陷阱的是毫不退缩的黄金搭档莎拉·伯顿和凯特·普尔。我要感谢所有外国编辑，自从 2014 年伦敦图书交易会以来，他们对此书充满热情，我还要感谢所有国际代理发行商以及翻译者、艺术主管、销售和推广人员，他们完成了如此伟大的工作，让这些难以置信的故事得以重见天日。我尤其感谢我的波兰出版商索尼亚·德拉加，她曾与我在奥斯维辛见面。我
383 要感谢荷兰图书之家的尤伊斯卡·德·维伊斯；我要感谢西班牙 RBA 出版社的安雅·本赞霍弗尔；我要感谢意大利皮尔默出版社的克劳迪娅·柯西卡；我要感谢瑞典马索里特出版集团的亨里克·卡尔森；我要感谢丹麦罗森纳特出版社的

柯尔斯顿·法斯默，我要感谢俄罗斯 AST 出版社的尼古拉伊·诺曼科；我要感谢环球出版社的马库斯·施特雷克尔和莫罗·巴勒莫；我要感谢法国城市出版社的弗雷德里克·波莱特；我要感谢捷克共和国米拉达伏龙塔出版社的安东尼·科茨；我要感谢芬兰密涅瓦出版社的尤哈米·科罗莱宁；我要感谢德国世界出版社的吉塞拉·拉尔·阿基基；我要感谢葡萄牙 20/20 出版社的吉列尔梅·皮雷。

在美国的哈珀科林斯出版社，我要感谢编辑克莱尔·瓦茨泰尔，她本人就是大屠杀幸存者的女儿，克莱尔得到副主编汉娜·伍德、出版发行主管莱斯利·科恩、资深市场推广主管潘妮·马特拉斯和美国版封面设计者米兰·波切克的鼎力协助。同样是在美国，我要感谢才华横溢的文学经理人玛丽·安妮·汤普森，她为出版此书四处宣传，完成了旁人无可取代的工作。露西·弗格森是我在出版界的支持者以及坚定的朋友，她确保我行进在正确的轨道上。卡莉·库克是少数出版业务最为娴熟、令我最为钦佩的编辑之一，她是一位极具洞察力的、令人敬畏的女性。我非常感谢她，在我让其他人阅读这份手稿之前，她已同意凭借她的专业眼光来审阅我的手稿。

在这紧锣密鼓的出版计划中，为了评估进度，我几乎每天都与我最好的朋友克莱尔·亚伦保持联系。她的力量、勇气和经久不衰的幽默感，让我在面对逆境时总能得到鼓励。我们一起度过了又一年。

最后，我要衷心感谢我的丈夫、我最好的伴侣克里斯——他总是开怀大笑，他有干练的手腕和强大的内心。有无数次，在长达好几个月的时间里，我完全无法顾及他，但他不仅从无怨言，而且他自己也沉浸到这个故事当中。他陪伴和鼓励我，无数次为我端茶倒水，在我心急火燎的时候为我送上杜松子酒。对于我给他带来的无数个噩梦，我表示衷心抱歉。

温迪·霍尔登

图片来源

（以下页码为原书页码，即本书边码。）

Pages ii，362 © Prof. Albert Lichtblau

Map pages ix – x © John Gilkes 2015

Pages 1，16，18，25，296，310，313，315，317，319，354 © Hana Berger Moran

Pages 29，53，57，194 © akg-images

Pages 34，40，297，326，327，331，333 © Mark Olsky

Pages 63，67，94，111，131，140，150，168，188，196，204，212，237，248，262，264，321，335，353，364 © Wendy Holden

Pages 71，82，84，160，298，339，345，347，350，352 © Eva Clarke

Page 79 © akg-images/Album

Page 121 © GTV/REX

Page 153 © akg-images/Michael Teller

Pages 125，127，210 © State Museum Auschwitz-Birkenau

Pages 135，256，260，277，290 © KZ-Memorial Mauthausen

Page 164 © Freiberg University

Pages 166，170，172 © KZ-Memorial Flossenbürg Museum

Page 184 © Dr Michael Düsing

Page 216 © Dr Michael Düsing/Hans Brenner

Pages 227，228 © Horní Bříza Museum

Page 245 © Ethel Davies/Alamy

Page 272 © Larry Kosiek

Pages 279，357 © Brian Petersohn
Page 304 © Stephanie Sullivan
Page 320 © Yuri Dojc
Page 366 © Charlie Olsky

衬页图片

第一行由左至右：安嘉之墓，位于捷克共和国©Wendy Holden；泰雷津集中营纪念碑，纪念骨灰被撒入河中的死难者©Wendy Holden；贝恩德的名字，铭刻于布拉格市内宾卡斯犹太会堂的墙壁上©Eva Clarke；贝恩德·纳坦©Eva Clarke；佩莉斯嘉的丈夫，记者兼作家蒂博尔·勒文拜恩©Hana Berger Moran；奥斯维辛一号集中营的毒气室©Wendy Holden。

第二行由左至右：拉海尔的姐妹萨拉佩戴的黄色大卫王之星©Wendy Holden；拉海尔的丈夫莫尼克·弗里德曼© Mark Olsky；安嘉的母亲伊达©Eva Clarke；弗赖贝格集中营死难者纪念碑©Wendy Holden；捷克斯洛伐克死难者纪念碑，以及毛特豪森集中营的大门，爱娃就出生在这里©Wendy Holden；安嘉的丈夫贝恩德及其母亲塞尔玛©Eva Clarke。

第三行由左至右：安嘉的姐妹热德娜及其丈夫赫伯特·伊西多尔©Eva Clarke；霍尔尼-布日扎公墓纪念碑，纪念在此地被扔下火车的死难者©Wendy Holden；埃马努埃尔·罗纳，哈娜的祖父©Hana Berger Moran；法伊加·阿布拉姆丘克，拉海尔的母亲©Mark Olsky；莫尼克·阿布拉姆丘克，拉海尔的兄弟，死于海乌姆诺灭绝营©Mark Olsky；拉海尔之墓，位于美国田纳西州纳什维尔市©Wendy Holden。

第四行由左至右：保拉·罗诺娃，佩莉斯嘉的母亲©Hana Berger Moran；毛特豪森集中营的毒气室© KZ-Memorial Mauthausen；埋葬着佩莉斯嘉骨灰的家族墓穴，位于布拉迪斯拉发©Wendy Holden；安嘉的姐妹鲁热娜及其儿子彼得©Eva Clarke；毛特豪森采石场的死亡阶梯©Wendy Holden；沙伊阿·阿布拉姆丘克，拉海尔的父亲©Michael Olsky。

译后记

一年半以前，我的孩子还不足两岁，当我翻开《天生幸存者》英文原版的时候，初为人父的我被书中的故事吸引住了。这是三个东欧家庭、三对犹太夫妇的故事。三个家庭分别来自斯洛伐克、波兰和捷克，三位主妇的名字是佩莉斯嘉、拉海尔和安嘉，她们的丈夫都未能在种族大屠杀中幸存。在纳粹势力横行欧洲、反犹声浪甚嚣尘上的年代，身为犹太人意味着时刻面临生命危险。与许多犹太人一样，这三对夫妇起初对纳粹缺乏警惕，错过了逃离欧洲大陆的最后机会，他们要么滞留在布拉迪斯拉发，要么往返于华沙和罗兹，要么辗转于布拉格和泰雷津，他们在隔离区和拘留营里挣扎求存，最终都被纳粹党卫队强制遣送到奥斯维辛。

我曾经想把《天生幸存者》中译本作为孩子成长的赠礼和纪念，但当我和妻子译完全书的时候，我才意识到，起码在十年之内，他都不宜触碰此书。不妨细心体会书中关于“死亡列车”的描述：“只要每次运送超过 400 人，德国铁路部门就只向党卫队收取三等车厢的运费……运费有时候是直接向囚犯收取的，囚犯被迫支付现金或实物，或者在自己从事苦役所得的‘工资’中扣除。把小于4岁的孩子送去处决是免费的，4～10岁的孩子就要收半价了。反正每件‘货物’都只能领到一张有去无回的单程票。”我在翻译上述段落时，心底在滴血，眼里在流泪。那几行轻描淡写的文字，没有提及毒气室，没有提及焚尸炉，只有那张前往奥斯维辛的单程票，还有无数被当成“货物”处理掉的无辜生命，这已让人毛骨悚然、不寒而栗。对于尚且年幼的孩子来说，奥斯维辛的历史太过残酷，在他具备足够的理解力和承受力之前，我宁愿他对那段历史茫然无知。

在翻译《天生幸存者》期间，我曾经问妻子，假如我们不幸生于那个时代、那片大陆，假如我们不幸身为注定要被灭绝的边缘族裔，我们应该怎么办？妻子沉吟片刻回答道：“我难以想象。”的确如此，面对纷乱的时局、不堪的世道，不幸被时代所裹挟的个人与家庭，经常会陷入猝不及防、慌不择路的两难境地。我们不能以全知全能的上帝视角和后见之明，对茫然无助的受害者求全责备，问出“你们为何不逃命”之类的愚蠢问题。对于他们来说，需要考虑的是“我们如何活下去”。

“只去想美好的事情!”是蒂博尔对佩莉斯嘉说过的话，也是夫妻离别前丈夫对妻子的劝勉。对于佩莉斯嘉来说，美好的事物包括蒂博尔的烟斗和衬衫、邮票册和记事本，包括蒂博尔那举止夸张、引人发笑的见面礼和道别礼，包括与蒂博尔在多瑙河畔的蓝色月光下温柔漫步。凭借对美好事物的回忆，佩莉斯嘉闯过奥斯维辛、弗赖贝格、毛特豪森等几道鬼门关；凭借对离世丈夫的怀念，佩莉斯嘉勇敢而孤独地走完了余生。

“明天再想吧！”是安嘉对自己所说的话，也是夫妻离别后妻子对自己的鼓励。不同于佩莉斯嘉的美丽聪颖、多愁善感，不同于拉海尔的自信倔强、勇敢坚强，安嘉总是那么漫不经心、满不在乎。她可以在盖世太保搜捕犹太人期间去电影院，她可以在纳粹当局拘押犹太人期间去父母家，她可以把象征犹太人耻辱标记的黄色六角星当成胸针，镶嵌在最时髦的衣服上，她可以历尽千辛万苦到泰雷津集中营与丈夫团聚，只是为了让丈夫吃上抹了糖霜的甜甜圈。安嘉的人生就像一场冒险，她最喜爱的电影是《乱世佳人》，而她就是“布拉格的郝思嘉”。

“只去想美好的事情！”与“明天再想吧！”在和平年代，是两种生活态度；在战争年代，它们则是两种生存方式。我无意于对二者进行比较与评价。毕竟，并非所有人都像拉海尔那般幸运，在颠沛流离中始终未与妹妹们失散；并非所有人都像拉海尔那般坚强，宁可衣不蔽体、食不果腹，也要接济更加困苦的同胞。佩莉斯嘉以美好的过去对抗残酷的现实，安嘉以苟活的现实迎接可能的明天。幸好，佩莉斯嘉、拉海尔、安嘉，以及她们先后在奴隶工厂、死亡列车、灭绝营地诞下的孩子，总算迎来了劫后重生的明天。

当我写完这篇译后记的时候，孩子正在安睡，睡得那样香甜，睡得那样宁静，仿佛时间也停止流动，或许这就是岁月静好。有时我也暗自庆幸，我比蒂博尔、莫尼克、贝恩德幸运太多，他们的生命在战争结束前那个冬季戛然而止，他们离世前甚至没有见过、抱过、吻过自己的儿女。在翻译了三部讲述世界大战与种族仇杀的英文著作之后，我对孩子的期许也变得简单而明晰：我只衷心祈愿，愿他此生此世，不必涉足血色大地，不曾踏入野蛮大陆，假如他身陷修罗场，但愿他成为幸存者。

黎英亮

二〇一七年初夏子夜

于幼儿园寓所

图书在版编目(CIP)数据

天生幸存者：集中营里三位年轻母亲与命运的抗争 /（英）温迪·霍尔登（Wendy Holden）著；黎英亮，冯茵译. --北京：社会科学文献出版社，2017.7（2019.3 重印）

书名原文：Born Survivors：Three Young Mothers and Their Extraordinary Story of Courage，Defiance and Survival

ISBN 978-7-5201-0646-7

Ⅰ.①天… Ⅱ.①温… ②黎… ③冯… Ⅲ.①第二次世界大战-犹太人-集中营-史料 Ⅳ.①K152

中国版本图书馆 CIP 数据核字（2017）第 074870 号

天生幸存者

——集中营里三位年轻母亲与命运的抗争

著　　者 / 〔英〕温迪·霍尔登（Wendy Holden）
译　　者 / 黎英亮　冯　茵

出 版 人 / 谢寿光
项目统筹 / 段其刚　董风云
责任编辑 / 张金勇

出　　版 / 社会科学文献出版社·甲骨文工作室（分社）（010）59366432
地址：北京市北三环中路甲 29 号院华龙大厦　邮编：100029
网址：www.ssap.com.cn
发　　行 / 市场营销中心（010）59367081　59367083
印　　装 / 三河市东方印刷有限公司

规　　格 / 开　本：889mm×1194mm　1/32
印　张：13.875　字　数：298 千字
版　　次 / 2017 年 7 月第 1 版　2019 年 3 月第 2 次印刷
书　　号 / ISBN 978-7-5201-0646-7
著作权合同登记号 / 图字 01-2015-6678 号
定　　价 / 69.00 元

Jude
P. RONOVÁ
E. RONA
A. RONOVÁ
T. LÖWENBEIN
B. LÖWENBEINOVÁ